LE MAL AFRICAIN

Diagnostic et thérapie

© L'Harmattan, 2009
5-7, rue de l'Ecole polytechnique ; 75005 Paris

http://www.librairieharmattan.com
diffusion.harmattan@wanadoo.fr
harmattan1@wanadoo.fr

ISBN : 978-2-296-09973-9
EAN : 9782296099739

Garga Haman Adji

LE MAL AFRICAIN

Diagnostic et thérapie

TESTAMENT POLITIQUE DÉDIÉ
AUX ETATS-UNIS D'AFRIQUE

L'Harmattan

Introduction

Un diplomate suisse qui a séjourné en Afrique s'étonne de « l'incroyable capacité des peuples d'Afrique à s'adapter à la souffrance pour survivre ». Pris de désarroi, il s'interroge pathétiquement : « Comment un pays aussi riche que le Cameroun peut-il gaspiller ses immenses ressources naturelles et humaines en une seule génération et devenir l'un des plus mauvais gestionnaires des projets de développement et de deniers publics au point de risquer d'être déclaré paria financier ? La soi-disant élite s'est-elle réellement préparée à continuer de sacrifier le bien-être du pays pour les intérêts personnels ? Le mécontentement qui couve ne se transformera-t-il pas un jour en violence ? » Et il conclut : « Il importe de savoir qui est responsable d'une telle situation et il ne doit y avoir l'ombre d'aucun doute pour nous non-Africains, que cela doit changer bien vite pour le meilleur. »[1]

Les réflexions de ce diplomate représentent le meilleur miroir que l'on puisse placer devant la face de chaque Africain pour l'amener à prendre conscience de la gravité de la situation qui prévaut chez lui et de sa part de responsabilité dans la déconfiture de son pays. Face à l'incapacité, à l'irresponsabilité, voire à la désinvolture de certains dirigeants africains dans la gestion des affaires publiques, il est en effet difficile d'admettre, de comprendre ou encore moins d'expliquer le manque de réactions des citoyens des pays en cause, si tant est qu'ils en sont eux-mêmes conscients.

C'était dans le même esprit que Jean Jaurès cherchait à comprendre « comment tous ces êtres acceptaient l'inégale répartition des biens et des maux. Par quel Prodige, ces milliers d'individus souffrants et dépouillés subissent-ils tout ce qui est ? [...] Le système social avait façonné ces hommes, il était en eux, il était en quelque façon devenu leur substance même, ils ne se révoltaient pas contre la réalité parce qu'ils se confondaient avec elle [...] »[2]

---

[1] Propos tirés d'une lettre datée à Dublin du 03 janvier 1996, adressée à l'auteur par un de ses amis diplomates.
[2] M. Bataille : *Demain Jean Jaurès* ; in Jean Ziegler : *Main basse sur l'Afrique*- Seuil – 1978, p.278.

S'agissant du même mystère, François Mitterrand, en captivité en 1940/1941, écrit : « J'étais tout de même étonné de la facilité avec laquelle les hommes s'accoutumaient à la vie de troupeau. C'étaient pourtant ceux [là] mêmes qui, nourris d'idées de liberté et de progrès, avaient tant promené et si fièrement, leur qualité d'individus ; « à notre époque », disaient-ils [...] et ces mots impliquaient toutes les vertus d'intelligence maîtresse du monde, de la raison arbitre des luttes ».[3] Refusant quant à lui la résignation à rester prisonnier, il eut l'audace de quitter le « troupeau » et de s'évader.

L'étonnement de François Mitterrand tout autant que l'interrogation de Jean Jaurès semblent recouper les raisons de la révolte du diplomate. L'explication de ces comportements indignes tiendrait plus de la psychologie des foules, des natures individuelles et de la spécificité des situations que de la nature humaine elle-même. Autrement, toutes les réactions et les actions individuelles ou collectives seraient identiques ; il n'y aurait alors de par le monde ni brave, ni chef, ni héros ; mais non plus ni paria, ni incapable, ni irresponsable.

En réalité, les réflexions qui précèdent effleurent à peine les contours et le contenu des situations aussi dramatiques que paradoxales que vivent l'Afrique et les Africains. Ce continent, reconnu pour être "le berceau de l'humanité", semble en être si fier qu'il serait devenu amoureux de son passé ; il donne même l'impression de se plaire à s'y mirer de façon très assidue ; aussi, se rend-il à peine compte que ses cadets Amérique, Asie et Europe ont pris sur lui plusieurs longueurs d'avance. Sorti de son hibernation à l'image du poussin de l'œuf, il ne considéra cependant qu'un seul aspect de cette avance ; celui des performances sportives. Alors il se lança dans tous les champs de courses avant de comprendre que ce n'est ni du marathon, ni de la course de vitesse ou de fonds, ni même d'autres loisirs qu'il s'agit ; mais d'un championnat universel toutes catégories en performances économiques, scientifiques, technologiques, démocratiques, infrastructurelles, informatiques, ... Tous domaines où il ne voit que dalle ; où il occupe un classement peu honorable qui contraste étrangement avec le rang qu'il devrait mériter d'occuper ; où il ne vit que des futilités de son époque ; où il fait douter de ses capacités à s'autogérer, à bien se gouverner. La raison en est que l'irresponsabilité, le déficit du sens de l'Etat, le mépris de l'intérêt

---

[3] François Mitterrand : *Politique* – Fayard – 1977, p. 12.

général, le manque de foi et de volonté politique affirmée des dirigeants d'une part ; l'inconscience, le manque de maîtrise organisationnelle et d'initiatives dignes d'intérêt, l'absence d'objectifs et de projets programmés et classés par ordre d'effets d'entrainement, le narcissisme, la gabegie, le népotisme des autorités d'autre part, caractérisent la gestion des affaires publiques de la majorité des Etats africains. La passivité ou la résignation des populations, le tribalisme, le fatalisme, l'apathie et la léthargie, les esprits sectaires parachèvent l'édification du mal. De tout cela il se dégage un aperçu général sur la conception et la perception du pouvoir politique en Afrique et une esquisse d'explication de la confiscation caractérisée du pouvoir entre les mains de quelques nababs, en mal de réussite politique. Tout cet arsenal de malheurs, conjugué à un faisceau des menées néocolonialistes ou impérialistes, constitue « Le Mal africain ».

La question est de savoir comment faire pour que les Africains comprennent qu'ils doivent s'arracher à ce « Mal » sans nécessairement prendre le chemin de l'exil politique ni de l'émigration économique. Il leur revient d'y réfléchir, de diagnostiquer ce « Mal » et de lui trouver des thérapeutiques idoines, urgentes et définitives. Le présent ouvrage est une modeste contribution à cette réflexion qui se voudrait collective et continentale. Car, il s'agit d'une problématique qui doit inciter sinon exciter les penseurs, philosophes et autres altruistes à se pencher sur les problèmes de leur époque et de leurs sphères géographiques respectives et à participer à leur solution. A cet égard, tout doit procéder de la recherche des sources de motivations et de déclic de l'initiative, de l'action et des stratégies de réussite. Après tout, libéralisme, « étatisme, collectivisme, socialisme, etc. ne sont en réalité que les divers modes d'envisager le même problème : comment empêcher l'homme de mordre son prochain (ou peut-être comment l'y encourager) ».

Evoquer sans arrière pensée manichéenne la lourde hypothèque qui pèse sur le continent noir du fait du « Mal africain », c'est laisser entrevoir une heureuse hypothèse alternative. Mais c'est aussi situer l'Afrique dans le monde, avec pour conséquence inévitable sa relativisation, c'est-à-dire la comparaison intuitive de chacune de ses propriétés spécifiques à celles des quatre autres continents tant au niveau historique, politique, économique, scientifique, social que culturel. L'étendue des observations et révélations qui en résultent est à la dimension des analyses et réflexions qui en découlent. Les premières mettent en lumière les contrastes et les complémentarités sociologiques, climatiques et géologiques qui les distinguent les uns des autres, ou qui caractérisent chacun d'eux pris isolément. Il n'y a rien à redire : c'est la volonté et l'œuvre du Créateur ! Les secondes mettent en perspective historique l'épopée et l'odyssée de l'Homme ; elles sont faites tout à la fois de mystères et de mystifications, d'admiration et de narcissisme ; mais aussi d'égoïsme et de dénonciation. Toutes les deux modèlent les réactions que commande la marche boiteuse d'un monde en mal d'équité, et modulent la pensée que suscite la problématique de la vocation cachée des peuples et des nations.

Or, malgré ses imperfections ou à cause d'elles, le monde d'aujourd'hui reflète l'état d'avancement des performances intellectuelles et imaginatives de l'humanité. A force de persister à se chercher, à vouloir encore et toujours davantage satisfaire sa curiosité et sa passion pour les découvertes ou asseoir sa suprématie hégémonique, l'Homme est en passe de croire en sa capacité de maîtriser les composantes de l'univers et de percer tous ses mystères. Et il s'y emploie. Les techniques et les méthodes qu'il déploie et développe sont variées, parfois disparates sinon contradictoires, souvent intuitives, mais de plus en plus rationalisées. Elles portent souvent la marque du passé et des épreuves traversées en même temps qu'elles épousent les contours des situations et des circonstances du moment et des lieux. L'évolution du monde à plusieurs vitesses s'expliquerait ainsi tout autant qu'elle peut aussi trahir les effets des différences des modes et techniques de gestion politique et socio-économique des Etats et des nations.

L'homme entreprenant, rationnel et visionnaire aura progressivement identifié, recensé et actionné les leviers efficaces de motivation, d'émulation et de progrès, individuels ou collectifs. Il aura finalement compris la nécessité de circonscrire les limites de la chance et de la malchance, de pénétrer le sens de la prédestination et de tourner résolument le dos à l'immobilisme. Alors apparaissent des clivages dans la nature des hommes lorsqu'il s'agit de satisfaire leurs besoins primaires de survie ou de flatter leur égo. Pouvant se laisser aller jusqu'aux goinfreries dans le premier cas, ils s'emploient à se distinguer de leurs semblables et même à s'en distancer pour se hisser au plus haut des podiums, dans le second cas. Des divergences peuvent également se faire jour dans les procédés et le choix des moyens. Constituent la catégorie la plus dangereuse ceux d'entre eux qui se laissent convaincre que :

- « la fin justifie les moyens"
- "le malheur des uns fait le bonheur des autres"
- "l'homme est un loup pour l'homme »

C'est le domaine par excellence de l'illustration de l'égoïsme viscéral qui fonde le darwinisme et favorise la sélection naturelle. C'est la jungle où les gros animaux se nourrissent de petits ; l'océan où le gros poisson dévore le menu fretin. Ici la force bestiale prime sur l'équité, la raison du plus fort sur la raison. Mais c'est aussi le lieu où se sont développées et continuent de se construire les idées et les théories du racisme et du cannibalisme ; l'économie de l'esclavage et les techniques d'exploitation de l'homme par l'homme ; les velléités de sophistication et de monopolisation des armes de destruction massive ; les justifications et les stratégies de la guerre. Toutes choses qui ne cadrent nullement avec les fondamentaux d'une civilisation universaliste faite de valeurs humaines et sociales positives, cohérentes et non discriminatoires, dont jouiraient et se réjouiraient également partout et toujours aussi bien les forts que les faibles, les pauvres que les riches, les hommes que les femmes.

Il est donc évident que les esprits généreux et humanistes ne peuvent s'accommoder ni se rallier aux choix égoïstes et impérialistes que les forts et les riches veulent imposer aux faibles et aux pauvres. Il devrait donc revenir aux uns comme aux autres d'imaginer et de trouver d'autres leviers de l'action et du progrès qui puissent susciter en l'homme l'émulation et l'excitation nécessaires à son évolution. L'esprit de concurrence est censé y répondre. C'est elle qui anime aujourd'hui l'économie de marché, la démocratie pluraliste, les rencontres sportives, la recherche et l'invention ; mais aussi et hélas, la course aux armements les plus meurtriers. La concurrence est un stimulant efficace qui force ses sujets et ses adeptes à s'engager en permanence dans un cycle d'amélioration, voire de perfectionnement révolutionnaire de leurs performances, ainsi que des techniques de marketing de leurs produits pour les faire désirer et accepter. Avec quelque zeste de publicité, elle agrémente la société de consommation ; celle là qui ne cesse de faire courir ses membres après le bonheur mais qui leur refuse de l'atteindre pleinement. En guise de consolation, Beaumarchais les aurait réconfortés en soutenant qu'« il ne faut pas se faire illusion, le plaisir n'est pas dans la jouissance ; il est dans la poursuite ».

Au plan collectif, pour dénoncer, combattre et rééquilibrer avec quelque succès les inégalités sociales, des philosophies et des doctrines altruistes s'échinent à trouver des correctifs aux injustices sociales et à l'inégalité des chances, nées notamment du droit exclusif et transmissible de détention à titre privé des moyens de production et de la jouissance égoïste et empirique des ressources attenantes. Mais ni le socialisme, ni encore moins le communisme n'auront réussi à la fois à résoudre fondamentalement les injustices sociales ou sociétales, ni à faire parfaitement coïncider le mérite avec les aspirations, afin que tout soit fourni « à chacun selon ses besoins ». Stratifiant la société en couches sociales d'intérêts divergeant, Karl Marx a cru en la force motrice que constituerait la dialectique de « la lutte des classes », dont le prolétariat deviendrait la locomotive. Alors en dictateur, ce dernier s'émanciperait en renversant la situation existante et en brisant les ressorts de l'exploitation capitaliste que représente la plus-value, dont les tenants et les aboutissants sont savamment et concrètement expliqués dans son célèbre ouvrage « le Capital ». Karl Marx aura ainsi fourni à ses idées progressistes un contenu idéologique au plan économique et social. A cet égard, incomparable reste et restera son apport à l'appréhension et à l'atténuation de nombre d'injustices sociales ; quand bien même, en cobayes, des hommes et des femmes ont dû faire les frais des régimes et dictatures qui ont cru devoir mettre en pratique, sans discernement, les théories marxistes léninistes. Quoi qu'il en soit, l'importance historique de la contribution du marxisme à rehausser le niveau du débat sociopolitique et de la réflexion universelle interdit d'interpréter sa dégénérescence actuelle comme une défaite, ni de penser que ses concepteurs ou ses victimes aient essuyé « la honte de mourir sans avoir combattu ». Tout au plus auraient-ils perdu « le bon combat » !

Si seulement à leur tour les Africains pouvaient gagner le bon combat en trouvant comment combiner les techniques de réduction des inégalités sociales artificielles avec celles qui sachent créer l'émulation et maintenir l'esprit révolutionnaire de progrès ! Pour commencer, aussi bien individuellement que collectivement, ils doivent savoir enfin accepter qu'il est vraiment temps de mettre définitivement fin à leurs inepties et de s'atteler par tous les moyens à l'œuvre de reconstruction de l'Afrique. Ils doivent aussi cesser de n'accuser que l'Occident pour expliquer ou justifier l'actuelle déchéance du continent. Cela exige un voyage à l'intérieur de leurs consciences ; ils y découvriraient que ce sont surtout leurs bassesses qui les ont entraînés à jouer aux "abonnés absents" des rendez-vous de l'histoire contemporaine. Ils y ont perdu pied ; et c'est tout naturellement qu'ils se sont retrouvés fort éloignés de la locomotive universelle.

Leurs incessantes demandes d'aide récurrente et de rééchelonnement ou d'effacement de la dette systématiquement constituent la trame épaisse des discours qu'ils égrènent à n'importe quelle assise, nationale ou internationale. Aussi tapageuses, rageuses ou insistantes soient-elles, elles ne sont et ne sauraient être par elles-mêmes l'expression d'une politique de développement. Elles trahissent en réalité de leur part un aveu d'incapacité ou d'incompétence, tout autant qu'une manière de se créer des boucs émissaires pour porter la responsabilité de leurs déboires et de leurs gabegies. Personne ne leur avait pourtant forcé la main pour signer les accords des prêts non remboursés et dont ils languissent du fardeau.

En vérité, les Africains ont de sérieuses raisons pour organiser des sessions de rattrapage à la suite desquelles ils doivent impérativement réussir. Ils en ont les moyens. Ils devront tout simplement y mettre une volonté de fer et une vitesse supersonique. Les matières à valider à forts coefficients couvrent plus particulièrement les "unités de valeur" de la stratégie, de l'économie, de la démocratie, des sciences et techniques, des droits de l'homme, des technologies de l'information et de la communication, de l'invention. Pour être de valeur, ces "U.V." forment effectivement un ensemble cohérent de valeurs incontournables dans la marche du monde actuel et même à venir.

Or, avec plus d'un milliard d'habitants composés majoritairement de jeunes, soit environ 13% de la population du globe, des richesses incommensurables et de toute nature, une jeunesse intelligente et bien branchée, le continent africain réunit toutes les conditions de réussite, y compris pour devenir une puissance. C'est donc l'occasion d'entreprendre, dans un premier temps, un voyage au bout du « Mal africain » sur le parcours duquel seront recensés et analysés les éléments constitutifs de ce « Mal ». Il s'agira notamment de rechercher les racines d'un destin dont les pérégrinations auront conduit l'Afrique à devenir le Patrimoine de l'humanité …occidentale, à travers divers pactes, traités, conventions et accords. Y seront alors passés en revue les procédés et techniques néocoloniales, et souligné le sens à conférer à l'aide, aussi bien dans sa nature que dans son enjeu. L'entrée en scène remarquée des Institutions de Bretton Woods dans l'assistance technique et/ou la gestion des économies africaines ne saurait être passée sous silence. Car, le Fonds monétaire international et la Banque mondiale ressemblent fort bien à des "pères fouettards" dont beaucoup de pays, à tort ou à raison, gémissent de la tutelle économique et financière. A partir d'un diagnostic posé sans complaisance, il sera plus facile de proposer, dans un deuxième temps, des thérapeutiques appropriées pour déjouer les causes des échecs politiques de l'Afrique, tant au niveau du fondement et de l'exercice du pouvoir politique qu'à celui des options fondamentales de gouvernement. L'optimisation de la taille de l'Etat africain passe inéluctablement par la création des Etats-Unis d'Afrique dont la nécessité est aussi impérieuse qu'urgente. Et pour définitivement trancher le nœud gordien de la domination, la décolonisation et le renflouement des économies africaines s'imposent. Pour repenser et restructurer ces économies, l'on ne manquera évidemment pas de s'inspirer des expériences d'ici et d'ailleurs plus ou moins réussies, ou simplement tentées mais autrefois refoulées. L'espoir s'éveille. Un monde nouveau de rêve s'annonce. Une civilisation du juste partage et une approche nouvelle de la culture de la paix, entendues comme source et ingrédient d'intégration socioéconomique, mettraient alors fin aux mécanismes actuels de domination et d'apartheid économique ; et plus particulièrement aux antagonismes de races et de cultures, lesquels sont en voie de se substituer très dangereusement à la lutte de classes. En tant qu'ils sont une gravissime menace pour la survie de l'espèce humaine, ils doivent être maîtrisés au plus tôt. A cet effet, doit être récusée toute prétention qui voudrait qu'une folie déclarée à Bagdad, à Kaboul, à Pyongyang ou à Téhéran soit plus apocalyptique que celle allumée à Washington, à Tel-Aviv, à Sarajevo, à Berlin ou à Beijing. Car, au regard de l'histoire des guerres et des victimes décomptées, une folie guerrière en vaut une autre, d'où qu'elle vienne. Il ne suffit surtout pas d'être traité de fou pour être forcément plus fou que l'auteur de la provocation.

PREMIERE PARTIE

VOYAGE AU BOUT DU MAL AFRICAIN

L'Europe et l'Afrique, en tandem ou en se regardant en chien de faïence, forment un vieux couple mixte dont la célébration des liens remonte aux origines de l'histoire. De tout temps, l'une n'a cessé d'attirer le regard de l'autre, de faire l'objet de ses convoitises, d'entreprendre de conquérir l'autre. Vivant un ménage plus d'intérêt que d'amour, de raison que de tendresse, tantôt tumultueux voire orageux, tantôt calme comme de l'eau qui dort, l'une et l'autre se savent d'une complémentarité incontournable. Et à chaque fois qu'il est arrivé que l'une ait pris le dessus sur l'autre, un revers providentiel a fini par remettre les pendules à l'heure, après un différé ou une indifférence, de durée variable. Leur jalousie s'est souvent incarnée en de grands conquérants tels qu'Alexandre le Grand et Hannibal ; de cités rivales que peuvent symboliser Carthage et Rome ; de pays ayant successivement marqué la civilisation universelle, comme l'Egypte et la Grèce ; de religions concurrentes qui ont produit les islamistes d'Afrique qui convertirent à l'islam l'Espagne, le Portugal et la France (jusqu'à Poitiers) et les chrétiens d'Europe qui entreprirent les Croisades pour reprendre des musulmans le Saint-Sépulcre et défendre le royaume latin de Jérusalem. En matière des sciences et de la culture, la nette domination de l'Afrique septentrionale fut d'un grand apport à l'instruction et à l'éducation des peuples européens de la Méditerranée, des siècles durant, dans les domaines de la philosophie, de la science, de la mathématique et de la technique.

De nos jours, c'est l'Europe qui claironne et fanfaronne. Elle compte plus de cinq siècles de présence physique ininterrompue en Afrique, dont plus de cent ans de colonisation. Rarement le comportement des Européens n'a visé autre chose que de les passer pour une race supérieure et de les positionner comme telle pour soumettre les Africains, noirs et arabes, à leur volonté et faire main basse sur le Continent.[4] Le vieux pacte colonial jadis signé entre les puissances occidentales et l'Empire ottoman sur le dos des colonisés n'a toujours pas été dénoncé malgré les indépendances des colonies. Subtilement, à travers conventions et accords, il a même été actualisé, rénové et étendu à soixante dix des anciennes colonies d'Afrique, des Caraïbes et du Pacifique (ACP). La colonisation qui ainsi se pérennise, continue grassement de vivre, cupidement d'enrichir l'Europe occidentale et cruellement d'appauvrir

---

[4] Jean Ziegler : *Main basse sur l'Afrique* ; Seuil, 1978, 291p.

les Africains, tout au long de ses étapes. Un Mal africain, à la fois profond et multiforme, en est né. Comme pour empêcher l'Afrique de s'en sortir, l'Occident vole au secours de l'Europe dont il est issu et qui en fait partie intégrante. Ensemble, agissant en complices, ils affinent leurs méthodes éthérées de blocage, affûtent leurs instruments d'immixtion passés aux baumes analgésiques, arment "leurs" institutions internationales de domination... ; mais ne se soucient guère du tort et des dommages qu'ils causent aux autres peuples de la terre. Heureusement, toutes les péripéties vécues ou envisageables du Mal africain peuvent être surmontées ; à la seule condition que les Africains aussi acceptent de s'organiser en connaissance de cause et sachent qu'individuellement aucun Etat ni groupes de quelques Etats ne pourront libérer leur bonheur ni leur bien-être. Tant est profond et bigarré le « Mal africain » et troublant l'appât d'assistance et d'aide, immergé dans des mécanismes de domination fort subtils et très stylés.

CHAPITRE PREMIER

LE MAL AFRICAIN

Lorsque l'on égrène le chapelet des maux qui rongent l'Afrique, ses grains vont s'avérer insuffisants. Pour l'heure, ses caractéristiques identitaires "objectives" tendent à se confondre aux litanies qui lui sont chantées à tout vent : fardeau de la dette, vie en dessous du seuil de la pauvreté, vih/sida, fièvre ébola, choléra, tuberculose, paludisme, sécheresse, famine ... ; mais aussi corruption, élections truquées, rebellions, confiscation de pouvoir, coups d'Etat, dictatures, guerres tribales, ... le tout assorti de l'analphabétisme, de l'acculturation, de l'insouciance, de l'inconscience, de l'irresponsabilité,...etc. La plupart de ces maux sont indiscutables, *erga omnes*. Tous contribuent à faire de ce continent un cas social tout à fait spécial. Mais tous ne sont pas imputables qu'aux seuls Africains ; il y a partage des responsabilités : la racine du mal puise sa substance nourricière en Afrique même, mais aussi à l'étranger.

Les auteurs du mal d'origine exogène, certains Européens de l'époque (et de maintenant), se débrident à l'idée d'enrichissement matériel conduisant à quelque affirmation personnelle. Ils se révèlent de penchant égocentrique, à forte propension à la rapacité, se nourrissant d'un grand appétit d'aventures conquérantes stimulées par un instinct guerrier, voire belliqueux. Ces caractéristiques font de ces barbares des êtres poussés par réflexes conditionnés à l'invasion par avidité, et enclins au délestage des autres par razzia. En vérité, les méthodes et les moyens employés déshumanisent leur nature, rendent sacrilèges leurs objectifs sublimés, trahissent leur pauvreté d'âme et éclairent sur leur vraie religion.

Le mal d'origine ou d'inspiration étrangère, toujours en vogue, continue de sévir avec cruauté. Jadis, c'était sous le couvert des "missions civilisatrices" que ces Européens ravageaient l'Afrique. Aujourd'hui, c'est à ciel ouvert que certaines puissances occidentales opèrent. Les raisons officiellement évoquées pour justifier leurs interventions sont tour à tour le manque de démocratie, le terrorisme, la détention des armes de destruction massive ou simplement l'enrichissement de l'uranium. C'est de cette manière que des pays et même des régions entières sont successivement ciblés pour douloureusement devenir des champs d'expérimentation de nouvelles technologies militaires et/ou d'exploitation, et progressivement passer sous leur "influence" ou leur contrôle.

Il en a ainsi été de ce mystérieux "laboratoire" qui devait être monté au Rwanda pour expérimenter "la guerre totale" à la française ; ce projet conduisit au génocide d'Avril 1994, qui coûta la vie à plus de huit cent mille Hutu et Tutsi réunis. Cette bourde politique et/ou raciale, alors survenue sous la présidence et la responsabilité de François Mitterrand, restera une énigme dont le décodage ne sera pas rendu public de si tôt. Dans le même ordre d'idée, George W. Bush aura bien du mal à prouver que les gains objectivement engrangés de sa guerre en Iraq justifient les nombreuses vies humaines qui y ont été sacrifiées et compensent les menaces terroristes aux conséquences incalculables qu'elle a suscitées ainsi que les résistances farouches et macabres qu'elle a dressées. Les condamnations et les controverses soulevées par ces types de guerres présentent tout de même un mérite : celui des limites de la démocratie et du suffrage universel qui ont mis en orbite des dirigeants qui n'en ont fait qu'à leur tête, souvent contre l'avis du peuple, parfois en marge de celui-ci. Aucun contrepoids n'a pu les en empêcher. L'opposition qui aurait dû jouer ce rôle se sera montrée ignorante ou irresponsable en France. Aux USA, elle aura craint de naviguer à contre courant de l'opinion dont elle a pourtant mission d'éclairer la lanterne.

Au vu des faits, ceux qui ont tiré profit du Mal africain (et peut-être y persistent) s'en servaient comme moyen d'asservissement total des peuples d'Afrique. La soumission de ces derniers en était la finalité. Les stratégies pour y parvenir procédaient de l'apprivoisement de leur psychique. Les moyens mis en œuvre consistaient en une démonstration de force sauvage, semant la mort, la douleur et la terreur : « le terrorisme » avant la lettre ! Le mal est donc à la fois physique et psychologique. L'effet de son premier volet est instantané ou de durée limitée ; celui du deuxième est profond et permanent : « la plaie peut se cicatriser, pas l'injure », disent les Peuls[5].

---

[5] On peut guérir d'un coup d'épée, mais guère d'un coup de langue, écrit Shakespeare.

Le mal d'origine endogène est la suite logique des effluves d'une affabilité naviguant à contre courant de la course à l'enrichissement et à la domination ; laquelle affabilité induit les Africains à la passivité, comme pour contredire leur stoïcisme des temps passés, ou faire injure à la légitimité de leur ambition. Leur émotivité est un défi que la raison répugne à relever ; car, il semble que la victoire habite le camp de la réflexion, du calcul, de la sécheresse de cœur et de la froideur dans l'analyse. Or, pour se comprendre, il faut être sur la même longueur d'onde. Face à « la raison hellène » qui caractériserait les Occidentaux, l'affectivité devient anachronisme. Aussi, l'idiotie des hommes de mains des auteurs du mal, généralement composés de haineux ou de marionnettes, va-t-elle jusqu'à leur faire ignorer qu'eux-mêmes et leur cause supposée en sont de potentielles victimes. Ils se retrouvent plus que jamais perdants sur toute la ligne, à l'instar des « Hutu extrémistes » ou des exilés irakiens et autres opposants à Saddam Hussein.

L'autre source du mal coulant de l'intérieur concerne la gouvernance de l'Afrique. La gravité de la situation y est telle que parler franchement de la gestion de la plupart des Etats d'Afrique à des Africains résidents comme à ceux de la diaspora, doit relever du courage, de l'audace, voire de la provocation. Presque tous sont malades de leur continent. Beaucoup semblent s'en révolter, ou manifestent carrément des signes de dégoût quand on évoque les noms de certains des dirigeants dont les comportements ont conduit leurs pays au chaos. Cependant, tous ne désespèrent pas ; ils rêvent d'une renaissance de l'Afrique et s'en font même un point d'honneur. Ils savent que celle-ci est évidemment possible, éminemment souhaitée et avidement attendue. D'immenses potentialités naturelles et humaines n'aspirent en effet qu'à y être valorisées.

Il ne semble cependant pas que ce soit demain la veille de l'arrêt de la duperie institutionnalisée. L'on eût dit que l'Afrique contemporaine ne serait bonne que pour être saignée ; ou qu'un lointain destin l'aurait condamnée à être constamment mise aux enchères publiques. Jadis, la traite négrière et la colonisation avaient fait de l'Afrique une énorme réserve de chasse aux bêtes de somme et une grande hacienda.

La consistance du mal africain en emprunte aussi au mythe du destin, sous l'action d'hommes espiègles, motivés ou fatalistes. Pour consoler les esprits crédules de ce triste sort, le Destin est promptement mis à l'index pour servir de bouc émissaire. Pour en être exorcisés, les filles et les fils d'Afrique doivent définitivement rompre avec cet alibi et proclamer solennellement la fin du règne de ce mythe. Alors ils conviendront avec le philosophe français Alain, que « les damnés sont damnés parce qu'ils le veulent ». Après quoi il leur sera loisible de s'atteler à effacer définitivement, de par le monde, toutes ces images qui leur sont nuisibles, souvent véhiculées à dessein à leur encontre. Faute de quoi ils ne s'en prendraient qu'à eux-mêmes, tardivement, lorsque finalement l'Afrique sera classée patrimoine de l'humanité... occidentale et ses habitants pris en otage par une formidable mécanique d'exploitation.

A- LES DAMNES D'UN DESTIN

Pareils à ceux qui croient noyer le poisson dans l'eau, certains Africains faibles d'esprit ont souvent préféré mettre sous le coup du destin les cruautés et autres humiliations subies par eux, et même la malencontreuse survenue de certains des dirigeants de leurs Etats sur les devants de la scène politique. Beaucoup pensent cependant que ce destin, enfanté on ne sait où ni de qui, n'a que trop pérégriné dans tous les coins du continent, persistant même dans le mal qu'il sème ; mal dont les racines baignent parfois dans une certaine histoire de l'Afrique et puisent souvent dans les croyances de ses peuples.

1- Origines et pérégrinations d'un destin

Remonter aux origines et aux pérégrinations d'un certain destin aux couleurs africaines ne peut que rappeler les théologiens byzantins qui cherchaient à connaître le sexe des Anges. L'analogie est d'autant plus pertinente que la référence au destin ainsi que sa perception s'analysent en un débat à tirs croisés, au quadruple niveau de la religion, de la philosophie, de la science et de la superstition.

Voulu d'essence plutôt abstraite et volatile, le destin apparaît comme un petit dieu mythologique dont la raison d'être est de mouler la vie des êtres, dont celle de l'homme. Une vision répandue voudrait qu'à chaque fois et au fil du temps, il soit le réalisateur exclusif aussi bien d'un mal que d'un bien dont il est censé être le géniteur et/ou la mère porteuse, conformément à ce qui a été prescrit et prédit, avant même que ne naisse la victime ou l'attributaire. Ce qui conduirait le destin à évoluer avec les hauts et les bas de la vie de chaque créature. Il s'identifierait fort bien à un personnage manichéen, naturellement armé d'une volonté féconde, disposant d'un pouvoir tentaculaire et qui sache manier et allier rapport des forces et sagesse.

La vie, les actes et les actions de chaque individu, respectivement affectés de coefficients personnalisés, seraient quelques unes des composantes d'un vaste programme imperceptible à l'œil nu, chargé de gérer les êtres. Ainsi, le vouloir et le pouvoir formeraient un tandem pour braver l'environnement, adapter les circonstances et secréter les moyens proportionnés à l'usinage et au formatage de l'évolution de chaque individu, pris isolément ou faisant partie intégrante d'un groupe ou d'un ensemble. Mais c'est la confrontation de ce tandem avec l'hostilité ambiante qui expliquerait, au second niveau, pourquoi aujourd'hui plus qu'hier le destin des peuples et des nations ne peut être façonné que par le rapport des forces. Celles qui structurent ce rapport sont l'intelligence, les richesses humaines et naturelles ainsi que l'arme de combat. Mais c'est la sagesse dans le choix de l'opportunité d'y recourir, le sens de la mesure dans leur combinaison et la maîtrise de la science de les manier à bon escient qui contribuent à faire fléchir le destin des peuples et des nations, dans un sens ou dans un autre. Cependant, aucun élément de ces composantes ne peut être suffisant en lui-même ni efficace par lui seul.

L'intelligence ne peut être prise comme telle que si elle est rationalisée et rendue "caméléonesque". Elle ne peut être productive ni efficiente si elle n'a pas la chance de se révéler, de se manifester et d'évoluer dans un milieu où elle peut rencontrer des relais réceptifs pour transmettre sa perception des choses et des situations, sa stratégie d'orienter les esprits et de canaliser les efforts. Plus ces relais sont nombreux, mieux vaudront les fruits de l'intelligence. Alors elle saura captiver la masse ou même des bataillons, plus en suscitant en eux un effet d'entraînement qu'en exaltant une quelconque prise de conscience réelle des enjeux, de leur part. La manipulation réussie des foules s'expliquerait ainsi. L'obéissance aveugle et parfois cruelle des troupes ou des armées entières doit répondre de la même logique. Les troupes françaises de l'opération "Turquoise", arrivées début 1994 au Rwanda via le Zaïre, marchant fièrement au pas cadencé, auraient-elles été ainsi manipulées au point de prendre part, à leur insu, à une mission que le président Paul Kagamé, le journaliste Patrick de Saint-Exupéry et beaucoup d'autres qualifieront de génocidaire[6] ? Les Rwandais de Juvénal Habyarimana, tout enthousiastes et les applaudissant à tout rompre, pouvaient-ils imaginer un seul instant que les petits drapeaux tricolores qu'ils brandissaient au passage desdites troupes étaient des messages à contenu macabre, qu'ils transmettaient à la manière des gladiateurs romains : « Ave Mitterrand, morituri te salutant ! » ?

Dans tous les cas de figure, l'intelligence a pour vocation de conduire à l'aboutissement heureux de la réflexion et de l'action. L'on peut estimer que la plupart des hommes naissent dotés d'une intelligence naturelle et d'innombrables facultés intellectuelles potentielles. Mais faute d'occasion de se prouver ou en raison du désert intellectuel qui les happe, ils assistent inconscients ou impuissants à la stérilisation ou à l'anesthésie de leur intelligence congénitale. Des exemples peuvent être tirés de la vie des nourrissons qui, à leur naissance, se ressemblent tous. Ils poussent les mêmes cris, esquissent les mêmes sourires, manifestent le même intérêt à ce qui les entoure. Puissent ces bébés provenir des zones géographiques et des races différentes qu'ils manifesteraient le même degré d'intelligence, les mêmes types de réactions et la même nature humaine quand ils se trouveraient regroupés et vivant exactement dans les mêmes conditions. Mais la nature singulière des réactions observées à leur égard par leurs parents et la spécificité de leur milieu sociologique ou de leur environnement culturel respectif, leur feront emprunter des cheminements différents sinon divergents ; puis les présenteront comme étant dissemblables, les uns des autres. Toutes situations qui conditionnent les êtres et fabriquent leur destin.

C'est ce qui explique que des enfants de race noire, jaune ou blanche puissent enregistrer des résultats scolaires globalement équivalents, s'ils sont traités dans des conditions identiques. Même devenus plus âgés, ils peuvent encore "dé-stériliser" leur intelligence s'ils se retrouvent dans un environnement intellectuel favorable. Ce n'est donc pas surprenant que des Américains d'origine chinoise soient particulièrement brillants aux Etats-Unis ; ou que Cheikh Modibo Diarra, ce Malien prodige, navigateur interplanétaire, ait réussi à s'intégrer à l'une des équipes les plus performantes de la NASA, à participer, voire à contribuer à la construction et au lancement de la voiturette qui parcourt le sol de la

---

[6] Le génocide rwandais, déclenché le 10 avril 1994 contre les Tutsi et les Hutu modérés, s'est soldé par plus de huit cent mille morts.

planète mars, laquelle voiturette obéit aux instructions d'orientation et aux ordres de dépannage donnés à partir de la planète terre. Des enfants de race blanche résidant par exemple en Afrique et étudiant le français, l'anglais ou le portugais, leur langue maternelle respective, ne sont pas systématiquement meilleurs en classe que leurs camarades noirs qui suivraient les mêmes cours de l'une ou de l'autre de ces langues. Toute chose étant égale par ailleurs, les mêmes causes produisant les mêmes effets, le destin des hommes et des peuples ne pourrait donc être différé ni rendu différent que par le seul fait de leur conditionnement sociologique, environnemental, scientifique et/ou culturel. Autrement, rien ne saurait dérouter les premiers comme les seconds, individuellement ou collectivement, de la voie royale sinon de la piste maléfique.

L'intelligence naturelle dont les hommes et les peuples sont censés être tous dotés étant potentiellement la même, sa masse opérationnelle globale mise en réseau est logiquement proportionnelle à la communauté humaine considérée. En elle-même et par elle-même, elle est le fondement de la richesse, car c'est elle qui la conceptualise avant de la livrer à la raison et à l'intuition. L'on comprend alors que Jean Bodin soutienne qu'« il n'y a de richesses que d'hommes ». Le terme "hommes" peut se comprendre sous plusieurs acceptions, toutes convergeant vers le façonnage ou la production des richesses. Mais "hommes" peut être également vu comme bras, jouant le rôle d'instruments naturels dont l'homme se sert, notamment pour travailler et produire. La quantité de sa production est fonction de la force et du nombre des bras oeuvrant, et la qualité de son esprit de créativité et de son habilité. Or, qui dit richesses rêve propriété et pense sécurité. Une fois de plus, ce sont les hommes qui sont interpellés et impliqués. « Il n'y a de richesses que d'hommes », mais d'hommes capables de les penser, de les créer et d'assurer leur jouissance.

Les richesses naturelles n'ont en effet de sens que par rapport à l'utilisation qu'en font les hommes, pour satisfaire leurs besoins biologiques et leur fierté de posséder ; mais aussi, hélas, leur ambition de puissance et de domination. C'est à ce niveau que se situe la tragédie du destin des peuples. Car, de même qu'à l'échelle individuelle, des voleurs, braqueurs, bandits de grands chemins ou pirates cherchent, au prix de leur vie et/ou de celle de leurs victimes, à arracher pour les en déposséder, des biens matériels plus ou moins précieux, du bétail ou des billets de banque. De même des nations se livrent à des guerres toujours plus absurdes pour s'approprier tout ou partie des richesses d'un pays, ou pour contrôler des régions entières et jouir de leurs richesses. Aujourd'hui comme par le passé, sans altercation préalable et sans état d'âme, un peuple peut être attaqué sur son propre sol et voir ainsi son territoire outrageusement violé, sans aucune raison autre que le degré élevé d'envie ou de cupidité d'un Etat étranger. Le tort du peuple cible est tout simplement de s'être installé, souvent sinon toujours à son insu, sur des richesses naturelles incommensurables. Les raisons invoquées par le pays envahisseur ne sauraient être que de la diversion pour cacher son égoïsme boulimique ou camoufler ses passions hégémoniques.

En simplifiant et en rapprochant les deux exemples, l'imagination génère très vite des symboles vécus à travers des films : ainsi des attaques dans le « Far West » des trains, transportant de l'or ou des billets de banque par des cow-boys entraînés, motivés et déterminés à s'enrichir coûte que coûte ; du « Corsaire rouge » piratant des navires de commerce sur ordre du Roi ; des gangsters en cagoule et armes aux poings dévalisant des banques... Mais aussi l'image d'un malabar pesant visiblement plus de deux cents kilogrammes et torturant dans un parking en la traînant par les cheveux, une honorable dame dont le seul défaut est d'être riche, mince et sans défense.

Ces quelques exemples illustrent comment peut se faire et se défaire le destin des hommes et des peuples aussi bien de façon anodine, plus ou moins inconsciente, qu'à travers une convoitise conjuguée à l'égoïsme dont certains forcenés font preuve ; lesquels ne s'embarrassent ni de la partie universelle de la morale humaine, ni des appels « au voleur ! » ou « au secours ! » que désespérément lance leur proie ; forts qu'ils se sentent du rapport des forces qu'ils estiment être à leur avantage.

Mais c'est l'arme de combat qui devient de plus en plus déterminant dans ce rapport des forces. Sa nature, son degré de vulnérabilité ou de nocivité et sa capacité à déjouer des moyens de parades ou d'interception destructive lui procurent quelque efficacité. Cependant, elle ne peut être redoutable que si à tous points de vue elle est supérieure à celle de l'ennemi d'en face. Celui-ci peut en effet en avoir des plus perfectionnées ou simplement y opposer une résistance et une tactique propres à dérouter l'adversaire.

Ainsi, avec des armes somme toute moins perfectionnées, mais avec une ruse et une détermination à vous couper le souffle, combinées à la parfaite maîtrise du terrain et des populations, les Vietnamiens à l'ultime bataille de Dieng Bien Phu ont-ils mis en déroute les troupes françaises bien qu'elles fussent dotées d'armements plus modernes et plus meurtriers, actionnés par plusieurs bataillons bien entraînés et composés d'Européens, d'Asiatiques et d'Africains. Les Américains, goguenards, un peu trop confiants en eux-mêmes, mais surtout à leur arsenal militaire sans pair, étaient convaincus qu'ils combattraient victorieusement les Viêt-Cong et laveraient rapidement la honte dont tout l'Occident était censé être souillé du fait de la débâcle inadmissible des Français. Aussi, décidèrent-ils de se substituer gaillardement à ces derniers dans la guerre d'Indochine. C'était contre les conseils de sagesse, d'expérience et de prudence qui leur étaient prodigués, notamment par le Général de Gaulle. Mais, malgré l'épaisse couverture aérienne tissée de plus d'un millier de bombardiers (B52 et hélicoptères) et le largage des dizaines de millions de tonnes de bombes et de napalm sur toute l'étendue du territoire vietnamien, malgré l'action vaillante, farouche, opiniâtre, voire acariâtre de ses troupes au sol, disposant et maniant des gadgets de guerre efficaces et de destruction massive, l'armée américaine au Viêt-Nam n'a pu arriver à bout de ces Vietnamiens de Hô Chi Minh, que ni la famine, ni la torture, ni même le feu de la mort n'ont pu faire fléchir dans leur inébranlable décision d'être maîtres dans le choix de leur destin, individuel ou national. La débâcle des Américains a été à la dimension de leur engagement total et sans réserve à barrer la voie au communisme jaune en poursuivant par le Viêt-Nam la "décommunisation" de l'Asie, déjà mal entamée en Corée. Leur consternation a été profonde suite à leurs nombreuses pertes en vies humaines[7]. Leur humiliation a été ans précédent face à ce nain en armement. L'ennemi a été d'une de ces volontés rarement concrétisées avec autant de panache dans la recherche de la victoire à n'importe quel prix, que les êtres humains ont eu rarement à manifester. Aussi, la guerre du Viêt-Nam continuera-t-elle pour longtemps encore à marquer douloureusement la mémoire de toute l'Amérique. Il faut bien craindre que la guerre d'Iraq ne soit une autre occasion de faire tragiquement battre à la retraite les troupes de la « coalition » qui y combattent.

---

[7] Les pertes en vies humaines sont estimées à cinquante mille Américains et à trois millions de Vietnamiens.

Il en découle que dans les composantes d'un rapport de forces, l'arme même atomique ou nucléaire, ne doit pas être donnée forcément gagnante, car tout homme, même apparemment faible, mais innocent et acculé, recèle en lui des forces insoupçonnées non encore mises à l'épreuve. Les réactions attristées de sympathie et de chagrin et partant de solidarité partisane et agissante, peuvent renforcer son potentiel défensif par des motivations profondes et le galvaniser dans ses actions déstabilisatrices de cet ennemi dont la seule source d'excitation lui viendrait de sa supériorité en équipement militaire, somme toute relativisée sur les champs de batailles. Il apparaît dès lors que le choix de l'opportunité de recourir à la solution des armes doit relever d'une grande sagesse ; tout autant que l'euphorie de guerroyer à bride abattue dans l'illusion d'être matériellement invincible. Aussi, avec l'Amérique au Viêt-Nam ou l'Allemagne nazie entraînée par Hitler, tous ceux qui croyaient à la supériorité absolue de l'armement ou de la race, dût-elle être " aryenne", en auront-ils eu pour leur compte.

Pour être efficace, l'arme de combat n'est donc pas nécessairement que matérielle, chimique ou bactériologique, ni d'exaltation raciale ou hégémonique. La plus redoutable peut même être celle de la prévention, de l'esquive ou du refus du combat, appuyé sur une préparation civique et psychologique permanente des populations à la vietnamienne ; sans pour autant négliger la fabrication et la détention des armes de dissuasion modernes, les plus adaptables au terrain, aux tactiques de l'ennemi ainsi qu'aux forces dont il dispose.

Il apparaît finalement que l'intelligence, les richesses humaines et naturelles ou l'arme de combat sont quelques uns des éléments du rapport de forces, susceptibles de faire estomper la linéarité de l'évolution des peuples et des nations. La souplesse de leur fiabilité devrait leur permettre d'être utilisées autrement, tout en garantissant leur capacité d'influencer le cours des évènements. En conséquence, le destin des peuples et des nations d'aujourd'hui sonne comme le reflet de leur génie ancien et actuel. Le bien peut avoir succédé au mal, le mieux au bien ou le contraire et vice versa. Mais les épreuves endurées, les frustrations refoulées ou la gloire arborée ne peuvent durer qu'avec la participation passive ou active, plus ou moins directe des sujets. Les Peuls ne se représentent-ils pas la réussite comme un beau cheval harnaché qui, passant au galop, s'offre indistinctement à tous ceux qui savent saisir l'occasion ? Ceux-ci sautent aussitôt dessus et s'y maintiennent pour en jouir et s'en réjouir. A chacun donc de s'emparer, juste au bon moment, des opportunités qui se présentent à lui. Le poids de l'ambition, le sens de la dignité et la volonté de réussir doivent inciter tout un chacun à conquérir ou à reconquérir d'autres raisons de vivre son bonheur et de contribuer à l'urgente réalisation de l'idéal collectif de l'humanité. Les noms des hommes, des peuples et des nations d'Egypte, de la Mésopotamie, de la Chine et d'ailleurs, ou plus proches de nous de la jeune Europe, n'auront marqué l'Histoire que dans cette logique. De nouveau programmée puissance parmi les puissances, l'Afrique contemporaine ne devrait pas y déroger.

C'est pourquoi, malgré quelques avancées notables enregistrées en Afrique dans le sens du bien dans beaucoup de domaines, la situation ne laisse pas indifférent. Elle est même de nature à inquiéter les âmes lucides, conscientes de la subsistance plus pernicieuse encore du mal décrié. Or, et sans que cela ne donne lieu à des interprétations tendancieuses, chaque fois que l'Africain a entrepris une action avec conviction et détermination pour écarter les embûches qui entravent sa liberté et son progrès, il a réussi à se défaire des chaînes qui l'enlacent. Alors « les damnés ne sont-ils pas damnés parce qu'ils le veulent » ? Un destin maléfique les inciterait-il à « souffrir et mourir sans parler », ou accepteraient-ils de négocier leur refus de disparaître contre un mal intermittent qu'ils subiraient sous l'œil d'aucun geôlier ? Pour y répondre, un diagnostic s'avère nécessaire. Il permettrait de rechercher l'explication de ce mal plus en profondeur encore, à travers les croyances mystico-religieuses, combien présentes dans l'univers africain.

S'il était établi que les Africains manquaient d'ambition, l'explication recherchée serait toute trouvée. Car le propre de cette catégorie de personnes c'est de justifier par des arguties tirées de l'irrationnel leur incapacité psychologique d'entreprendre et de s'émanciper. Leur léthargie se nourrit de tabous et de superstitions, divinisés pour la circonstance. Un fatalisme ombrageux leur transmet le virus de l'immobilisme et anesthésie leur esprit d'initiative. Aussi, le destin apparaît-il comme une fiction derrière laquelle se profilent superstition et supercherie, présentant un visage à la Joconde.

Le blocage actuel d'une bonne fraction des sociétés africaines peut trouver ses repères parmi ces causes. Il est moins le signe d'un quelconque envoûtement que de l'inconscience du conditionnement psychologique et parfois même spirituel des sujets. En l'occurrence et notamment, le destin est considéré comme l'explication qu'il serait un sacrilège de réfuter. Il est cependant plus évoqué en cas d'échec qu'en cas de réussite. A moins que ce ne soit des infortunés qui, dans le désarroi et comme pour se donner une excuse, tout en en gémissant, justifieraient l'élévation ou l'enrichissement des « autres » par un choix discrétionnaire partiellement opéré par "maître Destin". Mais où a-t-on jamais entendu les Asiatiques dans leur discrète fierté évoquer l'intervention de l'irrationnel dans le degré de perfection atteint par leur civilisation humaniste ; ou les narcissiques Américains, par leur civilisation mécanique ? Stratégie du subconscient pour camoufler la honte d'un échec, ou de l'inconscient pour dénier toute valeur à la réussite, l'évocation du destin ne traduirait-elle pas la traîtrise de la loyauté à la franchise ? Or, pour ces Africains, le destin peut en même temps être pris pour l'essence ou l'explication de la cause d'une vie ratée, vivre de caprices et de contradictions et servir de ressort à une existence réussie. Miraculeux et miraculé, il est ici synonyme d'une chose et de son contraire.

Qu'ils croient d'eux-mêmes à un tel mythe ou qu'ils y soient poussés, les Africains ne peuvent se disculper de leurs inepties ou de leurs gabegies, ni se décharger de leurs responsabilités en accusant fatalité et déterminisme. Ce serait trop simple pour ceux qui ne sont pas simples d'esprit que de s'abriter derrière des mots mystifiés pour détruire toute idée d'action, recommander l'abstention, expliquer et justifier l'inaction qui conduit à l'amorphie ; faire admettre la pauvreté qui génère la misère, l'irresponsabilité qui asphyxie les ambitions et annihile le progrès. Ils sont la négation de l'initiative, du mérite et donc de la motivation. Ceux qui se soumettent à leur emprise ne peuvent être que des êtres flottants qui s'accommodent au mal et se résignent à être ballottés entre frustration et amertume, pour finalement être plongés dans le désespoir, ce levain potentiel de la révolte visionnaire entraînant un combat de classe pour l'égalité et l'équité dans les relations.

Ainsi, étranger à sa propre évolution et quoi qu'il en pense, l'homme ne serait qu'une représentation personnifiée du fatalisme : « l'homme qui est né pour être noyé ne sera jamais pendu. » Or, ce destin qui n'est pas immuable semble dire qu'il n'y ait point de chute sans rebondissement, ni non plus de sublime sans rechute. Dès lors « le destin doit être surmonté par les seuls moyens de l'homme et sans aucun tour de gobelet ». Quelle valeur peut-on raisonnablement accorder à ce destin aussi mouvant que mouvementé, aussi agité qu'opportuniste. Et quelle portée doit-on conférer à l'interprétation mystique de ses produits supposés, de goût plutôt amer, d'apparence surtout sinistre. A ce stade, le concept du destin n'exprimerait-il pas une métaphore pudique traduisant la peur de l'homme de se prendre en charge et de s'assumer, ainsi que son manque d'honnêteté intellectuelle pour reconnaître et combattre ses erreurs et ses faiblesses, son incapacité ou ses échecs ? Ces handicaps varient avec le degré de la prise de conscience de sa part de responsabilité dans le mal qu'il traîne et de celui de son engagement à l'enrayer par des actions concrètes. Cette prise de conscience, dans sa phase active, a toutes les chances d'être contagieuse pour devenir collective.

Le destin des peuples et des nations se révèle alors comme la somme algébrique de ces facteurs passés en revue. Il apparaît dès lors que tout homme est maître de son destin. Il devrait par conséquent cesser de s'accuser en accusant « son destin », ou de transférer son mérite propre à ce dernier. Il est donc temps de comprendre que le destin n'est autre chose qu'un mythe. En tant que tel, son profond ancrage doit être extirpé du subconscient des hommes et libérer leurs réflexes, encore subjugués par une superstition dont les racines remontent à la nuit des temps.

Et c'est parce qu'il offre des atouts majeurs et un somnifère enivrant aux chasseurs de niais, que le destin sert de recours aux impérialistes pour judicieusement expliquer et cyniquement justifier la subordination ou la suprématie, innée ou accidentelle, de certains peuples par rapport à d'autres. Cette technique d'"inconscientisation" et d'infantilisation doit à son tour être pourchassée. Alors seront libérés les damnés du destin pour leur reconversion et leur insertion dans un monde qui favorise la foi en soi et en ses aptitudes, ainsi que le rejet de tout complexe de subordination ou d'infériorité, face à qui que ce soit.

Pas plus ni moins condamnés que les autres peuples à gagner leur vie à la sueur de leur front et leurs lettres de noblesse à l'exploitation rationnelle de leur cerveau, responsables par conséquent de leur sort et de leur tort, les Africains doivent éviter, voire refuser et rejeter tout ce qui est de nature à les subjuguer, à réduire ou à compromettre leur marge de manœuvre dans la gestion solidaire des affaires de leurs cités, de leur société et de ce monde. Le mythe du destin ne devrait plus être évoqué par eux que pour charger leur conscience ou prononcer leur déchéance. L'évocation du destin n'est donc autre chose qu'une forme d'expression métaphorique et pudique qui situe le niveau de leur crainte de s'assumer. S'ils sont conscients que la restauration de leur dignité passe par l'élévation de l'Afrique au niveau qu'elle mérite parmi les grandes puissances, les Africains doivent se sentir plus que jamais interpellés par « le Mal africain » qui ne cesse de les ronger, et dont résolument ils se doivent de s'employer à l'éradication.

2- La persistance d'un mal à éradiquer

L'Afrique est malade ; elle a mal de son être. Elle a tant souffert de son mal spécifique qu'elle sent qu'il est suffisamment temps pour elle de se soigner pour opportunément en guérir. Pour les besoins du diagnostic, il vaut mieux le décrire plutôt que de le définir. En fait, ce « Mal africain » est un agrégat de souffrances variées et de complexes diversifiés, subis et souvent inhibés par les peuples d'Afrique, et du fait des envahisseurs mieux armés et peu scrupuleux, et par auto-flagellation. Ses sources sont diverses, ses éléments nombreux et disparates, ses effets dévastateurs. Il dure contre toute logique convaincante ; mais il ne saurait perdurer contre vents et marées.

Il englobe, au plan physique, l'assassinat, la déportation, la torture ; au plan moral, la corruption des mœurs, les traitements inhumains et dégradants, l'indignation ; au plan psychologique, la domination et l'infériorisation, la frustration et l'amertume ; au plan social, l'arrachement ou le rapt, l'esclavage, la déshumanisation et le déracinement ; au plan économique, la spoliation, l'exploitation, la prévarication, l'escroquerie ; au plan culturel et religieux, l'acculturation, la profanation et le blasphème. De tout cela il en résulte une psychose dont tout Africain est atteint jusqu'à la moelle, d'une manière ou d'une autre.

Le « Mal africain » a existé. Il persiste et vit aujourd'hui encore en nous et à travers nous. Nos comportements et nos mentalités le révèlent ou s'en ressentent. Nos actions comme nos réactions, notre dynamisme ou notre passivité, le reflètent. Il est omniprésent. L'on n'a pas besoin d'aller à sa recherche, ni à sa découverte. Il est d'une évidence éblouissante. Notre continent n'en est pas encore exorcisé. Nos routes, nos rues, notre habitat… en portent la marque. Ses auteurs sont persévérants. Ils sont à la recherche permanente des stratégies nouvelles et adaptées pour toujours se créer de beaux jours devant eux. La connaissance de ses origines peut contribuer à les en dérouter, la maîtrise de sa nature et de sa fonction, à les en désarmer.

Mais qu'est-ce qui explique un tel Mal ? Comme « on ne peut regarder au fond de l'actualité sans regarder d'abord au fond de l'histoire », toute recherche d'une explication ou d'une compréhension du « Mal africain » doit remonter ses origines jusqu'au moindre recoin des méandres de l'histoire des peuples souffrants, dont la victimisation s'huile au passage de la négativité de certaines de leurs perceptions mystico-religieuses.

Force est alors de constater que le « Mal africain » se confond avec une certaine histoire de l'Afrique ; et pas seulement avec celle qui lui est décernée par ses vainqueurs. L'histoire de l'Afrique, à l'instar de celle de tous les continents et de tous les peuples, a évolué en dents de scie. Aux époques des lumières et de gloire ont succédé celles des épreuves et de la décadence. Comme pour rendre moins brutal le passage des unes aux autres, il est souvent arrivé que se soient intercalés des moments de doute, de platitude, d'espoir préludant parfois à ceux de l'euphorie. Mais à la différence des autres continents et contrées, l'Afrique est le berceau de l'humanité. Elle a vu « naître » et vivre sur son sol le premier être humain, dans la Rift Valley, aux confins de la région des Grands Lacs, du Kenya et de l'Ethiopie, selon des historiens et des archéologues crédibles. La science a permis d'établir qu'il était de teint foncé, couleur de protection naturelle de ses organes par la mélanine, contre la densité des rayons ultraviolets irradiant sa zone tropicale natale.

L'Afrique est donc au commencement de l'Histoire. Tout était en elle. Tout est venu d'elle, y compris la civilisation. Les hommes comme les femmes, tous de couleur noire, partiront de cette Afrique pour essaimer le monde. Ceux qui se fixeront en zone tempérée ou froide et y perpétueront l'espèce, subiront progressivement pendant des millénaires, des mutations mélaniques et deviendront plus ou moins « blancs ». Tous les êtres humains sont donc, selon notre spiritualité, des descendants d'Adam ; mais "laïquement" ou scientifiquement issus de Lucie, cette "Lumineuse" qui éclaire les origines de l'humanité.

Quelle infamie donc pour la sainte Afrique que d'être désignée par des "sauvageons", terre des « sauvages » et d'accueil conséquent des « missions civilisatrices » ! Aux premiers contacts avec les Européens au

XVIᵉs, ces derniers, globalement considérés, n'avaient aucune raison objective pour prétendre donner une quelconque leçon aux Africains, aussi bien sur le plan politique, économique, social que culturel. De l'Egypte à l'Ethiopie, de la Libye au Ghâna, de la Mauritanie à Gao, de Carthage à Tombouctou, de Fès au Bornou, du Soudan au Macina, d'Abomey à Ibadan, de Sokoto à Maroua, d'Abéché à Khartoum, de Monomotapa au Rwanda, de Zanzibar à Madagascar…, l'Afrique rayonnait de toute sa splendeur et dans tous les domaines. Dans l'absolu, elle ne pouvait nullement envier l'Europe.[8]

Mais les armes à feu plus que les navires à voile, dont se doteront les royaumes d'Europe leur permettront d'inaugurer le commerce humain à travers la traite négrière et de perpétuer sur le sol africain des crimes aussi odieux que répétés contre l'humanité. La colonisation achèvera l'édifice de la barbarie de l'homme devenu blanc. Si pour le Blanc, sa supériorité est fondée sur et s'explique par la force brute de ses armes à feu, pour le Noir rien ne saurait justifier la perpétuation d'un sort que la raison ne peut imputer à l'Histoire, ni la religion à la prédestination. Pourtant il faut vivre son époque, car « celui qui n'a pas l'esprit de son âge, de son âge a tous les malheurs » ; en voici déjà un élément d'explication du Mal africain d'origine exogène.

Le monde dit moderne voudrait que les notions des valeurs ou de leur échelle aillent alimenter seulement des discussions de salon ou de celles des quinquagénaires nostalgiques. Heureusement, le monde actuel

---

[8] Le président Sarkozy de France, sans doute mal conseillé par des sociologues et/ou insuffisamment briefé par des historiens, a affirmé à tort que « l'homme africain n'est pas assez entré dans l'Histoire ». Berceau de l'humanité, l'Afrique est au commencement de l'Histoire. L'Africain est resté collé à l'évolution historique et en a marqué les méandres et les repères. Des guerres puniques symbolisées par Hannibal aux première et deuxième guerres mondiales marquées par le courage altruiste des tirailleurs sénégalais, elle a honorablement contribué à écrire l'Histoire. Ni la civilisation mécanique actuelle de certaines puissances, ni même la marginalisation stratégique de l'Afrique actuelle ne peuvent occulter les pyramides d'Egypte ou la splendeur des empires africains d'antan. Subir l'Histoire n'en exclut pas les victimes : la conquête de la Gaule par les Romains dirigés par Jules César ou l'occupation de la France par l'Allemagne nazie d'Adolphe Hitler, ne sont guère différentes de la colonisation de l'Afrique. L'Histoire ne se saucissonne ni ne se décrète ; elle n'est ni ponctuelle, ni circonstancielle : elle est universelle. Autant l'on ne peut dénier à la Chine sa contribution à bâtir l'Histoire parce qu'elle n'a pas encore débarqué des Chinois sur la lune, autant l'on ne peut lever "l'ancre" africain de l'Histoire.

sous son silence souvent coupable, recèle encore beaucoup d'hommes et de femmes suspendus à la valeur non négociable de la vie, à l'amour et à la solidarité entre les êtres humains. L'élan d'humanisme mainte fois montré à travers des manifestations gigantesques dans nombre de pays du monde pour protester contre tel comportement inhumain ou l'assistance internationale aux infortunés et aux opprimés, en sont la preuve. Le silence observé par certains peuples face à des événements, pourtant douloureux, peut être un élément (anachronique) de leur culture ou provenir de l'inculture socio-éducative de leurs gouvernants. Mais comme nul ne peut deviner ce que cache un silence, l'on ne doit pas à priori exclure qu'il puisse trahir aussi quelque cynisme de la part de ceux qui se font indifférents et insensibles au sort malheureux qui frappe des peuples qui ne sont ni de leur région ni de leur religion.

Aussi, le conditionnement culturel des différents peuples de la planète est-il une des constantes les plus dangereuses dans l'incompréhension des hommes. Un exemple banal veut qu'un certain sens africain du scrupule interdise d'entrer dans le détail d'un calcul insistant sur l'équité du partage. Il illustre bien que leur silence est une source de blocage qui rend les Africains d'avance perdants dans leurs relations transactionnelles, notamment avec des Européens. Pour contourner ce genre d'interférence, les Anglais, eux, ont inventé une formule commode et anesthésiante : "Business is Business" (les affaires sont les affaires). En y recourant, les Africains y trouveraient un réducteur de timidité tout autant qu'un bouclier contre l'extorsion de leurs richesses, ce mal que leur sens inconscient de pudeur leur inflige. Plus subtile encore est l'approche propre aux Chinois. Ils sont mesurés dans le ton, circonspects dans l'engagement, délicats dans la négociation, mais efficaces dans le résultat. Ils ne se départissent pas de leur fonds culturel, ni ne bradent leurs intérêts. En fait, l'art de négocier est intrinsèque, les enjeux extrinsèques et la sagesse des parties arbitre. En voici deux sources d'inspiration dont s'enrichirait la spécificité africaine si elle pouvait s'affranchir de l'insouciance et de la précipitation des négociateurs, autres causes endogènes du Mal africain.

La fonction hypnotique du Mal par la manipulation des âmes africaines a connu un sort plutôt mitigé ; car les techniques d'hypnose utilisées n'ont pu permettre de les « posséder » totalement ni définitivement. Ces âmes se sont somme toute avérées suffisamment rebelles. Elles ont pu résister aux incantations somnifères ; elles en ont même libéré les victimes, après une hibernation intellectuelle plus ou moins longue. A moins qu'elles ne soient si vicieuses et si pernicieuses qu'elles aient pu transformer le conscient en inconscient et fait dire aux malades « possédés » qu'ils se portent bien.

L'idée du Mal - et du ressentiment qu'il provoque chez les Africains - est d'autant plus frustrante qu'elle n'est compensée ni par celle du bien, ni par une réciprocité du mal causé et subi. Elle est même choquante ; parce qu'à l'observation, le bonheur des Européens se nourrit dans bien des cas du malheur des Africains. Les uns en rient quand les autres en pleurent ; les premiers, la vision voilée par un égoïsme morbide, brisent éperdument l'ensemble Europe-Afrique, pourtant naturellement complémentaire ; préférant y opérer dans un monde en pièces détachées. Les seconds, souffrant d'un mal traumatisant et omniprésent, filigranant nombre de leurs réactions et même de leurs actions, continuent néanmoins de prendre leur mal en patience aussi longtemps que celui-ci n'engendre pas définitivement ce sentiment de maître plus ou moins arrogant d'un côté, de subordonné tant soit peu résigné de l'autre.

Le Mal africain des siècles récents met encore plus en lumière un mystère non encore élucidé, liant quelque peu le sort particulièrement énigmatique réservé aux femmes, aux Noirs et aux Juifs. Les ostracismes dont ils ont tous été l'objet d'une manière ou d'une autre, à un moment de leur histoire, les ont catalogués et pointés du doigt. Pourtant ni la féminité de la femme qui fait d'elle la mère de l'humanité, la sœur ou la conjointe de l'homme, ni la couleur « noire » de la peau de ceux qui ont peu ou pas quitté le continent originel, ni les écritures saintes qui ont fait passer les Israélites du statut du peuple élu à celui du Juif traître et errant, ne sauraient en eux-mêmes et par eux seuls justifier les cruautés dont ont été victimes ces trois catégories d'infortunés de l'Histoire. Lesquels doivent à jamais s'interdire toute vengeance sur les descendants de leurs bourreaux d'hier ou sur tout autre peuple ou race pris pour substituts.

Les sacrifices humains à l'autel de l'holocauste nazi et l'émouvante compassion qui s'en est suivie, sont peut-être en voie de réduire la rude violence plusieurs fois millénaire, déchaînée contre le mystérieux et mythique peuple juif. De même, l'action des féministes exploitant opportunément des slogans de la philosophie révolutionnaire d'égalité et le pressant besoin partisan en voix, inauguré par le suffrage universel, tendent mollement vers la libération de la femme et la prise en compte de son existence citoyenne. Quant au Noir lui-même, sa côte ne cesse de remonter malgré sa lente et apathique réaction contre l'injustice et l'exploitation dont il a souffert pendant la colonisation, et même après celle-ci. Plus que nul pays au monde, ce sont les Etats-Unis d'Amérique qui sont en train de réussir le pari de réhabiliter totalement ces infortunés de l'histoire. Les Juifs y trouvent, après la Terre promise, leur pays de prédilection ; les Noirs leur bouée de sauvetage. Grâce à des échantillons fort représentatifs et plus que convaincants d'abord de leurs grands champions sportifs et de leurs musiciens hors paire, mais aussi de la renommée de certains de leurs pasteurs, de la valeur militaire de leurs officiers dans l'armée et au charisme de leurs politiques, l'Amérique dans son ensemble a parfaitement adopté, intégré et assimilé à son identité les Africains Américains. La preuve en est irrévocablement fournie par les fonctions confiées à des personnalités de réputation mondiale à l'instar de Colin Powell et de Condoleezza Rice, ou le rôle éminent joué sur toute l'étendue de la nation américaine par des "institutions" telles que Martin Luther King et surtout le phénoménal Barack Obama.

Le « regard au fond de l'histoire » ne peut être tout à fait contemplatif pour l'homme. Les images qu'elle lui renvoie de ses actions ignobles contre ses semblables lui dénient toute fierté légitime en tant qu'elles jettent un discrédit sur certains fondements de son humanité ; celles de ses humiliations sont un pied de nez à ses niaiseries, à sa passivité et à sa mentalité peu combative. Le fond de l'actualité n'est pas moins répulsif pour les Africains au regard du niveau où ils se situent par rapport à beaucoup d'autres peuples, pas forcément plus doués, ni plus nantis par la nature.

L'actualité regorge de récriminations qui se répandent chaque jour davantage sur la gestion de l'Afrique par les Africains. L'apitoiement sur leur sort jugé triste et inquiétant, en est la source ; la prise de conscience des comportements irresponsables de certains dirigeants du continent l'explication. Les conséquences néfastes de leur gabegie hypothèquent l'avenir des populations. La jeunesse africaine, toute exubérante, a alors des raisons d'avoir des larmes aux yeux.

Devant l'impuissance des uns et la léthargie des autres face à la prévarication, à l'insouciance et à la légèreté de certains « responsables », l'espace de la pauvreté, déjà très vaste, prend encore de l'ampleur. Bon nombre d'Etats cheminent tout droit vers le chaos, à moins qu'un sursaut populaire et patriotique ne les en arrache. Certains Africains commencent alors à douter d'eux-mêmes et à se nourrir d'idées pessimistes pour l'avenir du continent.

Aussi, la situation est-elle par trop fertile pour que l'afropessimisme n'y prenne pas racine, n'affecte pas les esprits et ne décourage pas les bonnes volontés. Bien sûr, l'ambition d'un retardataire se lit dans sa détermination d'accélérer sa vitesse pour se rapprocher le plus près possible de ceux qui ont pris de l'avance, à défaut de les rattraper, voire de les dépasser, tout au moins dans certaines disciplines. Or, l'évaluation des performances sur le chemin parcouru, conjuguée à la mise en valeur attendue des potentialités inouïes dont regorge l'Afrique, peut être une source de motivation supplémentaire pour ce marathonien africain qui doit compléter ses trophées par ceux devant provenir aussi de la course de vitesse.

Ainsi, il ne devrait y avoir de place ni pour le pessimisme, ni encore moins pour l'afropessimisme. Celui-ci ressemble fort bien à un creuset où se ressourcent des caractères faibles et fragiles, peu ambitieux et adeptes de la vie facile, pas suffisamment courageux ni entreprenants pour accepter de partager des sacrifices, de mener et d'entretenir un combat jusqu'à vaincre et convaincre. L'afropessimisme n'a pas de raison d'être, ni ses tenants de se ranger parmi les résignés, d'être des bornés pour manquer de réalisme et de perspective. Une rétrospective analytique et une projection stratégique auraient permis d'apaiser quelques uns parmi les plus stressés et les plus découragés par cette vitesse de tortue à laquelle semble évoluer l'Afrique. Il ne s'agit évidemment pas de leur faire afficher un optimisme béat, ni de proclamer tout de go qu'à présent le Mal est facilement extirpable. Il ne s'agit pas non plus de décharger les Africains de leurs responsabilités historiques ou de celles de tous les instants pour accabler les Blancs seuls de tous les déboires passés, actuels et futurs du Continent. Mais qu'il procède du passé ou du présent, ce Mal n'exempte ni n'excuse aucun de ces deux protagonistes. Le Blanc qui conquit l'Afrique, asservit ses peuples et mit sur pied les stratégies d'exploitation durable de ses richesses, en est un des auteurs les plus dangereux. L'Africain complice sinon parrain du Mal ou le dirigeant irresponsable dans une Afrique affranchie, sont des marionnettes qui facilitent l'enlisement du continent, à la satisfaction de l'ancien colonisateur.

3- La perception négative de l'Africain : dilemme et équivoque

« Selon que vous serez puissant ou misérable, les jugements de cour vous rendront blanc ou noir. »[9], affirme une fable de La Fontaine. A cause aussi bien de leur pauvreté déclarée que de la couleur noire de leur peau, les Africains font doublement les frais des enseignements de cette fable. L'on y voit poindre les sources et les motifs de cette perception négative et les forces d'effilochage du socle de leur univers chagriné. Même ceux qui les ont sciemment et délibérément rendus misérables, doivent se demander comment ils ont fait pour en arriver là. La gestion peu performante sinon chaotique de nombre de leurs Etats peut en être la cause ; leur passivité aussi complice que fataliste face aux gabegies de leurs dirigeants, l'explication. La réprobation socioculturelle dont ils sont l'objet s'exprime principalement en termes de préjugés sarcastiques, mais aussi sous plusieurs autres formes de sentences inappropriées.

L'Afrique est un continent de contrastes où règne une dichotomie omniprésente mettant aux prises une misère galopante et quelque suffisance arrogante. Alors que les Africains les plus nombreux mènent une vie difficile, faite à la fois de frustrations et de découragement sinon de désespoir, des marginaux par le nombre se montrent étonnamment repus et arrogamment condescendants. A cet égard, il n'y a pas meilleur miroir pour refléter le côté cour de la réalité sociale et culturelle de l'Afrique et des Africains que l'achalandage des étalages des friperies ou des pneus d'occasion ; l'état sordide des taudis des bidonvilles, arrosés d'infectes eaux usées; l'envahissement de ce qui tient lieu de chaussée des voiries des grands centres urbains par le fourmillement de badauds ; la masse de chômeurs enrichis des diplômés sans emploi, transformés par dépit en vendeurs à la sauvette ; le surpeuplement des salles de classe parfois sans tables-bancs et sans instituteurs ; le désarroi des malades démunis face à l'état de délabrement avancé des dispensaires et des hôpitaux ; les bars bondés de clients hilares, gesticulant et cherchant à noyer leurs soucis dans l'alcool ; les grappes des jeunes demandeurs de visas à l'assaut des consulats prisés de certains pays occidentaux dès les premières heures du jour. Toutes choses propres à déconsidérer l'Africain à cause surtout des performances négatives des dirigeants de son pays, mais aussi de sa résignation incompréhensible face à une telle situation. Paradoxalement, c'est à lui qu'il revient de répondre de

---
[9] La Fontaine : *Les animaux malades de la peste* (fable).

l'irresponsabilité, de la corruption ou de l'inaction de ces derniers dont il est la victime expiatoire. Vivant de l'incertitude du futur chez lui, il reste également le point de mire des regards obliques que lui lancent d'autres peuples.

La perception négative de l'Africain par d'autres communautés transparaît aussi des propos et des quolibets à la fois malveillants et réducteurs coulant du subconscient de certains des leurs, des complexes plus ou moins inhibés individuellement manifestés par une partie de leurs membres, à travers des attitudes aussi arrogantes qu'hautaines observables en certaines circonstances. Le fondement d'une telle perception repose simplement sur des préjugés tirés de la généralisation d'une interprétation parfois hâtive et souvent erronée d'un fait circonstanciel, sinon d'un malheureux amalgame entre éthique, esthétique et valeur intrinsèque. De tout cela il se dégage au mieux une compassion trahissant des sentiments de solidarité humaine, au pire du racisme consistant en un jugement de valeur gratuit, subjectivement prononcé par des juges autoproclamés, dont l'alchimie de l'âme et de la conscience tire sa substance nourricière d'un complexe anachronique injustifié ou d'une haine obsessionnelle congénitale.

Une croustillante anecdote, à prendre avec des pincettes, illustre avec humour le genre de préjugés défavorables dont le Noir fait souvent l'objet. C'était à Buckingham Palace au tout début des années des indépendances des pays d'Afrique. Parmi les invités à une réception officielle offerte par la Reine, l'on comptait à la table d'honneur un seul Noir, ambassadeur de son état et objet de mille et une curiosités. Juste au moment où les convives s'apprêtaient à savourer les mets royaux, il se produisit un sérieux incident faisant gravement entorse aux bonnes manières et aux règles de bienséance les plus élémentaires. Le couvert d'un des invités étaient tombés au sol, fait sans précédent dans ce milieu feutré et hautement bien éduqué. Les décibels du remarquable cliquetis qui s'en suivit suscitèrent une indignation à peine contenue. Comme par réflexe, tous les regards aussitôt se tournèrent automatiquement vers le Noir, le seul "intrus" de la soirée. Conscient que par préjugé tout le monde l'indexerait, notre Africain se saisit aussitôt d'une main de son plat et de l'autre de son couvert. Il les souleva à la hauteur de sa tête, les yeux fixés sur la table devant lui et se tint dans cette posture pour un moment, afin que nul n'en ignore. Par ce silencieux gestuel il suggérait à toute l'assistance de tourner plus utilement ses regards plutôt ailleurs sur des Blancs que sur son singleton de personne. L'histoire ne dit pas si la réprobation générale qu'il était en passe de subir a pu être transférée à l'auteur (blanc) véritable de cette grave offense au protocole. Mais l'on aura compris que l'accusation n'avait retenu pour toute pièce à conviction que la couleur de la peau pour enfoncer le diplomate africain. L'attitude des invités ne peut cependant être jugée de raciste.

Car, le racisme n'est autre chose que l'expression arrogante du rejet subjectif des caractéristiques objectives qui distinguent les races les unes des autres. Il découle d'un narcissisme outrageant fait de l'appropriation unilatérale de l'éthique et de l'esthétique physique, plus ou moins arbitrairement sublimées par la civilisation et l'environnement de chaque peuple. Il se concrétise par un complexe de supériorité principalement tirée de la race d'appartenance. Il dénie toute valeur intrinsèque aux personnes issues des autres races et frappe d'infériorisation leurs actes et leurs actions. Et si par malheur les personnes unilatéralement et péremptoirement classées "inférieures" réussissent à démontrer par leurs talents le contraire de ce postulat, alors elles sont prises à partie par celles qui se sont autoproclamées "supérieures" ; lesquelles vont désormais leur vouer gratuitement et bêtement haine et mépris. La situation sera plus explosive encore si le renversement des valeurs s'opère avec brio et en public.

C'est la situation devant laquelle s'était retrouvé Adolphe Hitler, aux Jeux olympiques de Berlin de 1936. A cette occasion, un démenti cinglant fut apporté à ses préjugés théorisés sur la supériorité absolue de la "race aryenne". En s'adjugeant par quatre fois des médailles d'or en athlétisme au cours de ces mêmes Jeux, l'Africain Américain Jesse Owen fournit en effet la preuve irréfutable qu'on peut être Noir et premier ; ou Blanc et dernier. Faisant contre mauvaise fortune bon cœur, le Führer rejeta toute idée de saborder ou de voir s'écrouler les théories raciales et racistes qu'il s'était évertué à échafauder. Celles-ci n'avaient pu concevoir qu'un Noir pût être honoré d'occuper le premier rang en quoi que ce soit de bon. Seuls les Blancs sont éligibles au mérite et à la dignité de porter les médailles olympiques, combien convoitées. Il allait donc de soi qu'il n'aurait à serrer la main qu'à des Blancs. Mais que faire après le pavé jeté dans la mare de ses théories par ce Noir venu d'Amérique, qui aurait pu aussi venir d'Afrique ? Quitte à se ridiculiser encore davantage, il ne voulut rien entendre. Il ignora la présence de Jesse Owen, pourtant juché sur la plus haute marche du podium. Il refusa de lui serrer la main comme il le fit mainte fois auparavant tant que les mains à serrer étaient blanches. Son geste indigne n'en rajouta qu'à la valeur de l'or des médailles de cet athlète. Ayant ainsi pu démontrer l'absurdité des théories racistes tout en tournant malicieusement en dérision l'acharnement de leur auteur, Jesse Owen est devenu la légende historique institutionnalisée de ces Olympiades de Berlin.

Il s'en est fallu de peu pour qu'aux Jeux Olympiques de Beijing de 2008, les performances des athlètes (noirs) jamaïcains ne connussent pas un sort voisin. Des commentateurs de la chaîne Eurosport n'ont pu accepter le succès éclatant de ces athlètes, et plus particulièrement du phénoménal Usain Bolt qui réussit un triplé historique en pulvérisant successivement le record du monde des 100m en 9.69 secondes, des 200m en 19.30 secondes et en remportant la course de relais de 4x100m en 37.10 secondes. Ils tinrent des propos susceptibles de susciter des doutes sur la légitimité de leurs records. « Les jugements de cour » ont ainsi cherché à les « rendre noirs ». Aucun commentaire de ces journalistes n'a cependant visé à entacher de suspicion les extraordinaires performances de l'Américain (blanc) Michael Phelps qui réussit l'exploit non moins historique de remporter huit médailles d'or en natation, au cours d'une seule et même olympiade ; du jamais vu !

De même, certaines insultes à caractère raciste reprochées notamment à des spectateurs conspuant des Africains dans quelques stades européens de football s'inscrivent dans le même registre. La perception négative de l'Africain transparaît des quolibets tels que "négro", "sale Arabe", "singe" ou "terroriste", généralement dirigés contre d'excellents footballeurs africains, Noirs ou Arabes. Ils expriment haine et jalousie à l'égard de ces stars africaines ; mais aussi peur des dégâts dévastateurs que leurs talents sont en mesure de causer aux équipes adverses, bruyamment soutenues par de drôles de fans et d'inconditionnels supporters. Les prouesses et l'efficacité des footballeurs professionnels africains leur sont insupportables ; elles vont jusqu'à leur fragiliser le psychique, démonter l'enthousiasme, refroidir l'euphorie ou même créer le doute dans leur foi en leurs idoles. Mais ce qui paraît être l'expression d'un mépris gratuit peut aussi camoufler une arme psychologique de riposte destinée à énerver et à déséquilibrer le mental des joueurs dits de couleur, dont la seule vue dans le camp adverse sème la panique et le désarroi. Et comme « celui qui se noie peut s'accrocher même à un serpent », certains fans et supporters n'hésitent devant rien pour prévenir toute action dangereuse d'un buteur avéré. Dans cet esprit, il peut même arriver que des coaches spécialisent des joueurs dans la commission de certaines basses besognes. Cela a certainement dû être le cas lors de la finale du mondial 2006 opposant la France à l'Italie. Sentant la défaite certaine, conscient qu'inéluctablement le danger viendrait de Zinedine Zidane en super forme et sachant à quel point un Arabe ne peut supporter entendre grossièrement insulter un proche parent, le joueur spécialiste de la provocation était tout désigné pour porter l'estocade à Zidane. Il insulta sa sœur et obtint la réaction escomptée du meilleur footballeur du monde. « Le coup de boule de Zidane a frappé » : l'Italie obtint le titre de champion du monde de football en 2006.

Certes l'on peut convenir que la perception négative de l'Africain reste omniprésente et qu'elle sert de toile de fond à toutes ces provocations. Mais objectivement, ces injures n'insultent-elles pas encore plus ceux qui les profèrent ? En en voulant à des "négros" et à des "singes" à cause de leurs talents tant enviés, les supporters blancs incriminés ne se rendent-ils pas compte qu'ils sont en réalité loin de valoir ces "macaques", "babouins", "cynocéphales" et autres "terroristes" ? Mais fondamentalement, il n'est pas certain que la couleur de la peau soit en elle-même la cause des quolibets lancés des gradins des stades, pas plus que la qualité supérieure du talent des joueurs. Autrement Yannick Noah n'aurait jamais pu devenir l'homme le plus populaire de France. Le Camerounais Samuel Eto'o, l'Ivoirien Didier Drogba et bien d'autres Africains qui ont conservé leur nationalité n'auraient pas, non plus, magnétisé tant de stades grouillant de foules. D'ailleurs, entre eux-mêmes les joueurs profondément se portent estime et respect réciproques, à la dimension de leur valeur intrinsèque respective, sans la moindre arrière-pensée raciste. Il suffit pour s'en convaincre de les voir tout en sueur se congratuler et s'embrasser après chaque but marqué. Et c'est avec fierté qu'ils s'échangent indistinctement les maillots à la fin des matches. Il est alors encourageant d'apercevoir, à travers les sports en général et le football en particulier, une des "missions civilisatrices" de l'homme "mondialisé" de demain qu'incarnent si heureusement les brassages qu'ils favorisent.

Mais c'est surtout dans les consulats de certaines chancelleries occidentales que la preuve de la perception négative de l'Africain est la mieux administrée. Le personnel subalterne chargé des formalités des visas, dont le niveau d'éducation et la correction ne sont pas toujours des meilleurs, prend souvent de très haut leurs usagers africains. Ce personnel, à l'instar du Français Michel Rocard, doit penser que « [son pays] n'est pas le centre d'accueil de toutes les misères du monde ». Matérialiste, égoïste, frileux et bon Harpagon, il donne parfois l'impression qu'à la délivrance de chaque visa doit correspondre, au détriment des nationaux du pays à visiter, la subtilisation d'un repas, l'arrachage d'un emploi et/ou l'occupation d'un logis squatté. Il ne parvient pas ou ne voudrait pas parvenir à comprendre qu'ils sont nombreux, très nombreux ces Africains qui, pour rien au monde, ne voudront se séparer de leurs pays où ils se sentent très bien.

Passé l'étape des consulats, d'autres préjugés seront plus ou moins ressentis dans les pays de destination. C'est ainsi, par exemple, que jusqu'à récemment encore l'Américain moyen habitué aux sensations fortes du cinéma, imagine l'Afrique et l'Africain à travers un cliché réducteur immuable : « c'est là où des peuples souvent nus, affamés et armés d'arcs et de flèches, se livrent continuellement à des guerres fratricides et déambulent dans la brousse au milieu de moult espèces de fauves et des serpents omniprésents. »

Pluriels et multidimensionnels, les problèmes de perception négative de l'Africain sont aussi complexes qu'inextricables. En réalité, ils semblent témoigner des séquelles ou des "effets secondaires" de l'environnement néocolonial sur le social et le culturel. Mais, ils ne peuvent, non plus, être détachés des carences et insuffisances politiques et économiques enregistrées dans la gestion plus ou moins anti-démocratique et corrompue des Etats, dont ils sont à la fois le résultat et le reflet. Ce fut dans cet esprit qu'un médecin français, pourtant de très haut niveau, invectiva un jeune Africain très gravement malade, évacué sur l'hôpital où il officiait, en ces termes : « si vos Etats étaient bien gérés, vous ne seriez pas ici ; il faut rentrer chez vous ».

B- AFRIQUE, PATRIMOINE DE L'HUMANITE ... OCCIDENTALE

Selon l'écrivain français Ernest Renan, « La colonisation en grand est une nécessité politique de premier ordre. Une nation qui ne colonise pas est irrévocablement vouée au socialisme. [...] La conquête d'un pays de race inférieure par une race supérieure, qui s'y établit pour le gouverner, n'a rien de choquant. [...] Autant les conquêtes entre races égales doivent être blâmées, autant la régénération des races inférieures ou abâtardies par les races supérieures est dans l'ordre providentiel de l'humanité »[10]. Les idées de cet auteur, fondées sur un raisonnement à coloration raciste, participent du réchauffement soutenu de l'idéologie colonialiste en tant qu'elles sous-tendent et justifient les conquêtes coloniales occidentales. En tout cas, elles apportent un éclairage sur la propension de certaines grandes nations à entretenir et à faire perdurer la mentalité coloniale. Aussi, n'était-ce qu'un prétexte pour envahir et occuper l'Iraq à partir du 20 mars 2003, lorsque l'Administration Bush a prétendu qu'il était urgent d'empêcher Saddam Hussein de déployer les armes de destruction massive dont il était supposé disposer en quantités énormes. C'est faute de les avoir découvertes que la "libération" du peuple irakien et la "démocratisation" du pays sont présentées comme les vrais mobiles de l'invasion et les objectifs de l'occupant. Ces arguties n'ont rien d'original ni de surprenant. En effet, lors de la colonisation des autres continents, l'Europe s'assignait la "mission civilisatrice" et la "pacification" des peuples d'Amérique, d'Asie et d'Afrique. La règle du parallélisme des formes reste donc parfaitement respectée tant au niveau de l'argumentaire qu'à celui des motivations réelles et profondes des envahisseurs : s'accaparer des richesses des pays conquis, en enrichir les nationaux des pays colonisateurs et asservir les peuples colonisés. Tous les moyens sont bons pour y parvenir, y compris ceux de la manipulation des âmes. La religion chrétienne elle-même, triturée et torturée, a été appelée à la rescousse des administrateurs et des industriels coloniaux.

C'est pourquoi, à peine les indépendances étaient-elles proclamées que le néo-colon fit semblant d'abroger le droit colonial. C'était juste pour brouiller les pistes. En fait, il démarrait déjà l'échafaudage d'une nouvelle construction juridique principalement fondée sur des accords et des conventions, essentiellement léonins. Aussi, sa démarche aura-t-elle réussi à faire passer en douceur les pays colonisés du statut de territoires coloniaux à celui d'Etats indépendants néo-colonisés. A cet égard, l'examen attentif des conventions CEE/ACP est édifiant quant à l'évolution de leur contenu, et inquiétant pour ce qui est de l'avenir et du développement du patrimoine africain.

---

[10] Odile Tobner : *Du racisme français*, les Arènes 2007, p. 157

1- Rôle missionnaire et démarche messianique de la colonisation

Aussi bien pour coloniser l'Afrique que pour la décoloniser, les Européens ont usé de beaucoup de tacts et recouru à des méthodes psychologiques éprouvées. Dans cette œuvre exaltante, l'Eglise romaine occupait les premières loges. La papauté elle-même ne leur ménageait pas sa complicité, ni ne leur épargnait son concours : « des bulles pontificales partageaient des continents ou distribuaient des terres entre les couronnes européennes.». Elle eut cependant le temps de se ressaisir pour se limiter et se consacrer à « sa juridiction spirituelle » ; ce qui explique qu'elle ne se fît pas trop remarquer à l'ère des indépendances.

Pour l'Afrique, le dogme et l'objet de la foi sont sélectivement distillés pour cause d'exploitation coloniale. La désorientation blasphématoire de la spiritualité est désormais mise à nu. En l'occurrence, les colons n'ont enseigné aux Africains convertis à la religion qu'ils leur ont apportée, rien que quelques « morceaux choisis » du christianisme, propres à mieux les abrutir, les égarer et en faire des « possédés ». Des Africains déjà adeptes d'une autre religion dont ils n'ont pu les distraire, et de tous ceux d'obédience fataliste, ils en ont reconnu, accepté et soutenu les choix ; puisqu'ils ont compris que ces croyances n'obstrueraient pas leur entreprise d'hypnose. Bien au contraire !

Ce fut dans ce cadre que le Roi des Belges, Léopold Ier, « en bon chrétien », initia une religion coloniale d'inspiration catholique, spécifiquement réservée aux sujets de ses colonies. Aux religieux désignés pour être envoyés « en mission » en Afrique, cuvée 1883, il lut une « bulle » royale dont ci-dessous un extrait.[11]

« Révérends frères et chers compatriotes, la tâche qui vous est confiée [...] est très délicate et demande beaucoup de tact. Prêtres, vous allez certes pour l'évangélisation, mais cette évangélisation doit s'inspirer avant tout des intérêts de la Belgique. Le but principal de votre mission au Congo n'est donc point d'apprendre aux Nègres de connaître Dieu, car ils le connaissent déjà, ils parlent et se soumettent à un Mundi, un Mungu, un Diakomba, que sais-je encore ? Ils ne savent que tuer, voler, coucher avec la femme d'autrui, calomnier, injurier ... Ayons donc

---

[11] In Paul K. Fokam : *et si l'Afrique se réveillait*- Jaguard, 2000 p. 14-16.

le courage de l'avouer, vous n'irez pas leur apprendre ce qu'ils savent déjà.

Votre rôle essentiel est de faciliter la tâche aux administratifs et aux industriels. C'est donc dire que vous interpréterez l'Evangile de la façon qui sert à mieux protéger nos intérêts dans cette partie du monde.

Pour ce faire, vous veillerez entre autres à désintéresser nos sauvages des richesses dont regorgent leur sol et sous-sol, pour éviter qu'ils ne s'y intéressent, qu'ils ne nous exposent à une concurrence meurtrière et ne rêvent un jour à nous déloger.

Votre connaissance de l'Evangile vous permettra de trouver facilement des textes recommandant aux fidèles d'aimer la pauvreté, par exemple : « Heureux les pauvres car le royaume des cieux est à eux ». « Il est difficile au riche d'entrer au ciel ». Vous ferez tout pour que les Nègres aient peur de s'enrichir pour mériter le ciel.

Vous devez les détacher et les faire mépriser tout ce qui leur procure le courage de nous affronter. Je fais allusion...à leurs fétiches de guerre. Qu'ils ne prétendent point ne pas les abandonner et vous vous mettrez tous à l'œuvre pour les faire disparaître. Votre action doit se porter essentiellement sur les jeunes afin qu'ils ne se révoltent pas. Si le commandement du Père [induit] celui des parents, l'enfant devra apprendre à obéir à ce que lui recommande le Missionnaire qui est le père de son âme. Insistez particulièrement sur la soumission et l'obéissance. Evitez de développer l'esprit de critique dans vos écoles. Apprenez aux élèves à croire et non à raisonner.[...]

Evangélisez les Nègres à la mode des Africains, qu'ils restent toujours soumis aux [...] Blancs. Qu'ils ne se révoltent jamais contre les injustices que ceux-ci leur feront subir. Faites leur méditer chaque jour : « heureux ceux qui pleurent, car le royaume des cieux est à eux ». Convertissez toujours les Noirs au moyen de la chicotte.

Gardez leurs femmes à la soumission pendant neuf mois afin qu'elles travaillent gratuitement pour vous. Exigez qu'ils vous offrent en signe de reconnaissance chèvres, poules, œufs, chaque fois que vous visiterez leurs villages.

Faites tout pour éviter que les Noirs ne deviennent jamais riches. Chantez chaque jour qu'il est impossible au riche d'entrer au ciel. Faites *leur payer une taxe chaque semaine à la messe du dimanche. Utilisez ensuite cet argent prétendument destiné aux pauvres et transformez ainsi vos missions en des centres commerciaux florissants.*

Instituez pour eux un système de confession qui fera de vous de bons détectives pour dénoncer tout Noir qui a une prise de conscience aux autorités investies d'un pouvoir de décision ».

L'ordre alors intimé aux prêtres de ce roi d'aller travestir la religion chrétienne (catholique) n'a d'égal que le consentement fébrile de ces « missionnaires » tartuffes, nantis d'une singulière perception de l'apostolat et du sacerdoce.

Curieusement et bien que ni encyclique ni bulle papale, jamais rendues publiques, n'aient donné de telles directives aux vicaires catholiques « en mission » dans les colonies, à travers toute l'Afrique, les comportements de bien de curés ont été à tous égards identiques à ceux observés par les légataires du Roi des Belges. Rien n'empêche de penser qu'il y ait eu une concertation préalable et une résolution commune adoptée par les souverains des pays colonisateurs. Les autres, sans doute plus discrets, ont dû mieux garder le secret des délibérations. Evidemment le Saint-Siège a dû ignorer ces « balivernes » seigneuriales, peut-être pour s'élever au-dessus de la mêlée et s'éviter ainsi ce genre de difficile arbitrage dans lequel le Pape Clément VII fut acculé par François Ier, mécontent de sa généreuse partialité dans l'attribution des possessions coloniales en faveur de Charles Quint.[12]

Ainsi, à la faveur de cet ensemble d'informations, il est facile de comprendre pourquoi et comment

- l'évangélisation s'est inspirée avant tout des intérêts coloniaux ;
- les curés ont facilité la tâche des administrateurs et des industriels ;
- l'église catholique a institué la confession à l'usage des « détectives » ;
- le colonisé a fait de sa soumission aux Blancs et à leurs injustices une fatalité ;
- les nouveaux convertis ont parfois accepté de renoncer aux fétiches ;
- les crédules ont confié leur âme au missionnaire ;

---

[12] Pierre Biarnès : *Les Français en Afrique*, Armand Colin, 1987, p.28-29.

- l'Africain a plus cru qu'il n'a raisonné ;
- le christianisme a conduit le Nègre à se résigner à subir la pauvreté ;
- l'hospitalité africaine a été
  - généreuse envers les Blancs qui recevaient chèvres, poules, œufs…,
  - intime à l'égard des prêtres qui se virent « confier » des femmes ;
- l'Eglise a tardé à s'africaniser.

La patience et la durée des épreuves ont naturellement fini par avoir raison des non-dits de ce genre d'évangélisation partielle, partiale et orientée.

Les nationalistes africains ont très tôt compris que l'Eglise et le colonisateur étaient de connivence. Au milieu des années quarante, des illustrations macabres de cette complicité ont été enregistrées à Douala au Cameroun et à Dakar au Sénégal. L'on découvrira par ailleurs que la froideur d'une certaine ethnie du Cameroun vis-à-vis de l'Eglise ne s'explique pas seulement par l'attachement viscéral de ses ressortissants à leurs religions traditionnelles ; elle traduit aussi la leçon tirée de leur observation et de leur interprétation des coïncidences avérées aux premières années de la « Rébellion » : certains convertis au catholicisme rapportaient à leur prêtre lors de la confession, entre autres leurs méfaits contre des colons, et leur demandaient d'intercéder auprès du Seigneur pour l'obtention du pardon et la rémission de leurs péchés. Et le confessé d'hier se retrouvait abattu d'une balle le lendemain. Le lien a fini par être établi entre les « détectives » des églises et les exécuteurs de la police.

De même, rien ne devrait non plus surprendre que l'Africain se laisse aller à la crédulité gratuite plutôt qu'au bon sens, à défaut d'un raisonnement «cartésien». Qu'aujourd'hui l'Occident fasse fredonner partout et par tout le monde la chanson de «la lutte contre la pauvreté » n'en est que la réminiscence qui confirme la damnation institutionnalisée du Noir à la pauvreté, dans une version laïcisée et actualisée pour son subtil ancrage dans les subconscients. La « soumission aux Blancs et à leurs injustices », prise pour une fatalité, est une des résultantes du conditionnement des Africains par la colonisation.

Que dire alors de ceux qui croient devoir confier la gestion de leur âme aux « Missionnaires ». Ils l'ont égarée cette âme qui était à la fois leur guide, leur conseiller, le siège de leur foi et la source de leur équilibre ; et conséquemment ils se sont égarés, eux aussi. Ils sont devenus des êtres errants, à personnalité ratatinée, manipulables à volonté, complètement à la dévotion du prêtre ou du colon, qui pouvaient en faire – et en ont même fait – leurs marionnettes, semblables à un chien dressé à rapporter les objets que son maître joue à lancer au loin, ou à s'affaler à son signal. Un homme rendu sans âme est un être sans conscience, à l'image d'un drogué impassible fixant de ses yeux inexpressifs le néant. Nul ne peut dès lors ne pas comprendre la mentalité de "subordonnés innés" dont certains Africains font bassement preuve. Le lit pour un accueil fataliste de la dépendance est désormais dressé.

A l'inconsciente damnation pendent des âmes damnées d'Africains pour des causes qui leur sont suicidaires. Leur complexe de dépendance en est le vecteur principal. L'on vient de voir qu'il est créé par des méthodes coloniales plus ou moins barbares, mais bien imaginées, parfaitement conçues et efficacement mises en œuvre. Elles constituent des investissements à long terme ; car, à l'entendement des colonisateurs, les Africains se nourrissent plutôt d'illusions quant à la pleine jouissance de leur libération et de la souveraineté de leurs Etats. Le travail d'anesthésie de leurs facultés mentales et de leur intelligence est une œuvre achevée. Les colons se sont bien assurés, à travers des stratégies concertées, que cette anesthésie contient bien les germes de sa propre régénération. Mais l'action est surtout liée aux circonstances et non forcément à des hypothèses préalablement échafaudées et jugées intangibles. Aussi et face aux réalités dont tous les contours n'avaient pas été cernés, la quiétude inspirée par des stratégies de salon a-t-elle souvent cédé devant l'angoisse que crée le doute, ou l'incertitude que suscite la lucidité. Il s'ensuit alors que la cupidité qui se le dispute à la rapacité, se transforme en un instinct bestial de domination qui, aveuglément, personnalise et s'approprie le droit, personnifie la supériorité et privilégie la logique de confrontation. Un tel complexe peut éclairer les approches parfois divergentes et les comportements souvent singularisés des colonisateurs, observés à l'avènement des indépendances, et même bien après celui-ci. Les illustrations en sont nombreuses et variées.

La Belgique en offre un tableau assez complet. Sans conviction fondamentale favorable à la décolonisation de ses trois « propriétés » africaines, elle s'est mise dans le vent pour respirer l'air du temps. Elle voulut faire comme les autres dans cette mouvance générale des indépendances africaines. Au fond d'elle même, elle ne se voyait pas si précocement sevrée de ses richesses, notamment congolaises, source de vie du Royaume (et) des Belges. Alors elle multiplia de petites ruses paternalistes pour se faire désirer, des stratégies égoïstes pour conserver dans ses portefeuilles la quasi-totalité des sociétés opérant au Congo.

Mais c'est par les bassesses et le cynisme de ses dirigeants de l'époque que la Belgique se montrera petite et désemparée. Elle intriguera pour diviser les Congolais, aiguisera les appétits d'un Moïse Tschombé pour proclamer la sécession du Katanga, dressera son armée contre les jeunes recrues congolaises. Comme pour couronner ses convoitises et son incapacité d'imaginer une nouvelle forme de coopération qui aurait pu lui être favorable, elle entreprendra des « assassinats ciblés ». Les Belges feront sauvagement périr le Premier Ministre Patrice Lumumba, un des porte-flambeau des jeunes espoirs d'Afrique ; le seul ou presque qui a décidé d'emprunter le vrai chemin de la libération du Congo, qui a su vouloir pour son peuple et qui, déjà à cette époque, a eu une haute idée de la dignité de l'homme, fût-il noir. C'est celui-là que les Belges ont choisi de tuer avec des méthodes qui en empruntent à une burlesque sauvagerie. A l'instar d'une réaction chimique, le nom de Lumumba systématiquement rappelle la barbarie belge au Congo. Alors que son ombre n'a cessé de hanter l'esprit de ses assassins et son évocation de donner la chair de poule à leurs descendants, la mémoire de ce grand homme continuera de faire frémir les nationalistes africains, pour longtemps encore.

Avec la "marionnettisation", la déchéance puis la mort (suspecte) de Moïse Tschombé, l'apprivoisement d'un Mobutu Sese Seko zaïrisant, le Congo quitte le statut de colonie pour être décomposé et transformé en une nébuleuse dont le sort des habitants n'honore ni ses dirigeants civils et militaires, ni les puissances rapaces dont les serres n'arrivent plus à se saisir à volonté de la proie que constituent ses richesses minières. Les Belges y auront pratiqué la politique de la terre brûlée, dont ils sont, avec les Congolais, les premiers à en pâtir, sans jamais plus être capables d'arrêter la spirale du mal semé. Le Roi Léopold 1er doit se retourner mille fois dans sa tombe à l'idée que sa vision coloniale avait quelque peu manqué de perspective.

La récente reconnaissance de la Belgique de sa responsabilité pleine et entière dans l'assassinat sauvage de Patrice Lumumba ne saurait laver sa cruelle culpabilité historique, pas plus qu'elle ne saurait réparer les dommages de toute nature causés directement aux Congolais et indirectement à toute l'Afrique. Le coup des Belges au Congo a été un détonateur pour transfigurer les indépendances, travestir la conduite politique des Africains et ouvrir la voie à la mise en œuvre des méthodes abjectes de recolonisation à travers coups d'Etat et chasse aux hommes politiquement clairvoyants ou de caractère.

La France quant à elle semblait mieux préparée à la décolonisation. Le général de Gaulle en avait révélé quelque velléité à la conférence de Brazzaville, en 1944. Les guerres d'Indochine avec la débâcle française de Dieng-Bien-Phû, la guerre d'Algérie et la rébellion au Cameroun l'en avaient avertie. Mais était-elle pour autant toute disposée à accorder leur indépendance à ses colonies d'Afrique ? Le doute est permis.

Autrement comment comprendrait-on que la France se livrât à une répression aussi aveugle en Algérie tout comme au Cameroun, deux pays qui ne lui réclamaient que leur libération du joug colonial. Etait également révélateur de ses intentions refoulées, le chaos monté par elle, dès le 28 septembre 1958, contre la Guinée qui avait préféré « ramasser » son indépendance à travers son cinglant « Non » à "la Communauté" proposée par référendum aux colonies françaises, aux lieux et place de « l'Union française ». A la lumière des faits et de l'évolution historique et géopolitique, force est de reconnaître que les indépendances africaines de 1960 étaient plus accidentelles ou stratégiques qu'octroyées ; celle du Cameroun et d'Algérie exceptée, eu égard au statut onusien du premier et suite à la défaite militaire française négociée avec la seconde (cf. les Accords d'Evian du 18-03-1962).

La reprise immédiate en main de tous ces Etats par la France à travers des accords léonins, entérinés par des "souverains" africains, témoigne de l'attachement intéressé de celle-ci à ses anciennes colonies. Or, durant toute la période de "la guerre froide", les puissances occidentales rivalisaient avec les pays du Bloc Soviétique, par «Pays non-alignés » interposés. Les expériences menées avec les pays socialo-communistes par la Guinée « abandonnée à son sort » depuis qu'elle a rejeté la Communauté, par le Mali depuis l'échec de la fédération avec le Sénégal, par l'Algérie dès son indépendance

« arrachée », ainsi que par bien d'autres Etats africains francophones (Bénin-Congo), ont dû énormément influencer les relations politiques et diplomatiques entretenues avec les autorités françaises. Il n'est donc pas surprenant que les nationalistes et autres progressistes africains n'aient jamais été du goût de la France. Aussi, avait-elle scellé le sort d'un Djibo Bakary (Niger) ou d'un Modibo Keita (Mali) ; abattu par son armée un Um Nyobe (Cameroun) le 18-09-1958.

Mais à la différence de la Belgique, la France a su lâcher du lest quand vraiment il le fallait. Elle ne s'est pas, non plus, ouvertement par trop abaissée pour semer la zizanie par des intrigues de bas étage. Elle n'a cependant pas cru devoir encourager la transformation de l'AOF et de l'AEF-Cameroun en une fédération de l'Afrique occidentale d'une part, de l'Afrique équatoriale d'autre part ; à défaut d'une grande confédération francophone d'Afrique. Au contraire, l'émiettement de l'Afrique lui a été plus souhaitable. Du reste et quand bien même elle y aurait été vraiment étrangère, elle doit au moins avoir vu d'un bon œil l'éclatement de la fédération du Mali ou l'échec de celle de Ghana-Guinée-Mali.

L'Espagne libèrera totalement ses colonies chaque fois qu'elle y entrevoit quelques manifestations pour l'indépendance, irrésistibles et clairement exprimées par les populations. Elle y est habituée depuis plus d'un siècle : toutes ses possessions d'Amérique latine ont été décolonisées et abandonnées à leur extrême pauvreté.

La Grande Bretagne a cruellement souffert de la guerre d'indépendance (1776) de ses treize colonies d'Amérique du Nord, guerre menée contre elle par ses fils, de l'arrachement de l'Inde de l'Empire britannique en 1947. Ni la répression, ni l'esprit de gentlemen, n'ont pu vaincre un Mahatma Gandhi, l'apôtre de la non-violence, dans sa guerre de libération non par des armes ni par la guérilla, mais par des mains nues. L'épisode acrobatique de la déclaration unilatérale de l'indépendance de la Rhodésie du Sud (actuelle Zimbabwe) par Ian Smith, plus ou moins entérinée, peut être considéré comme un épiphénomène en la matière. L'indépendance accordée à l'Afrique du Sud en 1961, ne l'était en réalité qu'aux Blancs. Les lois et les pratiques de l'apartheid y étaient maintenues ; elles excluaient la population noire, pourtant largement majoritaire, de toute participation à la vie politique. Traités en sous-êtres, exploités, maltraités, emprisonnés, reclus, assassinés..., les Noirs de l'Afrique du Sud ne connaîtront l'indépendance de leur pays qu'avec la libération de tous leurs leaders politiques dont le très emblématique Nelson Mandela et l'acceptation d'une démocratie fondée sur le principe de « one man, one vote ». C'est en réalité avec l'élection de Nelson Mandela comme président de la République Sud Africaine en 1994 que les Noirs de ce grand pays du Continent ont universalisé l'indépendance octroyée par le colonisateur.

De toutes, la colonisation portugaise aura été la moins facilement déracinable. Aussi, les colonies portugaises d'Afrique ont-elles été toutes affranchies au prix d'âpres et de longues guerres de libération nationale (Mozambique, Angola, Guinée-Bissau). Elles ont causé plusieurs centaines de milliers de morts de part et d'autre et autant d'éclopés et autres handicapés physiques. La méthode belge de monter des Africains à s'entre-tuer sans merci est la même utilisée par les Portugais. Un Jonas Savimbi n'aura ainsi été qu'un mercenaire à la solde du Portugal et des Etats Unis d'Amérique ; il a été expressément choisi et solidement soutenu pour perpétuer la guérilla en Angola et favoriser le maintien, sans concurrence, de certaines multinationales dans l'exploitation des riches gisements pétrolifères du pays. Mais avec le soutien sans faille du M.P.L.A du Dr. Neto par l'O.U.A. et l'affaiblissement conséquent de Holden Roberto, le M.P.L.A. est désormais seul maître à bord. Jonas Savimbi lui-même, finalement lâché par ses parrains, succombera en maquisard sanguinaire sous les balles de l'armée régulière de la République d'Angola.

Les indépendantistes des colonies portugaises, dirigés par Amilcar Cabral (PAIGC) en Guinée-Bissau, Samora Machel (FROLIMO) au Mozambique, Agostinho Neto (M.P.L.A) et Holden Roberto (F.L.A) en Angola, ont tant et si bien traqué les troupes portugaises que la guerre a failli se transposer au Portugal même, n'eût été le courage, la clairvoyance et le réalisme d'un général de Spinola. C'est lui qui, pour sauver la patrie en danger, perpétua un coup d'Etat et mit fin à cette longue colonisation. Finalement elle ruinait les forces armées et rendait le pays exsangue. Ce fut donc en 1974 que « la révolution des œillets » évita au Portugal une débâcle autrement plus coûteuse en hommes et en argent. L'intelligence des faits et l'inversion des techniques et des stratégies de guerre forceront le plus vieux colonisateur des temps modernes à reconnaître à ses dernières colonies leur souveraineté.

La démarche coloniale n'a pas pour autant cru devoir instruire le clairon de fermer les bans. Se voulant perpétuelle, elle n'a fait que changer d'air, pour mieux inventer un type nouveau d'exploitation, plus nocif que jamais. Car, la caractéristique principale du néocolonialisme est d'opérer subtilement des ravages, si possible en silence. Et déjà sur le continent des Noirs, les choses se présentent désormais en termes de survie des populations. Le livre d'Antoine Glaser et Stephen Smith « L'Afrique sans les Africains » ne serait-il pas une gentille semonce pour annoncer la vidange de l'Afrique de ses Africains, via le sida par exemple, pour laisser se réaliser « le rêve blanc du Continent noir » ?[13] Des spécialistes n'auraient-ils pas déjà reçu mission de s'y employer, en recourant entre autres à des techniques de démolition systématique du moral et de la perspective ? Seraient donc bons tous les moyens qui leur permettraient de parvenir à leur fin, quand bien même ils produiraient sur leurs innocentes victimes des effets néfastes. L'alchimie des scénarii catastrophes et des prédictions apocalyptiques ainsi que les gestes et propos qui les précèdent ou les accompagnent, tendent en fait à révéler des plans diaboliques conçus pour maintenir les Africains, dans la meilleure des hypothèses, condamnés à demeurer à l'état d'éternels assistés. Car, si un aveugle aux mains nues menace de lancer une pierre à quelqu'un, ce qu'il a cette pierre sous le pied. Alors on comprend les calculs et les projections des impérialistes qui, obstinément, ne cessent de présenter, par papotage "scientifique " organisé, l'avenir de l'Afrique sous des jours plutôt sombres. Et les alibis sont vite trouvés pour justifier les retards et les errements des Etats africains (à défaut de les leur avoir créés) en toute connaissance de cause. Cette tactique, grossière s'il en est, relève tout simplement de la préparation et du conditionnement psychologiques.

C'est tout de même bien curieux que des Occidentaux, qui se réclament géniteurs et adeptes du cartésianisme, s'abonnent de la sorte à des postulats, à l'art divinatoire et à l'occultisme ; ou se barricadent derrière les portes de la raison et du rationnel. Autrement, comment expliquer qu'ailleurs au Kosovo, en Afghanistan ou en Iraq l'Occident se plaise à détruire pour pouvoir reconstruire ? Tandis qu'ici, l'Afrique attend vainement qu'on lui offre un plaisir encore plus grand de

---

[13] Antoine Glaser-Stephen Smith : *l'Afrique sans les Africains ; le rêve blanc du Continent noir*- Stock-1994.

contribuer à la faire renaître de ses cendres et à la construire sans guerre ouverte ; elle n'a pas encore réussi à l'attirer, encore moins à l'intéresser à son gigantesque projet, pourtant très riche d'opportunités variées, de profits substantiels et de dividendes immaculées. Lui préférerait-il, à elle, un traitement tout spécial, différent par exemple de celui de l'Iraq ? Que donc la raison et la sagesse l'emportent sur des stratégies machiavéliques et meurtrières !

Comment donc être surpris, dans un tel contexte, que la plupart des accords et traités "négociés" puis ratifiés avec les anciennes colonies, notamment d'Afrique, restent fondamentalement, aujourd'hui encore, aussi régaliens que léonins au profit de l'ancien colonisateur !

Dès l'avènement de l'indépendance politique de leurs Etats respectifs, les Africains lucides, clairvoyants et visionnaires constatent très vite que les espoirs placés en elle et en elle seule ne peuvent être définitivement assouvis. Certes, la victoire psychologique qui en découle est nécessaire si elle peut servir de planche d'appel pour un autre bond en avant. Mais elle s'est révélée insuffisante pour résoudre les problèmes brûlants de l'Afrique que sont sa sous-valorisation économique, sa colonisation monétaire et/ou bancaire, son faible poids politique, militaire et diplomatique, ou le désert scientifique qui l'asphyxie ; toutes situations qui sont imputables à sa balkanisation et génératrices de la misère de ses populations, ainsi que de son décalage négatif par rapport au niveau général du monde actuel. Ces fléaux en réalité maintiennent l'Afrique dans le *statu quo ante*. Concrètement, les effets de l'indépendance politique sont annihilés par la dépendance économique, plus écrasante et plus humiliante que jamais. Pour sortir l'Afrique de son bourbier actuel, il faudra dénouer, sinon trancher les nœuds gordiens, Berlin et Yalta, qui l'étranglent et interdisent sa libération effective.

En effet, bien qu'indépendantes, les anciennes colonies ont en commun leur immobilisme dégradant. A la lumière de leurs rapports avec les grandes puissances en général et leurs anciens colonisateurs en particulier, leur indépendance apparaît plutôt nominale et donne l'impression qu'ils sont l'objet d'une stratégie nouvelle, plus cynique, qui vise à les hébéter puis à les apeurer pour mieux les détourner de leur volonté, comme par hypnose ; puis asservir leurs dirigeants préalablement corrompus. Ces exploiteurs peuvent-ils alors s'accommoder d'un vrai pluralisme qui conduirait à l'alternance, avec des régimes et des gouvernants plus attachés aux leurs qu'aux leurres ?

Mais la colonisation elle-même, remplacée par un néocolonialisme ringard, appuyé sur des régimes autoritaires ou irresponsables, ne produit-elle pas des effets secondaires qui rendent psychotiques les pays et les peuples (jadis) assujettis ? La réponse semble affirmative. Toutes ces situations conjuguées les unes aux autres, pourraient expliquer, ne serait-ce que partiellement, d'une part la psychose de suspicion et d'insatisfaction qui altère aujourd'hui encore la sincérité et l'équité présumées dans les relations entre les Africains et leurs anciens colonisateurs, et d'autre part la dépersonnalisation et l'excès de conformisme des premiers cités ; tous faits qui engendrent l'irresponsabilité et sous-tendent l'immobilisme régnant, en Afrique notamment.

Aussi, une bonne frange des Africains désabusés est-elle persuadée que ce sont les Blancs qui, pour leurs intérêts, continuent indirectement de gouverner l'Afrique par leurs hommes de main, leurs « chargés de mission ». Les difficultés d'y instaurer la démocratie trouveraient leur explication dans ce plan stratégique stylé visant à mettre vaille que vaille en place ces hommes de paille là. Mais comment comprendrait-on alors qu'une large fraction d'Occidentaux prétendent faire de la démocratie le seul mode de gouvernement au monde, et des antidémocrates leurs cibles privilégiées qu'ils semblent vouloir abattre au même titre qu'ils l'ont triomphalement réussi à l'égard du communisme ? Le vécu désespérant des pratiques antidémocratiques régulièrement enregistrées en Afrique, souvent avec l'aval de certains d'entre eux, autorise-t-il à prendre au sérieux leurs déclamations en faveur du règne planétaire de la démocratie ? Comment peut-on croire à une démocratie burlesque, dont ils s'accommodent de l'exotisme au gré des circonstances et de leurs intérêts du moment ? Il ne saurait donc être surprenant qu'arbitrairement ils obstruent le déroulement d'une élection foncièrement démocratique tandis qu'ils reconnaissent sans aucun scrupule des régimes issus d'élections truquées, fraudées, sans choix ou simplement de façade. Combattre par monts et par vaux pour l'instauration de leur démocratie tend de plus en plus à dénaturer le sens de cette dernière et à compromettre la pureté de sa valeur universelle. Or, aussi grand ou respectable croit-on être, on perd de sa crédibilité au fil de ses contradictions ! Les pays du Tiers Monde, dont l'Afrique, qui sont pétris dans une sagesse plusieurs fois millénaire, répugnent tout donneur de leçons qui ne prêche pas par l'exemple ou qui n'allie pas ses actes à sa parole. D'où la nécessité pour le colonisateur de passer à la vitesse supérieure : créer le droit colonial.

2- La Conférence de Berlin, fondement juridique de la colonisation

Le droit colonial laïcisé apparaît avec l'acte général de la Conférence africaine de Berlin. Il s'actualise et se prolonge avec les conventions CEE/ACP, les accords de défense et de coopération militaire, les Accords de partenariat économique... Ces traités confirment que l'oiseau de proie n'a pas lâché sa prise. Aussi, les richesses humaines et naturelles de l'Afrique continuent-elles de faire le bonheur de la bourgeoisie néocoloniale et d'assurer le bien-être de quelques dirigeants européens. En contre partie de quoi les Africains peuvent s'attirer l'apitoiement et même « l'aide humanitaire » de ceux-là auxquels, de gré ou de force, ils fournissent des emplois et contribuent tant soit peu à garantir un niveau de vie décent. Aussi paradoxale que puisse paraître cette situation déplorable, elle ne cesse de perdurer. Elle demeure réelle tout en restant cruelle, formalisée et consolidée qu'elle est par la conjuration de Berlin.

Du 15 novembre 1884 au 26 février 1885, les monarchies (incluant l'Empire ottoman) et les deux républiques occidentales[14] d'alors, s'étaient réunies en congrès à Berlin pour s'entendre sur les objectifs de la colonisation, les modalités de partage des territoires colonisés ou à coloniser, ainsi que sur les « sphères d'influence » réservées à chacun des pays signataires. *L'acte général de la Conférence africaine de Berlin* entérine en fait les acquisitions territoriales déjà réalisées. Il délimite également les zones de passage ou de libre échange. Sans doute pour dissimuler ou minimiser les côtés conflictuels du grand appétit montré dans le dépeçage de l'Afrique, le Congo a été classé "zone franche". Plus connu sous le nom de Pacte Colonial, l'« acte de Berlin » était censé légitimer la mise en œuvre de l'invasion, de l'occupation et du pillage des pays d'Afrique, d'Asie et d'Amérique latine. Le Pacte peut alors s'analyser pour des esprits non avertis, comme la suite logique de la suppression de l'esclavage imposée au congrès de Vienne (1815) par les

---

[14] La République française et les Etats Unis d'Amérique. Il convient de noter que l'empire ottoman, qui n'est autre chose que l'actuelle Turquie, a toujours fait partie du monde occidental, donc de l'Europe.

âmes sensibles qui avaient encore de l'humain dans le cœur. Car et de plus en plus, l'esclavage suscitait en elles des révoltes des consciences et la création conséquente des mouvements humanistes, qui se dressèrent un peu partout en Europe (Angleterre et France principalement) pour exiger et obtenir son abolition.

Mais à bien y regarder, le Pacte, très perfidement, déjouait les effets de cette abolition, en rationalisant les méthodes coloniales et en mettant en place une autre forme non moins cynique d'exploitation humaine. Constat était d'ailleurs dressé que la Traite des Noirs comportait beaucoup d'inconvénients financiers. Le rendement des captures baissait et leur danger s'aggravait. Les pertes des "marchandises humaines" pendant la traversée de l'Atlantique et les avaries étaient importantes. Les révoltes à bord des négriers devenaient de plus en plus fréquentes et meurtrières. Les résistances et rebellions se succédaient et s'amplifiaient en Amérique du Nord, du Sud ainsi que dans les Caraïbes, pays de destination de tous ces esclaves capturés en Afrique. Déjà, quatre-vingts ans avant la Conférence de Berlin, une révolution d'esclaves dirigée par Toussaint Louverture força les esclavagistes français à battre en retraite et la France à "accorder" son indépendance à Haïti : première République noire à s'être libérée du joug colonial grâce à son courage, au sacrifice tragique de nombre de vies pour marquer triomphalement son refus d'aliénation et d'asservissement.

Tout laisse donc penser que la réunion de Berlin n'était autre chose qu'une assemblée de conjurés qui, par stratégie et du bout des lèvres, laissaient penser qu'ils prenaient acte, *urbi et orbi*, de cette abolition. Or, l'Acte final signé par les plénipotentiaires des Etats représentés à cette Assemblée, se résume en un pacte de non agression entre eux et d'agression dirigée contre les pays et les peuples colonisés. Il s'agit d'une agression totale, en ce sens qu'elle conduit à l'occupation territoriale, à l'asservissement physique, mental et culturel des peuples et à l'exploitation gratuite de leurs richesses, en guise de butin. L'Acte de Berlin reste et demeure le symbole universel de cynisme, d'égoïsme et d'esprit impérialiste.

Ainsi, par une simple substitution du mot colonisation à celui d'esclavage, les Européens imposent aux peuples d'Afrique d'être des producteurs *ad aeternam* et sur place de matières premières destinées aux manufactures (et plus tard aux industries) européennes, chargées de les transformer en produits finis et de les rehausser de "la valeur ajoutée"; créant ainsi des emplois chez eux même à la masse de leurs prolétaires, accroissant les revenus de chacune de leurs nations; enrichissant outrancièrement leur bourgeoisie naissante. Là-bas, la Révolution Industrielle, les critiques acerbes assénées au capitalisme sauvage et les idées socialistes en vogue finiront par forcer les capitalistes à améliorer la condition ouvrière, tant au niveau des salaires qu'à celui des autres avantages sociaux. L'« exploitation de l'homme par l'homme » décriée par Karl Marx, aura ainsi été atténuée en Europe ; mais pas en Afrique où elle continue de sévir aujourd'hui encore. Passivement l'Afrique reste l'éternelle exploitée, condamnée à lutter pour sa survie, entretenant et endurant un chômage endémique qu'elle ne mérite pas et que rien ne justifie. Car, en plus de leur substance minérale ou végétale, les matières premières contiennent également des emplois : en l'occurrence, ce n'est pas l'acte de transformation qui génère l'emploi, mais plutôt la matière à transformer.

Alors que Alexis de Tocqueville, porté aux nues par toute la France, décrivait avec enthousiasme et envie « la démocratie en Amérique[15] » qui déjà l'avait particulièrement émerveillé pendant son séjour aux Etats-Unis encore en formation, au moment où la Révolution française de 1789 s'enorgueillissait de la devise française de Liberté – Egalité – Fraternité et de la Déclaration des Droits de l'Homme et du Citoyen, certains peuples d'Europe occidentale (dont des Français) laissaient paradoxalement éclater au grand jour l'étroitesse de leur vision humaniste et la subjectivité de leur sens de la démocratie et de la liberté ; leur perception du droit de propriété, ce complice de la cupidité des plus forts. Aussi, la Conférence de Berlin ne s'était-elle nullement préoccupée de recueillir le moindre avis des peuples d'Afrique que liait, sans et contre leur volonté, avec des chaînes nouvelles[16], l'Acte final de cette conférence internationale.

Rien donc d'étonnant que dans cette logique égocentriste, les pays signataires du Pacte Colonial aient oublié que, même colonisés, les Asiatiques, les Africains et les Latino-Américains, ne pouvaient manquer

---

[15] Alexis de Tocqueville, *De la démocratie en Amérique*, Nouveaux Horizons, pages choisies des T. I et II de l'ouvrage de 1935 ; 16e édit. Michel Levy Frères, Paris, 1874.
[16] Seul le Ministre britannique des Affaires Etrangères avait évoqué, peut-être par humour, sa surprise que l'Afrique n'y fût pas représentée.

d'aspiration aux « Droits de l'Homme » et au bien-être. Bien sûr, sur le papier, les pays européens ont toujours désiré assurer le développement et la prospérité des Africains. Mais ce désir les aurait tellement étreints et fanatisés que les Africains attendent toujours sa réalisation, à moins qu'ils ne cherchent encore à comprendre pourquoi certains Européens se plaisent à proclamer souvent le contraire de ce qu'ils font, passant peut-être inconsciemment maîtres dans l'art de noyer de gros mensonges dans de vraies fausses vérités.

C- LES MECANISMES D'EXPLOITATION EGOISTE

Juridiquement, l'accession des colonies à la souveraineté internationale rend caduc le Pacte colonial de Berlin. Logiquement, leurs relations économiques ou de coopération feront désormais l'objet d'accords bilatéraux ou multilatéraux. Ce qui exposerait les anciens colonisateurs à se faire concurrence pour gagner les bonnes grâces des anciennes colonies, prises individuellement ou collectivement. Pour leur éviter de s'agripper entre eux, ils ont préféré la voie multilatérale qu'ils ont facilement fait accepter à chacun de leurs anciens sujets. Aussi, à peine obtenues, les indépendances africaines ont-elles été mises entre parenthèses. Pour réussir ce tour de passe, le colonisateur a mis au point une stratégie basée notamment sur les accords de défense et l'aide financière ou technique, voire politique ; et fondamentalement sur les « Conventions » avec les mêmes colonisateurs regroupés au sein du Marché commun. La stratégie d'adaptation à l'évolution du commerce international leur fera plus tard préférer l'appellation « Accord de Partenariat Economique ».

1- Du Pacte colonial aux Conventions CEE/ACP

Constitué d'un espace relationnel plus élargi, le cadre de l'Union Européenne semble bien, à priori, pouvoir contribuer à lever certains complexes ou malentendus, parfois anciens, et à vider de leur sens les notions de " pré-carré " ou de " sphères d'influence ". Mais, son noyau central est composé d'anciens pays colonisateurs, tous signataires du Pacte colonial. D'où le soupçon d'une résurrection fantasmée de l'Acte de Berlin ; sans doute les conventions signées avec les Pays d'Afrique, des Caraïbes et du Pacifique (ACP), leurs anciennes colonies respectives, forment-elles un pacte actualisé, mieux fignolé, plus subtil, immergeant ses trappes dans des appâts scientifiquement plus socialisés et susceptibles d'être imperceptibles à l'œil nu, même des plus intègres et des plus lucides négociateurs. Les craintes ainsi exprimées ne sont pas dénuées de tout fondement.

Face à « l'Europe des Six », les dix-huit Etats signataires de la Convention de Yaoundé sont effectivement tous d'anciennes colonies allemandes, belges, françaises et italiennes. Le passage de l'Europe des six à l'Europe des neuf avec l'entrée notamment de la Grande Bretagne et la signature de la Convention de Lomé I a entraîné l'adhésion de vingt huit nouveaux Etats dont la plupart étaient d'anciennes colonies britanniques (Nigeria, Ghana, Tanzanie, Zambie...). Le Portugal se fait précéder à Lomé II de son ancienne colonie, le Mozambique, avant d'intégrer la C.E.E. en 1989, juste au moment où l'Angola, une autre de ses ex-colonies importantes, est accueillie à Lomé IV en décembre de la même année. En définitive, entre la Convention de Yaoundé de 1963 et celle révisée à Maurice de Lomé IV de 1995, soixante dix anciennes colonies de pays de « l'Europe des Quinze " ont signé les diverses Conventions CEE/ACP. Le Liberia seul y a adhéré sans en avoir été une colonie. Un examen attentif de la liste des Etats ACP permet d'ailleurs de constater que la quasi-totalité des Etats du continent africain en sont membres. Seuls les pays arabes de l'Afrique du Nord ont dû subodorer quelques relents de cette subtile recolonisation dont ces Conventions semblent être un des socles. Il en est de même du Liban et de la Syrie. En Asie du Sud Est non plus, les anciennes grandes colonies britanniques (Inde – Pakistan – Bengladesh) et celles d'Indochine française (Cambodge – Laos – Viêt-Nam) ou Néerlandaises (Indonésie) ne figurent pas parmi les " recolonisées ".

Tout semble donc viser principalement l'Afrique noire. Le reste (excluant l'Afrique du Sud) n'est autre chose qu'un savant maquillage appliqué à un puzzle d'îlots et de rivages, juste pour donner l'impression que le monde entier court après l'Europe pour lui livrer, à ses conditions, ce dont elle a besoin pour son industrie et le développement de l'emploi de ses jeunes.. En réalité, sur les vingt deux Etats et micro-Etats des Caraïbes et du Pacifique[17], seulement six produisent des matières qui

---

[17] Ces 22 Etats des Caraïbes et du Pacifique comprennent :
Antigua et Barbuda (442 km² - 65 000 h)
Bahamas (13 900 km² - 308 000 h)
Barbade (431 km² - 268 000 h)
Belize (23 000 km² - 231 000 h)
Dominique (751 km² - 71 000 h)

entrent dans les composantes des échanges conventionnels C.E.E./A.C.P. Les seize autres gèrent, au mieux, des stations balnéaires ; évidemment, ces Etats peuvent s'avérer attrayants pour la détente touristique et même utiles à ceux qui seraient à la recherche des paradis fiscaux pour planquer leur argent sale « en lieux sûrs ». Sinon et plus sérieusement, que valent économiquement Sainte-Lucie, Tuvalu, Vanuatu, Saint Christopher et Nevis, Tonga, Belize ou Kiribati et tous les autres réunis, comparés au seul Soudan avec ses 2 506 800 km² et ses trente deux millions d'habitants ? L'ensemble des vingt deux Etats des Caraïbes et du Pacifique couvrent une superficie totale de 887 325km² et comptent une population globale de vingt et un millions d'habitants.[18] Ces raisons peuvent justifier, ou tout au moins expliquer, que ces îles et rivages recherchent une coopération de ce genre avec la Communauté Economique Européenne (CEE).

Ce qui est loin d'être le cas des Etats africains. Eussent-ils préféré s'assumer et choisir d'être irrévocablement maîtres de leur destin, qu'ils œuvraient avec succès à la maîtrise de leur développement et gardaient toute leur dignité. Peu de pays d'Afrique Noire, pas même le Nigeria ou l'Angola avec leur pétrole, la Côte d'Ivoire premier producteur mondial de cacao, ne sauraient se prévaloir de leur adhésion aux Conventions de

Fidji	(18 300 km² - 823 000 h)
Grenade	(344 km² - 94 000 h)
Guyane	(91 000 km² - 157 000 h)
Jamaïque	(11 425 km² - 2 598 000 h)
Kiribati	(900 km² - 84 000 h)
Papouasie- Nle- Guinée	(463 000 km² - 4 902 000 h)
Samoa occidentales	(2 842 km² - 159000h)
Saint Vincent et …	(388 km² - 114 000 h)
Sainte-Lucie	(616 km² - 149 000 h)
Salomon	(30 000 km² - 463 000 h)
Saint Christopher et Nevis	(269 km² - 38 000 h)
Surinam	(163 265 km² - 419 000h)
Tonga	(700 km² - 99 000 h)
Tuvalu	(24 km² - 10 000 h)
Trinité et Tobago	(5 128 km² - 1 300 000 h)
République Dominicaine	(48 400 km² - 8 507 000 h)
Vanuatu	(12 200 km² - 202 000 h)

[18] Pays d'élevage qui produit aussi du pétrole, le Soudan compte parmi les tout premiers producteurs du Coton du Monde.

Yaoundé et de Lomé pour prétendre que leur développement en a été positivement affecté. Ceux qui se sont écartés de ces structures d'exploitation, comme les pays arabes d'Afrique du Nord, de la Méditerranée orientale ou les anciennes colonies françaises, britanniques et néerlandaises d'Asie du Sud Est, bon an mal an, apparaissent à la face du monde comme des Etats viables et respectables. C'est plutôt par la volonté de son peuple et le sérieux de ses dirigeants que l'Inde est devenue une des grandes démocraties du monde ainsi qu'une puissance nucléaire. Et comme résultat concluant de sa " Révolution verte ", politique agricole initiée par Nehru et pratiquée avec succès depuis lors, elle réussit à jeter aux oubliettes l'image du pays le plus représentatif de la famine qui lui collait à la peau jusqu'aux années soixante. A quelques variantes près, il en est de même du Pakistan, également puissance nucléaire, ainsi que des anciennes colonies françaises d'Indochine, de l'Indonésie et des Etats arabes. Il s'agit d'un état d'esprit et d'une vision politique plus sublime qui les ont conduits à préférer ne pas se laisser enlacer dans de nouvelles chaînes. Bien sûr et malgré cela, ils ne peuvent ne pas être conscients que quelques uns des pays arabes, n'ont pas encore recouvré toute la liberté de gestion de leurs ressources nationales. Mais leur situation est bien différente de celle des Etats ACP. Il faut néanmoins espérer que certains d'entre les membres de cette Union Européenne auront peut-être la sagesse de comprendre qu'une duperie ne peut être éternelle et que tôt ou tard elle sera découverte, voire sanctionnée. Car, les temps ont changé, les mentalités ont évolué. Et la " libéralisation " peut avoir pour effet induit et peut-être inattendu de réduire, voire même de disloquer les solidarités anciennes et les conventions sous-jacentes. Libéralisation et globalisation, si elles intègrent positivement aussi l'Afrique et si les Africains s'organisent pour mieux s'en servir, inciteront les promoteurs et les opérateurs économiques locaux, encourageront les masses africaines éclairées, à ne plus se sentir tenus par les conventions passées sur leurs dos par tout Etat dont l'imagination et les ressources conceptuelles accuseraient du retard sur l'évolution et le sens des affaires du monde actuel ; au triple niveau des relations économiques, industrielles ou financières et monétaires.

L'Europe elle-même, si tant est qu'elle voudrait survivre aux changements qui s'opèrent, se doit de substituer à son égoïsme égocentrique, ou à ses largesses par trop "calculées", une grande ouverture d'esprit décomplexé, et opter pour une politique économique et industrielle d'un partage raisonnable et équitable avec les pays dont les économies lui sont complémentaires, et notamment avec l'Afrique, entendue dans sa globalité et dans la perspective que la fédération de ses Etats est inéluctable à terme.

Aux Africains il revient de comprendre qu'il est temps de dépasser les vœux pieux visant à subtiliser leur signature pour valider des conventions d'équité douteuse. La seule issue qui puisse leur être acceptable est celle qui concrétisera sans délai la transformation sur place des matières premières africaines dans une mesure compatible avec le sens de la justice et de l'équité. « ... *Le travail humain se payant de plus en plus cher, le produit fabriqué augmente constamment de valeur par rapport à la matière première, il en résulte que le commerce extérieur des pays industriels s'améliore en valeur par rapport à celui des pays sous-développés [...] Mais si grâce à l'aide internationale ces derniers s'industrialisent, leur position commerciale s'améliorera [...] Ce seront, [alors] leurs travailleurs - et non plus [seulement] ceux des pays développés – qui profiteront de la plus value résultant de la transformation*[19] ». Autrement, « *la vision apocalyptique de Karl Marx qui voyait la société capitaliste s'effondrer par suite de l'opposition entre riches et pauvres ne s'est pas réalisée à l'échelle nationale risquerait de se réaliser à l'échelle du monde*[20] ».

Alors il faut nécessairement sortir des sentiers battus pour innover dans les relations économiques et industrielles dans un contexte de partenariat et d'échange approprié, par type de produits, de technologies et par secteur d'activités, à l'échelle africaine. Faute de quoi toutes ces conventions à relents néocolonialistes conduiront à terme à une grave impasse, préjudiciable aux industries, au commerce et au climat social des pays signataires. Car, allergiques aux balivernes conventionnelles

---

[19] François Luchaire op, cit. P. 17-18. Le Professeur Luchaire confesse ici aux lieu et place des pays du Pacte colonial actualisé : « Ce sont les travailleurs des pays sous-développés – **et non ceux des pays développés** – qui profiteront de la transformation [sur place] des matières premières ». Cela sonne comme un S.O.S. et une mise en garde lancés aux pays développés.
[20] Idem Ibidem P. 15

avec la CEE, les jeunes générations des pays ACP apporteront à coup sûr leur touche pour mieux répondre aux aspirations légitimes des peuples d'Afrique, en leur assurant emplois et revenus comme usufruit de leur labeur et de leurs produits.

Or, de même que le Pacte colonial s'était subrepticement substitué à l'abolition de l'esclave, de même des traités et conventions sont venus habiller le vieux Pacte à nouveau vernissé pour mieux accueillir et accompagner les indépendances africaines, si possible en les rendant inopérantes. Produit d'une inadvertance répétée ou pied de nez permanent adressé aux jeunes Etats, ces textes trahissent, de la part de leurs auteurs, un goût affirmé de domination, filigranant une cruelle finalité.

Au terme du préambule du Traité de Rome, les pays du Marché Commun déclarent qu'ils entendent « confirmer la solidarité qui lie l'Europe et les pays d'Outre-mer ». Pourtant entre ces deux catégories de pays il n'existait aucun traité antérieur les liant, pas plus qu'il n'existait de solidarité équitable et sincère, ni de loyauté réciproque entre les peuples "sangsuels" d'Europe et ceux arnaqués et rançonnés d'Outre Mer. Rien ne pouvait donc justifier le verbe « confirmer », sinon une association d'idées et des arrière-pensées qui renvoyaient inconsciemment au Pacte colonial. Le Traité de Rome tint compte de « la loi-cadre[21] » qui se proposait d'accorder plus d'autonomie aux colonies françaises et dont le vote par le parlement français est intervenu quelques mois seulement auparavant. Comme ce fut le cas à Berlin, les Africains n'étaient pas représentés et n'avaient pas signé le Traité à Rome non plus.

C'est surtout avec la Convention de Yaoundé de Juillet 1963 que la division internationale du travail est « contractualisée » et institutionnalisée. Elle consacre la mise sous tutelle de l'Europe Occidentale des pays africains devenus indépendants. Cependant et à la différence de la tutelle telle qu'elle est conçue par l'ONU ou par le droit civil ou coutumier, la tutelle post-coloniale est essentiellement mafieuse.

Aussi, très vite, la Convention de Yaoundé se révéla-t-elle être une mise à jour et à niveau du Pacte colonial de Berlin. Elle maintient en

---

[21] La Loi-cadre ou Loi Deffere, du nom de son initiateur alors Ministre de la France d'Outre Mer, est promulguée en 1956. Le Traité de Rome est du 25/03/1957.

réalité et par divers subterfuges, dix-huit pays nouvellement "indépendants" dans le *statu quo ante*. En créant une zone de libre échange supprimant les barrières douanières européennes aux matières premières africaines nommément distinguées, et en instaurant une protection douanière privilégiant les produits d'Europe, cette Convention dénie toute possibilité aux pays africains de s'industrialiser. En effet, selon ses stipulations ne sont admises en Europe que les matières premières brutes. Même le café torréfié ou décaféiné, le poivre moulu, les noix broyés... sont exclus de la liste parce qu'ayant déjà reçu en Afrique un début de transformation.

En se refusant ainsi d'importer ne serait-ce que des produits semifinis en provenance des dix-huit « ex » colonies signataires de la Convention, « l'Europe des Six » s'arroge le droit d'imposer ses produits industriels tout en décourageant l'importation par les Africains des produits d'autres pays industrialisés pour lesquels le montant des droits de douane est comparativement rendu prohibitif par la Convention. Les actes posés par la Convention de Yaoundé vont donc au-delà de simples velléités coloniales. Il s'agit véritablement d'une construction juridique bien affinée d'une stratégie néocoloniale. L'Europe laisse transparaître ses fermes intentions de reprendre en main et sous une autre forme l'ensemble de ses anciennes colonies. La recolonisation feutrée est en marche.

La preuve est ainsi établie que l'esprit néocolonial des Européens ne s'épanouit pleinement qu'en Afrique Noire. L'explication ne doit surtout pas être recherchée dans un quelconque élan de générosité de leur part. Beaucoup d'Africains les considèrent en effet comme globalement manquant de sobriété et de scrupule et ne se souciant pas du sort de l'autre quant à leur conception du partage. Et la fameuse " hospitalité africaine " prétendument offerte à la colonisation ou même à la recolonisation, ne peut résulter que de la combinaison de plusieurs facteurs plus ou moins complémentaires tels que :

– le bas niveau d'organisation politique de certaines ethnies avant la colonisation,
– la crédulité et la naïveté de certains peuples d'Afrique face aux démarches des Blancs,
– la désorganisation de la logique des systèmes politiques et économiques précoloniaux,

- l'insuffisance ou la déformation de la formation civique ainsi que les manipulations diverses,
- la mauvaise perception des objectifs politiques unificateurs et économiquement libératoires,
- le manque ou l'étouffement des ambitions d'influencer le sens de l'histoire universelle.

La combinaison intelligente et circonstancielle des indices ci-dessus, dénotant de l'indifférence ou de la légèreté de certains Africains, est certainement à l'origine des " tares " que leurs interlocuteurs européens ont dû relever dans leurs comportements politiques ou au niveau parfois délétère de leur argumentation. Cette situation peut contribuer

- d'une part, à mieux appréhender le contenu des multiples Conventions de Yaoundé et de Lomé
- d'autre part, à bien mesurer le degré, l'étendue ou les limites de l'impact de ces Conventions sur les économies et le progrès social des Etats ACP, en comparant, toutes proportions gardées, l'avance ou le retard du développement global de ces Etats par rapport à celui des anciennes colonies qui se sont refusée d'adhérer aux conventions CEE/ACP.
- enfin, à mieux comprendre la préférence désormais portée sur le vocable « Accord » pour mieux cerner le contenu du concept « partenariat ».

Ainsi parviendra-t-on facilement à indexer et à lister ceux qui profitent des bénéfices qui en sont tirés. Le bilan des opérations menées depuis près d'une cinquantaine d'années est éloquent ; et de quelle façon ! Ceux qui en sont les dindons de la farce continuent de se taire et même de se fourvoyer encore davantage ; et pour cause !

Par son contenu et sa portée, la Convention de Yaoundé se présente comme un correctif apporté aux indépendances : elle sert d'instrument de ratification du Pacte colonial de 1885. N'eût été cette validation, certainement inconsciente, la deuxième moitié du XXe siècle aurait pu être une bonne occasion d'accueillir une mémorable décolonisation. Trois fois hélas ! Le XXIe siècle lui-même est inauguré par la Convention de Lomé révisée à Maurice, souillée par le sceau d'une recolonisation déguisée dont elle est maculée !

Les quatre Conventions dites de Lomé sont signées, la première (Lomé I), le 28 février 1975 à Lomé, et la cinquième (Lomé IV révisée) le 04 novembre 1995 à Maurice. Cette dernière clôture la série des conventions. L' « Accord de partenariat » ACP-CE signé à Cotonou le 23 juin 2000 et révisé à Luxembourg le 25 juin 2005 semble inaugurer celle des "Accords".

Comme par hasard et à bien y regarder, les soixante onze Etats ACP signataires desdites conventions sont tous peuplés d'" hommes de couleur ", pour ne pas dire plus simplement d'hommes et de femmes de la race noire ; ceux des Caraïbes étant pour la plupart des Africains exportés lors de la Traite des Noirs pour aller y cultiver de la banane, du cacao, du café, du coton, de la canne à sucre ... pour la satisfaction des besoins et l'enrichissement des esclavagistes blancs. Avec l'avènement de la colonisation et sous l'autorité du colon, la culture de ces produits fut par la suite imposée aux Noirs restés en Afrique ; les indépendances n'y auront rien changé. La Convention liant les Etats de l'Union Européenne aux Etats ACP s'avère donc être non seulement une convention liant les colonisés d'hier à leurs anciens maîtres, mais aussi – ô divine surprise ! – une "coopération" entre la race noire et la race blanche de l'Europe occidentale, comme jadis. Ce n'est plus l'esclavage ni l'exploitation brute comme au bon vieux temps, mais une coopération plus stylée, plutôt pernicieuse, concrétisée par un pillage effréné et silencieux des richesses humaines et naturelles des Etats du Continent et doublée de blocages prémédités de leur industrialisation.

La complémentarité naturelle existant entre l'Afrique Noire et l'Europe aurait pu être autrement rentabilisée, de façon plus équitable et plus saine ; grâce à une intégration économiquement plus réaliste et socialement moins critiquable. Aucune des parties à un tel partenariat ne devait se sentir lésée dans son développement économique, social, financier et technologique. Il s'agirait d'établir un courant exemplaire d'échanges entre des pays dits industrialisés et ceux qui aspirent à l'être. Il ne devait nullement être question, dans ce genre de relations, que l'une des parties se livre sournoisement à l'escroquerie de l'autre. Or, la Convention de Yaoundé ne semblait pas s'être préoccupée de ces vérités aussi nécessaires qu'incontournables ; ni encore moins avoir tenu compte des exigences minimales de loyauté et de bonne foi réciproques qu'impose toute coopération qui se voudrait à la fois fructueuse et durable. Les quatre Conventions, qui l'ont parfaite, ne semblent pas, non plus, avoir dérogé à son esprit ni à sa lettre.

En effet, au-delà des généralités et autres platitudes servant d'entrée en matières, le corps même des textes est rédigé dans un style sobre et limpide dont la subtile ingéniosité n'a d'égale que le recours calculé à l'emploi des termes ou expressions équivoques, rédigés sur un ton désarmant, parfois paternaliste et souvent de nature à se prêter à une interprétation propre à satisfaire les esprits les plus fins. Les commissaires des Etats ACP ont dû pécher par distraction, tout au long des négociations, pour ignorer cette vérité : les équivoques profitent toujours à ceux qui les ont introduites ou fait introduire. Pour le reste du contenu des Conventions, leurs parties essentielles sont respectivement consacrées à la coopération commerciale, industrielle ou financière et technique.

La coopération commerciale est la pierre angulaire de toutes les conventions CEE/ACP. Les dispositions qui lui sont consacrées privilégient d'abord et surtout les échanges commerciaux. Leur nature en est la substance. La stratégie de stabilisation des recettes d'exportations l'appât. Prévue à l'article premier de l'annexe II de la Convention de Lomé I, la recherche « d'un meilleur équilibre dans les échanges des parties contractantes » apparaît comme une clause de style. Autrement, si l'équilibre souhaité relevait d'une volonté politique partagée par les protagonistes,

1°) il ne surviendrait pas cette détérioration des termes de l'échange dont de surcroît l'ascension se poursuit, vertigineuse, au profit des Européens ;

2°) le "Stabex" n'aurait pas dû être institué au profit des seuls pays ACP. Cette provision semble trahir les intentions cachées des Européens dans leurs visions programmées de l'évolution défavorable des échanges au détriment seulement de leurs partenaires ;

3°) la clause de la Nation la plus favorisée qu'accorderait un Etat ACP à un pays tiers, prévue à l'article 2 du même annexe II, ne devait pas être mentionnée puisque l'article précédent voudrait « tenir compte de la nécessité d'assurer des avantages supplémentaires aux échanges commerciaux des Etats ACP ». Son existence est lourde de sens : un pays ACP peut donc trouver mieux en dehors de la CEE ! Dès lors, sa raison d'être apparaîtrait manifestement comme une mise en garde contre toute entreprise au profit des ACP, qui nuirait aux intérêts de la Communauté ;

4°) les velléités d'« un meilleur équilibre dans les échanges » ne seraient pas tuées dans l'œuf, puisque moins d'un quart de page imprimée en gros caractères a suffi pour lister la totalité des matières premières exportées en direction des pays de la CEE, alors que vingt huit pages (jaunes)[22] à petits caractères, regroupent les produits industriels de la Communauté, exportés « en échange » vers les ACP. Comme les Etats ACP n'ont ainsi pas le droit de vendre des produits industriels à la CEE, les articles manufacturés d'Europe viennent littéralement asphyxier toute possibilité de transformer sur place des matières premières dans les ACP ; leurs propres produits sont conventionnellement soumis à la loi du dumping, y compris ceux destinés à la consommation intérieure ou à un autre Etat ACP. L'élargissement des pays ACP y trouve donc une autre explication : empêcher que ne s'échangent des produits industrialisés entre eux ;

5°) « la directive européenne »[23] intervenue courant mars 2000 et conforme à l'art.2 de Lomé II, n'aurait pas dû lever l'interdiction de fabriquer du chocolat avec d'autres huiles végétales que le beurre de cacao. Son application représente une baisse de 5 % d'exportation de ce beurre à destination de la CEE et plus particulièrement de ses membres qui entendent tirer profit de cette directive. Les pays ACP ont naturellement omis ici encore, de prévoir des compensations, par exemple frapper jusqu'à 5 % de droits de sortie les cacaos destinés à tout pays de la CEE qui renonce audit beurre de cacao en vertu de la directive. D'ailleurs et fondamentalement, cet article 2 est la négation même de la Convention : il libère, chaque fois qu'elle en exprime le besoin, la partie européenne de telle ou telle obligation conventionnelle !

6°) l'Union Européenne ne délesterait pas l'Afrique de cent mille tonnes de son quota de banane pour le transférer à des pays tiers

---

[22] De la page 108 à la page 135 dans la Convention de Lomé IV
De la page 117 à la page 144 dans la Convention de Lomé II révisée à Maurice
[23] Cette directive semble être tirée de l'art. 2 de la convention de Lomé: ... « comme conséquence de la politique agricole commune, la Communauté se réserve d'ajuster le régime d'importation des produits originaires des Etats ACP suite à une décision [de la communauté] de soumettre un ou plusieurs produits à une organisation commune de marché ou à une réglementation particulière. »

d'Amérique latine, le Costa Rica par exemple. Que n'a-t-elle pas « contribué à réaliser des programmes, projets et actions » pour accroître la production de la banane africaine ! Or, c'était là une bonne occasion « d'assurer des avantages supplémentaires aux échanges commerciaux des Etats ACP ».

L'iniquité dans la coopération commerciale CEE/ACP aurait largement été atténuée si la politique de stabilisation des recettes inaugurée par l'art. 16 de Lomé I et poursuivie par l'art. 24 de Lomé II était appliquée conformément à l'esprit et à la lettre de leurs dispositions. « La stabilisation des recettes provenant de l'exportation par les ACP vers la CEE de certains produits dont leurs économies dépendent en tenant compte des facteurs tels que l'emploi, la détérioration des termes de l'échange entre la communauté et l'Etat ACP intéressé », aurait effectivement permis de maintenir le pouvoir d'achat des peuples affectés par l'un ou l'autre des trois fléaux cités dans le texte. Malheureusement, le niveau de l'emploi ou le taux de détérioration des termes de l'échange n'ont jamais été pris en compte dans l'application des Conventions de Lomé. Seule la baisse concomitante d'un nombre déterminé des différents produits listés dans la Convention peut permettre à l'Etat ACP, victime des aléas de production, de bénéficier de quelque compensation du « Stabex »[24] sur présentation dans les délais prescrits d'un dossier conséquent à contenu conforme.

Il apparaît scandaleusement curieux que les pays de la CEE choisissent unilatéralement de ne respecter que partiellement les dispositions conventionnelles, celles qui les arrangent. Comme pour dire tant pis pour leurs partenaires qui acceptent de se laisser berner. Il est dès lors clair que la baisse du niveau de l'emploi ou la détérioration des termes de l'échange d'un Etat ACP, ne sauraient nullement préoccuper ses partenaires de la CEE, malgré leur engagement solennel par signature dont la violation les rend parjures. Dans ces conditions, la simple application de la règle de réciprocité suffirait à faire voler en éclats les Conventions sans que les ACP en soient à la base. Du reste, la brèche demeurerait ouverte si la règle de la réciprocité y était prévue. Alors, avec ou sans raison, les Européens penseraient qu'en l'état actuel des textes des conventions signées, les Etats ACP seraient mal fondés pour

---

[24] Stabex : [recettes] de stabilisation des exportations en déficit prolongé et couvrant au moins cinq produits à la fois.

soulever devant quelque juridiction l'exception de lésion dont ils sont l'objet, sous peine de se voir opposer une fin de non recevoir. D'ailleurs, ne constituant pas encore un groupe ou une organisation structurée à l'instar de la CEE, les ACP ne possèdent pas de personnalité juridique. Ils ne jouent pas collectivement, mais les individualités. Et ce ne sera certainement pas l'Union Européenne qui les encouragerait à institutionnaliser formellement leur regroupement. Cela pourrait pourtant être l'une des voies de leur salut.

Le manque de loyauté voire même de scrupule de la part des Européens leur permet de maintenir, voire d'améliorer le niveau de l'emploi chez eux tout autant qu'il trahit leurs égoïsmes exacerbés. L'injuste distorsion entre les vils prix des matières importées des ACP et ceux reluisants des produits industriels en résultant, aurait pu troubler les consciences de tous ceux qui ont encore quelque pudeur dans le comportement. Mais combien en reste-t-il encore en Occident !

L'on comprend alors le rôle que joue le Stabex. Celui-ci se présente comme une prime stratégique et d'encouragement, destinée à empêcher qu'il ne vienne à l'idée des paysans victimes des aléas, d'abandonner la culture des matières premières à exporter, au profit d'une autre activité qui pourrait le cas échéant leur être plus rentable. Le Stabex se révèle être un leurre pour le maintien, si possible *ad aeternam,* des Etats ACP dans la production et l'exportation des matières premières brutes. L'Europe continue ainsi, depuis 1885, son travail de sape par l'obstruction égoïste et acharnée de l'industrialisation de celles de ses anciennes colonies qui persistent à se plier à ses désirs et à sa gloutonnerie, par "conventions" interposées.

La "coopération" industrielle est véritablement le révélateur de ce marché de dupes qui sous-tend les relations CEE/ACP. C'est cette réalité qu'étalent les dispositions qui lui sont consacrées dans les Conventions de Lomé. Déjà l'art. 26 de Lomé I, au contenu vague, est rédigé en termes sibyllins. Rien de concret n'y figure. Les États ACP auraient dû en tirer les leçons dès ce moment là. Car, le vrai débat ne se situe pas au niveau de l'exportation des matières dont les Etats CEE ne peuvent aucunement se passer ; mais plutôt à celui de faire accepter à ces derniers d'importer une quantité convenue des produits finis provenant des matières premières transformées dans les pays mêmes de leur production. Parvenaient-ils à en convaincre leurs partenaires qu'ils obtiendraient d'eux une programmation de l'industrialisation de chacun des Etats ACP sur la base de ses produits bruts les plus importants en volume.

Trois fois hélas ! La Convention de Lomé III du 8 décembre 1984 consacre bien sûr plus d'espace et même deux articles entiers à la coopération industrielle. Mais c'est plutôt pour révéler au grand jour, sinon la mauvaise foi des Européens sur ce point, du moins leurs réticences, voire leur opposition à apporter leur caution à l'industrialisation des Etats ACP. L'art. 61 dispose en effet que « la Coopération industrielle entre la Communauté et les Etats ACP vise en particulier à tirer pleinement parti par la modernisation de leurs sociétés, des ressources humaines et naturelles des Etats ACP, à créer des emplois, à générer et à diffuser des revenus, à faciliter le transfert, [...] ». Tout semble indiquer que cet article soit un compromis découlant de l'insistance des Etats ACP d'une part, et de la réticence de la Communauté d'autre part, à prendre en considération et à bras le corps la nécessité d'industrialisation effective et chez eux-mêmes d'une partie des ressources naturelles des Etats ACP. Mais leurs démarches auront été tournées en dérision, entre autres, par l'expression "...tirer pleinement parti... des ressources naturelles des Etats ACP". De tout cela, rien de concret n'est ni sérieusement formulé sur le papier, ni empiriquement réalisé sur le terrain.

Evidemment l'art. 62 stipule que « la Communauté contribue à réaliser des programmes, projets et actions qui lui sont présentés à l'initiative ou avec l'accord des Etats ACP [...] Elle utilise à cette fin les moyens qui sont du ressort de la banque » (entendez Banque Européenne d'Investissement = BEI). Cet article également se garde bien de faire la moindre allusion à l'industrialisation des Etats ACP. Bien sûr les termes "programmes", "projets" peuvent sous-entendre qu'ils pourraient être industriels ; mais cela ne va pas sans dire, si l'on veut éviter d'entretenir un flou artistique dans le texte de la Convention. Il faut bien craindre que les équivoques ne soulignent et ne renforcent la volonté affirmée des Européens de bloquer l'industrialisation de l'Afrique. La contribution effective de la Communauté à la réalisation des "programmes" et "projets" industriels dans les Etats ACP ne semblent en effet rentrer ni dans sa politique, ni dans ses objectifs immédiats, ni peut-être même dans ses soucis. Elle s'est assignée la mission de tirer la couverture vers elle, aussi longtemps que les forces exercées dans le sens contraire ne la lui auront pas retirée. Quelle durée prendra encore cette stratégie néocoloniale d'annihiler, par diverses subtilités, l'indépendance du colonisé en continuant à l'attacher à son maître d'hier et à le lui maintenir pourvoyeur de matières premières brutes et client inconditionnel, désabusé ou résigné ?

S'agissant des programmes et projets non industriels des Etats ACP, la contribution de la Communauté à leur réalisation ne saurait être occultée ni sous-estimée, même si les programmes et projets qu'elle finance ne visent généralement que la mise en œuvre combinée des moyens destinés à faciliter la production et l'exportation dans des conditions fiables, des matières premières intéressant les économies des pays de l'Union. Raison pour laquelle le gros de ses financements va toujours à l'infrastructure routière, ferroviaire et portuaire ainsi qu'aux pistes de collecte de ces produits. Personne ne peut regretter qu'à travers les intérêts plus ou moins directs de la Communauté, les Etats ACP en tirent eux aussi grandement profit de la réalisation des projets sous-jacents.

La coopération financière et technique est la plus concrète, comparée à toutes les autres formes de "coopération" envisagées par les différentes Conventions CEE/ACP. Elle comporte principalement le montant global budgétisé des concours financiers de la communauté, ventilés dans différentes rubriques. En terme bancaire on parlerait d'une ligne de crédit. Ce sont peut-être là les sources des financements constituant le baume destiné à apaiser, encourager et même euphoriser les Etats ACP. Certains diraient qu'il s'agit d'un budget propre à les corrompre et à anesthésier toute propension à remettre en cause la nature des rapports avec l'Europe, si subtilement restaurés par les conventions de Yaoundé et de Lomé, tels qu'ils ont été voulus, conçus et appliqués depuis la Conférence de Berlin. Malgré cela et peut-être à cause de cela, il ne serait pas superflu de s'intéresser à l'évolution de cette coopération financière et technique. Le parcours des chiffres des différents concours permet de comprendre en filigrane et de confirmer le penchant des Européens. Pour ce faire, il suffit de rapprocher les montants affectés au Stabex, lequel concerne tous les produits agricoles importés par la Communauté, à ceux du Sysmin, nouvellement introduit, qui n'intéressent que les produits miniers. De même, les fonds alloués par exemple à la Banque sont modiques par rapport aux besoins de financement des projets et programmes des soixante onze Etats. Une fois de plus, la réticence de la Communauté ou pour le moins son manque d'empressement pour les projets industriels, apparaît au grand jour. Mais un nombre valant mieux que mille discours, les chiffres récapitulatifs du tableau ci-dessous seront certainement plus parlants.

Rubriques	LLomé I	LLomé II	LLomé III	LLomé IV	LLomé IV (Maurice)
Montant[25] des concours dont	3 390	5 227	8 500	12 000	14 625
• FED	3 000	4 542	7 400	10 800	12 967
. Subventions	005	928	860	7995	592
. Prêts spéciaux	430	504	600	-	-
. Capitaux à risques	95	280	600	825	1 000
• STABEX	375	550	925	1500	1800
• SYSMIN	-	-	415	480	575
• Prêts de la Banque	15	685	1 100	1 200	1 658
• Facilité de financement spécial	-	280	-	-	-
• Dotation spéciale (Aides d'urgences et Aides aux réfugiés)	-	-	-	350	260
• Projets et Programmes régionaux	-	-	-	1 250	1 300

Que faut-il alors conclure face à ce mariage d'intérêt à sens unique entre l'Europe et l'Afrique ? La réponse est celle apportée à tout ce genre d'unions : elles finissent par un divorce plus ou moins tardif ; toujours plus douloureux pour le partenaire mû davantage par l'égoïsme que pour celui qui n'en attendait que l'équité.

Or, un intérêt éphémère n'est qu'une euphorie illusoire. Pour s'attacher durablement une situation avantageuse, il faut savoir partager, créer un cadre exemplaire de solidarité dans la perspective d'une harmonieuse complémentarité. Tout mariage (y compris celui CEE/ACP)

---

[25] Montant en million d'unités de compte ou d'écus.

nécessite échanges équitables, compréhension mutuelle et solidarité affective ou d'intérêt. Pour qu'il s'accomplisse pour le meilleur et connaisse des jours heureux, l'Europe et l'Afrique doivent jouer cartes sur table : la première doit évoluer, changer de mentalité et prendre en compte les nouvelles donnes. Autrement, la voie serait toute ouverte pour laisser la seconde actualiser les critères et les conditions du libre choix de ses associés, dans le cadre d'un contrat globalisé de partenariat commercial, industriel et technologique à débattre, et qui lui serait plus profitable à tous égards. Malgré leurs "liens historiques" et peut-être à cause d'eux, larron et luron d'hier doivent s'accorder pour vivre un monde de raison et d'intérêt partagé qui scelleraient leur pacte nouveau sur fond de « packages » et de « kits » d'affaires, s'accommodant aux normes de l'O.M.C[26]. Aussi, le réalisme et la sagesse commandent-ils que l'Europe se ravise qu'elle tirera plus d'avantages à apurer ses relations avec l'Afrique qu'à faire un saut dans l'inconnue en cherchant à l'apprivoiser. Dans ce contexte, aucun des partenaires n'a intérêt à privilégier l'éphémère à la durée, la duperie à la transparence, même et surtout s'il s'agit pour chacune des parties d'assurer la défense de ses intérêts vitaux.

2- L'Accord de Partenariat Economique

L'Accord de Partenariat Economique (APE) de Cotonou est-il à même d'apporter des réponses appropriées aux questions pertinentes soulevées par l'iniquité des Conventions de Yaoundé et de Lomé ? L'évaluation de ces dernières par les parties signataires est en effet sans appel. Largement en deçà des attentes suscitées, les résultats obtenus sont officiellement déclarés « mitigés ». L'impact des préférences commerciales non réciproques, de portée déjà très limitée, est reconnu « décevant ». Plus de quarante ans de « coopération », jugée « privilégiée » et prise pour « un modèle de coopération commerciale » Nord-Sud, n'auront finalement accouché que d'une « extrême dépendance des ACP » à l'égard de quelques produits de base. Plus grave, la progression de la pauvreté dans la plupart des pays ACP est paradoxalement devenue inquiétante ! L'on est alors en droit de se demander si les Conventions CEE-ACP n'ont pas été à la base de « la marginalisation croissante » des pays ACP dans le commerce international. Constat est ainsi fait que leur part dans les exportations

---

[26] O.M.C : Organisation Mondiale du Commerce.

mondiales est passée de 3,4% à 1,1% entre 1976 et 1999. Dans les importations même de l'UE, elle est passée de 6,7% à 2,8% sur la même période. Or, à la veille de l'Accord de Cotonou, en 1999, neuf produits[27] sur une quarantaine représentaient à eux seuls 57% des exportations totales des ACP. Dix pays seulement[28], sur les soixante-dix-sept qu'ils sont, représentaient 61% de ces exportations. Autrement dit, soixante-sept d'entre eux n'y ont participé qu'à hauteur de 39%. Aussi, à elle seule cette situation expliquerait-elle les dessous de la stratégie de morcellement de l'Afrique en cinq régions contenant chacune quelques grandes exportations ciblées. Sinon, au niveau du commerce mondial comme au sens de l'ONU et de ses organes spécialisés, c'est plutôt toute l'Afrique qui constitue une région d'intégration économique et qui devrait être considérée comme indivisible. L'on comprend alors aisément l'option et le risque pris par les plénipotentiaires de l'UE, à fin 2007, de rechercher activement et d'obtenir rapidement, presqu'en catimini, l'acceptation de quelques pays « tête de série »[29] de signer séparément et de ratifier un « accord transitoire » avant même que soient élégamment remplies, par tous les Etats ACP, toutes les conditions de signature et de ratification de l'Accord de Cotonou : l'entrée en vigueur de l'Accord avait été programmée pour janvier 2008. Les réticences rencontrées laissent transparaître qu'au sein même des soi-disant régions, la solidarité entre les Etats n'a pas été de mise. Les réserves émises, plus ouvertement exprimées notamment par le Sénégal, et la démarche individualisée plutôt secrète ayant caractérisé les négociations à l'approche de la date butoir, ont tout naturellement conduit à la suppression des messes solennelles de signature des Conventions CEE-ACP auxquelles le monde entier était accoutumé. L'on n'oserait cependant pas imaginer que cet état de chose inhiberait quelques signes annonciateurs de la dislocation du Groupe ACP.

Ces rebuffades des pays ACP ne semblent cependant pas avoir ramené les Européens à des sentiments et à des stratégies beaucoup plus réalistes. Ils auraient notamment dû éviter, pour la forme, de donner l'impression que l'objet premier de l'Accord est "d'autoriser" les ACP à

---

[27] Combustibles minéraux, pierres et métaux précieux, bois, minerais et scories, fruits comestibles, cacao, poissons et crustacés, café-thé-épices, fer et acier.
[28] Afrique du Sud, Nigeria, Côte d'Ivoire, Cameroun, Angola, Mauritanie, Ghana, Gabon, Congo Dém., Kenya.
[29] Cameroun, Côte d'Ivoire, Gabon, Ghana, Kenya.

s'émanciper au plan du commerce international "en leur facilitant la transition vers l'économie mondiale libéralisée". De même, de nombreux passages du texte de l'Accord de Cotonou revêtent un caractère à relent pour le moins paternaliste. Il en est ainsi par exemple de l'article 34 qui dispose que « la coopération économique et commerciale vise à promouvoir l'intégration progressive et harmonieuse des Etats ACP dans l'économie mondiale [afin de leur] permettre de participer pleinement au commerce international. » D'autres s'apparentent à un exequatur que les Etats de l'UE notifieraient aux ACP et au reste du monde. C'est ainsi que peut s'interpréter l'article premier selon lequel le partenariat conclu a pour objectifs « de promouvoir et d'accélérer le développement économique, culturel et social des Etats ACP, de contribuer à la paix et à la sécurité et de promouvoir un environnement politique stable et démocratique. Il est centré sur l'objectif de réduction et, à terme, d'éradication de la pauvreté ». Quant aux stipulations de l'alinéa 3 de l'article premier ou de l'alinéa 2 de l'article deux de l'Accord, elles font ressortir la synonymie voulue entre l'UE et le Partenariat ; l'on comprend alors mieux que « le partenariat offre un cadre cohérent d'appui aux stratégies de développement définies par chaque Etat ACP » [et] « encourage l'appropriation des stratégies de développement par les pays et populations concernés.» Il en ressort que certains aspects de l'Accord tendent à présenter, d'un côté, les Etats de l'Union Européenne comme de bons « humanitaires » et, de l'autre côté, les pays ACP comme des ingénus qui semblent encore hésiter à prendre un cadeau par trop gratuit, voire même à le suspecter d'être un leurre. Une telle vision comporte un grand risque de dénaturer le concept même de « partenariat » et de compromettre sa vocation. Car, un partenariat ne peut se concevoir sans réciprocité aucune. Il devient dès lors difficile d'admettre que l'UE se donne tant de peine rien que pour des « objectifs » à sens unique et au seul profit des ACP !

En vérité, les Européens sont fort aise avec les règles actuelles de l'OMC, qu'ils ont du reste largement contribué à échafauder. Dans leur présente posture, qu'ils tentent tant bien que mal de voiler, ils laissent sourdement comprendre à leurs partenaires des ACP que « la fin justifie les moyens » : ce qu'ils les "obligeaient" à concéder à l'UE à travers des accords léonins leur est à présent gracieusement "offert" par l'OMC dont la responsabilité directe mais éthérée va désormais se substituer à la leur dans l'enlisement des ACP ! D'où la référence permanente et insistante, tout au long de l'Accord, à la « parfaite conformité » avec les dispositions de l'accord instituant cette Organisation, à de nouveaux accords « compatibles » avec les règles qu'elle institue, ainsi qu'à son implication directe et fortuite dans un traité dont elle n'est pourtant pas signataire. Ainsi s'expliquerait le flou artistique entretenu autour des APE.

L'Accord de Cotonou est véritablement une mise à mort en deux temps des Conventions de Lomé : dans un premier temps, il les actualise et les réaménage, à travers rhétorique politique et sémantique diplomatique plus à la mode et si possible identiques à celles utilisées par des organisations internationales à compétence universelle ; au second round, il organise un système d' « accords de partenariat économique » par produit et/ou par pays ou groupe de pays d'une « région ». Au terme de l'article 37, la survie de ces Conventions ne s'étend que jusqu'au 31 décembre 2007 au plus tard, date d'expiration de la dérogation accordée par l'OMC ; la durée de ce sursis correspond par ailleurs à « la période préparatoire » à l'issue de laquelle les négociations « des accords de partenariat économique » sont censées avoir été bouclées. Alors, d'une part démarrerait « le calendrier de la suppression progressive des entraves aux échanges entre les parties, en conformité avec les règles de l'OMC en la matière », et d'autre part « entreraient en vigueur le 1er janvier 2008 les nouveaux accords commerciaux » de partenariat économique pour une première période de cinq ans, s'étalant jusqu'en 2013. En réalité, les Européens n'ont nullement lâché prise sur les avantages qu'ils tiraient des précédentes conventions. Le sort et la forme des produits de base dont ils s'approvisionnent restent quasiment inchangés, tant au niveau de leur état brut à l'exportation qu'à celui de la stratégie de « stabilisation » des ACP dans la production des matières premières.

Ainsi, l'annexe V à l'Accord, portant régime commercial applicable au cours de la période préparatoire, maintient l'admission à l'importation dans la Communauté en exemption de droits de douane et de taxes d'effet équivalent, des produits originaires des Etats ACP avec, le cas échéant, un traitement plus favorable que celui accordé aux pays tiers bénéficiant de la clause de la nation la plus favorisée pour les mêmes produits. Mais des restrictions sévères affectent la notion de « produits originaires ». Ne sont en effet considérés comme tels que les produits entièrement obtenus dans les Etats ACP ou dans la Communauté et les pays et territoires d'outre-mer (PTOM). En fait, il ne s'agit que des produits non ouvrés, d'essence minérale, végétale ou animale ; tirés du sol, du sous-sol ou de la mer. Sont ainsi exclus du bénéfice de l'exemption, par exemple, le café torréfié ou décaféiné, les eaux minérales et les eaux gazéifiées, les cigares et cigarettes, les engrais minéraux ou chimiques, les fils et tissus de coton, etc... Le caractère « originaire » se perd lui-même lorsque le produit subit des ouvraisons ou des transformations impliquant une dose donnée des matières non "originaires", importées par exemple des pays tiers du continent américain ou asiatique. C'est dans cet esprit paradoxal qu'un Etat ACP, la République d'Afrique du Sud, fait l'objet d'une réglementation particulière (art. 6 du protocole n°1 de l'Annexe V et ses annexes 11 et 12) ; certes pour neutraliser une éventuelle concurrence de sa part, que favoriseraient ou susciteraient sa proximité et son niveau de développement ; mais sans doute aussi pour mieux encadrer sinon entraver la coopération sud-sud et canaliser ainsi ses relations économiques avec les autres Etats ACP. Quoiqu'il en soit, les « produits originaires » altérés ou frelatés, au-delà de la dose tolérée, par incorporation des produits venant de la RSA, perdent ainsi le bénéfice d'exemption de droits d'entrée dans les pays de l'UE.

De tout ce qui précède, il ressort clairement que les Européens n'entendent toujours pas encourager l'industrialisation des Etats ACP. Loin de les inciter à transformer sur place ne serait-ce qu'une fraction des matières premières qu'ils produisent, ils les en découragent par le biais d'exemption de leurs "produits originaires", donc bruts, de droits de douanes et de taxes d'effet équivalent. Il est dès lors fort à craindre que la libéralisation des échanges commerciaux décidée par l'OMC finisse par dénuder les pays ACP. Ils enregistreront inéluctablement un sérieux manque à gagner au moins sur trois tableaux :

— sur celui des recettes douanières, lesquelles vont certainement décroître et entraîner une baisse corrélative des crédits budgétaires correspondants et des projets (y compris d'investissement) qu'ils financent ;
— sur celui des recettes générées par la production industrielle locale ; stratégiquement freinée dans son élan, celle-ci devra entamer une forte décrue du fait de l'irrésistible concurrence des marchandises des pays développés, lesquels livrent des produits, notamment

industriels, à très faible coût marginal du fait des économies d'échelle dont elles bénéficient ;
– sur une baisse du pouvoir d'achat, donc de la consommation, imputable à l'aggravation conséquente du chômage consécutif à la désorganisation de la production locale, au rétrécissement de l'assiette fiscale et à l'amenuisement des ressources budgétaires des Etats ACP ; et conséquemment à la baisse généralisée de l'investissement devant déboucher sur une récession prolongée et sous-développante.

S'agissant de la « stabilisation » des ACP dans la production et l'exportation des matières premières brutes, le "stabex" a tant et si bien rempli son rôle qu'il est purement et simplement reconduit à l'Annexe II de l'Accord de Cotonou. Il y est en effet prévu un financement en cas de fluctuations à court terme (jusqu'à quatre ans) des recettes d'exportation, notamment de produits agricoles et miniers (chap. 3, art. 8). Les critères d'éligibilité à l'attribution de ressources additionnelles y afférentes fixent à 10% au minimum la perte des recettes d'exportation par rapport à la moyenne arithmétique des trois premières des quatre années précédant l'année d'application. Le taux de ladite perte de recettes est cependant ramené à 2% lorsque le pays victime est du nombre des Etats les moins avancés, enclavés ou insulaires. Une aggravation de 2% du déficit public programmé et budgétisé, peut également déclencher l'éligibilité lorsqu'elle est imputable à de fluctuations des recettes d'exportation.

S'inspirant par ailleurs des principes fondamentaux relatifs à la démocratie et aux droits de l'homme que prône notamment le Commonwealth, l'Accord innove en introduisant la « dimension politique ». Celle-ci traite aussi bien des droits de l'homme, des principes démocratiques et de l'Etat de droit que de la bonne gestion des affaires publiques, de la prévention des activités de mercenaires, de la lutte contre le terrorisme et la prolifération des armes de destruction massive, ainsi que des questions de migrations.

La mise en œuvre de la dimension politique de l'Accord se fonde sur le « dialogue » politique qui en est la règle, et/ou sur la procédure de « consultation », l'exception. Les cas graves de corruption, quant à eux, font l'objet de consultations systématiques entre l'UE et l'Etat ACP concerné. Celles-ci conduisent à la prise des mesures « appropriées », voire à la suspension de l'Etat incriminé. Il convient cependant de relever qu'à ce titre, le style rédactionnel utilisé reflète à souhait la délicatesse du sujet. Les rédacteurs donnent même l'impression de marcher sur des œufs. Aussi, à force de chercher à ménager de part et d'autre la susceptibilité de tous ceux ☐ ils sont nombreux ☐ dont les comportements civiques, civils et moraux sont lourdement condamnables, l'édulcoration du texte finit-elle par laisser planer des doutes sur le sérieux et la sincérité des parties signataires ; lesquels ont frôlé la transformation de cet Accord en « un traité d'arrières pensées ». Tout laisse entrevoir que cette « dimension » qui conditionne la survie de l'Etat africain risque de faire les frais de la politique politicienne sur le dos de ses citoyens. C'est en effet ici le domaine par excellence de marchandages et de monnaie d'échanges. C'est là l'autel où seront sacrifiées la démocratie et les libertés ; sanctifiées l'exploitation et la corruption ; trahis le développement humain et le sens du progrès scientifique et technique ; bloquées les aspirations au modernisme et à l'épanouissement des peuples et des Etats ACP. A cet égard, ce qui se passe dans la plupart des pays d'Afrique en est une illustration aussi récurrente que révoltante. La dictature, le non droit et la corruption y règnent au mépris de la démocratie, de l'Etat de droit et de la transparence dans la gestion publique.

L'inobservance mainte fois répétée des termes du traité aurait normalement dû contraindre l'UE à dénoncer et à condamner publiquement les renégats, ainsi qu'à engager des actions directes beaucoup plus vigoureuses pour définitivement relever le défi du déni de la démocratie et de la transparence dans la gestion publique, observé un peu partout en Afrique ; et plus particulièrement au Zimbabwe, Kenya, Togo, Tchad, Cameroun ; ou encore en Côte d'Ivoire, RCA, ... Curieusement, l'UE ne s'en émeut pas outre mesure. En l'occurrence, cachant péniblement des sentiments contrariés de culpabilité ou de trahison, elle donne l'impression d'être traversée par l'idée de récuser ses engagements, comme pour laisser libre cours à certains de ses Etats membres pour servir de chevaux de Troie aux auteurs des malheurs des Africains des Etats ACP et à leurs complices actifs. Autrement, elle ne devrait nullement avoir besoin de se fondre dans la « Communauté internationale » ni de se dissimuler derrière « les pays occidentaux » pour faire entendre sa voix propre. Aussi, face à l'ampleur du phénomène décrié, les deux cas de suspension de l'aide décidée par l'UE contre le Togo et la Côte d'Ivoire paraissent-ils bien maigres pour définitivement crédibiliser la gestion idéologique des Conventions de Lomé et de l'accord de Cotonou. C'est à peine l'arbre qui cache la forêt. Tout ceci laisse assurément comprendre pourquoi les dispositions du titre traitant de la « dimension politique » ne sont assorties d'aucune procédure ni de protocole ni encore moins d'annexe, à la nette différence, entre autres, de celles consacrées au régime commercial ; lequel est fondamentalement l'alpha et l'oméga de l'Accord. L'on y veille pour que la sanction des parties soit automatique en cas de manquement ou de non-conformité par rapport aux normes prescrites.

Dans ces conditions et bien qu'elle n'ait point la vocation de ne susciter que procès d'intention ou dialogue de sourds, la dimension politique s'avère n'être qu'un procédé de communication réciproque de préoccupations des parties et d'échange de leurs attentes respectives : prévention des mercenaires pour le compte des ACP, lutte contre le terrorisme, les ADM et l'immigration illégale pour celui de l'UE. Il n'en demeure pas moins qu'au niveau de la coopération économique, il se dégage, surtout de la part des ACP, une idée de reproche latent adressé à l'autre partenaire. Or, réussir de leur part à faire admettre à l'UE la nécessité incontournable de réduire la pauvreté, d'améliorer les conditions de vie et de travail, de créer des emplois, d'appuyer le développement économique et social des régions d'origine des migrants, de faciliter l'accès à l'enseignement pour les étudiants des Etats ACP, « pour normaliser les flux migratoires », revient à lui faire constater l'étendue du désastre causé par l'iniquité des Conventions de Lomé ; et lui faire ainsi observer que l'impact de ces dernières, qui n'aura été négatif que du côté des Etats ACP, justifie pleinement que les jeunes Africains en quête de savoir et d'emplois s'expatrient malgré eux en vue de donner un sens à leur vie. En vérité, toute convention ou accord qui ne prend pas en compte cette réalité vraie tendrait à donner raison à ceux qui assimilent l'une ou l'autre à de subtils traités de colonisation des temps modernes.

Au titre de la coopération financière, l'Accord a globalement arrêté les concours financiers de la Communauté à 39 166 millions d'EUR ainsi répartis :

- 15 200 millions d'EUR pour la période du 01-03-00 au 29-02-08. Ils sont destinés au financement de l'assistance financière de la Communauté : 13 500 millions d'EUR de ce montant sont inscrits

au 9ème FED, dont 11 300 millions d'EUR sont budgétisés au titre d'aides non remboursables ;
- 23 966 millions d'EUR pour la période du 01-01-09 au 31-12-13. Ils financent les instruments de coopération inscrits au 10ème FED, et notamment les programmes indicatifs nationaux et régionaux ainsi que la coopération intra-ACP et interrégionale ; lesquels sont éligibles à de bonifications d'intérêt.

La question est de savoir quel sens il faut donner à ces "avoirs" financiers qui s'apparentent à des lignes de crédit sans en être une. Pourquoi l'UE s'accroche-t-elle donc à un accord de partenariat économique qui la contraint à débourser ces sommes sans qu'il soit exigé de l'autre partenaire d'afficher son apport de contre partie ? A quoi correspond ou à quoi répond le souci de l'UE de rendre aux Etats ACP un service dont on a du mal à cerner les contours et les motivations profondes ? S'agit-il des ristournes sur les bénéfices de tous ordres engrangés par l'UE à partir des échanges commerciaux juteux réalisés à la sueur du front des citoyens des Etats ACP ? Ou d'une récompense à leurs inepties qui consistent à accepter de bloquer leurs économies au profit de celles de leurs anciennes "Métropoles" ? Faute pour l'Accord d'avoir fourni des réponses claires et convaincantes à ces questions fondamentales, il reste incomplet. Il peut même être suspecté de justifier le silence coupable de certains pays de l'UE face aux dictatures africaines et autres cavaleries politiques à travers corruption et/ou élections tronquées et truquées, pratiquées au grand jour au vu et au su de tous. La passivité non moins condamnable des Africains doit cesser de servir d'alibi au parjure des Européens : ce sont les Etats membres qui sont signataires des accords et non les peuples. L'UE devrait donc se sentir plus liée par les prescriptions et proscriptions des conventions qu'elle a souverainement initiées et signées.

Au juste, 3 013 millions d'EUR en moyenne par an sont-ils réellement suffisants pour couvrir tant soit peu le manque à gagner des 77 Etats ACP et étancher leur soif financière, au point de détourner leur attention de la misère économique et sociale qu'ils vivent ou du sort de leurs progénitures ? Penser ainsi relèverait de l'imposture. Ne serait-il pas alors permis de douter de l'efficacité présumée des politiques en demi-teinte envisagées par le « Partenariat » pour répondre aux défis pressants de développement des pays ACP ?

D'autres insuffisances peuvent être reprochées à l'Accord de Cotonou. Il a en effet trop embrassé pour n'étreindre que les questions économiques. Au lieu de se cantonner à organiser un partenariat vraiment économique propre à développer des échanges « diversifiés » favorables au décollage des économies des pays ACP, il s'est plutôt fourvoyé dans des considérations et des généralités innocentes tout en recourant à une sémantique dont sont spécialement vecteurs d'autres Institutions internationales telles que la Banque mondiale, le FMI, l'ONU, l'AIEA, le NEPAD, l'OMC. Il en est ainsi des expressions du genre : « "stratégies de réduction de la pauvreté", "développement durable", "critères de référence et d'objectifs en matière de droits de l'homme", "principes démocratiques et d'Etat de droit", "lutte contre la prolifération des armes de destruction massive (ADM)", "objectifs du Millénaire pour le développement (OMD)" ». L'Accord de Cotonou ressemble alors étrangement à un catalogue de rappels sélectifs des conventions internationales. Et surtout, il s'est royalement abstenu de fixer en termes réels et en valeur le taux de croissance des échanges à atteindre, tout au long de son existence. Dès lors, il est loin de régir les conditions et les techniques de mise en œuvre d'un domaine autonome spécifique à un « partenariat économique » dont seuls les Etats ACP-UE sont parties prenantes et seraient les bénéficiaires exclusifs. En tout cas, sciemment ou inconsciemment, cet Accord tend à diluer la spécificité de ses objectifs sinon même de sa raison d'être dans des considérations générales du droit international ; or, « l'acquis de 30 ans d'expérience » plus ou moins infructueuse devrait plutôt faciliter la maîtrise des données et des orientations nouvelles face à la persistance de plus en plus pesante des défis à relever.

Pour lui prêter de bonnes intentions de voir accélérer l'émergence des partenaires du Sud, l'Accord devrait notamment laisser transparaître, à travers une analyse approfondie des besoins en financements des économies des pays ACP ainsi qu'une formulation autonome des politiques qui devraient y mener, la volonté politique partagée des « partenaires » de rendre réellement effectif le décollage économique d'un maximum de pays ACP bien avant l'expiration de la durée de l'Accord, fixée à l'an 2020.

Car, n'y sont véritablement prouvées pour ces pays ni la justesse ni la pertinence ni même l'urgence des références à certaines préoccupations telles que l'immigration illégale, le morcellement de l'Afrique en cinq

Régions pour servir notamment de centres géopolitiques de négociations avec l'Union européenne, l'inclusion de la coopération contre la prolifération des ADM ou la lutte contre le terrorisme international. Il est par contre regrettable que ne soit nulle part explicitement mentionné un type de coopération appelé

- d'une part à garantir à tous les ressortissants des Etats ACP-UE l'accès à l'eau potable et à l'électricité ainsi qu'à l'autosuffisance alimentaire ;
- d'autre part à définir les procédés d'industrialisation des pays africains, au besoin par la délocalisation de quelques catégories d'unités industrielles spécialisées installées en UE et leur implantation dans les pays ACP, en vue de la transformation sur place ne serait-ce que d'une partie des matières premières qu'ils produisent ;
- enfin à fixer les modalités et protocoles de transferts de technologies.

Toutes ces omissions plus ou moins volontaires relevées tout au long de l'Accord sont évidemment de nature à lui dénier une portée efficace. Aussi, n'est-il pas surprenant d'enregistrer un nombre insignifiant d'Etats africains ayant accepté de signer l' « Accord intérimaire » pour valider l'Accord révisé de Cotonou lors de la course contre la montre engagée par l'UE avant la date fatidique de janvier 2008. Ce désintérêt est bien révélateur de l'engouement avec lequel l'on ne s'empresse pas de le consolider en son état. Cette désaffection a dû justifier le niveau même du rang protocolaire des signataires des amendements apportés à l'Accord de Cotonou : sur un total de 77 signataires, 52 ont un rang égal ou inférieur à celui d'Ambassadeur ; toutes réserve, réticence et désinvolture qui contrastent significativement avec les engagements euphoriques et aux pas de charge des années soixante ou soixante-dix.

3- Les accords de défense et de coopération militaire

Les accords de défense et de coopération militaire sont l'œuvre du génie français. Ils rappellent quelque peu les " traités " de protectorat signés (ou imposés) au nom de leurs pays par certains explorateurs, avec des roitelets nègres de la côte atlantique, pourtant analphabètes. C'est dans les mêmes esprit et conditions que la France a offert à ses anciennes colonies d'Afrique noire sa protection militaire. Elle s'engage à intervenir militairement pour assurer la défense du pays signataire aussitôt que l'intégrité territoriale de celui-ci se trouve menacée. Pour montrer combien de tels accords sont pris au sérieux, ils n'excluent même pas la règle de la réciprocité. La France signa ainsi, avec la plupart de ces anciennes colonies, les mêmes " accords de défense ", identiques dans le fond et dans la forme. Personne ne voulut se préoccuper de l'origine potentielle de la menace. Elle ne peut pourtant provenir que d'un " ennemi conventionnel ", c'est-à-dire d'un pays limitrophe. Deux cas de figure sont alors prévisibles. L'ennemi conventionnel n'est pas une ex-colonie française ; dans ce cas son ancien colonisateur pourrait-il se montrer neutre face à une menace dirigée contre lui ? Probablement pas ; ce serait alors la solidarité entre Européens qui jouerait dans le sens de leurs seuls intérêts respectifs.[30] L'accord de défense ne saurait donc être exécuté, quoiqu'en pense l'Etat africain signataire. Dans le deuxième cas de figure, la menace potentielle viendrait d'une autre ex-colonie française ayant signé elle aussi les mêmes accords de défense avec la France. Face à une telle éventualité, la France se trouverait neutralisée et ne saurait protéger ni l'un ni l'autre pays. Elle ne peut offrir que ses bons offices pour un règlement à l'amiable. Un tel rôle n'avait pas besoin d'accords de défense, puisque toute personne morale ou physique qui le voudrait peut intercéder pour aider à régler un différend. Une telle impasse dans laquelle se serait retrouvée la France peut expliquer pourquoi elle n'est jamais intervenue dans le cadre desdits accords, signés il y a près d'une cinquantaine d'années. Le litige entre le Tchad et la Libye au niveau de la bande d'Aouzou ou les différends frontaliers entre le Nigeria et le Cameroun, notamment au niveau de la presqu'île de Bakassi, lui aurait plutôt offert l'opportunité de jouer à une duplicité qui a pu lui être profitable. Tandis que la guerre entre le Burkina Faso et le Mali, deux de ses anciennes colonies, a montré les limites de sa marge de manœuvre.

Cependant, avec, sans ou en marge de ces accords, l'armée française s'y est souvent camouflée pour assurer la protection de certains Chefs d'Etat en proie à des mutineries, des putschs militaires ou en mal de légitimité, de légalité, de démocratie et de bonne gouvernance, voire de dictateurs sanguinaires. En 2003, la 31ème BIMA intégrée à l'opération

---

[30] Le cas de la partie septentrionale du Cameroun britannique, irrégulièrement soustrait de l'ensemble du Territoire du Cameroun sous-tutelle britannique et unilatéralement intégré au Nigeria par l'Angleterre, avec l'onction judiciaire régulatrice de la Cours Internationale de Justice de la Hayes, en est une illustration.

"Licorne" a évité au Président Gbagbo le déferlement sur Abidjan des combattants des "Forces Nouvelles". Plus récemment encore, en février 2008, des "Rebelles" venus par route de l'Est du Tchad, des confins de ses frontières avec le Soudan et la RCA, ont marché jusque sur N'djamena ; ils n'en ont été délogés qu'avec le concours des forces françaises de la base de Libreville, remettant ainsi en selle le Président tchadien Idriss Deby et son régime, apparemment en contre partie de la libération attendue des prisonniers français de "l'Arche de Zoé". S'avérerait-il donc que "la France-Afrique" n'aura pas encore vécu, malgré des changements d'hommes et de générations ou le revirement de la politique africaine de la France prétendument attendu sous la présidence d'un Nicolas Sarkozy ?

Mais ces accords couvrent également les achats d'armes par les pays africains signataires. Ils doivent s'effectuer au profit des usines françaises d'armement ou à défaut, après accord de la France. Un Etat africain qui avait violé ce principe sacro-saint s'était vu vertement tancer pour avoir passé des commandes, en Belgique, de fusils FAL. Ce petit détail qui apparaît comme un arbre qui cache la forêt tend à démontrer sur ce point que l'objet principal des accords de défense est plus pour la France une stratégie commerciale pour la vente des produits militaires français, au besoin avec la complicité de dictateurs corrompus et antidémocrates, que pour protéger ces pays et leurs peuples contre d'hypothétiques guerres.

D'ailleurs, cet esprit mercantile voile volontiers les limites de la réflexion tactique quant aux effets dissuasifs de ces accords. Ainsi, parmi les pays signataires, beaucoup sont des ennemis conventionnels. Mais il leur est vendu exactement les mêmes types d'armements. Pour ce qui est de la quantité, les pays les plus riches et /ou les plus faciles à pressurer sont poussés à des achats massifs d'armes, somme toute inutiles. En fin de compte, l'argent englouti dans ces achats s'inscrit dans ces énormes dépenses budgétaires dont les Etats peuvent se passer ; ce d'autant plus qu'il finance des investissements aussi improductifs qu'incitatifs à la guerre. Eût-il mieux été investi dans l'éducation, la santé ou l'infrastructure « sur sage conseil » de la France, qu'elle eût gracieusement aidé à la promotion de ces secteurs sans bourse délier. Aussi, à la lumière de cette politique de vente d'armes qui est leur pendant, les accords de défense s'avèrent- ils inopportuns et caducs dès leur signature. La France était bien placée pour décourager ces jeunes Etats à dégrever leur budget (dont une bonne partie est réalisée indirectement à son profit), par exemple en contrepartie de son parapluie militaire pour ceux qui en voudraient. « La Mère Patrie » aurait ainsi contribué à réduire la propension aux conflits armés en Afrique et peut-être justifié ses bases militaires implantées ça et là sur le territoire de certains Etats africains, principalement au Sénégal, en Côte d'Ivoire, au Gabon et à Djibouti.

Dans tous les cas, l'objectif des accords aurait dû être d'assurer au plus vite au pays menacé une couverture militaire française. Ce qui n'a point été le cas, à l'exception du Tchad où l'intervention française n'avait jamais réussi à déloger la Libye de la bande d'Aouzou. Et pour cause : le pays du Colonel Kadhafi est un bon client d'armements militaires français, y compris des Mirages, et un grand fournisseur de pétrole. Ses relations avec la France s'avèrent donc de loin plus importantes, comparées à celles entre la France et le Tchad. Aussi, la Cour internationale de justice de la Hayes a-t-elle été sur ce point plus efficace et certainement moins coûteuse pour le Tchad.

Tout peut donc laisser penser que les bases militaires qui sont un autre pendant des accords de défense avec les pays qui les abritent, ne sont que des postes avancés de l'arme de dissuasion militaire française destinée à garantir à la France le contrôle de sa « sphère d'influence », c'est-à-dire le contrôle militaire du ''pré-carré'' français de cette Afrique-là ; mais aussi de permettre à la France d'intervenir rapidement pour chasser du pouvoir ou l'y maintenir tel dirigeant dont la position à son égard la préoccupe.

Ainsi, grâce à une intervention rapide de sa base militaire de Libreville, la France a pu remettre en selle le Président Léon Mba du Gabon en 1962 ; sa "Légion étrangère" a "sauté sur Kolwezi", dans le Shaba (Zaïre) en 1978 pour débarrasser le maréchal Mobutu Sessé Seko, ami personnel du Président français, des troupes rebelles appuyées par des mercenaires. Le général Robert Guei de Côte d'Ivoire semble avoir mis fin à ce type d'intervention plutôt partisane de la France pour maintenir au pouvoir par la force certains potentats africains. « Les troupes françaises ne seraient pas les bienvenues en Côte d'Ivoire », avait-il clairement fait entendre à la France qui s'apprêtait à faire intervenir conjointement ses bases militaires de Dakar, de Libreville et d'Abidjan pour peut-être tenter de réinstaller Konan Bedié que l'armée ivoirienne venait de déposer. Mais les interventions de l'armée française ont aussi consisté à chasser militairement du pouvoir un Jean Bedel Bokassa, empereur auto-couronné de Centrafrique et à ramener à Bangui par un Transal de l'armée française, David Dacko, aussitôt enturbanné Président de la République Centrafricaine, sans autre forme de procès.

Cet imbroglio aussi rocambolesque soit-il, présente l'avantage de montrer le paradoxe de la « Démocratie française » appliquée à l'Afrique. La même France qui débarque par son armée à Bangui un Chef d'Etat et qui " nomme " un autre Chef d'Etat en remplacement de l'autre, est la même France qui condamne les coups d'Etat militaires perpétrés au Niger ou en Côte d'Ivoire, pour ne citer que ceux-là. Déjà, au temps du Général de Gaulle, après le « NON » cinglant mais démocratique de la Guinée au référendum du 28 septembre 1958, Jacques Foccart, à partir d'une « analyse erronée, monte une grosse opération secrète pour renverser Sékou Touré. L'idée est de déclencher une révolte armée dans le massif montagneux du Fouta-Djallon habité par les Peuls, très hostiles à Sékou Touré. En même temps, un coup d'Etat éclatera à Conakry ».[31] Avec de telles lignes d'inconduite, rajoutée à l'implication controversée de la France dans l'ignoble génocide rwandais, quelle valeur peut-on donner aux accords de défense signés entre elle et les pays africains ? Pas grand'chose sinon qu'ils sont pour le moins mercantiles, voire mesquins. Ils doivent logiquement être dénoncés, à cause de leur caducité congénitale certes, mais aussi en raison de la tendance actuelle de faire intervenir des troupes de différents Etats, sous l'égide ou le financement de l'ONU. C'est sans doute dans cet esprit que la France a tenu à faire entériner par le Conseil de sécurité la présence en Côte d'Ivoire de ses troupes de l'opération "Licorne".

En définitive, ces accords de défense et de coopération militaire n'ont point garanti la sécurité extérieure des Etats signataires, pas plus qu'ils n'ont assuré la sécurité intérieure des populations. Ils ont plutôt encouragé des achats massifs d'armes pour les défilés des grands jours, armes dont certaines, obsolescentes, sont simplement de parade. Au tonitruant RECAMP[32] dont la mission est de fournir aux armées nationales un appui logistique et stratégique en personnels adéquats et en matériels appropriés, les plastrons Côte d'Ivoire et RCA ont servi de cibles de choix pour des tirs groupés à balles réelles, et en ont montré les

---

[31] Pierre Messmer : *Les Blancs s'en vont* ; Albin Michel, Paris, 1998, p.219.
[32] RECAMP = **R**enforcement des **C**apacités **M**ilitaires pour la **P**aix en **A**frique.

limites ou plutôt prouvé l'échec. Dans le premier cas, l'armée française intervient immédiatement et seule dans une « affaire ivoiro-ivoirienne », surtout pour empêcher qu'on ne « touche à un seul cheveu d'un Français », sauver le cacao et le café ivoiriens, et y sauvegarder les intérêts primordiaux de la France. Dans le second cas, elle a préféré abandonner le terrain aux forces du Guide libyen, le Colonel Kadhafi, dont l'intervention se situe à un autre niveau des relations intra-africaines, avant de le faire céder aux troupes de la CEMAC[33] : « pas d'intérêt, pas d'action », semble-t-on murmurer là-bas, pour être en phase avec la jurisprudence administrative du Conseil d'Etat français, ainsi rendue extensible. Aussi, à l'épreuve de la durée, les stratégies néocolonialistes de domination se dénudent-elles les unes après les autres.

---

[33] CEMAC = Communauté Economique et Monétaire de l'Afrique Centrale.

CHAPITRE DEUXIEME

DESIR D'ASSISTANCE OU VOLONTE DE DOMINATION ?

Il n'est un secret pour personne que l'Europe aura réussi le pari de dominer l'Afrique, cinq siècles durant. En l'occurrence, elle a su créer et tailler à la mesure qui lui convient un destin préconçu pour ce continent et à le lui imposer. Pour inverser ou maintenir en sa faveur le rapport des forces, cela a nécessité de sa part des stratégies intelligemment élaborées ainsi que des hommes et des femmes exaltés par l'aventure coloniale ou intéressés à la cause néocolonialiste. Tous motivés et persévérants, armés d'une volonté à toute épreuve, appuyés sur des moyens appropriés et un encadrement éprouvé, ils ont démarré et accompagné le processus dont il a fallu garder la flamme constamment allumée ou rallumée. Sans doute des considérations raciales ou racistes, religieuses et/ou matérialistes, conjuguées à l'intelligence des faits et des situations n'y ont-elles pas été étrangères. De cette épopée historique elles en ont même été le ferment. Mille et une méthodes et techniques de plus en plu sophistiquées ont été déployées et continuent de l'être, pour créer la diversion et garantir la pérennité d'une douce exploitation néocolonialiste. L'aide publique au développement y occupe une place stratégique et de choix.

A- PROCEDES ET TECHNIQUES NEOCOLONIALISTES

En Europe, les classes dirigeantes ont toujours fait cause commune avec la bourgeoisie, pour bâtir leurs pays, accumuler des richesses et tenir en laisse le prolétariat en lui créant continuellement des emplois salariés. Aussi, rentre-t-il dans cette logique le refus de la CEE d'inclure dans les listes de ses importations conventionnelles en provenance des ACP tout produit tant soit peu transformé dans les pays de sa production ; ce qui conduit à bloquer l'industrialisation de l'économie africaine. Dès lors, l'Europe ne peut ni valablement encourager l'investissement en capital en Afrique, ni y favoriser le développement de l'emploi ; tout au contraire ! En conséquence de quoi, l'ancrage de l'exploitation néocolonialiste s'y fait toujours plus profond. L'économique restant quasiment son seul point de mire, les stratégies de l'Europe ne peuvent viser que le maintien de l'Afrique sous sa totale dépendance. Les procédés pour y parvenir en sont multiples ; ils embrassent la colonisation économique et monétaire et s'étendent à la détérioration des termes de l'échange.

1- Colonisation économique et monétaire

La colonisation économique et monétaire, directe ou indirecte, et ses avatars sont quelques uns des procédés et techniques néocolonialistes. Les servitudes du Franc CFA qui en sont issues, s'y décèlent au fil du temps. La détérioration des termes de l'échange, une tout autre technique, est également un des révélateurs des assassinats ciblant le développement de l'Afrique, professionnellement perpétrés par des "tueurs à gage" au-dessus de tout soupçon.

a- Monnaie et souveraineté

Beaucoup pensent que la monnaie n'est pas détachable de la souveraineté et qu'elle en est une des composantes. Ce qui explique que les patrons des Banques centrales soient tous nommés par les plus hautes autorités des Etats. Même et surtout aux USA, depuis 1913, c'est le Président des Etats-Unis qui nomme les sept membres du conseil des gouverneurs de la Federal Reserve System (Fed), sous réserve de ratification par le Sénat. Qu'importe que les actionnaires de la Banque d'Angleterre, de la Fed et de bien d'autres instituts d'émission se recrutent directement ou indirectement dans le secteur privé ou qu'ils représentent des personnes morales de droit public. La nationalisation par le général de Gaulle, dès la fin de la deuxième guerre mondiale, de la Banque de France pour collaboration avec l'ennemi, prouve certes que parmi ses actionnaires il y en avait qui venaient du secteur privé, mais établit surtout un lien nécessaire et inéluctable entre la monnaie et la souveraineté des Etats. Il apparaît clairement à présent que tous les Etats sont directement et irréversiblement impliqués dans la définition, le choix et la mise en œuvre des politiques monétaires pour soutenir leur économie. Leur rôle dans l'élaboration des politiques d'encadrement du crédit, et partant de l'émission monétaire, les place en première ligne et en fait des « autorités monétaires ». C'est dans cette nouvelle vision que l'avènement de l'Euro comme monnaie de l'Union européenne a été précédé par la création et la mise en place de la Banque Centrale Européenne. Elle a pour actionnaires les Etats membres qui détiennent le pouvoir de nomination de ses dirigeants au sommet. Cet organe supranational est investi du pouvoir monétaire dont il dessaisit les Etats concernés.

Raymond P. KENT, dans son livre *Money and Banking*[34] estime que « la monnaie mérite d'être rangée parmi les inventions exceptionnelles de toute l'histoire de l'humanité.» Un tel "mérite" peut-il alors s'accommoder de la théorie classique de la neutralité de la monnaie, ou susciter l'indifférence des peuples à l'égard de la chose monétaire, ou encore écarter le bien-fondé de la théorie keynésienne ? John Maynard Keynes trouve en l'occurrence en la monnaie un actif financier tout autant qu'un élément du patrimoine[35]. Toutes ces caractéristiques spécifiques à la monnaie ne posent-elles pas le problème des détenteurs du pouvoir monétaire ? Milton Friedman en a été préoccupé. Il situe le danger inhérent à la création et à la gestion de la monnaie au même niveau que celui de déclarer et de conduire la guerre pour Clemenceau, et paraphrase ce dernier : « la monnaie est une chose trop [sérieuse] pour la confier aux [seules] Banques Centrales[36] ». Ce rapprochement de la fonction monétaire à celle de la défense nationale en fait, de facto, un élément de la souveraineté.

Sans doute la France, à cause de son complexe paternaliste congénital à l'égard de ses anciennes colonies d'Afrique noire, a-t-elle estimé que la création monétaire est une chose trop importante pour être laissée à ses ex-colonies. Ce qui explique qu'elles soient les seules au monde à n'avoir pas créé leur monnaie propre depuis leur accession à l'indépendance. L'élément monétaire de la souveraineté aurait-il échappé au général de Gaulle quand il concédait, au nom de la France, leur indépendance à ces colonies, ou l'avait-il consciemment tronquée en y maintenant la colonisation monétaire ? Ainsi subtilement, mais aussi perfidement, la France reprenait d'une main ce qu'elle proclamait avoir " donné " de l'autre. Rendue alors partiale, cette décolonisation était partiellement vidée de son sens. Ceci était d'autant plus surprenant que le Général, farouche défenseur de l'indépendance de la France, avait toujours insisté pour le retour à l'étalon – or : il supportait mal que seul le

---

[34] Raymond P. KENT, *Money and Banking*, Holt, Rinehart and Wiston Inc., New York (5e edition, 1966, p.3)
[35] Jacques - Henri DAVID, *la Monnaie et la politique monétaire*. Economical 1983, p. 51-54
[36] Jean-Pierre PATAT, *Fondement de l'économie moderne* : les Banques Centrales, Cirey, 1972, p. 1 et p. 56

dollar américain servît d'étalon de change (sur une base fixe de 35 $ l'once d'or pur.)[37]

Ainsi victimes de la castration monétaire, nos jeunes républiques souffrent d'une amputation congénitale de leur souveraineté. Ces Etats ne peuvent décider seuls ni de leur politique monétaire, ni encore moins de l'émission monétaire conséquente. "Leurs" Banques Centrales ne peuvent, à l'instar de la Banque du Canada, par exemple, « réguler le crédit et la création monétaire, surveiller et maintenir la valeur externe de l'unité monétaire nationale, atténuer par [leur] action les fluctuations dans le niveau de la production, des échanges, des prix et de l'emploi, dans la mesure où cela est possible et compatible avec la politique monétaire.».[38] Là-bas, la monnaie apparaît comme un élément central de l'économie. C'est sa vocation naturelle. Ici, la persistance de sa colonisation l'empêche de répondre à sa définition ou à sa mission tout comme à ses fonctions classiques.

Il serait intéressant de savoir si les Chefs des Etats de la zone Franc (CFA) ont eux aussi des coudées aussi franches pour faire de leur monnaie un instrument de politique économique au profit exclusif de leurs pays ? En tant que membre actif de cette zone, tout en étant assujettie à une autre monnaie, la France ne saurait l'accepter avant de s'être assurée de l'essor de ses intérêts. Et comme il est difficile qu'il y ait toujours parfaite coïncidence des modèles, des impératifs et des urgences économiques de l'une et des autres parties, ce seront les positions défendues par elle qui emporteront la décision. L'on comprend alors aisément pourquoi la France n'aimerait pour rien au monde que les quatorze pays de la zone Franc d'Afrique échappent à son contrôle tous azimuts. Leur cas est unique au monde.

b- Servitudes du franc CFA

En examinant les différents pays de la planète sur la base de l'appellation de leur monnaie, il ressort que près de soixante dix Etats se répartissent entre onze unités monétaires principales[39], comptant chacune

---

[37] Cette parité fixe par rapport à l'or a été abolie en 1968 par le Président Nixon, laissant le taux de change du dollar se déterminer par les lois du marché.

[38] Jean-Pierre PATAT, - op. cit., p. 189

[39]
1. Couronne	3.Dirham	Cameroun	Tchad	Mexique
Danemark	Emirats Arabes Unis		Centrafrique	Togo
	Philippines			

au moins deux utilisateurs. A l'observation, cette ventilation résulte généralement de la géographie et/ou de l'histoire, ou simplement des cas isolés difficilement explicables. C'est ainsi que trois pays nordiques (Danemark, Norvège, Suède) et la Tchécoslovaquie ont pour unité monétaire principale la couronne. Les pays arabes se répartissent entre le dinar, le dirham, la livre et le riyal. C'est le franc qui en compte le plus grand nombre : quatre Etats pionniers européens voisins[40], dix-sept sujets africains dont quatorze ex-colonies françaises d'Afrique noire, deux ex-colonies belges et une ex-colonie espagnole. Hormis Madagascar, le Rwanda et le Burundi, les quatorze autres se partagent le franc dit CFA. C'est le plus grand nombre d'adeptes d'une même unité monétaire au monde. Mais un nombre qui ne représente pas grand-chose en termes de masse monétaire. Le deutsche Mark allemand[41], le rouble russe, le yen japonais, le yuan chinois, le rand sud-africain, le cruzado brésilien, … sont des monnaies d'un seul pays à la fois. Mais certaines d'entre elles, prises isolément, dépassent en valeur celle de la France et de ses ex-colonies réunies. Toutes ces monnaies sont relativement indépendantes les unes des autres. La seule exception concerne les pays d'Afrique noire de la zone Franc ; ceux-là ne disposent ni globalement ni encore moins individuellement, d'un Institut d'Emission qui leur soit propre. Il en découle pour la France une lourde responsabilité historique.

Norvège	Maroc	Congo	**6. Livre**	Uruguay
Suède	**4. Dollar**	Côte d'Ivoire	Chypre	Espagne (Peseta)
Tchécoslovaquie		Canada	France	Egypte **8. Riyal**
	Hong Kong	Gabon	Grande Bretagne	Arabie Saoudite
2. Dinar	Liberia	Guinée	Irlande	Iran
Algérie	N. Zélande	Guinée Equatorial		Liban Qatar
Iraq	U.S.A.	Luxembourg		Yémen -Sanaa
Jordanie	Zimbabwe	Madagascar	Syrie	Cambodge (Riel)
Koweït	**5.Franc**	Mali	Turquie	**9. Roupie**
Libye	Belgique	Niger	**7. Peso**	Inde
Tunisie	Bénin	Rwanda	Chili	Népal
Yémen -Aden	Burkina	Sénégal	Colombie	Pakistan
Yougoslavie	Burundi	Suisse	Cuba	Indonésie
(Roupiah)				

10. Shilling : Autriche ; Kenya ; Somalie ; Tanzanie **11. Won :** Corée (Nord) ; Corée (Sud)

[40] Depuis le 01-01-2002, la Belgique, la France et le Luxembourg ont adopté l'euro à la place du franc.
[41] Le deutsche mark ainsi que d'autres monnaies européennes ont également cessé d'exister depuis le 01-01-02.

« Instrument de paiement indéterminé, général et immédiat[42] » ou « créance à vue sur le système bancaire »,[43] la définition de la monnaie ne correspond pas à ses applications quand il s'agit du franc CFA.[44] Seule la monnaie fiduciaire peut répondre à ces définitions. Le franc CFA n'est même pas admis à librement circuler à l'intérieur même de sa propre zone, bien qu'il soit théoriquement maintenu à une parité déclarée fixe par rapport au Franc français et indirectement à l'Euro. Quant à la monnaie scripturale, elle a une portée plutôt limitée. Cela signifie une réduction de la circulation monétaire, donc des transactions financières et des échanges. Or, les banques françaises opérant en Afrique ne se donnent pas la peine d'imaginer à temps, pour leurs succursales africaines respectives, des conditions fiables d'émission des chèques et d'autres signes monétaires, mieux adaptées et plus sécurisées. Si en France même la pénétration des cartes de crédit au niveau des ménages est évalué à une seule carte de crédit pour cinquante personnes, contre deux (02) cartes par personne aux Etats Unis il y a seulement quelques années, ce n'est pas dans ses colonies monétaires que l'on trouverait mieux.[45] ! Toutes ces restrictions, volontaires ou fortuites, comportent des conséquences négatives dans la maîtrise de la circulation monétaire et de l'intégration des économies, et partant dans l'optimisation rationnelle de la trésorerie des banques et de l'encadrement technique du crédit.

La distribution discriminatoire du crédit réduit par ailleurs le volume du financement de l'économie proprement africaine de la zone et ouvre la voie à des spéculations financières, sinon à des jongleries avec les maisons-mères, plus favorables au financement des multinationales (dont aucune n'est africaine) et des économies extra-africaines sur des ressources financières provenant des pays du continent. Ce jeu malsain auquel se livrent ces banques « étrangères » est doublement facilité par la réglementation bancaire de la zone Franc d'Afrique noire. Les modes opératoires qu'elle introduit dans le système bancaire et les taux d'intérêts pratiqués ne sont pas de nature à favoriser le développement de l'Afrique ! Il est en effet impossible de développer un pays où le taux

---

[42] Jacques -Henri DAVID, op. cit, p. 7
[43] Joseph TCHUNDJANG POUEMI, *Monnaie, Servitude et Liberté* ; éd. J.A. 1980, p. 34
[44] CFA : Comptoirs Français d'Afrique, devenus Communauté Financière d'Afrique.
[45] Jacques -Henri DAVID, op. cit, p. 37

directeur (ou d'escompte) de l'institut d'émission se chiffre à plus de 10%, et le taux d'intérêt débiteur pratiqué par les banques commerciales à plus de 15%. Car, ce sont les bénéfices réalisés qui doivent seuls supporter le remboursement des crédits bancaires, capital et intérêts compris. Pour ce faire, le taux de la marge commerciale doit nécessairement être plus élevé encore ; ce qui conduit la rentabilité des investissements à être réduite, voire même nulle : d'où le blocage du développement.

En outre, les dépôts à vue ne sont pas rémunérés, mais mensuellement délestés d'agios, même si le compte n'a pas été activé durant les périodes considérées. Les dépôts à terme sont très faiblement rémunérés (5 à 10% de T.B.C. contre 15 à 22% de T.B.D).[46] Les déposants nationaux qui n'en sont pas actionnaires, ne profitent de nulle ristourne sur les bénéfices réalisés par les banques. Aucune redevance, aucune royalty ne sont par ailleurs reversées à l'Etat au titre de l'exploitation de ces ressources nationales, à l'instar de la redevance forestière, de la radioactivité, de l'exploitation pétrolière..., redevance qu'il ne faut confondre ni avec l'impôt sur les bénéfices, ni avec les taxes diverses. Ceci pourrait se comprendre si les financements accordés aux entreprises nationales atteignaient çà et là au moins 60 % du portefeuille crédit ; car après tout, le volume du crédit bancaire est fonction de celui des dépôts, lesquels sont avant tout le fait des nationaux. Ce sont donc leurs richesses que des multinationales viennent gratuitement siphonner, ou des aventuriers impunément piller.

Ne répondant que très partiellement à la définition classique de la monnaie, n'ayant aucune prise sur sa valeur externe, ballotté entre "le bon plaisir" de l'autorité monétaire française et les fluctuations du Franc français, mais curieusement rattaché au Trésor français et « garanti » par lui et non par la Banque de France, le F CFA est-il vraiment une monnaie ? Pas tout à fait, pourrait-on répondre, aussi nuancé que l'on puisse être ; il n'est pas une monnaie de singe, non plus ! Il n'est en réalité, surtout au plan externe, un instrument de paiement ni immédiat, ni indéterminé, ni général, avant qu'il ne soit converti en Franc français (F.F.). Il n'est une « créance à vue » ni sur le système bancaire de l'ensemble de la zone, ni encore moins sur le système bancaire français ;

---

[46] T.B.C. : Taux de Base Créditeur = Taux d'intérêt appliqué aux dépôts à terme
T.B.D. : Taux de Base Débiteur = Taux d'intérêt appliqué à l'emprunteur

puisqu'il est désormais déconnecté de la Banque de France. Le franc CFA ne peut donc être considéré comme une devise, à moins que les réserves de change, constituées en francs CFA par chacun des pays membres de la zone, auprès du Fond Monétaire International (F.M.I.) ne lui confèrent, par ricochet, les attributs de devise. Autrement, il continuera à n'être une monnaie de change que contre le défunt franc français, et à travers lui, à titre posthume, contre l'euro. Il s'apparenterait plutôt à un instrument de troc. Son rôle économique ne saurait alors être rempli aussi longtemps qu'il n'induirait pas une parfaite compatibilité entre les intérêts français et ceux des pays de la zone ; ce qui correspond à la quadrature du cercle. Mais alors, s'il contrevient à la définition même d'une monnaie normale, comment le Franc CFA pourrait-il être en mesure de répondre de ces autres fonctions classiques : celles énumérées par Aristote. Elles demeurent vivaces même si la détérioration des termes de l'échange, qui en est un avatar, a quelque peu altéré la portée de leur distinction.

La monnaie fiduciaire elle-même ne joue plus indifféremment le rôle d'« intermédiaire des échanges » dans toute la zone. A l'occasion de la dévaluation de 1994, le franc CFA de la BEAC a cessé d'être libératoire dans les pays de la BCEAO et réciproquement. Ces deux monnaies ne sont pourtant différentes en rien. La valeur faciale des billets et des pièces est respectivement la même. La parité absolue qui les lie demeure rigoureusement intacte. C'est exactement la même monnaie, ayant cours légal. Seuls la dimension et le design des coupures ou la stylique du disque peuvent varier.

En fait, il doit s'agir de l'exploitation politique d'une situation que la France s'est opportunément offerte. Elle a souverainement préféré écarteler encore davantage les deux instituts d'émission au lieu d'en faire un seul. Aux liaisons monétaires horizontales entre Etats africains, elle substitue encore plus finement le contrôle de leurs transactions comme si c'était deux devises différentes. Ainsi, au lieu de stimuler les échanges à l'intérieur d'une même zone, une réglementation orientée rend plutôt difficile le change des billets de la BEAC contre ceux de la BCEAO[47]. Ce qui finalement contraint les assujettis à cette monnaie à se trouver une porte de sortie : devant des hôtels, aux aéroports et dans des quartiers

---

[47] BEAC : Banque des Etats de l'Afrique Centrale
BCEAO : Banque Centrale des Etats de l'Afrique de l' Ouest

cosmopolites sont tenus des guichets ambulants de change de cette "devise". L'ignorance du volume réel de ces changes manuels pour des échanges intra-zone ne peut donc permettre la maîtrise des paramètres de l'intégration économique. Encore plus complexe à l'intérieur de la zone est la circulation de la monnaie scripturale. Or, de nos jours, la sous-utilisation des possibilités offertes par la monnaie scripturale et tout autre signe monétaire est un facteur négatif pour le développement économique.

En son état actuel, le franc CFA se révèle être un goulot d'étranglement des économies de la zone. Ici, à la demande de monnaie à la mesure des biens et services à échanger, semble se substituer une offre de monnaie régulée aux politiques du garant. C'est une sorte de quota de monnaie à émettre, réservé à chacun des pays de la zone. A y voir de près, l'on ne peut s'empêcher de se demander si l'on n'a pas substitué aux conditions normales de création monétaire, des critères non orthodoxes d'émission particulière de cette monnaie. Cette hypothèse pourrait expliquer pourquoi les économies de la zone vont de la stagnation à la régression. On ne peut en même temps réfuter la neutralité de la monnaie et refuser de reconnaître que son rôle d'actif financier est un accélérateur des échanges, donc un élément incitatif de l'économie.

La fonction « unité de compte des valeurs » du franc CFA n'est guère mieux remplie. C'est peut-être ici que les pays africains auraient pu bénéficier des effets de l'étalon-or qu'exigeait le général de Gaulle. En freinant la vitesse d'érosion de leur monnaie, aujourd'hui vertigineuse, ce régime monétaire aurait alors pu conserver durablement sa valeur. Mais en fait, la parité fixe entre elle et le franc français (F.F.) est un faux semblant. Les dévaluations et réévaluations successives, directes ou indirectes du F.F par rapport au F CFA, ne sont ni plus ni moins que des modifications arbitraires et unilatérales de parité au détriment de ce dernier. Autrement, comment expliquer cette érosion par rapport au franc français ? Et si les contreparties de la masse monétaire CFA et les économies qui la sous-tendent sont de nature à justifier aussi brutalement sa chute en 1994, pourquoi elles n'ont jamais pris en compte les raisons d'une réévaluation de cette monnaie, qui aurait dû découler de l'excellente tenue, sur de longues périodes, des économies des pays de la zone (Cameroun, Congo, Côte d'Ivoire, Gabon) ? Dans de telles conditions, le franc CFA ne saurait être considéré en soi comme une unité de compte des valeurs si à tout moment il peut être dévalué. Avant l'avènement du "Franc lourd" (FF), un franc CFA valait deux francs français, soit le double. Par la suite, il faudra cinquante (50) F CFA pour un francs français, soit une réévaluation nominale du FF de 100% par rapport au F CFA. La même stratégie refait surface en 1994 sous le règne de François Mitterrand : il faudra désormais cent (100) F CFA pour un franc français. A ces dévaluations dictatoriales directes, drastiques et cycliques du F CFA s'ajoutent celles indirectes remettant en cause la fameuse parité, mais uniquement imputables à des situations économiques défavorables, propres à la France : ce fut le cas de la dévaluation d'Août 1969 consécutive aux "Evènements de mai 1968."

La fonction « réserve des valeurs » traduit en fait le pouvoir d'achat de la monnaie. Elle conduit inéluctablement à observer dans le temps et dans l'espace, comment évolue la valeur de la monnaie à travers les biens et services qu'elle peut permettre d'acquérir. En d'autres termes, la somme de mille francs CFA procure-t-elle aujourd'hui, pour les mêmes marque et qualité, le même nombre de baguettes de pain, de pots de yaourt, de kilogrammes de mil... qu'il y a dix ou vingt ans par exemple ? Le prix exprimé en francs CFA d'une même voiture française, allemande ou japonaise bien identifiée, reste-t-il constant ? La réponse tirée de l'expérience et des statistiques est évidemment non : la valeur de la monnaie se déprécie au fil du temps. Mais la vitesse de cette érosion monétaire est relativement plus rapide pour le franc CFA : la voiture Peugeot 504 de 10 CV coûtait un million trois cent mille de F CFA en 1973 à Yaoundé ; son prix y est passé à six millions de F CFA en 1990. Il serait passé au moins au double après la dévaluation de 1994, si la chaîne française de sa fabrication n'était pas arrêtée. En 2003, la Peugeot 205 qui se situe au deuxième pallier du bas de gamme du même constructeur se vend à vingt neuf millions de F CFA, toujours rendue Yaoundé. Le prix du litre d'essence y est passé de cinquante francs en 1970 à cinq cent quatre vingt quatorze francs en 2008. Tous ces prix sont hors de portée pour un respectable planteur d'Afrique. Pourtant en 1954 par exemple, le producteur de cacao ghanéen, nigérian ou camerounais pouvait s'acheter une voiture de moyen standing ou se construire une maison en dur en vendant deux à trois tonnes de cacao. Aujourd'hui, il lui faut en vendre cinquante tonnes pour s'acheter une modeste « starlet » ou se construire en dur une maison, de dimensions nettement moindres.

Ainsi, du fait de la dépréciation programmée du F CFA, la valeur des importations ne cesse de grimper outrancièrement de jour en jour et d'une année à l'autre ; tandis que celle des exportations prend la direction exactement inverse en termes de devises qu'elles rapportent. L'on ne peut dès lors conférer la fonction de réserve des valeurs à une monnaie colonisée et dont la parité présumée est essentiellement manipulable, au gré des circonstances plus ou moins mafieuses. C'est une illusion créée autour d'un manège. La détérioration des termes de l'échange au profit direct de la France et toujours au détriment des pays de la zone franc est une autre illustration très significative de cette fiction paritaire. L'on doit alors éviter d'imputer les causes de cette hausse imperturbable des prix à l'importation à la répercussion par le concessionnaire des droits de douane et taxes assimilées. En 1970, le taux de la douane appliqué au prix CAF rendu Douala des véhicules français était de 71,5% ; en 2003, il n'est plus que de 55,5%, soit une baisse de 16%.

Il faut bien se résoudre à accepter que les dévaluations et réévaluations successives du franc français, directes ou indirectes, par rapport au F CFA ne sont ni plus ni moins que des modifications arbitraires de parité au détriment de ce dernier. Elles ont pour objet inavoué ou pour conséquence souhaitée de renchérir à chaque fois les importations des pays de la zone tout en réduisant d'autant la valeur de leurs exportations. Ici est née et ainsi s'explique « scientifiquement » "la détérioration des termes de l'échange". Couplée aux manipulations monétaires, celle-ci demeure la seule explication plausible des effets désastreux de la colonisation économique et monétaire de certains Etats africains.

2- Parité monétaire et détérioration des termes de l'échange

Faute d'une définition plus acceptable ou d'une explication autrement plus convaincante, l'on constate que la détérioration des termes de l'échange traduit en valeur une succession de rapports ou de taux de couverture dégressifs, enregistrés dans les échanges des biens et services entre deux pays ou groupes de pays, sur une période de référence relativement longue. En fait, elle exprime en valeur (mais non en volume) la baisse constante des courbes statistiques d'échanges au détriment des pays en développement, fournisseurs de matières premières. Les pays industrialisés, exportateurs à des prix exorbitants des produits manufacturés à partir de ces mêmes matières, en tirent pour partie un "enrichissement sans cause", en tout cas licitement injustifiable. Et ce serait faire injure au sens de l'observation, au bon sens élémentaire et à l'arithmétique que de prétendre ignorer que l'Afrique n'a jamais cessé d'être victime d'une succession de duperies dans ses échanges commerciaux avec l'Europe. La volonté des partenaires européens de dissimuler ou leur incapacité de camoufler cette réalité immorale seraient probablement à l'origine de l'embrouille qui a poussé à inventer ce célèbre euphémisme métaphorique, de coloration plutôt mathématique. Ils ne manquent aucune occasion de recourir à ce vocable chaque fois que leur argumentation frise l'ineptie ou rend leur position inconfortable, ni d'en doper la jeunesse africaine pour la conditionner avant même qu'elle ne soit aux commandes du navire Afrique.

Or, la détérioration des termes de l'échange est inconcevable dans un système monétaire de parité fixe. Les valeurs externes des monnaies conventionnellement soudées par une parité fixe se tiennent et restent liées par un taux de change constant et invariable. La valeur marchande des exportations ou des importations n'affecte nullement la parité fixe de ces monnaies. Celles-ci n'interfèrent dans une éventuelle détérioration des termes de l'échange que par rapport à des monnaies tiers, dont la fixation des valeurs relève des lois du marché.

L'augmentation récurrente du coût des facteurs ne peut donc pas expliquer ce phénomène, comme on a souvent tendance à le dire ? Si oui, pourquoi les coûts des facteurs augmentent-ils. C'est à cause du coût de modernisation des équipements et de l'amélioration des produits, répondra-t-on. D'où en obtient-on alors les financements ? Les pays du Tiers Monde ont eux aussi besoin des mêmes moyens pour se moderniser, augmenter et améliorer leur production. L'interdépendance économique et monétaire supposée entre les pays de la zone et la France aurait dû le leur permettre. Et si c'est l'industrie qui rend chers les produits finis, comment cette industrie-là aurait-elle subsisté sans matières premières qui, elles, voient leurs prix stagner, régresser et même le plus souvent chuter. Pourtant, l'industrie européenne utilise aussi des matières premières provenant des pays européens où elle est implantée : betterave pour le sucre, blé pour le pain, métaux et énergie pour l'industrie lourde, laine pour les vêtements... Mais on n'y a jamais entendu parler d'une détérioration des termes de l'échange entre le coût de production sur place de ces matières premières brutes et celui des produits industriels locaux qui en sont issus. Sinon que de quelques manifestations de paysans qui obtiennent très vite gain de cause. Et le paysan français, anglais, allemand, est ainsi passé de la bêche au tracteur et de la binette à la herse mécanique, avec voiture et logement décent. Et les salariés, avec ou sans grève, voient leurs salaires augmenter en fonction de l'évolution de l'indice général des prix ou de celle du « coût de la vie ». Malgré l'érosion monétaire induite, quant à eux, les agents économiques des pays développés (y compris ceux du secteur de l'agriculture), voient leur pouvoir d'achat maintenu et parfois amélioré. D'où leur viennent donc les ressources du financement de la décence de leur pouvoir d'achat à travers ajustements de salaires et compensations des prix des produits agricoles ? Ne serait-elle pas justement nourrie aux mamelles de cette « détérioration des termes de l'échange» ? L'on ne peut ne pas le penser.

En définitive, l'expression « détérioration des termes de l'échange » traduit très pudiquement l'exploitation claire et nette des pays du Tiers Monde pour développer, de façon déloyale, les pays dits nantis et leur assurer un standing de vie tel que leurs ressortissants jouissent du plein emploi, se permettent de passer à trente cinq heures de travail par semaine, s'offrent le luxe de passer des vacances par exemple en Afrique et même de "saluer" au passage ces braves esclaves d'un genre moderne qui les entretiennent.

En vérité, la « détérioration des termes de l'échange » s'avère être une expression stratégique et tactique, réservée aux seuls échanges avec les pays sous-développés, " damnés " à vendre encore et toujours moins chers leurs produits d'exportation. Ces exploités ne cesseront pas d'en gémir tant qu'ils ignoreront que les « damnés sont damnés parce qu'ils le veulent ».

C'est clair : les matières premières "soustraites" d'Afrique contribuent à créer ou à entretenir des emplois salariés en Europe ; la baisse constante de leurs prix participe à y financer corrélativement la hausse des salaires. C'est un cas sournois « d'exploitation de l'homme par l'homme », un esclavage à peine voilé que les capitalistes arrogamment maintiennent, que les Organisations des «Droits de l'Homme» et l'ONU feignent d'ignorer. C'est bien dommage que ni la morale ni les valeurs humaines n'influencent les relations économiques internationales, lesquelles les partenaires occidentaux persistent à vouloir dominer par tous les moyens.

Il est dès lors aisé de comprendre que la détérioration des termes de l'échange est le résultat d'une politique consciente et concertée d'exploitation sans vergogne, des pays d'Afrique noire, plus particulièrement, à travers leur maintien comme producteurs de matières premières. Le fondement en est une vaste duperie qui s'apparente fort bien à une escroquerie internationale dont les pays industrialisés semblent jouer à la fois le rôle de co-auteurs et de receleurs ; leurs complices sont quelques leaders africains dopés ; les victimes résignées en étant les masses africaines qu'on voudrait faire passer pour des êtres créés dans le seul but de mener une vie de dépérissement et d'agonie prolongés, ou mieux pour des offrandes expiatoires à l'autel où ainsi se nourrissent ces peuples repus d'Occident. Pourtant ces masses n'ont commis aucune faute sinon celle de leur passivité condamnable. Face à ces « crimes », leurs exploiteurs se doivent d'expier leurs péchés en acceptant d'arrêter le pillage de ceux qui devraient être leurs partenaires dans une intégration économique juste et équitable.

Cette politique d'exploitation économique, née de l'Acte de Berlin de 1885 et menée par les pays industrialisés, s'est transformée au fil des ans en un étranglement pur et simple des économies africaines, notamment. La pauvreté de ces pays n'est pas la cause de la réduction de leurs capacités d'investissements, mais en est plutôt l'effet. La détérioration des termes de l'échange née de l'extraversion unidirectionnelle de leurs économies fonde et explique cette pauvreté. Tout semble être ficelé pour canaliser ces pauvres Africains rien que vers la production des matières premières. Les banques coloniales opérant dans leurs pays semblent n'avoir pour mission que de consolider cette situation. Leur politique de crédit orienté, à taux d'intérêt prohibitifs, et le peu d'empressement affiché pour financer véritablement des projets économiques endogènes en sont la preuve.

Lorsque le franc CFA devient un levier destiné à actionner la détérioration des termes de l'échange, un instrument contribuant à ruiner le pouvoir d'achat des populations ou un moyen d'obstruction (et non un agent) du développement, il apparaît comme l'une des sources tout autant que l'un des éléments explicatifs du blocage de nos économies languissantes ; en voici une des survivances les plus raffinées de l'exploitation néocoloniale. L'entêtement persistant de la France à continuer à tenir en laisse le franc CFA et à "partager" le risque monétaire des pays d'Afrique noire de la zone ne peut, pour le moins, qu'être troublant, pour n'être pas suspect à défaut d'être vicieux. A force des restrictions dictées par son "paternalisme", ce dernier a empêché au franc CFA de jouir de toutes les ressources et synergies attendues d'une monnaie dans le contexte moderne de son acception et de ses applications. En fait, ses objectifs et ses préoccupations ne sont pas forcément et ne peuvent être ceux des pays assujettis. Que faire ?

Créer une monnaie nationale par Etat irait à l'encontre du bon sens économique. Il faut plutôt penser à une monnaie continentale africaine. Aujourd'hui, les politiques d'économies d'échelle plus que toute autre se révèlent beaucoup plus payantes et de loin plus réalistes. Les fusions au niveau mondial de grandes sociétés ou entreprises s'expliquent ainsi : les ententes par négociations et autres « Offres Publiques d'Achat » (O.P.A) et « O.P.V » ont principalement pour objet de minimiser les charges communes et les prix de revient des produits ou des services, tout en accroissant la force de leurs synergies. Les dividendes à distribuer seront d'autant plus substantielles, au grand plaisir des actionnaires. A tous ces avantages tirés de l'effet du nombre s'ajouteraient pour la monnaie continentale africaine l'étendue et la complémentarité des richesses africaines qui sont autant de garanties pour la force et la crédibilité de cette monnaie. Le monde actuel tend à se composer de grands ensembles géographiques, politiques, économiques, diplomatiques, militaires, mais aussi et surtout monétaires. La preuve, s'il en est besoin, est fournie par les Etats Unis d'Amérique avec le dollar comme monnaie, la fédération de Russie avec le rouble, la grande Chine avec le yuan, l'Union Indienne avec la roupie, et plus récemment, l'Union Européenne avec l'euro. L'Afrique ne saurait déroger à la logique de cette mouvance générale à moins que ses dirigeants et son peuple ne contrarient une fois de plus le sens de l'Histoire.

Il est inadmissible que deux mille trois cents ans après qu'Aristote a distingué les unes des autres les fonctions de la monnaie, les Africains noirs de la zone franc ne puissent pas aujourd'hui encore, les actionner ! Le pouvoir monétaire persiste à leur échapper. Il est encore colonisé. Les "autorités monétaires" africaines n'ont de pouvoir dans ce domaine que celui d'entériner. Mais entériner une décision peut-il constituer un pouvoir ? Or, c'est le pouvoir d'initiative qui forme les décideurs et les rend plus responsables du résultat de leur intelligence et de leur savoir-faire. Les en priver revient à les ramener au niveau des exécutants primaires, simples ou spécialisés ; mais jamais à celui des concepteurs. Si donc certains dirigeants africains, qui sont nombreux, n'ont pas de liberté d'initiative monétaire et ne peuvent tout au plus qu'entériner celle qui leur est imposée (cf. dévaluation 1994), peut-on alors les créditer d'une quelconque indépendance qui puisse comporter quelque responsabilité ? Mais comment et jusqu'où peut-on les en dénier ?

En fait, le pouvoir monétaire se situe ailleurs, entre d'autres mains. Les missions conférées aux Banques Centrales sont exercées sur "délégation de signature". Elles auraient pourtant dû constituer un pouvoir réel et effectif pour les Etats de la BEAC et de la BCEAO, tant pour la création de la monnaie, c'est-à-dire « l'émission monétaire, [que pour] l'encadrement du crédit, le soutien de la valeur externe de l'unité monétaire nationale, l'atténuation des fluctuations au niveau de la production, des échanges, des prix et de l'emploi. » Toute personne ou toute institution dont la « tâche » est de réguler toutes ces variables économiques et monétaires, détient dans le monde moderne les pouvoirs les plus exorbitants de l'Etat régulateur. Constater que tel Etat ou tel dirigeant en est « volontairement » ou arbitrairement dépourvu, c'est affirmer la "théoricité" de son existence dans le domaine économique et social ; c'est reconnaître en une telle personne physique ou morale qu'elle n'est qu'une figuration, vide de toute substance génératrice de bonne gouvernance économique. Cette irresponsabilité est plus grave que les balbutiements qui auraient pu être observés à l'occasion de l'exercice du pouvoir monétaire. Les Africains ainsi marginalisés et qui se complairaient à ne pas disposer de ce pouvoir, sont dans une situation de renoncement coupable à l'utilisation d'un instrument primordial de développement.

Pour leur supprimer le caractère illusoire de leur pouvoir monétaire, il aurait été plus élégant et plus loyal de la part de la France de laisser aux autorités monétaires africaines de toute la zone la responsabilité de repenser leur monnaie, de décider des politiques monétaires à mener, au besoin à l'échelle continentale, et d'en assumer souverainement la qualité des résultats. Autrement, comment les dirigeants africains peuvent-ils honnêtement prétendre ou même promettre opérer les changements qui conduisent à l'épanouissement économique et social des populations de leurs Etats ?

Pourtant le pouvoir monétaire était sur le point d'être partagé entre la France et des Etats africains, dans un partenariat avant la lettre, après les accords de Brazzaville de 1973. L'objectif était alors d'amener aussi bien l'Institut d'Emission que les banques commerciales à se donner pour mission première d'assurer le financement des économies nationales d'une part et d'africaniser autant que possible certains postes de responsabilité, d'autre part. Cette décision qui commençait à porter des fruits a été malheureusement contrée plus tard par les partenaires étrangers des banques locales. Certains banquiers expatriés, en coalition avec leurs compatriotes et quelques thuriféraires africains ont ainsi créé, visiblement sur instructions des maisons-mères, un bicéphalisme insensé qui devait entraver l'application des politiques gouvernementales de crédit à l'économie (nationale). Les plus disciplinés d'entre eux passaient alors le plus clair de leur temps, accrochés au téléphone, en liaison avec les branches internationales des sièges de leurs banques pour affiner avec elles les stratégies d'obstruction. Les moins scrupuleux s'adonnaient vertement à la corruption pour "se faire du CFA" et s'en aller ; en contre partie et par stratégie, ils laissaient les mains libres à leurs "collègues" africains. A partir de ce moment, les crédits alloués dans ces magouilles l'étaient avec légèreté. La plupart s'avéreront par la suite irrécouvrables, d'où la faillite préméditée du système bancaire africain de la zone franc.

Certes, le pouvoir monétaire n'est pas la seule clé du développement. Mais il en est un des leviers indiscutables. Le développement passe aussi par la maîtrise des applications des fonctions monétaires. Car, il n'y a pas de développement sans échanges, ni d'échanges sans monnaie, qui en est aujourd'hui l'intermédiaire obligé. Or, la spécialisation des producteurs et la complémentarité des biens et des services mis sur le marché imposent des échanges en vue de la satisfaction d'une variété de besoins ressentis ou exprimés. Le troc est anachronique et inadapté dans la plupart des transactions internationales. Il aurait certes évité les inconvénients injustifiés de la dépréciation monétaire sur une durée donnée. La détérioration des termes de l'échange ne se serait peut-être pas faite à sens unique. Et la privation de certains pays africains du pouvoir monétaire leur aurait sans doute été plus supportable. S'il ne s'agit pas de faire ici l'apologie du troc, il n'en demeure pas moins qu'il faut mettre en évidence les injustices nées de la monétisation des échanges, injustices dont ne tirent profit que les maîtres de la monnaie, donc de la détérioration des termes de l'échange. Ces injustices peuvent néanmoins être réduites, voire écartées, à la condition que les Africains battent une monnaie qui leur soit commune et qu'ils s'emploient à investir et à s'équiper pour produire sur place les articles les plus courants et les plus financièrement pesants dans leurs balances commerciales ; tout autant qu'ils doivent veiller à la valorisation de leurs matières premières. L'exportation de celles-ci doit progressivement diminuer pour favoriser la création de nouveaux emplois inhérents à l'industrialisation, et conséquemment réduire drastiquement le taux du chômage tout en combattant l'extraversion économique. C'est par ce contour que la maîtrise du développement reviendrait aux Africains et en ouvrirait des voies non encore explorées.

Il est donc temps que prenne fin la politique actuelle de l'imbroglio monétaire. De telles incongruités ont toujours nivelé vers le bas les économies des pays du continent, en dépit de leurs potentialités inouïes. Aussi, la décolonisation monétaire et bancaire est-elle d'une urgence et d'un impératif absolus. Elle interpelle personnellement les dirigeants africains dans leur ensemble. Elle requiert leur volonté politique et leurs décisions subséquentes, qui s'inscrivent toutes dans la logique de l'utile et du possible. Déjà l'Afrique du Sud, l'Algérie, l'Ethiopie, l'Egypte, le Ghana, la Libye, le Maroc, la Mauritanie, le Mozambique, le Nigeria, la Tanzanie, la Tunisie,... battent eux-mêmes leur monnaie ; ils n'ont jamais été en position d'envier l'un après l'autre les pays africains de la zone franc, dont la monnaie est soi-disant garantie par l'ancien colonisateur. Ceci est une preuve patente que ces dirigeants peuvent d'urgence et sans transition réussir la substitution de la monnaie unique africaine aux franc CFA, naira, zaïre, cédi, dirham, livre, rand, ... La fusion de la masse marchande de toutes ces monnaies plus ou moins domestiques solidifierait la masse monétaire du continent, crédibiliserait la valeur externe de la monnaie unique africaine et la mettrait sur le même pied d'égalité que le dollar, l'euro, le yuan ou le yen. Les économies de la nation africaine s'en sortiraient alors ragaillardies. Elles pèseraient plus lourdement dans les relations économiques, financières et monétaires internationales. Alors, l'Afrique cesserait définitivement d'être dominée.

B- AIDE AU DEVELOPPEMENT OU STRATEGIE DE DIVERSION ?

Il est difficile d'affirmer et de démontrer que l'aide publique, sui generis, ait substantiellement contribué au développement des économies des pays qui en sont bénéficiaires. Autrement, le niveau de vie ainsi que celui des revenus de la plupart de leurs populations n'en seraient pas réduits à ceux qu'elles ont atteints aujourd'hui. Du reste et de plus en plus, l'un et l'autre continuent de prendre de la distance par rapport à ceux des pays donateurs. Il est dès lors clair qu'il y a quelque chose qui ne va pas quelque part. Comment peut-on en effet expliquer que des pays producteurs et exportateurs des matières premières qui alimentent l'industrie européenne aient pu se laisser distancer par leurs clients attitrés avec une longueur aussi démesurée ? Surtout qu'en plus des devises qu'ils encaissent de leurs ventes à l'exportation, ils reçoivent une soi-disant aide au développement ! Pour être si pérenne et si omniprésente, cette aide n'a-t-elle pas dû parallèlement contribuer à appauvrir constamment ses bénéficiaires ? Alors, ne servirait-elle pas de baume pour prévenir toute réaction incontrôlée des peuples qui en seraient des victimes ? Ces questions trahissent la suspicion qui l'entoure et sont sans doute à la base de son pseudonyme d'"aide au sous-développement". L'ambiguïté de son rôle sinon même de sa raison d'être, rend floues ses formes et sa finalité. Mais les dangers qui lui sont inhérents résident surtout dans les calculs par trop mercantiles dont elle fait souvent l'objet.

1- Nature, formes et finalité de l'aide publique

S'il est des expressions dont le sens équivoque est de nature à semer le trouble dans les esprits, l'aide publique est bien de celles-là. En effet, qu'il s'agisse de l'aide stratégique pour la coopération ou de l'aide publique au développement, un grand fossé sépare les motivations profondes et la finalité de l'aide désintéressée de celle de l'aide liée. Dans le premier cas, le pays aidant est animé par des sentiments humains, voire humanistes, pour "porter secours à personne en danger". Dans le second, il peut arriver que le pays dit aidant puisse être assimilé à celui qui tirerait sur une ambulance pour soulager son égoïsme en assurant ses intérêts. Les protagonistes ne sauraient s'y méprendre au point de nier cette vérité. Mais les masses restent généralement ignorantes de ces réalités. Aussi, ne cesse-t-on d'évoquer l'aide publique en des termes variés, dans les pays dits donateurs comme dans ceux appelés bénéficiaires. Ce n'est donc pas tout le monde qui en appréhende véritablement les contours et le contenu, les tenants et les aboutissants, aussi bien dans la nature que dans la pratique de « l'aide ».

L'aide vraie est un soutien matériel, financier et/ou moral apporté à une personne en détresse en vue de lui permettre de passer le cap. Le sens actuel de l'expression est apparu et lui est conféré à l'avènement des indépendances des colonies européennes d'Afrique et d'Asie. Il structure subtilement le vocabulaire néocolonialiste. Pendant la colonisation, "l'aide" n'existait pas. On était plus honnête. On ne craignait pas de parler crûment d'exploitation coloniale, sans avoir à en rechercher ou à en présenter la moindre contrepartie. Le Fonds d'Investissement et de Développement Economique et Social (F.I.D.E.S.) par exemple, dont d'importantes sommes d'argent avaient financé des travaux d'infrastructure et de production, de 1947 jusqu'au milieu des années cinquante, n'avait pas été baptisé « aide » par la France. Les investissements réalisés le furent par la Maison France, l'usufruitière, avec l'appui de ses dépendances. Nul pays, pas même la "Métropole", ne pouvait alors penser venir en aide à une colonie, belge, britannique, espagnole, française, hollandaise ou portugaise soit-elle. L'on ne pouvait l'« exploiter » si elle ne se suffisait !

En fait et de plus en plus, l'expression " aide publique " doit être comprise comme un euphémisme à relent psychologique. Elle est propre à transformer ses destinataires ou ses victimes en bénéficiaires euphoriques. L'aide peut en effet relever tout simplement de la stratégie de duperie, dans nombre de ses applications.

Qui se sent morveux se mouche, dit l'adage. C'est peut-être par référence à cette maxime que les stratèges de l'exploitation néocoloniale ont pensé qu'il serait plus prévenant d'instituer un semblant de ristournes à verser aux jeunes Etats expropriés des matières premières et privés d'emplois inhérents. Leur trouvaille paraît avoir été si bien appréciée que certains pays industrialisés présentent l'aide comme une espèce d'impôt de solidarité. Il s'ensuit une velléité de fiscalisation inédite dont l'assiette correspondrait aux divers profits tirés de l'exploitation des ex-colonies. Son institutionnalisation se présente sous forme d'impôt sur les revenus des Etats, plafonné à hauteur de 0,7% du produit intérieur brut (P.I.B) de chacun des pays qui se sentent concernés. L'on eût pensé que cette démarche relevait d'une sincère volonté politique d'atténuer les effets pervers de certains comportements prédateurs. Mais le passage des discours aux actes a du mal à se concrétiser. Cependant, on ne peut encore parler d'un désengagement, ni même d'une fraude ou d'une évasion fiscale. Ce projet, qui n'a jamais ambitionné de devenir un traité international, n'a toujours été qu'en état de gestation. Tout au moins pourrait-on penser à une autre forme de fuite en avant des Etats industrialisés qui alors se complairaient à violer une initiative censée être prise en leur âme et conscience, et dont ils seraient les seuls comptables. Toute reculade serait de leur part la pire des manières de couronner leur sens de solidarité, ou mieux, de partage !

Il n'en demeure pas moins que l'initiative de la "ristourne", originale s'il en est, présente l'avantage de dédouaner la responsabilité "morale" de ceux qui se nourrissent de l'exploitation néocoloniale ou désirent s'y engager. Car, elle a vocation à noyer les frustrations et à étouffer les cris des exploités. Mais très vite elle trahira les intentions et les motivations réelles des partisans de cette stratégie d'occultation. Les anciens Etats coloniaux qui y ont souscrit et se sont empressés de s'y conformer aisément s'y reconnaissent. Leurs économies se sont en effet engraissées par succion des matières premières et des emplois enlevés aux ex-colonies d'Afrique et d'Asie, qu'ainsi ils ont contribué à rendre pauvres et affamées. Sachant leur bonheur alimenté par le malheur de ces dernières, en auraient-ils conclu à un macabre déterminisme sous l'inspiration duquel ils auraient inventé " l'aide " pour faire illusion ? Et s'il en est ainsi, pourquoi l'égoïsme des exploiteurs s'embarrasserait-il de la misère des exploités ou même de les y maintenir si leur sinistre bien-être doit passer par là ? Tel est l'un des axes de réflexion susceptible de conduire à la compréhension fondamentale de ce que l'on appelle ironiquement "aide au développement".

Mais c'est à l'occasion de son déboursement ou à la lumière des projets qu'elle finance, qu'apparaîtra son caractère plus ou moins désintéressé, stratégique ou lié. Ce caractère lui est prêté par la morale sociale ou imprimé par le sens de la solidarité humaine ou des affaires.

L'aide désintéressée provient surtout des pays non anciennement colonisateurs et répond à des sources de motivation plutôt nobles. Cette dernière puise sa substance plus dans leur philosophie du partage que dans celui d'une recherche d'exploitation ou de domination. Ce sont des pays généralement de grande humilité, peu portés à des passions doctrinaires, peu ou pas racistes et où la paix sociale est de mise. Ils distribuent leur aide sans tambour ni trompette. En sont les tenants et même les champions, le Canada, la Chine, le Japon, les pays nordiques ou l'Arabie Saoudite et certains Emirats du Golfe. Ils se spécialisent dans l'assistance médicale, hospitalière et culturelle (Norvège) ; l'éducation et/ou la formation professionnelle (Canada, Japon) ; l'infrastructure et les grands travaux (Chine, Arabie)...

L'aide stratégique, la plus abjecte, est une des composantes de la stratégie globale du déploiement de certains Etats, pour se maintenir, s'implanter ou simplement marquer leur présence dans les pays qui les "intéressent". Elle procède des calculs politiques, économiques et/ou militaires. Elle s'illustre généralement soit par des velléités de concurrencer ceux qui se nourrissent de l'exploitation néocoloniale, voire même de se substituer à eux ; soit par une politique d'hégémonie que trahit une certaine folie des grandeurs insatisfaites. Elle représente, sous diverses formes, la contrepartie tacite des atteintes à l'indépendance et à la souveraineté nationale (bases militaires), des viols de la démocratie (renversement ou maintien de régimes), des cessions ou concessions d'entreprises (privatisations), des permis d'exploitation de richesses (forêts, minerais), d'attributions partiales de gros marchés publics (barrages, transports ferroviaires ou aériens). Ce sont généralement des organismes spécialisés qui se chargent de sa distribution, au cas où celle-ci est rendue officielle. Il en découle que l'aide stratégique se situerait raisonnablement entre la corruption et les commissions ou les cadeaux d'entreprises. Il s'agit quant au fond d'une aide liée, de reconnaissance ou de récompense.

L'aide liée est la forme la plus visible et la plus répandue. Elle consiste en une convention non écrite qui voudrait que les fonds qui sont déboursés au titre de l'aide ne quittent guère le pays qui l'accorde ; ou bien y trouvent en fin de parcours leur point de chute. Le procédé en est des plus simples : l'entreprise chargée de réaliser les projets qu'elle finance doit être de la nationalité ou relever du statut juridique du pays donateur, ou par défaut être agréé par celui-ci. A ce titre, il peut lui être exigé de présenter un certificat de non objection, signé d'une autorité compétente de l'Etat donataire ou de l'institution qui s'engage dans l'opération. L'appel d'offres lancé à cet effet le précise à souhait. Lorsqu'il s'agit d'un financement communautaire comme celui par exemple de la B.E.I[48], l'entreprise soumissionnaire doit être d'un des pays membres de l'Union Européenne. Les nationaux du pays bénéficiaire ne seront admis qu'en tant que sous-traitants, s'il leur est refusé d'en être adjudicataires.

---

[48] B.E.I. = Banque européenne d'investissement.

En réalité, dans le cas précis, le mot « aide » n'est ni plus ni moins qu'un abus de langage. Car, l'aide liée est essentiellement constituée de prêts ou d' «aides» remboursables. Elle participe de l'activité principale et même de la raison d'être des institutions financières qui la déboursent, et en même temps en vivent. A ce titre, l'aidant et l'aidé entretiennent le même type de rapports que ceux de client à fournisseur, ou de banque à client. Chacune des parties aux transactions en tirent profit. Aucun des deux partenaires ne peut se développer sans l'autre. Cette réciprocité qui conditionne leur existence respective, transforme leur relation d'affaires en une question de survie. Ils sont dans une logique d'entraide et doivent comprendre que leur destin est partagé. Dès lors et de par même sa nature, cette catégorie d' «aide» n'en est pas une, car l'aidant est aidé et l'aidé est aidant.

Mais c'est dans la pratique que l'on notera que la distribution de l'aide ne comporte de liens automatiques ni avec "la richesse des nations" donatrices, ni avec "la pauvreté des nations" donataires. La conception même de leur implication respective dans l'aide publique au développement diffère profondément. Plus prosaïquement, leur approche méthodologique dans *la lutte contre la pauvreté* y diverge fondamentalement. L'on aura alors compris pourquoi le Burkina Faso, le Mali, le Niger, la République Centrafricaine ou le Tchad, qui sont souvent classés parmi les pays les plus pauvres du monde, ne sont pas forcément les plus grands bénéficiaires des aides, ni en valeur ni en volume. De même, les Etats-Unis d'Amérique et le Royaume Uni de Grande Bretagne, qui comptent parmi les pays les plus riches de la planète, ne figurent pas dans le peloton de tête des meilleurs donateurs en la matière. Il en est de même de la Suisse, riche parmi les riches, qui exerce sa neutralité même dans ce domaine ! Conséquemment, les efforts des autres pays riches de l'Europe occidentale dont la France, l'Allemagne mais aussi la Belgique, peuvent être appréciés avec un peu plus d'égards. Ceux de la Chine ou du Japon encore plus, d'autant qu'ils n'ont pas été colonisateurs des pays qui bénéficient actuellement de leur aide ! Encore qu'il ne suffit pas pour un pays d'avoir colonisé des siècles durant une ou plusieurs contrées à travers le monde pour être compté parmi les grands pourvoyeurs d'aide au développement. L'illustration de cette réalité est fournie notamment par l'Espagne et le Portugal.

Bien que première puissance industrielle et économique du monde, les USA qui volent très haut, préfèrent affecter leurs immenses ressources et leur haute technologie à la conquête spatiale, aux guerres hégémoniques et autres épreuves de force. Ils occupent quasiment le dernier rang dans le classement des Etats par ordre de générosité gratuite et de solidarité humaine, eu égard aux moyens colossaux de toute nature dont ils disposent. *Uncle Sam* ne se gêne nullement de cette position qu'il observe *erga omnes*, ou presque.

En Amérique du Sud, des pays tels que la Bolivie, la Colombie, le Chili ou le Pérou reçoivent des USA moins de l'aide que des moyens matériels, financiers et humains principalement pour combattre là-bas à leur base les guérilleros socialisants et les narcotrafiquants, et protéger ainsi le territoire américain de leurs méfaits. Rien donc de surprenant que les pays de l'Amérique latine, désespérément pendus au pingre robinet de leur grand voisin du nord, continuent de croupir dans la misère la plus insupportable, dans leur « indépendance » proclamée depuis bientôt deux cents ans.

L'Afrique, quant à elle, çà et là, reçoit des Etats-Unis des dons de quelques puits, des quotes-parts pour construire des mini-dispensaires, quelques semaines de voyages d'études aux USA, beaucoup de livres de la collection « Nouveaux Horizons », l'AGOA[49] et même par quatre fois la visite d'un président américain ! Plus, à elle sont périodiquement dédiées quelques subventions, à l'instar de celle de cinq milliards de dollars US sur cinq ans, annoncée en juin 2003, au profit des industries pharmaceutiques américaines, productrices et vendeuses de condoms et autres exutoires pour combattre le sida ![50] Ce sont là quelques-uns des éléments illustratifs de l'aide apportée par la "grande puissance" américaine pour développer l'Afrique noire, notamment.

L'Asie se contente et s'accommode de frappes aériennes et si possible d'occupation territoriale : bombes atomiques, les premières de l'Histoire, larguées sur Hiroshima et Nagasaki[51] et facilitant le stationnement des troupes américaines au Japon depuis 1945 ; guerre de

---

[49] AGOA = African Growth Opportunity Act. Pour en bénéficier les Etats africains, y compris ceux qui appartiennent au « groupe des Non-Alignés », doivent s'aligner sur la politique étrangère des USA.
[50] La Fondation Bill & Melinda Gates du célèbre père de Microsoft, basée à Genève, a annoncé en août 2006 qu'elle verserait sur cinq ans 500 millions de dollars US au Fonds mondial pour la lutte contre le même fléau.
[51] Les pertes en vies humaines sont finalement estimées à 320 000 âmes.

Corée et cantonnement perpétuel de près de quarante mille soldats en Corée du Sud depuis 1953 ; longue guerre du Vietnam, exagérément et inutilement coûteuse en vies humaines, y compris américaines, et en dollars, sanctionnée finalement par la déroute de la première puissance militaire de la planète ; guerre du Golfe suivie d'un embargo assassin contre les Irakiens, du rançonnement financier de l'Arabie Saoudite et de l'occupation du Kuweit depuis 1991 ; guerre contre l'Iraq déclenchée en mars 2003, sans accord préalable de l'ONU, avec un plan prémédité d'occupation et de gestion de ce pays. C'est la suite logique de l'anathème jeté sur les Arabes par les USA à la suite de la forte hausse du prix du pétrole décidée par l'OPEP en 1973, immédiatement après la guerre du Kippour. Consécutivement, le Républicain Henry Kissinger avait clairement prévenu que « l'Occident occuperait, si besoin, les puits de pétrole du Moyen Orient » ! George Bush Père et George Bush Fils n'ont donc cherché qu'à donner corps à la prophétie du célèbre négociateur (avec Lê Duc Tho) des accords de l'avenue Kléber à Paris, qui ont consacré la fin de la guerre du Viêt-Nam.

Toutefois, deux pays situés de part et d'autre de la ligne de démarcation entre l'Afrique et L'Asie, s'attirent le plus gros de l'aide publique américaine. Celle chiffrée annuellement à plusieurs milliards de dollars US est octroyée à Israël, que l'on considère tantôt comme alter ego ou pied-à-terre des USA au Moyen Orient, tantôt comme éclaireur et poste avancé de mise en œuvre de leur stratégie économique et d'expansion impérialiste. A un moindre degré, l'Egypte en perçoit des retombées, à cause sans doute du danger permanent qu'il représente pour l'Etat hébreu, de ses performances militaires lors de « la guerre du Kippour » d'octobre 1973 et conséquemment des accords de Camp David, consacrant la paix avec Israël. L'aide aux Philippines, cette ancienne colonie abritant encore de nombreuses bases militaires de leur maître d'hier, est une prime bien méritée pour leur contribution appréciable à la présence américaine renforcée en Asie du Sud - Est.

L'Europe aura bénéficié d'une aide circonstancielle, la plus importante, la plus utile et la plus rentable, jamais accordée aux Etats d'un même continent : celle provenant du Plan Marshall, lequel a entraîné la création de la B.I.R.D.[52] pour son déboursement et la gestion

---

[52] B.I.R.D. = Banque internationale pour la reconstruction et le développement, devenue "Banque mondiale".

des échéances. Elle aura permis la reconstruction d'une Europe détruite par la deuxième guerre, tout autant que l'utilisation des capitaux américains en quête de placement.

2- Aide du cœur et aide de la duperie

Pour les Américains, l'aide gratuite ne doit pas exister. Toute sortie de leur argent doit être un placement et partant s'inscrire dans le cadre des affaires. Tout doit converger vers la recherche du profit. Rien ne devrait donc entraver les reflux des capitaux vers leur sanctuaire, pour consolider encore et toujours le capitalisme. Ainsi, derrière chaque guerre chaude ou "froide", déclenchée par les Etats-Unis ou récupérée par eux, se filigrane une stratégie de conquête de nouveaux marchés pour revigorer leur économie, en faisant fonctionner à plein rendement leurs industries, en maintenant leur présence accrue dans le commerce international et en créant toujours davantage des emplois civils et militaires. Ainsi, leur contribution décisive à l'écrasement du nazisme aura-t-elle participé à la relance de leur économie qui était mal en point depuis "la Grande crise", et empêché que ne soit apparu en Europe une très grande puissance qui leur rivaliserait victorieusement. Fondamentalement, les guerres dites idéologiques de Corée ou du Viêt-Nam n'avaient pas non plus d'autre finalité. C'est dans le même registre qu'a été opéré l'éclatement de l'URRSS, résultat d'une œuvre de longue haleine de leurs services secrets. L'acharnement avec lequel les USA s'emploient, à travers mille et un subterfuges, à s'accaparer des riches gisements de pétrole et de gaz des pays du Moyen Orient ne peut que confirmer la cupidité de cette égoïste Amérique. L'instrumentalisation, notamment par elle, des organisations telles que l'OMC, le FMI ou la Banque Mondiale pour imposer l'ouverture des marchés et "la libéralisation" des économies participent de la même stratégie.

Déjà en son temps, le Général de Gaulle, farouche défenseur de l'indépendance de la France, l'avait tant et si bien compris qu'il n'avait cessé de rêver d'une « Europe de l'Atlantique à l'Oural », une Europe qui passe par le démantèlement de l'OTAN, sans doute par crainte qu'elle ne soit à son tour infiltrée. L'Union Européenne en construction pourra-t-elle donc résister aux assauts prévisibles que les Américains ne lui épargneraient pas ? Elle pourrait même sérieusement en pâtir si ses partisans convaincus n'y prenaient pas garde ou manquaient de vigilance. Car, bien que fervents adeptes de l'économie de marché, les Etats-Unis ont paradoxalement du mal à supporter la concurrence et sont prêts à la combattre, par tous les moyens, où et de quelque manière qu'elle constitue une menace pour leurs intérêts. Ce constat osé, dressé par endoscopie de l'esprit américain dans les relations économiques internationales, est susceptible d'être partagé par nombre d'Européens de tout bord, de toutes les sensibilités. Pourtant, *mutatis mutandis*, les rapports de leurs Etats avec les pays dits du Tiers monde n'en sont pas tellement différents.

Il ressort donc clairement que les motivations qui dictent la générosité en matière d'aide découlent davantage de l'intéressement et des calculs stratégiques des donateurs que du seul élan de charité et de bienfaisance, ou d'un quelconque sens de justice et de solidarité humaine. Il arrive ainsi que l'aide se révèle comme un lieu privilégié où s'expriment *"les bonnes affaires du cœur"*. Il s'ensuit qu'à l'occasion de sa distribution, l'aide n'est comptabilisée qu'en amont, jamais en aval. Tout ce qui est budgétisé comme aide et débloqué dans cette perspective, est considéré comme tel et porté au débit du compte correspondant au fur et à mesure des sorties d'argent à cet effet. Compte n'est nullement tenu de ceux qui l'empochent entre le moment des débours et celui où sa contrepartie matérielle est réceptionnée par le destinataire. Pourtant nul n'ignore les déperditions subies tout au long du trajet. Les charges du personnel qui participe à la gestion de l'aide, le coût de transport, les primes d'assurance, les taxes fiscales et tous autres frais qui lui sont inhérents, lui sont imputés. Avant de soulager le bénéficiaire, l'aide profite d'abord au pays donateur en entretenant et même en créant des emplois rémunérés sur elle. Le montant de l'aide en est amputé ; d'où l'appellation de « miettes » qui lui est souvent collée.

La comptabilité et les statistiques de l'aide peuvent par ailleurs camoufler des données transfigurées, transformant des subventions d'un pays donateur à ses entreprises en dons ou en prêts remboursables à un pays "bénéficiaire." A l'inverse, un pays rendu pauvre peut sciemment ignorer qu'il accorde à des entreprises néocolonialistes des libéralités gravement nuisibles à son développement. Deux exemples tirés des réalités vécues dans une entreprise publique du Cameroun expliqueraient encore mieux ce jeu de prestidigitation.

1°- La Sonel[53], entreprise publique de production et de distribution d'énergie électrique, lance un appel d'offres international ayant pour objet de dresser l'inventaire exhaustif de tous les sites susceptibles d'être aménagés en barrages hydroélectriques ou en barrages de régularisation de débit, assorti de leur capacité productive ou de rétention. L'offre d'Hydro-Québec (Canada) se révèle la moins disante. Celle d'Edf (France) représente le double du montant proposé par ce concurrent. Aussitôt l'attaché commercial de l'ambassade de France à Yaoundé prend langue avec les responsables de la Sonel et leur propose de retenir Edf, à charge pour le service de la coopération française de verser à la Sonel à titre de subvention la différence en trop par rapport à l'offre d'Hydro-Québec. La Sonel joue le jeu mais demande à ce service de l'ambassade de subventionner plutôt Edf à concurrence du montant de l'écart querellé. Car, en fait de "subvention" il n'y en a aucune, le jeu d'écriture à passer n'en profitant en rien à la Sonel. L'opération représente plutôt une prime en atténuation de la surfacturation d'Edf. N'eût été la vigilante compréhension de la Sonel, ce montant serait allé grossir le volume de l'aide accordée au Cameroun, ensemble avec d'autres jongleries du genre, quelque peu tirées par les cheveux.

2°- L'entreprise AluCam, du groupe Pechiney Ugine Khulman, transforme la bauxite importée de Guinée en aluminium, par électrolyse ; lequel est exporté en lingots ou ouvré et vendu en tôles ou en articles ménagers. Elle est installée juste à proximité du barrage hydroélectrique d'Edéa, construit en 1949/51 sur financement de la France, sans doute pour les besoins de sa politique industrielle coloniale. En 1980, AluCam a consommé 70% de l'énergie qui y est produite, mais n'en a été facturée qu'à hauteur de 1,2 milliards de FCFA, alors que pour l'équivalent de moins de 3% de l'énergie complémentaire livrée à l'ensemble des autres consommateurs, les usines textiles de la Cicam qui transforment en tissus une partie du coton produit au Cameroun ont rapporté à la Sonel 0,5 milliard de FCFA. Il en résulte que, consciemment ou inconsciemment, le Cameroun subventionne abusivement une société commerciale étrangère au détriment des intérêts vitaux de la nation. Ceci constitue, déjà à ce stade, une belle illustration de l'exploitation néocolonialiste grandeur nature.

---

[53] Sonel = Société nationale d'électricité (du Cameroun)

L'avènement d'une nouvelle centrale hydroélectrique, cette fois réalisée par le Cameroun, n'y changera rien. En effet, pour faire face à l'accroissement fulgurant des besoins en énergie électrique et répondre à la demande pressante de la clientèle, la Sonel s'était fait un point d'honneur de construire à partir de 1976, d'équiper et de mettre en service dès 1981 le barrage de Song-Loulou, à 50 km en amont de celui d'Edéa. Il fut majoritairement financé par des fonds arabes. Les organismes français de financement y ont moyennement participé. Mais une fois encore, l'énergie livrée par cette nouvelle centrale est gloutonnement consommée par AluCam, laquelle devait conventionnellement se contenter des excédents de production, c'est-à-dire du surplus incompressible d'énergie émise pour répondre à la demande des autres consommateurs. Finalement les besoins à satisfaire initialement ciblés ont une fois de plus été négligés au profit d'AluCam. Aussi, bien qu'achetant son énergie au coût marginal, AluCam est-elle devenue prioritaire et les autres clients marginaux. Pourtant ce sont ces derniers qui procurent à la Sonel plus de 90% de son chiffre d'affaires global. De 1998 à 2008, de sa production totale de 37 441 GWh, la Sonel en a livré 12 983 GWh, soit 34,7%, à AluCam. Mais de son chiffre d'affaires total réalisé sur la même période d'un montant de 1 132, 116 milliards de F CFA, la part d'AluCam n'en a été que de 85, 642 milliards de F CFA, soit 7,6%.

Calculé sur la base du prix moyen facturé aux autres clients de la Sonel, le manque à gagner enregistré par cette entreprise sur cette période s'élève à 469, 857milliards de F CFA, soit une moyenne annuelle de 47 milliards de F CFA de subvention. Le tableau ci-dessous récapitule les données chiffrées exactes qui ont servi de base des calculs ci-dessus.

Exercice	Production en GWh		Energie vendue en K FCFA	
	Production totale en GWh	Consommation Alucam en GWh	Ventes totales en KFCFA	Ventes à Alucam en KFCFA
98/99	3 296	1 357	70 901 851	8 076 997
99/00	3 480	1 432	73 497 393	8 959 990
00/01	3 541	1 337	81 943 073	8 970 686

2002	3 397	1 068	85 554 419	7 083 337
2003	3 684	1 187	107 719 561	8 056 940
2004	3 920	1 336	131 557 320	8 961 959
2005	4 004	1 385	140 907 465	9 554 338
2006	4 147	1 380	149 640 979	9 230 132
2007	4 256	1 344	153 422 222	9 012 768
2008 (jusqu'à Oct)	3 716	1 157	136 972 067	7 734 793
Totaux	37 441	12 983	1 132 116 350	85 641 940

De ce qui précède, il ressort clairement qu'AluCam ne cesse de bénéficier d'invisibles subventions et libéralités somme toute nuisibles au développement du Cameroun. Si de 1951 à 1974, Ccdee puis Edc et Enelcam[54] représentaient des intérêts français et subventionnaient AluCam, une autre entreprise française, il n'en est plus de même à partir de 1974, date à laquelle le Cameroun a créé la Sonel dont il est devenu actionnaire largement majoritaire, après avoir racheté les actions d'Edf dans Edc et Enelcam, notamment.

L'on pourrait penser que cette subvention permanente à AluCam était compensée par les emplois qu'elle crée ou maintient et/ou par le volume conséquent des impôts qu'elle paie au trésor public. Il n'en est rien, malheureusement pour le Cameroun ; elle n'emploie en 2008 que quelques 750 Camerounais. Les salaires et les impôts payés sont loin de compenser la subvention précitée et les effets du blocage de l'industrialisation qu'aurait favorisé l'abondance de l'énergie disponible. Il n'est pas non plus évident que les devises que ses ventes à l'exportation sont supposées rapporter puissent compenser celles déboursées pour couvrir ses importations de bauxite de Guinée ; bauxite à l'achat duquel le Cameroun aurait pourtant pu suppléer par la mise en production de ses immenses gisements propres, découverts il y a plus de

---

[54] Ccdee = Compagnie coloniale de distribution d'énergie électrique.
Edc = Electricité du Cameroun, nouveau nom de Ccdee, pour épouser l'évolution politique du Cameroun.
Enelcam = Energie électrique du Cameroun, spécialisée dans la production hydroélectrique.

cinquante ans mais non encore exploités alors que leur teneur en alumine est jugée très bonne. Le fait pour le Cameroun de s'abstenir, par son inaction, de valoriser tant soit peu ce minerai dont regorge Minim-Martap, tendrait à induire une autre forme d'aide, consentie ne serait-ce que par dépit, à une autre entreprise jadis française, basée celle-là à Fria en Guinée mais travaillant en synergie avec AluCam.

AluCam se serait-elle résolue à ne plus se faire nécessiteuse en se construisant sa propre centrale hydroélectrique qu'elle lèverait la lourde hypothèque qu'elle ne cesse de faire peser sur la disponibilité de l'énergie industrielle qui n'attend que d'être répartie plus équitablement, sur le coût relativement élevé du kWh consommé ainsi que sur le taux de pénétration de l'électricité dans les ménages des Camerounais. Il en résulte que les Camerounais supportent inconsciemment non seulement les conséquences de ces subventions plus ou moins directes à AluCam, mais encore et surtout ils souffrent de l'accaparement par cette société commerciale de l'abondante énergie disponible au Cameroun, qui aurait pu y attirer de nombreuses autres industries plus enrichissantes et autrement plus développantes.

Selon qu'elle est humanitaire ou économique, concrète ou idéologique, la manière dont est distribuée l'aide s'apprécie différemment. La délimitation du champ de l'humanitaire n'est pas facile à tracer, tant il est délicat d'en maîtriser l'étendue. Tout subside qui concourt à maintenir l'humanité de l'homme devrait s'identifier à l'aide humanitaire. Il en serait ainsi de ses besoins physiques ou biologiques liés à son maintien en vie, à ses mouvements, à son expression ; mais aussi à son élévation par rapport aux autres vertébrés, à travers son éducation, sa créativité, la science… ; tout y entrerait si l'on n'y prenait garde. Mais pour ne pas la rendre par trop élastique, l'aide humanitaire doit être circonscrite pour ne couvrir que les besoins douloureusement ressentis à l'occasion des cataclysmes, catastrophes et autres phénomènes naturels, imprévisibles, imparables et relativement de grande ampleur. Elle doit prioritairement inclure les secours d'urgence d'ordre médical, alimentaire, vestimentaire ainsi que les abris de circonstance, avant de s'étendre à la reconstruction… Il ne doit y avoir ni de complexe pour la donner, ni de honte à la recevoir ; car elle est l'expression de l'humanité des hommes et de la solidarité des peuples en direction de leurs semblables ; ainsi que le vecteur de l'éclosion des esprits charitables. Elle doit être universelle aussi bien dans sa provenance que dans sa destination. Elle reste et demeure sans conteste la seule qui mérite de porter l'appellation de l'aide. Naturellement mue par le pathétique des cris du cœur, elle exprime une forme concrète d'atténuation du désarroi et du chagrin.

Jamais, dans sa pureté et sa finalité, elle ne doit se traduire par un quelconque mercantilisme ni une recherche de quelque contre partie politique. L'aide humanitaire ne doit donc pas être l'occasion de révéler ni d'étaler le manque d'humanisme de certains bureaucrates, opportunistes ou déprédateurs que le hasard des circonstances a placés sur l'itinéraire de sa distribution. Et c'est justement là que le bât blesse. « Ceux qui se nourrissent de la faim » des autres sont encore très nombreux. L'Administration et le politique n'y sont pas étrangers. Il est même arrivé dans certains pays et dans bien des cas qu'ils en aient été une calamité.

Pour sa part et malgré la fréquence et la gravité de ses tremblements de terre, de ses inondations, de ses tsunamis et autrefois des cas de famine (Inde), l'Asie n'attire point défavorablement l'attention sur la gestion de ses catastrophes. Beaucoup de pays y organisent des secours en recourant de moins en moins à l'extérieur. Il en est de même de l'Amérique du Sud pour ses cyclones (Caraïbes), ses glissements de terrains (Colombie) ou ses séismes (Mexique). En Afrique, pour des cas de famine, l'Ethiopie, l'Erythrée, le Sud Soudan ou le Mozambique ont été de beaux exemples de gestion intègre des secours. Il n'en a pas été de même partout pour des cas similaires ou de catastrophes et de guerres civiles. Doutes et soupçons ont été signalés en Somalie, au Sénégal, au Niger, d'une part ; au Cameroun, au Rwanda, au Zaïre, au Soudan, d'autre part. Les mêmes propensions aux indélicatesses se rencontrent également dans les pays aidant. Mais le comble de l'ironie et de la misère philosophique en la matière se situe au niveau même des organisations à vocation humanitaire et à caractère international, dont certaines sont des organismes spécialisés de l'ONU.

Les pays industrialisés du "groupe O" sont des donneurs universels de l'aide ; peut-être, pour certains d'entre eux, parce que receleurs universels des richesses des pays du Sud. Le penchant parfois politique de leur intervention ne devrait donc pas surprendre. Mais ils ne doivent en aucune manière assortir l'aide humanitaire de conditionnalités. Il appartient au besoin à l'assisté d'apprécier la spontanéité et l'élan de générosité de l'aidant et de lui en savoir gré le moment venu. En tout état de cause, l'aide humanitaire d'urgence doit être gratuite, dégagée des calculs, des arrières pensées mercantiles ou des contraintes psychologiques, susceptibles d'ébranler encore davantage le moral de l'aidé ou d'enfreindre la liberté du pays bénéficiaire. L'aide humanitaire s'avère un instrument de mesure de la solidarité humaine conscientisée. Elle doit donc permettre de montrer encore et toujours le côté tendre des cœurs des hommes, des peuples et des nations pour les rapprocher et les enrichir de cette forme d'affection humaniste.

Mais il échappe à beaucoup de pays africains qu'il s'agit d'un domaine où, autant que possible, le principe de réciprocité devrait être de mise. Il se trouve malheureusement que, consciemment ou inconsciemment, la plupart d'entre eux semblent préférer n'être que des receveurs universels de l'aide humanitaire, mais très rarement des donneurs. Habités par une mentalité inconditionnelle d'assistés impénitents et pourvus d'un sens de solidarité à sens unique, ils ne peuvent développer qu'un esprit impudent, qu'arborent des gouvernements sans-gêne. Toutes situations dont l'aide humanitaire aurait pu faire l'économie. Si, comme le souligne Amadou Hampâté Bâ, "la main qui reçoit est toujours en dessous de celle qui donne", celle qui ne sait pas donner dénature le sens des relations humaines et de la solidarité. Il est dès lors difficile aux esprits nobles de comprendre que certains responsables africains ignorent que seule une réciprocité proportionnée est à même de faire perdurer la dignité de chacun de ceux qui mènent une vie communautaire, ou entretiennent avec quelque scrupule des rapports fondés sur la solidarité. « Apporte, j'apporte, pour rendre agréables les repas pris en commun », souligne un proverbe peul. Tel doit être la devise du sens de la solidarité, l'une des caractéristiques de l'humanité des hommes. C'est donc l'apport participatif de chacun des membres d'une communauté au secours d'un autre membre aujourd'hui infortuné, qui humanise et sublime les liens d'une coexistence solidaire. Alors, autant il peut paraître insensé de s'attendre à ce que tous les Etats africains envoient des couvertures et des médicaments, par exemple à l'occasion d'un tremblement de terre au Japon, autant il peut être reproché à certains d'entre eux de ne se contenter à chaque fois que d'un message de compassion, tout au plus.

Rien ne saurait néanmoins effacer cette gêne qui frise une certaine culpabilité lorsque tous les Etats africains, ou presque, s'arrogent le tort de s'abstenir de manifester le moindre geste concret en direction des peuples d'autres Etats, même africains, victimes de cataclysmes naturels. Décharger à Tanger, envoyer à Alger ou procurer à Maputo une cargaison de banane, d'igname, de patate douce, de haricot, d'huile ou de café n'est pourtant pas au-dessus de leurs possibilités. Les armées respectives de la plupart d'entre eux disposent au moins d'un avion de type C130. Lors du tremblement de terre survenu à Bam (Iran), qui causa trente mille morts au début de l'année 2004, de tous les Etats d'Afrique, ceux qui ont associé leurs contributions aux secours reçus de la plupart des Etats de la planète représentaient à peine les doits d'une seule main. L'Iran avait pourtant déclaré accepter toute aide d'où qu'elle vienne, à l'exception seulement de celle d'Israël. Alors que ce dernier pays, sans doute mû par des sentiments humains insoupçonnés, faisait des pieds et des mains pour lever le veto iranien opposé à ses secours, le reste du continent noir, muet telle une carpe, n'y réserva qu'un silence aussi choquant que déshonorant. Cette inhumanité est encore plus insupportable et moins pardonnable à l'égard des dirigeants africains qui n'ont pas cru devoir manifester le moindre signe concret de solidarité humaine en direction des pays du golfe du Bengale. Ils venaient d'être victimes de la plus grave hécatombe imputable à une catastrophe naturelle. L'apocalyptique séisme sous-marin du 26 décembre 2004 qui déclencha le tsunami, ce raz de marée particulièrement meurtrier et sans précédent dans l'Histoire, y a causé plus de cent cinquante mille morts et des millions de sans abris. Mais au total, de toute l'Afrique noire seuls quelque cinq ou six pays[55] se sont spontanément associés à l'immense chaîne de solidarité humaine, jamais tissée auparavant par un ensemble aussi vaste des Etats de la planète. Ceux-là se sont sentis interpellés au plus profond de leur humanité pour porter secours à leurs semblables que « Les dents de la mer » ont arrachés, malmenés et réduits à leur plus simple expression. Or, il était loisible même aux pays qui ne pouvaient disposer d'avion, de vivres, de couvertures et/ou de médicaments à envoyer aux sinistrés, de faire un geste en y faisant parvenir des sommes d'argent aussi minimes — mais combien symboliques — que fussent leurs montants.

Sous peine d'ôter à l'aide humanitaire la neutralité souhaitée et son caractère social, ou de lui dénier son fondement profondément mystique,

---

[55] Gabon, Guinée Equatoriale, Mozambique, Nigeria, Sénégal

les Africains doivent éviter de sombrer là encore dans la dépendance des facilités que leur offre "la communauté internationale", à laquelle ils savent incessamment et bruyamment lancer des appels insistants à la moindre alerte de la plus petite menace d'un phénomène naturel. Ils doivent enfin comprendre qu'ils ont, eux aussi, le devoir d'arborer une fierté vraie et le droit de se prévaloir d'une certaine dignité. L'une et l'autre ne s'acquièrent et ne se méritent que par plus de travail, plus d'organisation et davantage de culture du sens de l'honneur et de la solidarité. Celle-ci se voudrait active et d'essence participative. Alors et au bout du compte, ils relèveront la tête pour avoir su et pu répondre instamment et à chaque fois aux appels d'urgence, pour des besoins de première nécessité lors des catastrophes naturelles notamment, où qu'elles surviennent.

Malgré ses fanfaronnades et ses attitudes souvent transcendantes l'homme est conscient de son infinie petitesse face aux forces naturelles. Psychologiquement et spirituellement, dans sa peur, il a besoin d'assistance sinon de Sauveur ; surtout s'il s'y mêle une certaine hantise d'apocalypse dont il inhibe de sombres fantasmes religieux. Perpétuellement conditionné, l'homme est un être ballotté entre la peur et l'espoir. Tout naturellement, son instinct de perpétuation de l'espèce, toujours en éveil, se tient en position de combattre la psychose d'assister à sa propre disparition. Et les sentiments de chagrin rapprochent indistinctement les âmes sensibles chaque fois que s'annonce une catastrophe humaine. Au mélange d'anxiété et de désarroi se substitue très vite l'idée d'un secours ultime avec en filigrane l'Arche de Noé. La fibre humaine ainsi torturée va vibrer à l'instar d'une alarme tribale planétaire. Mystérieusement, elle lance ses ondes psychiques et réveille cet amour du prochain enfoui en chaque âme. Des cris et des coups de cœur répondent aux appels à la survie de l'espèce. Ils sont censés étouffer les lamentations des survivants éplorés, tous de chagrin ; ou expier les gémissements déchirants provenant d'une symphonie surréelle jaillissant des profondeurs. Alors, il faut être vraiment infirme d'humanité pour ne pas se porter au secours de ces semblables en détresse.

L'aide économique, quant à elle, est celle-là même qui est supposée contribuer à l'essor du pays qui la reçoit. Elle se concrétise normalement par des crédits alloués à des financements de projets bien ficelés. Il s'agit généralement des prêts remboursables sur le long ou moyen terme. Leur taux d'intérêts doit être doux pour leur conférer ce caractère d'aide.

Autrement les conventions qui les sous-tendent ne seraient que de simples actes de commerce rentrant dans l'activité normale d'une banque qui cherche à faire fructifier ses ressources.

Or, la distribution de ce type de crédit présenté comme une aubaine, sinon comme une aumône, fait souvent l'objet de cérémonies obscurantistes de signature, à l'occasion desquelles seuls des discours laudatifs et de congratulations sont échangés et largement diffusés. Et parfois le représentant du "donateur" de saisir l'occasion pour dresser l'inventaire de toutes les « aides » que son pays a déjà octroyées au bénéficiaire. C'est la manière souvent choisie, plus pour distiller le verbe et la sémantique que pour accueillir une aide économique concrète et féconde. Mais la contrepartie même de cette aide, n'est ni forcément, ni toujours perceptible à l'œil nu. Quoi qu'il en soit, elle implique l'assujettissement multiforme du débiteur, régulièrement tiraillé entre les caprices des créanciers.

Le contribuable, à qui finalement incombe le respect des échéances, supporte toutes ces déconvenues, bien qu'à son niveau il n'en puisse pas toujours repérer les réalisations correspondantes. De ce lourd fardeau de dettes au décor ainsi rafraîchi, sous lequel ploie désormais son pays, il n'en voit pas le bout du tunnel, et n'en ressent que très faiblement l'effet positif ; tant la misère sociale s'y généralise en même temps que s'aggrave chaque jour davantage la pauvreté ambiante. Pourtant, ici comme ailleurs, rien n'est gratuit. Les prêts doivent être remboursés, intérêts en sus, sous peine de saisie-exécution par le FMI, cet huissier par défaut fabriqué par Bretton Woods, à travers les mises en vente des biens publics (juridiquement insaisissables) par le biais des privatisations.

L'aide peut aussi consister en un achat des consciences et/ou des complicités. Son objectif peut alors être de corrompre le psychique et de dompter le mental du bénéficiaire, de le soumettre à loisir, de le manipuler à volonté et au besoin d'en faire une marionnette agissant et remuant au goût du bienfaiteur. C'est la situation vécue, début 2003, par des pays africains alors membres non permanents du Conseil de sécurité (Angola, Cameroun, Guinée). L'idée était de leur arracher le vote en vue de la légitimation "onusième" de l'intervention armée en Iraq des Etats-Unis et de la Grande Bretagne. Il en a été de même de la Turquie, sollicitée dans le même contexte à laisser une "servitude" de passage aux blindés et à l'infanterie de l'armée américaine devant prendre pied en

Iraq, pour l'envahir par le front nord. Dans chacun de ces cas, des propositions d'aide publique avaient servi d'arme de négociation.

Ailleurs, en échange de l'aide, l'aidé doit acquérir, observer et pratiquer une autre forme d'idéologie, doctrinaire celle-là. C'était hier la voie choisie par l'ex-URSS qui, en le disant, s'attachait à la conversion de ses disciples au socialisme scientifique. Les disciples étaient principalement composés de nationalistes engagés dans des guerres de libération ou de dirigeants en mal d'affirmation, qui avaient divorcé d'avec l'ex-colonisateur. Ce fut le cas de Sékou Touré, Ben Bella, Modibo Keita, Massamba Débat, Kérékou.

Aujourd'hui, pour vendre coûte que coûte le capitalisme libéral, c'est par le biais des « conditionnalités » du FMI et de la Banque Mondiale que l'Occident entend apprivoiser et mettre dans son escarcelle les autres Etats des cinq continents. Les Plans d'ajustement structurel, les programmes de.., les documents de.., les lettres de... et leurs financements, conçus par Bretton Woods, ne sont autre chose que des procédures administratives, techniques et financières, fébrilement mises en œuvre pour sous-tendre des plans stratégiques astucieusement déployés pour y parvenir. Les cures d'amaigrissement imposées à l'économie, la glane fiscale au secours des finances publiques, le formatage de la souveraineté nationale, le contrôle de la marge d'action gouvernementale, le verrouillage du cadre juridique, judiciaire et juridictionnel, concourent tous à canaliser les initiatives et les acquis des Etats vers un abattoir politico-économique. Rares sont ceux d'entre eux qui y échappent ou en ont ressuscité : la conversion à l'idéologie capitaliste libérale et le baptême de feu qui lui est consécutif sont trop cruels pour ceux qui s'adonnent au syncrétisme économique et social.

Au bout du compte, l'aide bilatérale des pays industrialisés ne serait-elle pas une contrepartie des approvisionnements des industries de l'aidant en matières premières de l'aidé et de leurs retombées en termes d'emplois, de salaires et de profits ? Pour des raisons d'organisation ou des besoins de diversion, elle peut se cumuler avec l'aide multilatérale ; laquelle également s'ingénie insidieusement à façonner, à modeler, à moduler ou à réguler les convictions et les comportements récurrents de l'aidé. Ces deux natures d'aide sont en réalité plus complémentaires que concurrentielles. Cela peut être le cas par exemple des concours, prêts et subventions accordés par un pays de l'Union européenne en complément des financements du Fonds Européen de Développement (FED) ou de la Banque Européenne d'Investissement (BEI). Il arrive souvent que soient observés des cumuls complémentaires dans les financements des infrastructures appelées à faciliter l'écoulement des matières premières vers leurs points d'exportation : pistes de collecte, voies routières et ferroviaires, installations portuaires et aéroportuaires. A vrai dire, de tels investissements matérialisent une aide équitablement partagée, l'aidant et l'aidé en tirant également profit.

L'on ne doit cependant pas considérer que la construction du pipeline Tchad-Cameroun par des sociétés pétrolières américaines soit une aide apportée au Cameroun. Les énormes tuyaux soudés les uns aux autres et enfouis sous terre, des puits pétroliers de Doba au Tchad jusqu'au port en eau profonde de Kribi au Cameroun, n'apportent pas grand-chose à l'économie camerounaise. Le Cameroun n'en est qu'un territoire de transit. Même si ce pays fiscalisait raisonnablement ce passage, personne ne soutiendrait qu'il est aidé à ce titre. Les taxes d'aéroport payées aux escales de Heathrow pour Londres, de Roissy pour Paris, de Yoff pour Dakar, de Kennedy pour New York... ne sauraient en effet être comptabilisées comme aide versée par des compagnies aériennes à ces pays de transit.

Finalement, l'impact réel de l'aide ne peut être que diversement apprécié. Ceux qui la déboursent savent pertinemment qu'elle est insignifiante par rapport aussi bien aux moyens dont disposent certains pays aidants, aux immenses ressources que nombre d'entre eux puisent chez les aidés, qu'aux besoins élémentaires et criards ressentis par les pays dits bénéficiaires. Les premiers n'étant pas toujours étrangers à la misère des seconds, l'aide entendue comme aumône des Etats riches aux pays rendus pauvres aurait pu atteindre le taux de la dîme, fixé par certaines religions à 1/10è des ressources. L'Américain moyen y souscrit pour son église à hauteur de 10% environ de ses revenus.

Il arrive parfois que l'impact réel de l'aide revête des aspects dramatiques. Cela se constate ou se ressent au moment de sa distribution. C'est le cas principalement de l'aide alimentaire à répartir entre les familles d'un village ou d'une contrée, victimes de sécheresse. La quantité qui atteint un ménage équivaut parfois à peine à cinq kilogrammes d'aliments. L'énergie débauchée par des affamés, la perte de dignité, les querelles, palabres et quolibets qui naissent à l'occasion de sa répartition, font de son partage une scène burlesque et avilissante. Beaucoup s'en offusquent au point que certains préfèrent s'en passer. La révolte et le chagrin que ces péripéties peuvent causer ont été ressentis et vécus par un ministre camerounais, chez lui, au sommet de l'Extrême Nord du pays, par un ministre camerounais. Il était venu de Yaoundé "présider" la cérémonie de distribution des dons de denrées offertes par le P.A.M. aux frères et sœurs de son département d'origine. Mais face à l'insuffisance criarde des grains de riz à partager à une population en manque, il assista à des scènes grotesques et pathétiques qu'offrait la foire d'empoigne mettant aux prises ses parents affamés. Emue, contrariée et n'en pouvant plus, Son Excellence, qui ne put contenir sa colère, oublia qu'elle était venue représenter le gouvernement de la République à cette cérémonie. Aussi, s'attaqua-t-elle vertement à ce gouvernement dont elle est pourtant membre ; elle le traita de tous les noms, devant le gouverneur de la région, médusé.

Mais il est aussi des aides qui laissent un goût d'inachevé. C'est le cas notamment de celles qui consistent en la seule construction des bâtiments, de santé ou d'enseignement par exemple. Elles ne comblent pas les espoirs. Sans laboratoires, sans personnels qualifiés, sans exigence de suivi et de maintenance, l'aide se transforme en argent jeté par la fenêtre. Son impact est dès lors limité, très limité. Les Chinois et les Canadiens semblent l'avoir si bien compris qu'ils accompagnent systématiquement leurs investissements importants d'une assistance technique consistant en un "volet formation" du personnel appelé à les prendre en charge dès leur réception et à les gérer. Sur un autre plan, l'on observe la raréfaction de l'aide au niveau de la formation supérieure, technique et technologique de médecins, d'ingénieurs de génies, de chercheurs, de laborantins…La recherche de cohérence dans l'efficacité milite en faveur de l'extension de l'aide et de la coopération aux domaines de la maîtrise et de la modernisation des équipements, des produits et des services adaptés aux besoins immédiats et aux aspirations de la consommation locale.

En dernière analyse et en fait d'instrument de mesure de l'impact de l'aide, c'est l'état général de délabrement économique et social de la plupart des pays supposés aidés qui en donne un aperçu pour en juger. «La réponse à [la question] " comment allez-vous ?", se lit sur l'aspect physique [de l'interpellé]», dit un dicton peul.

3- Jeux et enjeux de l'aide calculée.

Le parcours des différents aspects et acceptions de l'« aide au développement » laisse quelque peu pantois quant aux causes profondes qui rendent permanente sa nécessité. Les résultats qu'elle a permis d'enregistrer laissent plutôt rêveur, pour ne pas dire qu'ils sont réellement décevants, désolants même. Et ce ne sont pas les "micmacs" qui conditionnent ou entourent son octroi et sa distribution qui atténueraient la suspicion dont elle fait l'objet. Certes, pour qu'elle continue à jouer le rôle stratégique que les donateurs lui ont assigné, les pays bénéficiaires doivent nécessairement demeurer pauvres. Surtout que « l'aide au développement » tend de plus en plus à devenir une arme politique entre les mains des grandes puissances. Et ce n'est un secret pour personne que l'enjeu de leurs rivalités se situe au niveau de la domination du monde, pour les superpuissances, du refus d'être dominées, pour les puissances moyennes et de la résistance à l'oppression, pour les autres. L'objet de leur concurrence ou le terrain de leurs convoitises ne sauraient être autre chose que les pays dits en développement. Quel intérêt auraient-ils donc ceux-là qui voudraient les avoir dans leur escarcelle, pour sincèrement et efficacement investir en vue de développer ces pays objets ? Le doute peut être permis. Une certaine intelligence eût voulu que la puissance la plus clairvoyante s'adonnât à aider au développement de tels pays pour en faire des partenaires et des alliés crédibles et d'un plus grand apport stratégique.

Affaiblir des pays en les rendant toujours plus pauvres et plus nécessiteux, tout en s'ingéniant à leur fournir de l'aide, équivaut en réalité à ouvrir un autre front dans la bataille engagée. Le mercantilisme, non plus, ne peut constituer une stratégie raisonnable pour s'attacher durablement ceux-là que l'on maltraite mais dont paradoxalement on prétend voler au secours.

Il ne serait peut-être pas inapproprié d'illustrer tous ces discours sur l'aide publique au développement par une radioscopie de la politique occidentale en général et de celle de la France en particulier. Cette dernière se voudrait en effet être le pays qui ait réalisé, en matière d'aide, des performances statistiques qui se rapprochent le plus de l'objectif de 0,7% de son P.I.B, loin devant bien d'autres pays industrialisés donateurs. Aucune explication logique, rationnelle et cohérente ne saurait justifier cette avance supposée, sinon que ses ex-colonies sont nombreuses et que leur exploitation directe continue de lui rapporter gros. Il n'est pas évident qu'il existerait d'autres critères d'identification de l'originalité de la philosophie et des objectifs que la France assignerait à ses politiques d'aide et de coopération, ou appliquerait singulièrement aux Etats africains. Aussi, voudrait-on y relever des différences, voire même quelques nuances entre les politiques des gouvernements de la droite et celles de ceux de la gauche que l'on n'y parviendrait pas. Il serait néanmoins intéressant de chercher à comprendre comment et surtout de combien le volume de son aide publique aura-t-il évolué de de Gaulle à Sarkozy, en une cinquantaine d'années. Quoi qu'il en soit, elle n'a jamais été gratuite.

Dès le départ, le général de Gaulle avait été honnête pour clamer haut et fort que « l'aide de la France est calculée ». Il répondait ainsi aux critiques de certains Français, dont Raymond Cartier[56] de Paris Match, qui pensaient à tort que la France était trop généreuse à travers son aide bilatérale. Ils préféraient que « la Corrèze passe avant le Zambèze ». Or, l'aide bilatérale « *accroît toujours l'influence politique de celui qui aide sur celui qui est aidé, ne serait-ce qu'en raison de la présence de nombreux agents ou ressortissants du premier dans la capitale du second* »[57] A l'examen, le " calcul " de l'aide est souvent, sinon toujours, orienté au profit du prêteur. Il procède d'une exploitation égoïste des données pour déterminer le type de " poudre aux yeux " qui tiendrait lieu d'aide. En réalité, elle est fonction de l'exploitation par l'aidant des richesses du pays bénéficiaire. Elle peut donc s'analyser en une sorte de ristourne stratégique, déguisée et non proportionnelle que l'aidant s'ingénie à présenter comme une faveur particulière ; faveur qui doit nécessiter une contrepartie à répétition et une soumission inconditionnelle à ses volontés, mêmes humiliantes.

A cet effet, le donateur n'hésitera pas de prendre ouvertement des mesures de réprimande, d'avertissement ou même de blâme à l'encontre des donataires "défaillants". La suspension de l'aide est souvent présentée comme une arme de dissuasion pour ramener le pays bénéficiaire, devenu récalcitrant, sur le bon chemin. C'est le premier palier sur l'échelle des sanctions. Hier c'était un " NON " à l'occasion

---

[56] Le Cartiérisme qui apparaissait comme une "doctrine " opposée à l'aide aux pays sous-développés tire son nom de ce journaliste.
[57] François Luchaire, *L'aide aux pays sous-développés* ; PUF, 1966. P. 12

d'un référendum (Guinée), un flirt avec un Etat socialiste ou une sérieuse option pour le socialisme (Algérie - Bénin - Congo - Mali), qui frappaient d'ostracisme ces pays francophones "déviationnistes", qui avaient le goût de l'aventure, le courage de se chercher une autre voie ou l'audace d'opérer librement leurs choix politiques. Aujourd'hui, sous le jugement élastique des autres, souvent orienté sinon erroné, c'est la violation des droits de l'Homme (Somalie), la suspicion des velléités de fabrication d'armes chimiques (Soudan – Libye) qui déclenchent des " frappes aériennes " ou imposent un embargo assassin pour les misérables populations, victimes innocentes. Ici, à la place de l'aide on reçoit des coups et des frappes. Ailleurs, les viols de la démocratie ou les putschs militaires feront brandir la menace de la rupture de l'aide et de la coopération ou la rendront effective (US-AID au Cameroun – coopération française au Niger – suspension de l'aide de l'Union européenne au Togo – suspension du Commonwealth du Nigeria puis du Zimbabwe). Les stratégies seraient-elles à présent inversées ?

Ainsi, à la suite de l'assassinat de Maïnassara à l'occasion d'un coup d'Etat, la France suspend *sine die* sa coopération avec le Niger. Elle ne l'avait pas fait lorsque le même Maïnassara accédait au Pouvoir à la faveur d'un autre coup, ni même quand il dissolut la commission électorale le jour même de l'élection présidentielle après avoir senti que les résultats lui seraient défavorables. La déposition de Konan Bédié par le général Guei, non plus, n'avait conduit au départ à aucune mesure de rétorsion, ni au niveau de l'aide, ni encore moins à celui de la coopération entre la France et la Côte d'Ivoire. Pas plus qu'elle n'avait " sanctionné " le Congo suite au putsch organisé par Sassou Nguesso contre le Président Pascal Lissouba, démocratiquement élu. Le ton suffisant du Ministre chargé de la Coopération ne s'était pas fait entendre cette fois là, non plus. Et pour cause ! On ne badine pas avec les pays qui font vivre une bonne frange de Français, eussent-ils foulé au pied les déclamations des Occidentaux contre les violations des droits de l'Homme et des règles de la démocratie. On feint d'ignorer ce qui s'y passe car, d'une manière ou d'une autre, ces pays se sentent "intouchables" parce qu'ils occupent une position stratégique et/ou possèdent des richesses qui les rendent invulnérables. A leurs gouvernements, des stratégies élaborées de fraudes électorales sont généralement conseillées ou même encouragées, sinon systématiquement cautionnées. L'alternance politique y devient hasardeuse. La banane, la bauxite, le bois, le cacao, le café, le coton, le manganèse, le pétrole, les phosphates, l'uranium et même l'or, viennent principalement de ces pays. Ils entretiennent directement, par exemple en Allemagne, en Angleterre, en Belgique, en France, en Hollande, des millions d'emplois au niveau des activités portuaires, ferroviaires, commerciales, industrielles et bancaires, et répondent aux besoins pressants des nationaux. Pour ces pays, « *un apport accompagné d'une contrepartie équivalente n'est pas une aide, c'est un échange.* »[58]. Et si la contrepartie est supérieure, c'est le pays dit aidant qui est en réalité aidé : d'où l'implication et la dépendance politiques inavouées de ce dernier vis-à-vis du régime au pouvoir, illégal ou illégitime soit-il.

"L'aide" octroyée continuera néanmoins à être présentée comme une espèce de "certificat de bonne conduite" décerné aux dirigeants des pays bénéficiaires grâce à la "bonne politique du Pouvoir en place". Cette personnalisation de l'aide frise la corruption politique, si elle n'en est pas une ; tout autant qu'elle constitue un chantage. Elle se présente alors comme un soutien politique apporté surtout à des dirigeants fainéants, ou à des régimes fermés au progrès, voire indifférents au sort malheureux de ces populations auxquelles l'aide est normalement censée être destinée. L'aide en question n'a jamais changé en rien leur sort stationnaire, voire en régression. Pourtant elles n'y sont pour rien dans la déposition ou l'assassinat de tel président-ami. Elles ne peuvent donc comprendre pourquoi des décisions intempestives de suspension de l'aide ou de la coopération sont annoncées avec fracas aussitôt que le corrompu ou le "collabo" disparaît de la scène politique. Et les donateurs attendront le temps qu'il faudra pour mieux s'assurer de l'orientation ou du degré de malléabilité du successeur, avant d'échafauder de nouvelles stratégies d'aide à lui apporter. « *On reproche alors à l'aide occidentale de maintenir artificiellement en place des équipes gouvernementales qui sans cette aide s'écrouleraient [...]*[59] ».

Tout cela fait un peu trop de gymnastique pour ces pauvres aidants. Il leur serait plus simple et plus rassurant de traiter avec des dirigeants légaux et légitimes ; c'est-à-dire ceux qui sont démocratiquement élus, dans la plus grande transparence. Mais ces populations seraient certainement plus heureuses encore et moins humiliées si leurs produits

---

[58] François Luchaire, op. cit. P.14
[59] François Luchaire op. cit. P22

agricoles ne leur étaient pas enlevés à de vils prix, assimilables à un vol aux mécanismes bien huilés.

C'est à la lumière de ces basses manœuvres que certains Etats africains "aidants", qui ont pris conscience de la duperie, pensent et estiment qu'à la place de cette aide-là, ils auraient mieux fait de jeter coûte que coûte leur dévolu sur la transformation sur place de leurs produits bruts et sur la diversification de leurs débouchés. Ils n'excluent pas non plus l'option pour un large éventail d'échanges équitables sinon même de reconversion d'activités. Cela pourrait leur rapporter globalement plus, avec ce complexe colonial de domination en moins. Car, après tout, le Mali et la Guinée ont expérimenté une vie sans la moindre aide de l'ancien colonisateur pendant des décennies. Ils n'ont pas été plus misérables que le Niger et la Haute Volta qui en étaient bénéficiaires tout au long de la même période. La Mauritanie, n'en pouvant plus de mépris dans le comportement de certains Français et faisant fi de l'aide, n'a-t-elle pas unilatéralement pris l'initiative de rompre sa coopération avec la France pour une peccadille, une simple ouverture d'information judiciaire contre un de ses officiers en formation à Montpellier ? "L'intérêt bien compris" de la France commanda aussitôt qu'il fût libéré par la Justice française. Le même intérêt la conduisit, début avril 2004, à sortir nuitamment de la prison de la Santé un colonel congolais ; il était mis en examen par un juge parisien et écroué suite aux plaintes déposées par des organisations des droits de l'homme, dans le cadre de "l'affaire des 353 disparus du Beach" à Brazzaville. Dans le même ordre d'idée, rappelé à l'ordre ou ravisé de l'importance économique et géopolitique que représente le Congo Démocratique, le ministre français chargé de la Coopération n'a-t-il pas rapidement refréné sa propension à des sorties incontrôlées à l'encontre de l'imperturbable et manœuvrier Président Laurent Désiré Kabila, parce que celui-ci, tiraillé par des conflits d'intérêts occidentaux, n'avait encore pu rassurer certain de ses partenaires, dont la France.

Le temps ne serait-il donc pas venu pour que les pays bénéficiaires de l'aide puissent se livrer eux aussi à des contre-calculs ? Ils sauraient alors mieux apprécier le contenu et la valeur des différents postes du bilan des relations économiques et financières "privilégiées". Sous cet éclairage, ils pourraient même repérer et identifier celui qui, au bout du compte, en est débiteur ou créditeur, tous avantages confondus ; y compris « *l'influence par exemple que la France retire de sa présence maintenue en Afrique et qui, entre autres, lui permet de continuer à peser dans les affaires du monde et de pouvoir parler encore quelquefois de pair à compagnon avec les plus grandes puissances de la planète. »*

De même que le "calcul" de l'aide et de la coopération inclut à l'évidence des variables psychologiques, diplomatiques, stratégiques, de même les effets politiques de l'aide peuvent avoir pour point de mire l'indépendance même des Etats africains. Leur fragilisation passe par une assistance de diversion donnant l'assaut aux dirigeants africains progressistes. Martyr historique des coups bas du néocolonialisme, Nkwame Nkrumah en a été l'une des victimes expiatoires. Muammar Kadhafi, l'un de ses continuateurs les plus avérés, n'a encore la vie sauve que par une succession de miracles. En démontrant l'impérieuse nécessité pour l'Afrique de « s'unir [...] sous peine de périr », l'un et l'autre firent successivement peur aux impérialistes qui ne voudraient nullement être spoliés du privilège de continuer à "aider" leur « chasse gardée ». Réussissaient-ils à convaincre l'ensemble de leurs homologues africains de cette vérité pourtant irréversible que Nkrumah et ses compères, qui étaient sur le point d'y parvenir, auraient très tôt contribué à faire incontestablement de l'Afrique une grande Nation qui se serait depuis longtemps passée de l'aide, bilatérale ou multilatérale soit-elle. Et ce ne serait que justice qu'elle se hissât avant longtemps au rang des grandes puissances mondiales, débarrassée de l'encerclement vicieux de ses pilleurs effrontés et de ses trompeurs subtils.

Par ailleurs, l'aide non remboursable, les prêts à intérêts doux ou exorbitants, ne seront déboursés, en dernière analyse, qu'au profit des entreprises du pays prêteur[60], chargées de réaliser "le marché", dût l'évaluation des analyses de leurs offres être au-dessus du plafond des normes acceptables. C'est "l'aide liée", disent les spécialistes. Avec cette

---

[60] cf. François Luchaire, op. cit. P.24 : « 1°) l'aide est liée lorsque avec son montant le pays aidé a l'obligation d'acheter dans le pays aidant ; elle est partiellement liée lorsqu'elle est utilisée en partie pour des dépenses locales et en partie pour des achats dans le pays aidant ; [...]
2°) En fait, les deux tiers de l'aide bilatérale sont liés ; [...] les pays bénéficiaires en souffrent aussi puisque leur liberté d'achat est limitée parfois au détriment de la qualité »
3°) « les prêts consentis aux conditions du marché n'est pas une aide [...] ; de plus le crédit est une incitation à acheter dans le pays qui aide. C'est pourquoi le crédit à l'exportation n'est pas compté dans les aides par l'OCDE [...] ». (P.23)

catégorie d'aide, seules les dépenses locales ne pourront être rapatriées. Elles-mêmes sont d'ailleurs couvertes dans leur montant par l'équivalent de la part d'autofinancement exigée du pays bénéficiaire. L'emprunteur contribue ainsi, avec les intérêts qu'il paie, à faire fructifier des ressources financières en quête de placement et à maintenir le niveau de l'emploi dans le pays prêteur, à travers la longue chaîne d'intervenants dans l'octroi du crédit et les déboursements du prêt : banques, assurances, transporteurs, structures portuaires... Pour ce qui est par exemple de la France, la BFCE et la COFACE[61] en vivent. L'AFD [62] en dépend ; elle continue de réaliser des bénéfices substantiels, grâce principalement aux Etats africains. A travers mutations et adaptations constantes, elle a toujours su et pu ouvrir et maintenir sur place en Afrique des agences et des succursales depuis fort longtemps.

Mais l'aide c'est aussi des bourses d'études offertes aux jeunes Africains pour leur formation technique et universitaire. Celles-ci tendent à se raréfier pour ne pas dire à disparaître. C'est peut-être pour rendre l'assistance technique éternellement indispensable. Plus grave, des quotas limités au strict minimum (médecine, entre autres) sont institués notamment par la France. Ce qui explique que l'Allemagne, la Belgique, le Canada, la Grande Bretagne... mais aussi la Chine et les pays arabes se substituent généreusement et de plus en plus à la France ou à la Russie. Cette première tend à perdre ici son sens mercantiliste habituel de la coopération. Elle semble en effet ignorer que chaque étudiant s'attache au matériel et aux équipements sur lesquels il aura été formé. Il cherchera à les acquérir dès qu'il devient maître de ses choix. A terme, ce seront l'industrie et les laboratoires français qui courront le risque d'en faire les frais. Il y a dès à présent lieu de craindre pour elle de pâtir de cette mentalité passéiste et de cette paradoxale "pingrerie".

Malgré ces oukases et peut-être à cause d'eux, l'on ne doit évidemment pas perdre de vue la propension des Etats « aidés » à

---

[61] BFCE = Banque française pour le commerce extérieur. COFACE = Compagnie française d'assurance du commerce extérieur.
[62] AFD = Agence Française de Développement. Elle est née de la Caisse Centrale de Coopération Economique (CCCE), nom de conversion, après les indépendances, de la Caisse de la France d'Outre Mer. Matériellement, ses services centraux sont logés au 233, Boulevard Saint Germain (Paris VIIe). A la différence des banques africaines de développement, l'AFD n'est pas privatisable aux yeux des Institutions de Bretton Woods.

préférer l'aide multilatérale. Elle est de nature à leur permettre de se rendre quelque peu autonomes par rapport à tout tuteur paternaliste, surtout à celui-là qui refuse de comprendre que les " grands enfants " d'hier ne voudraient pas continuer à être éternellement considérés comme tels.

Finalement, l'aide publique au développement ressemble à un attrape-nigaud. Car, il faut vraiment être un nigaud pour se laisser béatement soumettre au supplice d'être sucé à mort. Que l'accent ait été mis par les donateurs sur des investissements productifs des matières premières à exporter ou sur des achats d'extravagance financés par des établissements financiers européens, les liens de dépendance ne cessent de se renforcer. En l'occurrence, il faut reconnaître et accepter, au regard de ses résultats en Afrique, l'échec patent de l'aide publique au développement. Elle n'y a pas réduit la pauvreté relative. C'est par décence et circonspection que l'on s'efforce de ne pas affirmer qu'elle l'y a aggravée. L'étendue et la persistance de la détérioration des termes de l'échange en sont l'illustration et la mesure incontestables. Aussi, l'évidence donne-t-elle raison à ceux qui, par intuition ou par intelligence, n'y ont jamais entrevu autre chose que de la poudre aux yeux. Alors nécessairement et infailliblement, le devoir de conscience impose à l'honnêteté intellectuelle, au courage et à la lucidité de répondre à cette interrogation fondamentale : qui aide qui, en définitive ?

Les néocolons, eux, réfléchissent. Ils ne cessent de développer des stratégies nouvelles. Désormais et de plus en plus alliés, ils opèrent en "coalition". Et pour maintenir les illusions, ces exploiteurs continuent de prendre les devants au niveau des initiatives, à défaut de récupérer à leur avantage celles des Africains (ex. NEPAD).[63] Face à ces derniers, tous ou presque se montrent solidaires pour maîtriser, voire jouir des biens matériels et humains des races qu'ils ont dû prendre pour des demeurées. C'est dans ce contexte d'ambitions très peu humanistes que les riches s'échinent à devenir de plus en plus riches, si possible en réduisant les pauvres à leur plus simple humanité : c'est la comparaison qui confère à la valeur une plus-value ou une moins-value. Et l'expression « l'appétit vient en mangeant » prend encore plus de relief ici. Mais à y voir de près, c'est également là que s'ouvre le débat sur la philosophie du bonheur, de

---

[63] NEPAD=New Economic Partenership for African Development = Nouveau partenariat pour le développement de l'Afrique

la richesse, du sens du progrès ainsi que sur la finalité de la détention du pouvoir. Un Diogène qui préféra qu'Alexandre le Grand « s'ôtât de son soleil » aux richesses qu'il lui proposait, se sentait certainement plus heureux que ce grand Empereur ; lequel devait assurément penser le contraire. Le mystère du Moi comme les secrets de la raison d'être, peuvent-ils suffisamment expliquer l'innocence ou la candeur des grands choix de la vie, avec ou sans tapage et en parfaite harmonie avec soi-même ?

La démonstration est faite que les mécanismes qui sous-tendent l'aide trahissent une dangereuse stratégie de diversion propre à garantir la consolidation et la perpétuation de la domination des Etats aidants sur les peuples et les pays aidés. L'objectif visé par une telle construction idéologique tout comme la démarche empirique pour y parvenir, se révéleraient « ruine de l'âme » si les peuples opprimés pouvaient renforcer leurs liens de solidarité et parvenir à élever au rang de loi universelle les principes d'autonomie et d'équité dans les relations internationales, économiques ou humaines soient-elles. A cet effet, ces peuples doivent avoir une autre manière de voir et de comprendre. Ils doivent notamment cesser de se limiter à la lecture au premier degré de ce qui leur est proposé, quand bien même cela leur apparaîtrait comme des cadeaux alléchants. Il s'y cache généralement des trappes et des stratégies aussi cyniques que machiavéliques, dévastatrices de leurs intérêts immédiats et futurs.

C- LES INSTITUTIONS DE BRETTON WOODS

Les Institutions de Bretton Woods[64] désignent la Banque mondiale (BIRD) et le Fonds Monétaire International (FMI). Elles jouent respectivement à l'échelle mondiale le rôle complémentaire de Banque de développement et de Banque centrale. Leur action reste diversement appréciée de par le monde. Mais elles-mêmes se considèrent à la fois comme des banquiers et des conseillers techniques à la disposition des gouvernements en matières économique, financière et monétaire. Banque ou cabinet d'experts, elles se tiennent à toutes fins utiles à la disposition des Etats, lesquels sont à la fois leurs clients et leurs partenaires. Mais les conditions qu'elles imposent sont d'une rigueur telle qu'elles sont

---

[64] Bretton Woods est une ville américaine de New Hamshire, au nord de la Côte Est, où furent signés en 1944 les accords créant un système monétaire international dont l'organe d'action est le Fonds Monétaire International (FMI).

souvent sinon toujours prises pour des pères fouettards. L'accès au miel qu'elles distillent et distribuent n'est pas des plus simples ni des plus faciles. Des soldats expérimentés veillent jalousement sur la ruche. La logique de leurs méthodes et procédures est pourtant compréhensible : elle appâte le client tout comme elle renforce les garanties de remboursement des prêts à lui consentis. Les plans d'ajustement structurel et les privatisations constituent le traitement de cheval qu'elles administrent à tout client en mal de leur assistance.

1- La ruche et le miel des pères fouettards

Le FMI fut créé en 1945 en vue de définir, en les rendant cohérentes, les règles de fixation des parités des monnaies des pays membres, par rapport à l'or (système de l'étalon or) ou au dollar (étalon de change-or). L'étalon de change-or privilégiait la monnaie américaine au détriment de l'équilibre monétaire international recherché. Il faussait même les règles de résorption des déficits des balances de paiements des Etats Unis, ne laissant parfois au pays à balance créditrice qu'un terme de l'alternative : utiliser le surplus de dollars dans l'achat de bons du Trésor ou d'actions au marché financier américain. Les Français, plus particulièrement, supportaient mal cette iniquité inhérente à la valeur externe de la monnaie de l'"Oncle Sam". Le débat technique entretenu par un Jacques Rueff et les protestations politiques d'un général de Gaulle offusqué, peu ou prou, auront finalement raison du régime de change-or. Les Etats-Unis, par la voix du président Nixon, acceptent en août 1971 de supprimer la convertibilité du dollar en or. Le marché monétaire détermine désormais la valeur externe des monnaies sur la base de la loi de l'offre et de la demande. Celle-ci se détermine en fonction de la nature et du volume des échanges des biens et des services du commerce international, mais aussi des transactions affectant la balance des capitaux (déblocages et/ou remboursements des emprunts, mouvements des capitaux flottants, …)[65]

Le FMI continue néanmoins de refléter davantage les vues américaines. Son capital et ses réserves sont en effet détenus dans une large majorité par les Etats Unis d'Amérique, dont l'économie et la masse monétaire sont incomparables à celles des autres Etats membres.

---

[65] Pierre Berger : la monnaie et ses mécanismes, PUF 1989, p. 52 à 76.
Raymond Aron : Mémoires, Julliard 1983, p.610 à 617.

Le FMI reste et demeure l'instrument privilégié d'expansion du capitalisme et des logiques économiques du monde occidental. Il est aidé en cela par la Banque Mondiale.

La BIRD, pur produit de la deuxième guerre mondiale, s'affirme de plus en plus, à l'instar de l'Amérique face à l'Europe de 1945, comme un riche repu qui dicte sa loi aux misérables emprunteurs. L'Europe détruite et consumée devait être reconstruite. Mais elle n'en avait pas les moyens, surtout financiers, à la mesure des réparations du désastre causé par la folie guerrière des uns et la riposte acharnée des autres. Le général Marshall, chef d'Etat-major de l'armée américaine durant cette guerre dont il est l'un des principaux artisans de la victoire, eut également l'idée de convaincre les Etats-Unis d'accorder une aide économique (remboursable) à la dimension des besoins en reconstruction de l'Europe d'après guerre. Ainsi naquit « le Plan Marshall ». L'organe financier et bancaire chargé de sa mise en œuvre sera la Banque Internationale pour la Reconstruction et le Développement (BIRD). Sa mission première étant achevée, celle-ci s'assigna une vocation nouvelle à l'échelle mondiale et se reconvertit dans le financement de projets et autres opérations de développement des Etats membres, dont certains sont plus délabrés encore que l'Europe de 1945. Une mission noble en somme, du moins en première lecture, dont est à nouveau investie cette institution, empiriquement devenue entre temps Banque Mondiale ou World Bank. Celle-ci, désormais, s'arroge la mission messianique d'éradiquer la pauvreté. Ses experts en communication doivent certainement penser que « les promesses n'engagent que ceux qui y croient »

La Banque Mondiale dont la majorité du capital est largement détenue par les pays industrialisés, est souvent perçue, parfois à tort, comme un père fouettard, se montrant tantôt soucieux du progrès des Etats qui sollicitent ses services, tantôt rétif à leur émancipation socio-économique effective et définitive. Le comportement de certains de ses fonctionnaires, surtout en mission, inspire çà et là de la circonspection, sinon même de la récrimination des fonctionnaires des Etats ; toute attitude ou réaction résultant parfois de l'incompréhension des uns par les autres ; souvent de l'incompétence et/ou de l'inexpérience de certains des membres de chacune de leurs délégations respectives ; mais toujours des procédures et des objectifs insuffisamment ou mal définis. Il peut aussi arriver que le caractère prétentieux et un certain complexe de supériorité dont font preuve certains " missionnaires" ou représentants de la Banque, leur donnent l'illusion ou même la conviction qu'ils sont des censeurs qui ont le pouvoir de faire "balayer" tels responsables des Administrations publiques de l'Etat en « revue ». Des ministres et des chefs d'entreprise ont ainsi été démis de leurs fonctions, çà et là sur demande insistante de la Banque. Toutes ces raisons, conjuguées à son action souvent tatillonne, à ses interventions alambiquées et à ses résultats pas toujours heureux, font dire d'elle que son rôle caché serait de maintenir les pays en développement dans la paupérisation.

Instrument privilégié d'un certain capitalisme libéral dont elle se charge aussi de l'expansion, cette Banque assortit ses prêts des « conditionnalités » qui reflètent parfaitement cette idéologie. De même, à l'instar de l'arrogance de certains capitalistes, elle donne l'impression d'être un peu trop sûre d'elle et de ses méthodes pour s'abaisser à écouter certains de ses clients par trop nécessiteux. « Qu'ils me haïssent, pourvu qu'ils me craignent », marmonnerait-elle sans doute, en guise de réponse aux critiques et soupçons portés sur elle.

Le couple FMI/BIRD fait penser à deux ruches d'abeilles accolées, capables de produire et de distribuer ensemble un miel d'une saveur exquise, tout autant qu'à une nuée de criquets pèlerins capables de tout dévaster sur son passage. Dans le premier rôle, ils se montrent affables, humains et consciencieux ; animés d'un grand sens de responsabilité et de solidarité ; soucieux de la qualité et de l'impact positif immédiat de leur action. Dans le second, ils apparaissent comme de pervers larrons chargés de la redoutable mission d'entretenir la misère des peuples, à défaut de la leur semer par tous les moyens. Dans ce cadre et pour dispenser des soins dont ils se targuent d'être porteurs, ils procèdent à des examens douloureux et, systématiquement, opèrent sous "conditionnalités générales" qui tiennent lieu d'anesthésie. La seconde étape, qui ressemble pour bon nombre de pays à un mirage, consistera à parer ou tout au moins à vernir le sujet des "valeurs actuelles" en vue de l'élever à la dignité d'Etat pluraliste, pétri de culture démocratique et acquis aux vertus de l'économie de marché. Après quoi et au gré des circonstances, ils leur appliqueront des thérapeutiques à doses plus ou moins appropriées. Certaines thérapies peuvent même comporter des phases de psychanalyse des comportements des sujets.

Alors, tour à tour, la Banque mondiale passe pour médecin, sorcier, marabout et vendeur de médicaments. Il lui arrive souvent de confondre un diagnostic avec des préjugés. Indifférente, jouant au prestidigitateur et au devin, elle ne se gêne nullement d'inter-changer ses patients dont pourtant les maux (éventuels) diffèrent de nature et de causes. Aussi, prescrit-elle des remèdes miracle mais identiques à tous ses "malades", même imaginaires. Et c'est encore elle qui vend à tour de bras, à crédit et en dollars à ces démunis, les quelques pilules, potions d'écorce et gris-gris disponibles dans son officine, qu'elle juge à spectre universel. Pour mettre ses obligés au pas, la Banque Mondiale les place sous P.A.S. Les plans d'ajustement structurel et les privatisations, parfumés à des euphémismes et à des néologismes, représentent les deux éperons de la partie essentielle de son action.

a- *Les plans d'ajustement structurel*

Par l'étendue des domaines qu'ils embrassent et les pouvoirs qui leur sont conférés, à travers une maïeutique bien de Socrate, les plans d'ajustement structurel devraient amener les Etats

- à mieux appréhender les contradictions ou l'obsolescence de leur législation et procéder à la "déréglementation", après une "revue juridique" de l'ensemble des textes en vigueur régissant les secteurs concernés ;
- à relever les incohérences organisationnelles, les chevauchements ou l'émiettement des attributions dans l'organisation gouvernementale, en vue d'élaborer une structure mieux adaptée et de favoriser un meilleur fonctionnement des services publics, en en accroissant les synergies et le rendement
- à mettre en place un plan d'organisation et des effectifs (p.o.e.) propre à identifier et à codifier des postes de travail par qualification professionnelle et par structure spécialisée tant au niveau horizontal que vertical et, le cas échéant, à dégager les effectifs jugés pléthoriques, pour les redistribuer à d'autres départements qui en manqueraient, sinon pour en délester l'Administration ; le "mariage" du numéro du poste de travail et du matricule de l'agent public peut utilement conduire à découvrir les fonctionnaires "fantômes" ou en surnombre. La finalité ultime des p.o.e., lorsqu'elle est bien comprise, est certes la maîtrise de la masse salariale de la fonction publique, mais aussi et surtout le redéploiement du personnel ainsi dégagé dans d'autres secteurs

d'activités, dont la création peut et doit être encouragée, notamment dans un secteur privé à promouvoir.
- à dresser des plans sectoriels ayant pour perspective l'amélioration des performances à la hauteur des attentes des usagers, aussi bien au niveau de l'éducation, de la santé, des transports, que de bien d'autres secteurs.
- à établir des règles et des procédures de gestion rationnelle ou rationalisée des ressources économiques et financières, proscrivant le gaspillage ou l'abus des biens sociaux et prescrivant des outils modernes de gestion optimale ainsi que le respect des normes standard dans des délais cadrant avec les exigences de rendement de production et de rentabilité financière et/ou sociale.

Au total, les P.A.S. peuvent être compris comme visant principalement à faire prendre conscience aux Etats de leur force de frappe financière si seulement ils réduisaient leur gabegie, adaptaient leur train de vie à l'utile, renonçaient à leur folie des grandeurs et mettaient définitivement une croix sur leur propension à toutes ces dépenses inutiles de fonctionnement, ou dispensables de parade ; lesquelles entraînent le recours à l'endettement injustifié dans bien des cas, mais aussi l'incapacité d'honorer les échéances du service de la dette.

L'appréhension des conséquences parfois désastreuses du laxisme des Etats et de l'irresponsabilité de certains de leurs dirigeants, sur leur capacité d'autofinancement, autorise voire impose que le banquier étudie et analyse les projets dont son client lui demande le financement. Car, le sort et l'essor de la banque et de son client doivent théoriquement être liés. D'où l'utilité du suivi intéressé de la réalisation de chacun des projets qui les unissent. Le comportement de la BIRD est supposé s'inscrire dans cette logique. Le FMI l'y appuierait pour garantir la stabilité et les équilibres macro-économiques à travers politiques monétaire et/ou budgétaire prescrites au pays emprunteur, dans l'intérêt assuré du prêteur dont il est le garant. D'où le contrôle assidu de la balance des paiements et la manipulation des taux d'intérêts pour éprouver le taux de change ; le suivi permanent des paramètres qui permettent de contenir l'inflation, par la maîtrise aussi bien de la masse salariale que de la mercuriale des prix. Toutes ces mesures se comprendraient parfaitement et iraient d'elles-mêmes si elles étaient appliquées à bon escient, n'avaient de but que le développement des Etats, n'enfreignaient les acquis économiques et sociaux, ni ne créaient des doutes ou des susceptibilités sur la réalité de la détention du pouvoir politique.

Or cette approche, vue sous l'angle de la mise en œuvre d'une politique de dégagement de cash flow, a fait penser et dire que la finalité des PAS couplés aux privatisations était de trouver des astuces techniques et juridiques pour parvenir à obliger les Etats à rembourser leurs dettes aux pays capitalistes ; faute de quoi ils s'exposeraient à une saisie-exécution, à la diligence du FMI. Et comme les PAS imposent toujours des compressions de personnels ou des "dégraissages" des fonctions publiques, l'on est en droit de chercher à comprendre les raisons pour lesquelles la BIRD ne s'est jamais préoccupée de la création d'emplois nouveaux, si tant est qu'elle voudrait vraiment contribuer à éradiquer la pauvreté de cette planète. Pourquoi donc les pays prêteurs, dans le cadre de la mise en œuvre des PAS, portent-ils leurs préférences sur les financements destinés à régler aux personnels licenciés leurs droits ? Comme si c'était pour accélérer les procédures et préparer des bénéfices mirobolants à leurs sociétés qui acquerront les entreprises à privatiser ! Avec un peu plus de recul et d'honnêteté, d'aucuns accepteraient, quel qu'en soit le montant des indemnités à verser, que les licenciements abusifs et autres compressions de personnels en Afrique puissent être assimilés à des quasi-crimes. Car, ils ne sont en rien comparables à ceux opérés dans les pays industrialisés. Là-bas, le taux de chômage est relativement bas et les opportunités d'emplois nettement plus nombreuses. De plus, dans certains de ces pays, des indemnités de chômage sont payées aux personnes actives sans emploi. Toutes choses qui n'existent pas dans les pays africains ; lesquels de surcroît exportent en même temps que leurs matières premières, les emplois inhérents.

Pourquoi alors le doute ne peut-il pas être permis sur les paradoxes qui transparaissent du comportement des prêteurs, bien qu'ils se fassent tout compatissants ? Comment peuvent-ils en l'occurrence justifier leurs complaintes, ces créanciers qui ont accordé des prêts dont les projets étaient mal ficelés, l'étude pas sérieuse, la rentabilité douteuse et l'utilisation des fonds hasardeuse ? Que cachaient leur silence face aux échéances non honorées ; leur laxisme dans l'octroi de nouveaux crédits alors que les précédents à terme échu n'étaient pas remboursés ; leur course concurrentielle à l'alourdissement du fardeau de la dette des pays pauvres ?

Que vient faire le FMI dans les pays dont la monnaie, le franc CFA[66], à parité fixe par rapport au Franc français et par la suite à l'euro, est officiellement garantie par un Etat membre, en l'occurrence la France, puis endossée par l'Union européenne ? Seules ces deux entités sont normalement fondées à veiller à l'encadrement de la parité et à en répondre devant les instances monétaires internationales. A la BECEAO comme à la BEAC, des contrôleurs français assurent et assument ce rôle depuis toujours. Leur défaillance éventuelle ne saurait être imputée aux Etats de la zone CFA. Après tout, n'est-ce pas la France qui a souverainement imposé la dévaluation de cette "monnaie", tout au plus avec l'assentiment de l'Union européenne ? Dans cette opération commando, le FMI n'aurait servi que de paravent ou de caution morale. En cherchant "à qui profite le crime", force est de noter qu'il aura finalement permis à la France de réduire dorénavant de moitié la valeur marchande de ses importations en provenance des pays de la zone et d'augmenter d'autant, voire plus, les bénéfices des industries importatrices, avec pour conséquence heureuse pour elles, d'y maintenir les emplois, pour le moins.

Plus sérieusement, que représente la masse monétaire de tous les quatorze Etats africains de la zone franc par rapport à celle de la France ou à celle de l'Union européenne. ? Une insignifiance infinitésimale ! Dans tous les cas de figure, considérés sous l'angle des pays victimes de cette razzia, l'objet et les conséquences de la dévaluation ne pouvaient conduire qu'au blocage du développement économique de ces Etats, avec pour corollaire l'appauvrissement aggravé des populations de la zone. Le chef du gouvernement français de l'époque, Mr Balladur, ne pouvait ignorer que sa décision, outrageusement unilatérale, provoquerait un renchérissement des importations de ces pays et en entraînerait la baisse corrélative, en volume et en valeur, tant des biens de consommation que du matériel d'équipement lourd ou des intrants agricoles, mais aussi des produits pharmaceutiques et du matériel didactique. Quel crime !

Il est évident aussi que « les objectifs économiques de maintien de l'activité, de stimulation de l'emploi et de préservation du niveau de vie, propres aux pays modernes dans les circonstances présentes, ne sont pas compatibles avec le fonctionnement de mécanismes qui, comme au XIXe

---

[66] CFA=Comptoirs français d'Afrique pendant la colonisation, devenus Communauté Financière d'Afrique après les indépendances des Etats africains.

ou au début du XXe siècle, comportaient des phases de réajustement, accompagnées de récession, de chômage et de baisse de salaires. »[67]. Pour quel motif donc les Institutions de Bretton Woods s'acharnent-elles à appliquer aux Etats africains, des remèdes d'un autre âge à la fin du XXe siècle et au début du troisième millénaire ? La baisse des salaires imposée à certains d'entre eux a atteint 70% ; de quoi créer un soulèvement populaire généralisé qui renverserait tout sur son passage. Une conspiration politique intérieure ou un complot ourdi et téléguidé de l'extérieur n'auraient pas été mieux conçus ! A quoi peuvent servir ces "attentats" aussi hésitants que cyniques, si un hypothétique redressement économique doit conduire à des pogromes et au dépérissement d'un Etat... non communiste. ?

Dans de telles circonstances, qui détient la réalité du pouvoir politique ? Le « dictateur » africain mal élu qui confisque le pouvoir, ou ces économistes qui se présentent en sapeurs pompiers[68] ? Ce n'est pas par ce genre de comportement ni de conception que ces deux instruments d'une politique lancinante, pourront susciter ou encourager la démocratisation de la scène politique africaine ; alors que sont mis entre parenthèses ceux-là mêmes à qui l'on voudrait par ailleurs faire croire qu'ils détiennent le pouvoir politique et président aux destinées des peuples d'Afrique. Et certains de franchir le Rubicon : l'assistance de ces deux institutions est une aide au sous-développement, voire à la recolonisation via les privatisations !

b- Les privatisations

Elles ne s'inscrivent pas dans la même logique idéologique, n'ont pas la même portée politique, ni ne produisent le même impact économique, selon qu'elles sont pratiquées dans le contexte des pays occidentaux ou dans celui des Etats africains.

L'idéologie de l'économie occidentale s'affirme davantage et de plus en plus dans le capitalisme libéral, quand bien même des gouvernements émanant de la volonté populaire seraient çà et là socialistes ou socialisants. Cette évolution ne saurait être remise en cause qu'en cas

---

[67] La monnaie et ses mécanismes, op. cit. p.74
[68] En Mauritanie, les personnels résidents de la Banque Mondiale se sont créé un club dénommé "Sapeurs pompiers". Un aveu candide de leur perception de la mission de la Banque : tenter de se rendre sur les lieux d'un incendie criminel et au mieux l'éteindre, mais jamais en rechercher les auteurs ni réparer les dégâts qu'il a causés.

d'une crise économique et/ou sociale grave et prolongée qui démontrerait la caducité des fondements mêmes de l'idéologie capitaliste, ainsi que celle de ses ressources ou des ses méthodes. Mais en attendant son éventuelle « refondation », ses politiques tiennent et tiendront toujours à ce que le monde entier aspire à être le reflet du modèle occidental ; et surtout s'y aligne avec enthousiasme.

Aussi, les slogans « trop d'Etat tue l'Etat » ou « moins d'Etat, mieux d'Etat » n'ont-ils d'autre objet que de réduire l'interventionnisme de l'Etat, et si possible conduire à son exclusion de toute prise de participation, totale ou partielle, dans le capital des entreprises. L'économie doit être laissée au secteur privé, l'Etat devant se limiter à son rôle de régulateur à travers une réglementation simplement normative. Sur la base de ces solides et très alléchantes théories, l'Etat doit se retirer du capital des entreprises, même publiques, en cédant ses actions à des acquéreurs privés. *La concurrence parfaite* qui en naîtrait inciterait à faire baisser les coûts de production et de gestion par un accroissement des rendements, entraînant une baisse des prix aux consommateurs et une hausse de l'activité économique. De ce recentrage de ses missions, l'Etat tirera un triple profit : l'élargissement conséquent de l'assiette fiscale entraînant un plus grand volume des impôts et taxes; des économies budgétaires résultant de la suppression des subventions d'équipement et de fonctionnement jadis accordées aux entreprises désormais privatisées ; une libération des services de tutelle de leurs contraintes de gestion. Cette option qui inspire la "libéralisation" peut parfaitement convenir aux économies développées. Car, le secteur privé y dispose de suffisamment d'épargne à investir. Il est à même de se substituer à l'Etat dans les secteurs jugés porteurs (de dividendes).

L'idéologie libérale ainsi rappelée peut-elle se pratiquer avec succès dans toute sa pureté dans une Afrique où seul l'Etat est en mesure de pallier raisonnablement, avec détachement, les insuffisances de l'épargne du secteur privé ? En d'autres termes, la concurrence entre le libéralisme économique régnant et celui naissant, est-elle concevable au point de parvenir à les lier d'amitié et de camaraderie loyale ? Et comme il ne peut exister de libéralisme sans concurrence, ni de concurrence sans mercantilisme, la porte est grande ouverte pour que les plus forts écrasent les plus petits. Dès lors, toute cession ou concession d'entreprises publiques à des multinationales à l'occasion des privatisations est un voyage dans l'inconnue. La recherche du profit étant leur seule source de motivation, elles baisseront difficilement les prix hérités. La position de monopole les y aidera encore davantage. Du reste, les maisons-mères n'hésiteront pas, s'il le faut, à armer leurs succursales pour un combat sans merci à livrer aux entreprises privées locales exerçant des activités similaires. La pratique du dumping ou la constitution plus ou moins voilée de cartels sont à redouter. Ailleurs, des lois anti-trust préviennent et répriment ces ententes qui sont un déni de libéralisme et de concurrence loyale. En Afrique où l'industrie et les sociétés de service sont des plus fragiles, les institutions de Bretton Woods n'exigent ni ne suggèrent une législation appropriée en la matière, comme elles y ont tenu pour l'assouplissement des codes du travail, l'exploitation forestière, la libéralisation du secteur bancaire ou les compressions des personnels.

Quant à la portée politique des privatisations, il convient de souligner que la libéralisation en Occident se réalise au profit quasi-exclusif des nationaux des Etats concernés. Même si des Japonais, des Allemands ou des Grecs, par exemple, s'appropriaient d'une partie du capital d'une entreprise française, anglaise ou américaine, personne ne craindrait que l'économie de son pays ne bascule entre les mains des étrangers. Là-bas, nul ne vit dans cette hantise d'être recolonisé ou truandé. Ce qui n'est point le cas en Afrique où des suspicions souvent fondées pèsent lourdement sur les intentions réelles des Occidentaux dans les domaines des transactions commerciales ou d'exploitation des richesses naturelles. La presse occidentale et des Français bon teint se font régulièrement l'écho des crimes économiques commis contre les peuples d'Afrique et d'ailleurs. Signalés avec précision et insistance, des cas de corruption à vaste échelle de chefs d'Etat d'Afrique par de très hautes personnalités du groupe ELF, en donnent un aperçu.[69] L'invasion de l'Iraq par les USA dans le but dénoncé de siphonner son pétrole pourrait constituer une autre preuve d'égoïsme, lequel est considéré comme normal par le plus grand Etat capitaliste du monde.

L'on peut alors aisément comprendre que les multinationales aient les faveurs de la BIRD et fassent vite de s'accaparer de tous les secteurs intéressants, abandonnant aux Etats les canards boiteux et les entreprises

---

[69] Stephen Smith – Antoine Glaser : *Ces Messieurs Afrique* ; Calmann Levy, 1992 p. 63 à 82

François-Xavier Verschave : *NOIR silence* ; Les Arènes, 2000 – p..56 à 64, 371 à 388, 419 à 421.

de service public, ne vivant que de subventions. Tout ceci est perçu comme un esprit de favoritisme qui pousserait la Banque mondiale à disséquer puis à charcuter les entreprises publiques sélectionnées pour être privatisées, pour n'en conserver que les parties saines aux bénéficiaires des privatisations. Les centres de profits, urbains ou ruraux, dont les comptes pris isolement ne sont pas bénéficiaires, en sont amputés mais paradoxalement conservés dans les portefeuilles de ces mêmes Etats. On prétendait pourtant vouloir les en délester des charges de fonctionnement et dégager le secteur public de toute immixtion dans la gestion des secteurs productifs, industriel ou commercial. Les Etats ne doivent se cantonner qu'à leurs seules fonctions régaliennes, normatives et sécuritaires. De ces contradictions entre les principes édictés et les actes posés, il apparaît qu'il importerait peu ou prou à la Banque mondiale que les populations soient finalement privées de l'électrification rurale ou de l'accès à l'eau potable : « la raison du plus fort est toujours la meilleure. » L'idéologie du capitalisme libéral serait-elle au bout du rouleau au point de s'accrocher à des expédients sinon même à des rapines, pour assurer la survie de ceux qui déclarent en être des adeptes ?

Plus graves, les conditions de mise en vente des sociétés à privatiser sont fixées de telle manière que les privés africains ne puissent pas y souscrire, encore moins en détenir la majorité du capital. Dans les Etats qui ploient sous le fardeau de la dette, la titrisation de la dette intérieure aurait à coup sûr permis l'entrée des nationaux dans le capital des entreprises à privatiser. Ils auraient échangé leurs titres de créances sur le trésor public contre des actions à céder. L'Etat aurait ainsi allégé le service de la dette sans bourse délier. Le fait pour la Banque mondiale de n'avoir pas voulu penser à cette alternative tendrait à confirmer ce penchant partisan et partial qui lui est souvent prêté ou même reproché.

Il ne saurait donc être surprenant de voir d'anciens colonisateurs se ruer sur les sociétés convoitées. A quelques rares occasions, des investisseurs nord-américains, sud-africains ou du Pacifique s'y sont intéressés. Encore que nul ne peut jurer que certains d'entre eux ne sont pas que des prête-noms. La plupart des secteurs névralgiques ou porteurs sont précipitamment cédés, sinon même bradés. Les privatisations réalisées dans de telles circonstances ne s'inspirent point d'une idéologie économique appliquée, pas plus qu'elles n'encouragent le transfert du patrimoine public à des nationaux qui l'ont bâti à coup d'impôts et de lourds sacrifices. Or, il n'est pas encore démontré que le capitalisme libéral soit le cadre idéal pour inciter des multinationales à s'adonner au développement d'un pays du Tiers Monde ; ni que les privatisations lui garantissent celui-ci de la façon la plus sûre et la plus accélérée. Que cacheraient-elles donc ces privatisations ? La recolonisation serait-elle en marche ? Sinon, que ne privatise-t-on pas là-bas en Occident Air France, la BBC, le Crédit Lyonnais, la SNCF, la Voix de l'Amérique,... qui continuent d'être publiques sans qu'aucune institution ne s'en émeuve. L'impact économique de ces cessions ou concessions d'entreprises publiques est des moins rassurants ; ceci à la lumière du choix des sociétés à privatiser, des pratiques observées et du sort final réservé aux bénéfices réalisés.

Les stratégies de privatisation ou de liquidation d'entreprises consistent principalement, pour commencer, en une restructuration du système bancaire existant ; comme pour faire place et dresser le lit aux banques étrangères qui s'installent, au besoin, dans les locaux de celles qui viennent d'être restructurées et dont elles s'attribuent souvent la propriété. Leur souci est davantage de se mettre au service des multinationales, que de s'orienter tant soit peu vers le financement des projets de développement d'importance locale ou nationale, à impact économique ou social certain. Viennent ensuite les entreprises publiques dont nul ne peut se passer des produits ou services et qui sont gérées en monopoles, donc sans concurrence. Il en est ainsi des sociétés d'énergie, d'eau, de transport aérien ou ferroviaire, des installations portuaires et aéroportuaires, des télécommunications.

Pourtant, lorsqu'elles sont bien gérées, les entreprises publiques d'énergie sont financièrement très rentables. En plus, de par même leur nature et leur vocation, elles contribuent largement à générer le développement économique et social. Un gouvernement peut-il concevoir élaborer et mettre en œuvre une politique industrielle qui ne s'appuierait pas sur une politique énergétique ? La privatisation de ce secteur d'énergie l'en empêcherait, tout autant qu'elle n'en garantirait point l'extension continue de l'électrification du pays. Alors que les entreprises publiques réinvestissaient leurs bénéfices pour accroître la quantité d'énergie disponible et améliorer ainsi le taux de couverture des besoins en électricité, les sociétés privées adjudicataires des concessions de production et d'exploitation les distribuent sous forme de dividendes à leurs actionnaires. L'équivalent en termes de capacité d'autofinancement est ainsi exporté et éventuellement remplacé par des emprunts, naturellement plus coûteux. Ce qui renchérit le coût des investissements, et partant le prix du Kwh

Dès lors est grand le risque de privatiser la gestion des entreprises d'énergie au profit des concessionnaires de rente. Le développement du tissu industriel et de la consommation des ménages en pâtit. Ce qui est de nature à retarder le progrès et le modernisation, à compromettre le processus d'industrialisation, donc à compromettre le développement économique et social des pays en cause ; et finalement à favoriser la perpétuation de leur dépendance économique.

Si l'Union européenne a harcelé la France pour obtenir la privatisation d'EDF à l'orée de 2006 (puis de 2008), sous condition de lui maintenir sa mission de service public, c'est, dit-on, pour la rendre concurrentielle par rapport aux autres sociétés d'énergie de l'Union. En d'autres termes, pour que, par ses prix relativement bas, EDF n'attire point indirectement en France des investissements (donc des emplois) à forte dose d'électricité dans le coût des facteurs de production. La privatisation exigée d'EDF s'inscrit donc plus dans la stratégie d'un partenariat loyal entre les membres d'une Union à relent économique que dans la logique d'une libéralisation à consonance idéologique. Il s'agit ici d'un débat interne à une entité économique et non une conditionnalité de la Banque mondiale. Comment alors les industries nationales africaines parviendront-elles à continuer de supporter les prix devenus exorbitants qui leur sont imposés par des multinationales, si les grands Etats eux-mêmes se sentent menacés par les tarifs pratiqués par un des leurs ? L'expérience tend d'ailleurs à établir que le prix du kWh monte abusivement aussitôt la privatisation prononcée. Les Sénégalais et les Camerounais en savent quelque chose.

En Afrique, l'argument en est tout autre : c'est pour délester les Etats des subventions et autres charges financières d'exploitation, puis accroître les recettes fiscales qu'il faut privatiser ! S'il en est ainsi, les entreprises telles que l'EECI en Côte d'Ivoire ou la SONEL au Cameroun ne devaient nullement être privatisées. Non seulement l'une et l'autre n'étaient point subventionnées ; mais encore chacune d'elles assurait au trésor public d'importantes rentrées fiscales. Privatiser de telles entreprises revient donc à priver les Etats concernés des moyens d'action efficaces pour leur développement globalement harmonisé. De même, par elles-mêmes et par elles seules les lois du marché ne peuvent miraculeusement conduire au développement structurel des économies nationales, avec ou sans inflation, spéculation ni pression fiscale.

Aussi paradoxal que cela puisse paraître, le social ne semble pas avoir les faveurs des deux institutions de Bretton Woods. Bien qu'il fasse de l'homme la finalité ultime de toutes ses actions ou entreprises, ce social est sciemment oublié ou tactiquement négligé. Aussi, arrive-t-il à ces deux institutions de pousser les Etats, si elles ne les y obligent pas, à dissoudre les entreprises publiques à vocation sociale. Pour ne pas perdre de l'argent "inutilement ou par sentiment", ils ne doivent plus y investir : "cela ne rapporte rien". Pourtant, un Etat ne vit normalement que d'impôts et taxes, lesquels lui sont payés par l'ensemble de ses contribuables. Comment et pourquoi devrait-il abandonner ceux-ci ou une fraction d'entre eux à un sort qu'ils ne méritent pas, en les jetant aux oubliettes, par exemple au niveau de la distribution d'eau potable ou des transports en commun. Même s'ils sont financièrement déficitaires, les métros Underground de Londres, Ratp de Paris, Bahn de Berlin, Subway de New-York tout de graffitis décoré ..., demeurent hautement rentables au plan social. Mais jamais il n'est venu ou ne viendra à l'esprit de personne de faire dissoudre les sociétés qui les gèrent, ni même de les empêcher de bénéficier des subventions d'équipement et/ou de fonctionnement. En Afrique, la BIRD a fait suspendre des décennies durant ou simplement fermer les régies de transports publics en milieu urbain, causant conséquemment aux Etats de lourdes pertes en livrant à la furie des broussailles d'importants parcs d'autobus en bon état, ainsi condamnés à la rouille à cause des contradictions de cette Banque ou du fait du laxisme de quelques irresponsables administratifs et politiques. Les citadins des grandes métropoles, leurs victimes expiatoires, en ont eu pour leur compte : ils sont privés par leur gouvernement de la jouissance de l'un des services publics dont ils ressentent le plus la nécessité et le besoin.

Cependant, toutes les privatisations ne sont pas forcément les mal venues. Celles du secteur des télécommunications sont unanimement bien accueillies. Outre qu'elles ont développé et modernisé celui-ci de façon exponentielle et y ont maintenu les emplois et créé de nouveaux, celles-ci ont consisté pour la plupart des cas en une simple attribution à titre onéreux de licences d'exploitation sans cession d'actifs. Ce modèle aurait-il été appliqué à d'autres secteurs que leur privatisation ouvrirait la voie à la concurrence et à de meilleures perspectives de développement, lesquelles répondraient certainement mieux à la vocation officielle de la Banque.

Ainsi, il suffit que les concessions à attribuer dans le secteur énergétique se concrétisent par de simples licences devant conduire à des constructions de barrages hydroélectriques ou de centrales thermiques et des lignes de transport associées, pour que le prix de vente de l'énergie produite soit mis au défi de concurrencer celui des entreprises publiques. Celles-ci joueraient alors le rôle de témoins ou serviraient de références. Dans le secteur agricole également, les cessions de cultures industrielles ne devraient prendre corps que sur la base d'un cahier des charges obligeant chacun des bénéficiaires à produire par centaines de milliers de tonnes et à transformer localement en produits finis ou semi-finis, une bonne fraction des récoltes. Ce qui aurait présenté l'avantage de créer de nombreux emplois. Si de telles variantes étaient mises en œuvre, elles pousseraient les Etats à intéresser des privés nationaux à entrer dans le capital et dans la gestion de ces entreprises. Cette stratégie d'un développement aussi vaste qu'autocentré, dissiperait, à n'en point douter, tout sentiment de recolonisation.

Mais la simple appréhension des nouveaux procédés et des stratégies affinées d'exploitation égoïste des colonisés d'hier, ne saurait suffire pour anéantir ce type nouveau de péchés. En vérité, la démarche bien subtile, l'amitié parfois assassine, la flagornerie toujours cynique des néo-colons, ne traduisent rien d'autre que leur perplexité ou leur manque d'assurance face à l'avenir et à l'évolution du monde africain.

Pourtant toute vision du développement et de la stabilité, limitée à un peuple, à une race, à une religion ou à une région est un déni d'intelligence. Car, celui-ci qui tente de retarder l'avènement de la solidarité des intérêts et des destins de tous les humains n'est pas différent de celui-là qui de ses bras et de sa poitrine cherche à retenir un barrage hydroélectrique en rupture. Et l'histoire n'a cessé d'enseigner que tout être opprimé finit par se libérer au grand dam de l'oppresseur. Cette vérité vaut également pour tout pouvoir, y compris et surtout africain, qui ne se soucierait ni de la manière dont les citoyens sont administrés ou gouvernés, ni de la pauvreté déshumanisante des populations.

2- Des appâts et des mirages en garantie

Pense-t-on avoir satisfait aux conditionnalités posées ou imposées par l'une et/ou l'autre des deux institutions jumelles de Washington, qu'elles en rajoutent. Aussi, l'atteinte des objectifs économiques qu'elles font miroiter aux Etats qui se sont placés sous leur redoutable tutelle apparaît-elle comme un mirage. Ils s'éloignent au fur et à mesure que l'on croit s'en rapprocher. Cependant, une technique bien éprouvée maintient, voire accentue l'espoir. Après tout, et même si beaucoup d'hommes en meurent, ne dit-on pas que « l'homme vit d'espoir » ? Il faut croire pour espérer ou plutôt espérer pour croire. Car, c'est l'espérance qui nourrit la foi. A ce titre, l'espoir peut être considéré comme la première religion de l'humanité. C'est lui qui fait naître et consolider les rêves, qui raffermit la volonté de réaliser des projets et qui soutient la détermination à les transformer en produits de satisfaction et de fierté. N'y croit-on pas qu'on tuerait l'espoir ; ou même qu'on dépouillerait la vie de tout son sens et notamment de ce qui fait son charme. L'espoir ne fait-il pas croire au charlatanisme et la peur plier au chantage ?

Ceci ne devrait cependant pas susciter la crainte que les puissances à dessein impérialiste ne sachent manipuler l'espoir au point de fabriquer, si ce n'est déjà fait, des armes psychologiques susceptibles d'inoculer illusion et euphorie dans l'âme et les gestes des peuples. Ainsi pourraient-elles, par le jeu de l'imagination et avec l'appui de leurs instruments spécialisés, faire espérer aux pays pauvres qu'ils parviendraient très rapidement au niveau des nations industrialisées, pour peu qu'ils croient et adhèrent aux "valeurs actuelles" que sont la démocratie et l'économie de marché. Seules ces dernières seraient alors à même de leur ouvrir le sésame d'une réussite planifiée, fondée sur leurs fantasmes les plus sublimés. Pourtant la démocratie et l'économie de marché sont fondamentalement antinomiques dans leur vocation. Car, si la socialisation du pouvoir politique, déni de la dictature, a entraîné la gestion participative de la cité qui conduit à la démocratie (si ce n'est l'inverse), la loi de l'offre et de la demande, qui consacre la concurrence et la transparence, reste et demeure naturelle en tant qu'elle ne porte aucune marque de l'homme civilisé. Malgré ces contradictions, la démocratie et l'économie libérale sont devenues un effet de mode, un complexe tout autant qu'une obligation de n'entrevoir tout développement qu'à travers l'adhésion sans réserve à ces "valeurs". L'affirmation des Etats qui les ont idéalisées et l'épanouissement des peuples qui les ont pratiquées ont fini par conférer à ces valeurs une grande force de séduction. Elles présentent dès lors tous les atouts et même des atours pour être instrumentalisées.

a- La démocratie

L'implication directe des citoyens dans la définition des objectifs de la collectivité et des moyens pour les atteindre est une source indéniable de leur adhésion à l'idée de la bonne marche des affaires publiques. Mais cela est-il suffisant pour faire de la démocratie une condition *sine qua non* du développement global ? La démocratie se nourrirait-elle aux mamelles d'un certain déterminisme politique ? Un débat de haute facture entre spécialistes en pose la problématique et y apporte quelques réponses.

En France, le Professeur François Goguel a mené une étude sur la relation entre « modernisation économique et comportement politique »[70]. Partant des analyses des résultats électoraux obtenus par les partis gaulliste, communiste et de la gauche non communiste, dans « des cantons ou en milieu social en mutation progressive ou régressive », il est parvenu à conclure que « la modernisation économique exerce un effet sur le comportement » de l'électorat. Déroge évidemment du champ d'une telle étude toute élection organisée en termes de défi républicain à relever à l'instar des élections du 23 juin 1968 qui faisaient suite aux "évènements de mai 1968" ; ou qui traduisent un sursaut national face à un événement jugé dangereux, à l'image du scrutin d'avril 2002 barrant catégoriquement la voie au candidat de l'extrême droite, et plébiscitant, à l'africaine ou à la soviétique, Jacques Chirac, tout en lui évitant aux législatives de juin 2002 tout risque de divorce entre l'Exécutif et le Législatif, susceptible d'entraîner la "cohabitation".

Pour l'Américain W.W. Rostow, un parallélisme doit exister entre « les étapes du développement politique » et « les étapes de la croissance économique »[71]. Il explique : « l'analyse en termes d'étapes de la croissance économique, fondées sur l'idée que les économies nationales

---

[70] Presse de la Fondation nationale des sciences politiques, Paris ; Février 1969.
[71] W.W.Rostow : *Les étapes de la croissance économique*, Seuil – 1962
Idem : *Les étapes du développement politique*, Seuil – 1975

cherchent à approcher les tracés sectoriels optimaux de la production, se marie fort bien à l'analyse de la politique en termes d'équilibre dynamique [...]. Les forces politiques, sociales et économiques sont en complète interaction [...]. Tous les éléments agissent les uns sur les autres, sans que les facteurs économiques bénéficient d'une quelconque priorité [...]. Les occasions seront rares où la croissance et le bien-être économiques ne seront pas considérés comme subordonnés, en dernier ressort, aux dimensions constitutionnelles ou de sécurité politique [...] Le développement politique consiste en l'élaboration... de formes nouvelles et plus complexes de gouvernement et de politique. »

Selon un autre Américain, le Professeur Robert Dahl de l'Université de Yale, « aucune corrélation ne paraît exister entre la croissance économique et le mode de gouvernement d'un pays, [car] la croissance économique n'est pas l'apanage des seuls pays démocratiques pas plus que la stagnation n'est celui des seuls pays non démocratiques [...]. S'il est vrai que la démocratie n'a jamais existé que dans des pays dotés d'une économie de marché, il est également vrai que ce système économique a aussi existé dans les pays non démocratiques. [Comme] le capitalisme engendre inévitablement des inégalités, il impose des limites au potentiel démocratique de la démocratie polyarchique en créant des inégalités dans la répartition des ressources politiques. Les ressources politiques incluent tout ce à quoi un individu ou un groupe ont accès et qu'ils peuvent utiliser aux fins d'influencer directement ou indirectement la conduite d'autres personnes. »[72]

Les études auxquelles se sont livrés ces trois professeurs émérites mettent principalement en parallèle le développement politique et le développement économique. La prudence qui transparaît des conclusions qu'ils en ont tirées traduit certes le caractère pointu de la question posée, mais n'empêche pas d'y relever quelques divergences. Il s'avère cependant que la politique ne saurait procéder ni prospérer que des seuls faits économiques. Ainsi et bien que ne pouvant déterminer avec certitude laquelle de "la structure" ou de "la superstructure" est la plus déterminante dans le comportement des êtres, l'on ne doit pas sous-estimer l'impact de la culture sur la couleur locale de la démocratie ; du différentiel du temps et de l'espace non plus, car « les choses en se transplantant se transforment ». Ses éléments constitutifs restent

---

[72] Robert Dahl : *De la démocratie*, Nouveaux Horizons 2001- p. 159, 162, 170, 171.

constamment tributaires du niveau de développement civique, éducatif, économique ; mais aussi de l'histoire, de la culture et même des religions. « Que sont les institutions démocratiques si on les isole du milieu qu'elles régissent ou des desseins qui les animent ? [73] »

C'est peut-être pour cette interaction supposée exister entre le développement politique et le développement économique que le FMI et la Banque mondiale ont fait de la démocratie un élément des termes de référence de leurs conditionnalités. Qu'elles l'utilisent comme appât ou qu'elles la fassent miroiter comme mirage, ces institutions doivent sans doute considérer que la légitimité du pouvoir que consacre la démocratie, pourrait être un moyen d'optimisation des facilités et des prêts qu'elles accordent et une garantie de stabilité des institutions politiques assurant les remboursements de la dette extérieure.

Alors apparaît le dilemme de la démocratie telle que l'Occident la conçoit pour lui-même ou la perçoit pour les autres nations. La source du pouvoir politique occidental émane bel et bien du peuple, mais aussi de l'argent. Les citoyens interviennent effectivement dans la désignation de leurs dirigeants à travers des élections suffisamment transparentes. Il est vrai que, parfois (sinon souvent), c'est en robots qu'ils accomplissent leur devoir civique de voter, conditionnés qu'ils sont par les tapages médiatiques et publicitaires dont ils sont l'objet sur toute la durée des campagnes électorales. L'expression de leur "volonté générale" ne saurait alors ne pas être viciée. Mais pour l'essentiel, les apparences sont sauves. Le peuple dispose de la possibilité de censurer les dirigeants qu'il a élus. L'alternance politique y est effective. L'Etat de droit n'y est pas une fiction, mais une réalité. Le respect de l'ordre et de la loi y est une des préoccupations particulières des pouvoirs publics, sans que cela ne soit une entrave à la liberté de mouvement, d'expression, de manifestation ou à l'inviolabilité de domicile. Toutes situations qui concourent à la jouissance des bienfaits de la démocratie, tant sur le plan politique, économique, social que culturel. Cette forme de démocratie semble cependant être réservée à la consommation intérieure de l'Occident. Celle à exporter peut en être différente.

Cet Occident qui fait de la démocratie l'une de ses deux premières religions, s'en montre quelque peu trop avare pour se la partager avec

---

[73] Georges Burdeau : La démocratie, Seuil-1966- p.179

d'autres pays. Certains de ses ressortissants estiment par exemple que « la démocratie est un luxe pour l'Afrique ». D'autres traitent le régime iranien de théocratique, celui d'Arabie saoudite de démocratique. Tous se complaisent fréquemment à entretenir des relations privilégiées avec des dictateurs ou des putschistes, pourvu que ces derniers acceptent de soigner leurs intérêts ; cependant ils se plaisent à bannir certains dirigeants nationalistes qui mettent en avant les intérêts de leur peuple. Ils crient à hue et à dia contre tel Etat qu'ils taxent d'antidémocratique et qu'ils sanctionnent par des frappes aériennes. Leurs sautes d'humeur ne traduisent souvent que leur avidité insatisfaite d'exploiter ou de s'accaparer des richesses de tel ou tel pays. Ce qui ne les empêche pas de s'ériger en gendarme de la démocratie en envoyant des observateurs électoraux dans divers Etats qu'ils entendent contrôler. Mais très vite ils s'accommoderont sans gêne du dictateur mal élu. Tout semble indiquer que c'est son esprit capitaliste et mercantile qui dicte à l'Occident sa ligne de conduite dans toutes ses relations. Seuls ses intérêts doivent primer. Ceux-ci auraient dû lui commander qu'il lutte opportunément à la fois contre la misère des peuples surexploités d'Afrique, d'Amérique latine ou du Moyen Orient et pour leur démocratisation, en vue d'en faire des fournisseurs inconditionnels et des clients viables. Or, il donne l'impression de craindre que leur démocratisation ne les soustraie de sa pesante main mise. En fait, il lui est difficile de concilier les garanties de stabilité qu'offre la démocratie, et l'assurance de la pérennité de l'exploitation colonialiste multidimensionnelle. C'est alors qu'entrent en jeu les préoccupations du FMI dont l'une des missions est d'être garant du remboursement des prêts négociés entre pays membres.

En réalité, l'Occident se trouve coincé entre son narcissisme viscéral qui lui fait exagérément surestimer l'impact des systèmes politiques et des régimes économiques qui sont les siens, et son refus pas toujours honnête de reconnaître les autres apports non moins déterminants dans son développement global. Aux premiers il accorde un peu trop péremptoirement des vertus intrinsèques qui expliqueraient sa position dominante. Aux seconds il dénie la capacité de démontrer que son niveau de développement actuellement atteint est d'abord et surtout une des résultantes de l'esclavage ancien et moderne dans lequel il a empêtré les pays dits du Sud, dont il n'a cessé de ruiner les économies par succion et par transfert, pour son enrichissement inique. La démocratie qui se présente davantage comme un de ses éléments culturels et la mythique économie de marché occupent en réalité moins de place dans son sort et son essor que l'on ne voudrait le faire croire. D'où cette interrogation qui surgit : les institutions de Bretton Woods elles-mêmes ne recourent-elles pas à celle-ci et celle-là que seulement pour s'en servir comme appât ou mirage ?

b- *L'économie de marché*

L'économie de marché, les lois du marché, la loi de l'offre et de la demande signifient pratiquement la même chose. Toutes s'inscrivent normalement dans le cadre d'une économie libérale. L'économie de marché va de pair avec le capitalisme et le libéralisme économique. Vue sous l'angle de la théorie pure, l'économie de marché paraît très alléchante. Mais l'exégèse de sa logique montre à souhait l'inévitabilité et les raisons de son édulcoration, même et peut-être surtout par ses adeptes les plus fervents. Car, c'est dans la pratique qu'elle révèle ses insuffisances et rend nécessaires certaines adaptations. Détournée de sa vocation, elle peut même se transformer en une loi de la jungle.

L'on se souvient encore de la casuistique paradoxale tirée d'une mise en équation de cette explication apparemment rudimentaire de la loi de l'offre et de la demande, distillée aux étudiants néophytes en économie : « un cheval rare est cher ; un cheval bon marché est rare ; donc un cheval cher est bon marché. » Il s'agit en fait de comprendre que c'est la rareté qui fait la cherté. Autrement dit, si l'offre des biens et services à vendre est abondante par rapport à leur demande, leur prix va baisser. Si par contre c'est la demande qui est très forte par rapport à l'offre, les prix grimpent tout naturellement. Cette automaticité est valable aussi bien pour les opérations négociées au comptant que pour celles dont la liquidation financière et la livraison matérielle des produits s'effectueront à terme. C'est dans cette logique que fonctionnent les bourses des produits, les bourses des valeurs mobilières ou marchés financiers, les marchés des capitaux et des métaux, les marchés monétaires...

Cela suppose évidemment que les vendeurs comme les acheteurs connaissent de la même manière les données et les conditions du marché, dans une hypothèse où celui-ci est le seul à être admis à imposer ses lois. Alors entrent en jeu les canons de la concurrence dont rien ne devrait fausser l'orthodoxie des règles. A cet égard, elle doit être assortie notamment d'un certain nombre de conditions dont celles de la transparence. Egalement, pour être parfaite la concurrence exclut toute forme d'interventionnisme. L'Etat concède de s'abstenir d'interférer par réglementation dans la fixation ou le contrôle des prix ; ou par subvention dans la détermination du prix de revient. Chaque activité doit vivre d'elle-même et maîtriser ses coûts réels de production, afin de pouvoir circonscrire ses bénéfices ou ses pertes.

Normalement, il revient aux Etats qui ont sincèrement opté pour l'économie de marché et accepté de jouer franc jeu, de s'assurer scrupuleusement qu'aucune entrave artificielle ne vienne perturber le fonctionnement naturel des mécanismes de la libre concurrence. Le regroupement formel des entreprises et leurs ententes informelles en cartels ou la pratique du dumping, dans le but avoué ou non de désorganiser les marchés en contournant à leur profit la loi de l'offre et de la demande, y sont combattus par une réglementation appropriée. C'est l'objet des lois antidumping et antitrust en vigueur aux USA. Partielles et partiales, ces mesures souffrent de deux paradoxes majeurs. D'une part, à l'intérieur d'un même pays elles affectent peu ou prou les monopoles et autres oligopoles ainsi que les multinationales ; d'autre part les effets pervers contre lesquels elles luttent sont délibérément exportés pour littéralement asphyxier les économies d'autres Etats. Ici l'on contient les inconvénients de la loi du *laisser faire* et du *laisser aller* ; là-bas l'on cherche à tirer profit de ses méfaits dévastateurs sur les économies des pays étrangers.

Au plan international, de cette loi naturelle du *laisser faire* l'Organisation Mondiale du Commerce (OMC) fait désormais son cheval de bataille. Pour faire bonne mesure, il faut universaliser la libre concurrence sous l'œil entraîné de cette institution et composer la symphonie commerciale internationale correspondante. Pour ce faire, il suffit de faire croire que tout le monde est sur le même pied d'égalité et de mettre en exergue les comportements naturels de l'homme en matière d'échanges. Mal en a pris aux compositeurs : le résultat en a été une cacophonie étourdissante, créée par des sons discordants, des logiques antinomiques, des objectifs opposés, des stratégies en contradiction avec la vocation des Etats et les aspirations des peuples, et même avec le bon sens le plus élémentaire.

Supposée être mieux formulée, opportunément plus appropriée et plus contraignante, la nouvelle philosophie de la libre concurrence devra étayer, pour les finaliser, les principes jadis posés par le GATT[74]. Les lois protectionnistes sont à abolir et/ou à prohiber, y compris les lois antidumping. Le rôle de la douane en matière de protection des industries locales devient caduc. Les importations ne devraient plus être frappées des droits d'entrée, sans pour autant qu'il ne soit opportun d'y substituer à due concurrence des droits de sortie sur les exportations : ceux-ci rendraient peu compétitifs les articles qui leur seraient assujettis. A chacun de s'y adapter.

Forts du rapport des forces qui leur est favorable, les grands Etats ont ainsi imaginé et organisé à leur avantage un combat brouillon à armes inégales. Tout en n'autorisant point la distinction entre poids lourds et poids plumes ou mouches, ils ne permettent à personne de déclarer forfait pour s'y soustraire. Ainsi et quitte à se faire copieusement rosser ou impitoyablement démolir, les faibles sont obligés de monter sur le ring. Tant pis pour eux et qu'importe que les gros y écrasent à mort les petits. C'est à cette image que renvoie la libre concurrence que l'OMC a décidé d'instaurer, sans mesure compensatoire ni d'accompagnement d'aucune sorte.

Comment une Organisation de cette dimension peut-elle se montrer aussi naïve pour penser que ses théories de concurrence parfaite à l'échelle mondiale seraient convaincantes et incontournables ? Serait-elle amnésique au point d'oublier comment les cours du café ou du cacao ont été manipulés par des organisations de circonstance, initiées et mises en œuvre pour que les prix de ces matières premières, non plus, ne puissent évoluer en faveur des planteurs africains, latino-américains et asiatiques ? Cinq illustrations permettent de mieux cerner et même de toucher du doigt la sagacité des hommes à contourner les lois imaginées par leur génie créateur : « ce qu'une main a pu faire, une autre peut le défaire. »

1- Excédé par la baisse constante des cours, consécutive aux *lois du marché* et alors premier producteur mondial du café, le Brésil tint à prouver qu'il a bien assimilé les leçons portant sur *la loi de l'offre et de la demande,* au point de pouvoir la manipuler pour créer la rareté. Et sans être un pyromane à la Néron, il brûla tous ses stocks de café au vu et au su de tout le monde, et notamment de ces messieurs de la bourse des produits, de Chicago comme de Londres. Aussitôt les cours flambèrent à

---

[74] GATT = General Agreement on Tariffs and Trade, datant de 1947 et ayant servi de cadre de négociations commerciales internationales.

cause de la rareté réelle ainsi créée. Le Brésil s'en sortit globalement gagnant en vendant à des prix beaucoup plus rémunérateurs ses prochaines récoltes.

2- Sans établir un lien de cause à effet avec ce coup de maître brésilien, les pays producteurs et consommateurs de café s'entendirent pour créer l'Organisation Internationale du Café (OIC). Elle eut pour objet déclaré de garantir aux consommateurs la livraison des quantités de café dont ils ont besoin, et aux producteurs la vente de leurs produits à des prix dits rémunérateurs, contenus dans une fourchette convenue. La politique des quotas est instaurée. Les quantités à fournir par pays sont arrêtées chaque année après de "longues et difficiles négociations". Et chacune des délégations se sentait fière d'être parvenue au résultat décroché. Peu de pays producteurs comprirent que ce procédé était un traquenard qui les entraînait à satisfaire les besoins des consommateurs en leur évitant des hausses importantes et intempestives des prix. Ces derniers avaient alors réussi simultanément à contenir les prix à leur niveau convenu et à s'assurer d'une offre quantifiée à la dimension de leurs besoins. Les lois du marché ont ainsi été neutralisées. En effet, toute concurrence entre producteurs d'une part et consommateurs d'autre part, a été tuée dans l'œuf.

3- L'accord International du Cacao (ICCO) se fait plus drôle. C'est à peine qu'il n'ironise pas sur le caractère poncif de *la loi de l'offre et de la demande*. Une simple simulation inversée a suffi à éprouver sa fonctionnalité. La création et la mise en œuvre d'un stock régulateur (buffer) l'a désarçonnée. L'Accord prévoit en effet de constituer par des achats rationalisés des stocks tampons raisonnables en cas de baisse des cours du cacao pour en atténuer la chute, et de les injecter dans le marché pour casser toute tendance haussière. C'est la technique utilisée par les banques centrales pour protéger le cours de leur monnaie ou déstabiliser celui de telle devise. Les mécanismes ainsi mis en place permettent tant soit peu de stabiliser les cours de ce produit, en tout cas de limiter l'amplitude des écarts imprimés par les comportements du marché. Avec son implication en tant qu'acheteur et vendeur, ICCO devient un des acteurs du marché. Il agit sur le volume de l'offre, influence la demande et réduit la marge de manœuvre des spéculateurs. Loin de se jouer des lois du marché, il s'en sert plutôt à sa guise pour en neutraliser les effets indésirables, dans une certaine mesure.

4- Chaque fois qu'elle observe une tendance baissière sévère et prolongée du cours du brut sur le marché mondial, l'Organisation des pays Producteurs et Exportateurs du Pétrole (OPEP) joue régulièrement sur le volume global de la production convenue entre ses membres pour influencer à leur avantage ce cours et réguler ainsi les prix du pétrole, autant que possible à leur convenance.

5- Les conventions CEE/ACP[75] ont une approche différente encore. Elles visent à la fois à parer aux effets néfastes des fluctuations des cours et des quantités des produits et à dévier à satiété la destination de l'offre de certaines matières premières indispensables aux industries de l'Europe occidentale. L'idée est de leur en garantir les approvisionnements nécessaires et suffisants à leur fonctionnement optimal. Il y va du rendement et de la rentabilité financière des usines consommatrices. Or, les secteurs concernés contribuent à l'enrichissement de la bourgeoisie industrielle, bancaire... ; au paiement des salaires ; mais aussi à la consistance des rentrées d'impôts et taxes sur les revenus, sur les bénéfices, sur les plus-values.... Faute du maintien en fonction de toutes ces activités, l'économique et le social entraîneraient le politique dans leur effondrement, alors rendu irrésistible. Aussi, l'UE soustrait-elle subrepticement du marché et de la concurrence les exportations des produits agricoles (ainsi que miniers) bruts que lui vendent en quasi-exclusivité les pays signataires. Face à l'importance cruciale des intérêts ainsi mis en jeu, l'OMC peut-elle avoir les moyens et/ou l'audace de les compromettre pour laisser prévaloir la libéralisation ou la globalisation ? Le doute est permis. Dès lors, court le risque d'être aussi partiale que partielle l'applicabilité du traité sur la liberté du commerce qu'elle a mission d'activer pour asseoir la fameuse concurrence parfaite entre les nations. Car, en l'état actuel des rapports des forces économiques, cette ouverture du commerce mondial à l'échelle planétaire ne peut profiter qu'aux pays industrialisés. Alors, les accords CEE/ACP auront vécu. Surtout s'ils avaient pour mission ou pour vocation de préparer et d'accompagner les industries occidentales à se passer de leurs pré-carrés post coloniaux. Sans doute des stratèges avaient-ils programmé la substitution de l'OMC aux vieilles conventions, pour parachever l'œuvre

---

[75] Pour mieux saisir amplement le contenu et la portée de ces conventions, se reporter au chapitre y afférent.

entreprise par la convention de Yaoundé de juillet 1963, laquelle avait réussi à se substituer subrepticement au pacte colonial de Berlin. ?

Chacune des leçons tirées des cinq exemples cités plus haut démontrent la fragilité des *lois du marché*. Elles semblent servir surtout les desseins des grand Etats. Elles s'opèrent toujours au détriment des pays pauvres. Par la force des choses et malgré eux, ces derniers sont devenus à la fois un miroir et un révélateur du manque total d'humanisme et de scrupule dans le domaine des affaires, dont font preuve les grandes puissances capitalistes. C'est un monde fait de loups aux dents longues qui ne s'embarrassent d'aucune considération pour sucer à mort leurs partenaires minuscules. Mais cela ne semble ni émouvoir outre mesure, ni encore moins empêcher nos éminents économistes de continuer à faire foi à *l'économie de marché*. Imperturbables, ils restent convaincus qu'ils ne sont ni utopistes ni cyniques.

Avec ou sans une moue, les Etats placés sous la tutelle des institutions de Bretton Woods font, eux aussi, l'effort de montrer ou de démontrer qu'ils y croient, plus ou moins fermement. En vérité, les ressorts de l'automaticité des mécanismes de *la loi de l'offre et de la demande* s'avèrent élastiques. Le bon sens et le génie des acteurs peuvent parfaitement créer l'abondance ou la rareté, même non spéculative ; simplement en tirant sur les ficelles du marché, loin en amont ou plus bas en aval. Cela ouvre la perspective d'une troisième voie qui déjà point à l'horizon. Elle naîtra du hiatus qui prend corps dans les convictions et l'activisme des néolibéraux d'une part, et les agissements "blasphématoires" de certains grands Etats pourtant dits libéraux, d'autre part. Cette dialectique est en passe d'engager *l'économie de marché* dans une stratégie ambivalente : concurrence parfaite promise pour l'intérieur, loi de la jungle assurée pour l'extérieur.

A cet égard, il convient de relever qu'en raison entre autres des salaires élevés qui entrent dans leurs coûts de production, les produits d'exportation des pays développés sont plus chers que ceux similaires en provenance des pays en développement. Théoriquement, les cours du marché mondial devraient en être affectés. Mais sous l'influence des offres concurrentielles faites par les pays pauvres, ils se nivelleraient par le bas. Sans doute pour contrer cette hypothèse qui les désavantagerait, les Etats industrialisés s'arrangent à verser des subventions notamment à leurs agriculteurs, pour mieux les motiver à produire plus. Ainsi, ils accroissent le volume des offres, préviennent la hausse des cours et maintiennent bas les prix du marché. Ils savent globalement qu'à travers diverses retombées attendues, ils compenseront doublement leur mise. Car, primo, les matières premières exportées par leurs concurrents leur sont destinées et continueront d'alimenter le fonctionnement de leurs industries et d'y maintenir les emplois ; secundo, le niveau bas de leurs prix transformera les subventions en investissements rentables. Ceci permet d'ailleurs de comprendre que ce sont les bas salaires pratiqués par les pays pauvres et leur manque à gagner récurrent qui financeraient en partie la plus-value salariale et certaines subventions consenties en Occident.

Cela peut expliquer pourquoi ce sont les Etats les plus influents de l'OMC qui faussent les règles du jeu, aussi bien en amont qu'en aval du marché mondial. C'est le cas des USA dont par exemple le coton est subventionné, au détriment des cultivateurs d'Afrique et de la Chine. Ils recourent aussi à la taxation des importations concurrençant leur production locale : aciers européens, électronique japonaise ou divers articles chinois. L'Union Européenne en fait de même pour son agriculture et son élevage, plus particulièrement. Parallèlement, le développement des pays ACP est pris en otage par l'UE. L'institution de la "ristourne" du Stabex tend à les attacher à la CEE sur la base d'un dicton apologétique de la prudence : « un tiens vaut mieux que deux tu l'auras ». Ainsi les pays ACP se sentiraient comme interdits de prendre le moindre risque pour négocier, au besoin avec les nations composant cette UE, des contrats de partenariat devant mettre en œuvre l'industrialisation effective et immédiate de ces pays, combien en retard.

Dans ces circonstances, il est bien prévisible que des marchandises subventionnées des nations industrialisées ou manufacturées à grande échelle, donc moins chères que les produits locaux, viendront envahir pour les étrangler les marchés des pays en développement. Il est alors fort à craindre que le blocage conséquent de l'industrialisation de ces pays ne les empêche définitivement d'émerger.

Si l'on retient que « l'homme raisonnable s'adapte à la nature, l'homme déraisonnable adapte la nature », on conclura que c'est encore et toujours à ces pays qu'il reviendra de continuer docilement à s'adapter aux conditions qu'ils n'ont cessé de subir ; et de s'interdire d'adapter l'environnement du commerce international à leurs politiques de développement. Pourtant, chaque Etat a un rôle à jouer dans la régulation des relations économiques et sociales bilatérales ou multilatérales. Il ne saurait se dérober de cette mission, pas plus qu'il ne se permettrait de sacrifier les intérêts vitaux de ses citoyens, en s'abonnant à l'irresponsabilité pour mieux jouer au Ponce-Pilate. Autrement, le libéralisme ou la libéralisation égoïstement orientés, manqueraient de garde-fous. Alors l'économie libérale se confondrait à une loi qui protégerait « un renard libre dans un poulailler libre ». Conséquemment, notre chère *économie de marché* perdrait de son sens et de toute sa valeur. Elle s'identifierait à une économie de la jungle. Et à l'instar des fauves qui y vivent, elle sortirait les griffes et les canines des "lois du marché des dupes" qui confèrent aux grands Etats et aux Unions d'Etats développés le droit léonin de dévorer les économies de ces pays qui n'aspirent qu'à voir industrialiser sur place leurs matières premières.

Combien cruel est le destin des victimes d'une telle damnation ! Si déjà vivre pour manger est indigne, vivre pour être mangé serait horrible. Pour solidairement sortir de cette impasse caverneuse et se différencier des animaux, et nonobstant leur taille, leur religion et la couleur de leur peau, les hommes se doivent de mettre en évidence leur humanité et de rejeter systématiquement toute forme d'anthropophagie ou de cannibalisme. Ceci pour éviter que les uns ne continuent à languir et à vivoter dans les marécages de la misère et que les autres ne persistent à tambouriner sur "la lutte contre la pauvreté", menée à la Don Quichotte. Cette "lutte" qui voudrait masquer une certaine passivité complice qui a conduit à l'inhumain dénuement, semble d'ailleurs plus servir de cheval de Troie aux exploiteurs qu'elle ne se préoccupe fondamentalement du sort malheureux des pauvres. Il ne serait peut-être pas superflu d'apprendre à ceux qui l'ignoreraient, cette mise en garde formulée par le président Abraham Lincoln : « On peut tromper une partie du peuple pendant tout le temps ; ou une partie du temps tout le peuple. Mais on ne peut tromper tout le peuple tout le temps ».

Aujourd'hui plus que jamais, les préférant plutôt appâts que mirages, la BIRD, le FMI et l'OMC se servent de *la démocratie* et de *l'économie de marché* pour faire la promotion de l'Occident ; lequel s'en targue pour justifier le côté positif de son avance actuelle dans un certain nombre de domaines ; mais sans jamais en établir la causalité. D'ailleurs, même s'il réussissait à l'établir, il resterait à savoir si ces valeurs produiraient d'effet probant aussi bien à l'intérieur qu'à l'extérieur d'une même sphère culturelle. Car, à la différence de l'intégration facile et quotidienne des techniques et des mécaniques dans la vie courante, l'assimilation immédiate d'une culture politique importée peut s'apparenter à une gageure, aussi bien pour des peuples de vieille civilisation que pour des sociétés anarchistes.

A supposer qu'elles soient dérivées, dans leur forme actuelle, d'un *fonds culturel* propre aux peuples de souche européenne comme certains le prétendent, comment ces "valeurs" pourraient-elles alors être exportées telles quelles, sans leur faire perdre de leur force naturelle de séduction et d'adhésion ? Devrait-on, pour conserver leurs caractéristiques premières, préalablement les frelater d'"inculturation" à la manière dont le Pape Jean Paul II voulut adapter l'Eglise catholique aux conditions de ses pays d'accueil ? Si tel devait être le cas, ne risquerait-on pas de renvoyer aux calendes grecques l'efficacité stratégique et l'impact positif avidement attendus de ces deux valeurs ? Leur bienfait ne pourrait alors être bien ressenti qu'avec la durée. Or, toute perte de temps est prohibée. Il ne faudrait donc surtout pas s'aligner sur les performances des Français ; lesquels ne cessent de répéter que cela leur a pris plus de deux cents ans pour en arriver au stade actuel de leur démocratie. Et si sa maturation s'est étalée sur deux siècles même chez des Européens qui, à tort ou à raison, prétendent être pétris de *culture démocratique*, c'est que la démocratie ne doit pas forcément être liée à une culture ni à une seule culture. Pour leur part, s'ils y adhèrent sincèrement, les peuples d'Afrique et d'ailleurs devront pour le moins décupler cette vitesse de démocratisation pour atteindre des performances beaucoup plus rapides et s'approprier les propriétés développantes de ces deux "valeurs".

Certes, il n'y a aucune raison valable pour dénier l'"opérationnalité" de l'une et/ou de l'autre. Mais faut-il pour autant péremptoirement conclure, comme le font les Institutions de Bretton Woods, à la parfaite coïncidence entre la pratique de *la démocratie* et de *l'économie de marché* à l'occidentale et leurs vertus thérapeutiques supposées incontournables en matière de développement économique ? Et si telle était leur intime conviction, elles devraient s'atteler à arrêter de cribler de dettes qui ne pourraient alors qu'être stériles, tout pays en développement qui n'aurait pas encore intégré ces deux conditions préalables, *sine qua non*. Or, tout le monde s'accorde à reconnaître qu'indépendamment de ces valeurs, l'industrialisation développe beaucoup plus vite que toute autre potion. L'exemple de la Chine est là pour le confirmer. Pourquoi donc ces deux Institutions et les pays riches refusent-ils d'aller droit au but, en aidant plutôt à prendre le raccourci de l'industrialisation de l'Afrique, mieux de la valorisation de son riche potentiel économique ?

L'équivalant d'un tiers de ces sommes follement affectées par les USA à leurs guerres en Iraq aurait permis de leur rapporter beaucoup plus s'ils les avaient pacifiquement investies en Afrique, en Asie et/ou en Amérique latine, dans la construction pertinente d'usines de transformation des matières premières locales de ces continents, l'exploitation de leurs ressources naturelles et la valorisation de leurs ressources humaines. Outre que les Américains contribueraient alors à asseoir concrètement le grand amour qu'ils portent aux peuples de ces continents et à consolider la culture de la paix, de tels investissements permettraient d'y résorber le chômage et la pauvreté. Sans d'ailleurs créer ni susciter contre eux cet esprit de « la vengeance poursuivant le crime », ou cette haine provoquée génératrice de la résistance et d'une forme de terrorisme dont l'humanité pouvait faire l'économie.

DEUXIEME PARTIE

DES REMEDES AUX MAUX DE L'AFRIQUE

On peut incriminer la colonisation ou accuser l'Occident pour absoudre les Africains de leur responsabilité dans le retard enregistré par l'Afrique jusqu'aux années des indépendances. On peut même imputer quelques uns des déboires du continent aux balbutiements de démarrage ainsi qu'à l'inexpérience de ses Etats dans les relations internationales. Mais on ne peut indéfiniment se trouver des excuses pour justifier le rang minable que continue d'occuper l'Afrique dans le concert des nations, un demi-siècle après son accession à la souveraineté internationale. Il est donc plus que temps de mettre désormais fin aux fautes, erreurs, errements et mécanismes d'exploitation qui ont jusque-là sapé les bases du progrès et des performances de l'Afrique. Les causes de ses échecs peuvent parfaitement être répertoriées et déjouées, tant au niveau politique et économique, social et culturel que scientifique et technologique.

CHAPITRE PREMIER

DEJOUER LES CAUSES DES ECHECS POLITIQUES

Partant du postulat qui voudrait que de la comparaison naisse la valeur, l'on peut estimer que le continent à plus faible "valeur ajoutée" semble être l'Afrique. A vue d'œil, elle est vraiment mal en point. Toutefois, bien que désespérante, sa situation actuelle n'est pas désespérée. Elle est loin d'être inscrite à l'article de la mort car, elle n'est pas que négative dans toutes ses dimensions. Au demeurant, il faut bien convenir que sur les autres continents aussi, il existe de nombreuses zones d'ombre, de vastes poches de pauvreté et de misère. Mais quelques arbres y cachent des forêts. C'est ainsi que la proximité de l'Amérique du Nord tend à dissimuler le délabrement miséreux et pitoyable de l'Amérique latine. Il en est de même, à quelques variantes près, de certains Etats de l'Europe de l'Est et de la Fédération de Russie, sans parler de la Chine, de l'Inde, ni encore moins de l'Australie.

Cependant, même si finalement tout se révèle relatif, le continent noir doit savoir se mirer, pour éventuellement accepter de se décrotter. Son nom semble en effet mieux rimer avec certains préfixes tels que sous-alimentation, sous-scolarisation, sous-industrialisation, sous-équipement, surendettement, surexploitation… ; ou avec certains fléaux tels que pauvreté, misère, vih/sida… Navigant entre manque et insuffisance, l'Afrique est par ailleurs synonyme de la corruption ou de la marginalisation. Son nom est évocateur des records de longévité des chefs d'Etat au pouvoir suprême, et peut-être même des guerres civiles. Les causes de cette regrettable situation sont connues et largement exposées dans les chapitres précédents. Elles peuvent toutes être rapportées, d'une part à l'exploitation capitaliste unilatérale et à l'égoïsme des Occidentaux ; d'autre part à l'insouciance et à l'irresponsabilité de certains dirigeants africains, symétriques à l'inconscience et à la léthargie des peuples d'Afrique ; et enfin à la taille anachronique des Etats, réfractaire à toute forme de libération économique et préjudiciable à l'effectivité de la souveraineté internationale.

Toutes ces causes sont également dommageables. Indistinctement elles affectent, infectent et empoisonnent toutes les fonctions et les parties vitales de chacun des Etats du continent. Des remèdes appropriés peuvent heureusement être trouvés pour soigner ce grand malade débonnaire. Il peut parfaitement se relever de ses multiples maladies. A la seule condition qu'il accepte de prendre des remèdes spécifiques à chacun de ses maux et qu'il respecte strictement le régime spécial à lui prescrit, au quadruple niveau de la politique, de l'économie, du développement social et culturel, ainsi que de la maîtrise de la science et de la technologie ; le tout dans le cadre d'une conception et d'une perception républicaines du pouvoir politique. Alors pourrait prendre fin la dénaturation actuelle du fondement du Pouvoir, et être revus les modes de son exercice. Ainsi il empruntera le chemin qui conduira à sa finalité propre et s'y conformera.

A- ROMPRE AVEC L'ETROITESSE DE VUE ET LE MANQUE DE PERSPECTIVE

Dans toute entreprise, même et surtout politique, l'une des causes premières de succès ou d'échec se situe au niveau de l'idée que l'on se fait de son projet ainsi que de la perception de son impact ; mais aussi de la conception méthodologique des moyens intellectuels, psychologiques, humains, matériels, financiers, stratégiques... à mettre en œuvre pour sa réalisation réussie et sa poursuite heureuse. En l'occurrence, ne peut faire la politique, au sens noble du concept, que celui qui se nourrit d'ambitions honnêtes pour son pays et de générosité sincère pour ses concitoyens ; et qui entretient en lui un esprit altruiste, conquérant et de sacrifice. Sans ces prérequis, rien de sérieux, de positif ni de durable ne peut se bâtir. Aussi, les esprits conquérants se veulent-ils d'abord utiles avant même de se sentir missionnaires ; se créent-ils un contexte favorable à leur entreprise en se donnant les moyens de tous ordres pour parvenir aux objectifs qu'ils se sont préalablement fixés. C'est pour se prouver ou en se prouvant à eux-mêmes que les hommes de cette lignée se sentent la vocation, voire l'obligation, de se charger de toujours mieux assurer la liberté, la dignité et le bien-être de leurs peuples. Leur plaisir sera d'y réussir ; leur fierté de se réjouir de l'épanouissement ainsi procuré.

Parmi ceux qui, en Afrique, ont œuvré dans ce sens, peuvent sans conteste être cités et correspondre à ce portrait robot des hommes d'Etat emblématiques de la trame de Gamal Abdel Nasser, Kwame Nkrumah, Patrice Lumumba, Thomas Sankara ; mais aussi de Nelson Mandela et Muammar Kadhafi. Chacun d'eux, à sa manière, a bravé le carcan du confinement colonial, les interdits de la discrimination raciale et les trappes des mécanismes de domination. Ils ne pouvaient ignorer qu'ils le faisaient au risque de leur vie : Lumumba, Nkrumah et Sankara en périrent. Nasser surmonta victorieusement l'expédition franco-britannique lancée contre lui suite à sa décision de nationaliser le Canal de Suez qui traverse son pays de Suez à Port-Saïd. Kadhafi, victime d'un ostracisme sévère et du blocus de la Libye, échappa par miracle aux bombes larguées nuitamment sur son palais par des bombardiers américains. Mandela purgea vingt sept ans d'emprisonnement dont vingt à la tristement célèbre prison de Robben Island, une île au large de Cape Town ; les racistes pensaient sans doute qu'il y mourrait, à l'exemple de Napoléon en captivité à Sainte-Hélène. D'esprit transcendant, au-dessus de toute considération égoïste et nullement traître à la cause des peuples d'Afrique, tous se sont donnés corps et âme jusqu'au sacrifice suprême, afin de restituer aux Africains leur place et leur honneur, et de ressusciter ce continent pour en faire une nation solidaire et indivisible[76], une puissance à l'égal de celles qu'il n'aurait jamais dû envier.

Par leur conception du Pouvoir politique et leur méthode de gestion du leadership d'une part, leur sens de l'Etat et des responsabilités d'autre part, ils sortent de l'ordinaire, prennent de la hauteur et se confondent au sublime. Or, l'agent pathogène de nombre de maladies africaines de la politique se nourrit précisément des conceptions et perceptions négatives du Pouvoir des dirigeants africains, ainsi que de l'étroitesse de leur sens des responsabilités et de la perspective. Souffrent également d'infections les méthodes de gestion du leadership en Afrique.

---

[76] La volonté de l'UE, initiée par Nicolas Sarkozy, de créer une Union Pour la Méditerranée (UPM, anagramme du parti UMP), incluant les pays arabes de la côte méditerranéenne ainsi que la Mauritanie et la Jordanie, ne cacherait-elle pas une stratégie à quadruple objectif : 1° affaiblir à la fois l'Union africaine et la Ligue arabe, ainsi amputées ; 2° maîtriser le Maghreb pour mieux l'isoler de ses racines, et surtout s'en servir comme tampon et rempart contre le terrorisme arabe et l'immigration négro-africaine ou asiatique ; 3° détourner l'attention sur les interprétations nées du rejet de la candidature du Maroc à l'adhésion à l'UE ou liées aux tergiversations autour de celle de la Turquie, deux Etats musulmans de la même Méditerranée ; 4° Eviter que les pays de l'Europe de l'Est membres de l'UE ne fassent toujours figure d'inférieurs absolus dans l'Union.

1- Positiver les conceptions et perceptions du pouvoir politique

Lorsqu'on observe la nature, la qualité et la densité des rapports entretenus par les gouvernants et les gouvernés dans différents Etats de la planète, l'on ne peut qu'être surpris par les différences fondamentales qui les sous-tendent. Les manières de gérer ces collectivités, non plus, ne sont pas systématiquement les mêmes. Il ne peut dès lors en être autrement de leurs performances respectives ni de leurs résultats de gestion. Pourtant, lorsqu'on rapproche les proclamations officielles et le contenu des articles de nombre de constitutions africaines aux textes européens de même nature, très souvent ils se recoupent merveilleusement. L'on en retire même parfois une forte impression de plagiat, de la part des Africains. Mais dans la pratique, les textes, même constitutionnels ou législatifs, sont souvent mis entre parenthèses. Ceci peut donc expliquer cela. La véritable explication causale se situerait plutôt au niveau de la conception et de la perception même du Pouvoir en Afrique. Celles-ci en préfigurent l'idée que l'on se fait de son fondement et de sa vocation ; mais aussi de sa finalité perçue sous le prisme des conditions et des modes de son exercice.

Dans les Etats qui se veulent ou se proclament démocratiques, les constitutions décident que le peuple est la source du pouvoir politique. Elles disposent en effet que « la souveraineté nationale appartient au peuple... Aucune fraction de [celui-ci] ni aucun individu ne peut s'en attribuer l'exercice... Les autorités chargées de diriger l'Etat tiennent leurs pouvoirs du peuple par voie d'élections au suffrage universel. » Mais dans la réalité, il est fréquent que les détenteurs du Pouvoir affirment péremptoirement que « le Pouvoir [leur] vient de Dieu ». Ils y mettent l'accent et même l'emphase voulue. Ils se placent ainsi, au mieux, dans la logique de la prédestination ; au pire dans celle de la superstition, en mettant de côté aussi bien Dieu que le peuple. Toutefois, les dirigeants ne recourent à cette formule anesthésiante que de façon circonstancielle, notamment lorsqu'ils sentent leur pouvoir se fragiliser ou vaciller. L'objet est de dissiper la menace en interpelant tous esprits crédules et fatalistes, étonnamment très nombreux en Afrique.

Sujet de diversion, la démocratie ainsi proclamée si haut et si fort ne sert que de décor pour des mondanités politiques, de slogan des jours de grandes parades et de vernis aux discours en direction de l'Occident. Par escroquerie politique, par ruse et peut-être par conviction, en tout cas par opportunisme, beaucoup de Chefs d'Etat africains tournent inconsciemment le dos à la démocratie, au profit d'une théocratie de circonstance et de l'occultisme. C'est dans ce cadre que beaucoup d'entre eux sont adeptes de la Franc-maçonnerie, de la Rose-Croix, et/ou de beaucoup d'autres sectes. Ils sont à l'écoute de leurs Loges, exécutent les ordres de leurs Vénérables ou de leurs Maîtres, s'abonnent aux manipulations des boules de cristal, suivent les prescriptions et les pratiques occultes des marabouts. D'autres n'hésitent point à adhérer, à s'adonner et à se dévouer carrément à la cause et à l'adoration du Diable. Mais chacun, plus ou moins fidèle à sa récente conversion de circonstance, consacre à sa nouvelle religion des sommes d'argent faramineuses retirées des caisses de l'Etat. Aussi, croient-ils tous plus aux pouvoirs magiques de leurs gourous qu'à la démocratie qui place la source du Pouvoir dans le peuple. Les plus démocrates parmi eux jouent à l'équilibrisme : ils s'abonnent à un syncrétisme larvé.

C'est peut-être parce qu'ils sont persuadés que le Pouvoir leur est prédestiné ou qu'ils y ont accédé sans ou contre la volonté du peuple, que certains dirigeants lui assignent une vocation inhumaine, ignoble, voire cruelle. Pour cette catégorie de personnages, le Pouvoir est un instrument propre à leur procurer le plaisir de manipuler, dominer, écraser et mépriser le peuple, au nom duquel et pour lequel ils sont paradoxalement censés le détenir et l'exercer. C'est ainsi que s'expliquerait que des Chefs d'Etat soient indifférents à la misère et aux souffrances de leur peuple. Pour eux la vocation du pouvoir se limiterait à leur faire disposer d'un avion personnel, d'un palais présidentiel royal, des voitures de marque, de dimensions, de technologies et de confort extraordinaires ; ainsi que de l'argent des contribuables alors rendus taillables et corvéables à merci. C'est souvent avec l'appui intéressé et l'expertise gloutonne d'une clique de complices venus de loin, qu'ils se permettent de puiser au mieux qu'ils puissent dans les richesses nationales, pour s'enrichir et se fonder un empire d'actifs immobiliers et financiers, socle d'une dynastie naissante. Alors, c'est à peine que le Pouvoir et l'Etat sont au service du peuple. A ce peuple effaré seront plutôt distribués à la volée des discours de consolation et d'espoir. Ils l'auront au préalable ébloui par des voyages d'agrément et des "séjours privés" en Europe ; ou des déplacements officiels pour se rendre à New York, au siège de l'ONU et y prononcer des allocutions de portée... locale, par exemple sur le déroulement des élections dont ils se seront soigneusement gardés d'avouer qu'elles ont été truquées. Dans la meilleure des hypothèses, ils y entonneront la litanie devenue monotone du rééchelonnement ou de l'effacement de la dette, et de l'appel impudique à l'aide publique. La plupart des peuples d'Afrique semblent s'accommoder de cette néfaste conception du pouvoir par les gouvernants, laquelle réfléchit sur sa perception par les gouvernés.

Faute de résistance organisée ni d'opposition consciente et responsable, devenus eux-mêmes otage de leurs folies, de leurs gourous et de leur tribu, unilatéralement et inexorablement ces personnages achèvent leur œuvre d'appropriation "familiale" exclusive de l'exercice du pouvoir politique. Le Pouvoir devient personnel, personnalisé et personnifié. Tout se ramène à satisfaire des intérêts personnels et familiaux, au détriment et au mépris de l'intérêt général. Des faveurs individualisées se substituent au droit légitime des citoyens. La souveraineté nationale tourne à la souveraineté individuelle en la personne de Son Excellence Monsieur le Président de la République. Les enseignants s'échinent à former les enfants des écoles à chanter ses éloges. Les médias publics et même privés s'y mêlent à cœur joie. L'ouverture des journaux radiodiffusés ou télévisés est systématiquement précédée d'une symphonie à la gloire de son hymne personnel. Des quotidiens portent en médaillons ses effigies et citent des extraits de ses discours, y compris des plus insipides. Alors il finit par se laisser prendre à ce jeu : il croit qu'il est indispensable et même irremplaçable. Il se fait le devoir de s'éterniser au Pouvoir, qu'il cherchera à transformer en propriété personnelle, transmissible par voie d'hérédité à ses ayants droit.

Les situations ainsi décrites et dénoncées sont authentiques. Régulièrement, elles ont été vécues ou continuent de l'être quelque part en Afrique. Derrière chaque cas de figure transparaît au moins un chef d'Etat africain encore vivant ou pouvant s'y reconnaître outre tombe. Elles montrent à souhait qu'en se comportant de la sorte, les autorités chargées de diriger l'Etat ne placent pas dans le peuple la source de leur pouvoir politique. Elles ne prennent pas non plus au sérieux l'accès démocratique au Pouvoir, par voie d'élections libres et transparentes. Aussi est-il impensable, voire exclu, qu'un peuple qui baigne dans la misère, qui ne cesse d'être nargué par des soi-disant dirigeants et qui périclite dans la déchéance, puisse indéfiniment renouveler les mandats électoraux de son bourreau. Imaginer que les Africains sont capables d'un masochisme aussi suicidaire est l'injure la plus grave qui puisse leur être portée.

Les manières dont ont accédé, se sont maintenus ou se maintiennent encore au pouvoir, par tous les moyens, certains dirigeants africains et les conditions dans lesquelles ils l'exercent, trahissent l'idée qu'ils s'en font, ainsi que la perception qu'ils en donnent. Toutes situations qui reflètent le dévoiement de la vocation qu'ils lui assignent. Les non-sens, les incongruités, les dérapages, les dictatures ou les tyrannies déplorées ça et là en sont les conséquences logiques et les manifestations malheureuses. Des personnages comme Idi Amin Dada, Jean Bedel Bokassa ou Mobutu Sesse Seko émergent assurément du lot de nombreux Chefs d'Etat qui entretiennent une confusion entre Pouvoir et fantaisie ; et prennent sa finalité pour une simple partie de plaisir ou de théâtre, où l'on peut rivaliser de bouffonneries ou de folies des grandeurs. Soldats de leur état, ils se partagent un autre point commun : celui d'avoir tous accédé au pouvoir suprême par un coup d'Etat militaire. Ce qui ne signifie nullement que seuls les militaires ou les putschistes sont capables de prouesses grossières, aussi effroyables qu'écœurantes ; ou que des civils n'aient pas également joué des rôles épouvantables, encore plus tragiques

Forts de la vie facile que leur offrait le régime du parti unique, les dirigeants africains qui lui ont survécu ont du mal à s'accommoder à la démocratie à l'occidentale. Pourtant ce régime n'avait apporté aucune réponse aux « attentes » placées en lui, pas même l'unité nationale ni le développement communautaire. L'esprit obscurantiste et fraudeur de certains de ces dirigeants ou de leurs successeurs, dénote sans l'expliquer un manque inavoué d'esprit démocrate de leur part. Le faux-semblant qu'ils affichent conduit tout naturellement à l'agitation aussi fébrile que stérile des hommes au pouvoir, ainsi qu'à l'immobilisme désespérant des institutions étatiques. L'arrogance désinvolte avec laquelle ils crânent fait d'eux des êtres inconscients, étrangers aux affaires de leur patrie. Pourtant certains d'entre eux sont superbement astucieux et même intelligents. Ils ont toujours su se donner les moyens de se cramponner au Pouvoir et même de chercher à s'y éterniser. A cet effet, ils recourent à une multitude de techniques et de méthodes de gouvernement qui cachent une stratégie bien fignolée pour anesthésier les consciences, anéantir les forces politiques « emballées », décomposer la société, préalablement putréfiée, en tribus rendues haineuses, jalouses ou arrogantes et délibérément dressées les unes contre les autres par le Pouvoir en place.

Ils savent créer la psychose et les conditions pour mieux occulter leur refus de la transparence démocratique, pour rendre plus dangereuse et incertaine toute possibilité d'alternance politique, et finalement pour se positionner comme recours, en arbitres triomphants. La grave déconfiture démocratique qui en résulte est assimilable à une vacance non déclarée du pouvoir. Elle est certainement l'une des causes de la dénaturation du rôle et des missions de l'Etat. Ses conséquences extrêmement néfastes et variées expliquent la situation actuelle de nombre d'Etats africains : dégradation inexorable et baisse des investissements ; obsolescence et manque d'entretien du matériel d'équipement ; chômage endémique ; pourrissement de l'Administration et corruption à vaste échelle des responsables politiques et du personnel administratif et technique ; désintégration de l'unité nationale et émoussement du patriotisme ; et en fin des comptes ...guerres civiles d'affirmation ou de contestation de telle supériorité ethnique ou régionale.

C'est aux masses africaines préalablement sensibilisées, aux intellectuels aptes à allier science et conscience, et aux élites de tous horizons sûres et fières de leur mérite, de porter la responsabilité historique de rendre à l'Africain ses lettres de noblesse et à l'Afrique la place qui devrait être la sienne dans le concert des nations. Les leçons de démocratie progressivement dispensées par des Etats comme l'Afrique du Sud, le Bénin, le Ghana, le Kenya, le Mali, le Sénégal ou même le Nigeria, démontrent à souhait que ni les inscriptions d'électeurs fictifs ou la rétention sélective des cartes électorales, ni l'intimidation, ni l'apartheid, ni les manipulations de la constitution ou du découpage électoral, ni le trucage des résultats des scrutins, ni les coups d'Etat, ni même les assassinats politiques n'ont pu et ne peuvent résister à la marche inexorable de la démocratie. Au même titre que les autres peuples de la terre, les Africains ne peuvent faire marche arrière dans cette mouvance générale, pleine d'espérance. Pour conjurer les forces du mal, tout le monde, à commencer par les partenaires de toute obédience, doit accepter de jouer le jeu et de rengainer toute rancune vengeresse, toute jalousie destructrice ou toute passion aveuglante.

En réalité, le désir, la volonté ou l'acceptation d'accéder au pouvoir politique, ainsi que les méthodes pour y parvenir déteignent sur les conditions présumées de sa détention et de sa gestion. De même, le sens plus ou moins élevé des responsabilités de ses détenteurs en indiquent les perspectives heureuses ou malheureuses qu'ils lui tracent. Ces dernières peuvent alors présager de l'avenir de l'Etat ainsi que de la place, du rôle et de l'importance du peuple dans ses Institutions et ses objectifs, ou dans leur gestion respective. Il s'avère en vérité que c'est la mise à l'écart du peuple, conjuguée à la légèreté et à l'irresponsabilité dont beaucoup de dirigeants africains persistent à faire montre, qui constitue la cause fondamentale et irréfutable des échecs que continue d'enregistrer un nombre impressionnant d'Etats du continent.

2- Opter pour la démocratie et l'Etat de droit

L'échec de l'Afrique dans son développement global est évident. Il crève les yeux et déchirent les cœurs de ceux qui se soucient du sort de ce continent et se préoccupent de la construction de son avenir. Les causes les plus patentes de cet échec peuvent incontestablement être imputées, au niveau politique, à certains comportements inconscients de l'élite africaine en général ; mais aussi et surtout au déficit du sens de l'Etat et de la perspective, en particulier. Beaucoup de dirigeants, notamment à partir de ceux de la seconde génération, en sont coupables ; ils en font cruellement souffrir les masses et même des intellectuels. Le pouvoir politique lui-même perd de sa raison d'être, tant il est souvent travesti sinon perverti. Aussi, l'exercice du pouvoir en Afrique devra-t-il être reconsidéré du tout au tout ; les méthodes de gouvernement et les modalités de la gestion des Etats aussi.

L'adultération de la démocratie à travers un certain nombre de techniques et de pratiques dévoyées, tend à lui ôter ses vertus cardinales. Et notamment celle du libre choix des dirigeants, à travers des élections libres et transparentes, qui en est l'essence nourricière. Parmi les actes de forfaiture les plus fréquents dans l'organisation de la fraude électorale figurent en bonne place les stratégies des manipulations des listes électorales, de rétention des cartes électorales des électeurs réputés être des adversaires politiques, des votes multiples, d'impression tripatouillée ou en nombre insuffisant des bulletins de vote des candidats des partis adverses, de découpage alambiqué, partiel et partial des circonscriptions électorales majoritairement favorables à l'opposition, de réduction artificielle du nombre d'électeurs inscrits ; le tout sur ordre de la "haute hiérarchie", avec la complicité enthousiaste et agissante des agents préfectoraux de service ou des chargés de missions spéciales sur le terrain. C'est également dans ce cadre qu'interviennent intempestivement et abusivement des modifications personnalisées et de circonstance de la législation électorale par ceux-là mêmes qui détiennent encore le pouvoir. L'objet de leurs tripatouillages dévergondés est de s'y perpétuer vaille que vaille, au besoin contre le verdict des urnes et la volonté du peuple souverain. Tous ces manèges constituent une autre forme de viol de la démocratie, perpétré par des politiciens sacrilèges auxquels l'on ne peut reconnaître un quelconque sens de l'Etat, de l'honneur et de l'intégrité patriotique. Ils ne sont en rien différents de ceux-là qui s'emparent du pouvoir par des coups d'Etat.

a- La démocratie

Procédant d'un découpage incongru opéré par la colonisation, la plupart des Etats africains regroupent des ethnies et des tribus à tous égards différentes les unes des autres. Leur gestion politique la plus acceptable et la plus viable ne peut se marier qu'à la république. Le régime démocratique est le moins mauvais qui puisse convenir au gouvernement de ce puzzle d'Etats en habits d'Arlequin. Par ailleurs, l'évolution historique des modes de gouvernement montre suffisamment que le fondement démocratique du pouvoir politique ne cesse de s'enraciner. Des révoltes et des révolutions en ont écarté aussi bien le clergé, les monarques absolus que les dictateurs. Elles en ont transféré l'exercice au peuple, ainsi devenu souverain.

Phénomène historique s'il en est, la démocratie continue de se nourrir et de vivre des causes qui l'ont engendrée. Se réclamant du peuple, se confondant avec lui et se fondant en lui, logiquement elle ne peut être confrontée ni à des adversaires ni à des concurrents venant de l'intérieur. Mais prenant ainsi le peuple en otage, jouissant d'une situation de satisfecit stratégique autoproclamée, courant le risque de se confisquer en s'empêchant de se remettre en cause et d'étouffer les germes de toute faculté révolutionnaire, elle réunit toutes les conditions pour servir de Cheval de Troie aussi bien aux antidémocrates qu'aux victimes de la démocratie de façade.

Rebelle contre les monocraties, la démocratie politique se justifie essentiellement par l'idée de participation des citoyens à la gestion des affaires publiques, ainsi que par celle de la limitation des gouvernants comme des gouvernés par le droit. Les élections ne sont qu'un critère de sélection plus ou moins heureuse de ses mandataires que le peuple désigne pour accomplir cette mission, à ses lieu et place, aussi bien au niveau de l'Etat centralisé qu'à celui des collectivités publiques décentralisées.

En fait d'objectifs ou même de finalité, les concepteurs de la démocratie ont dû se référer au principe selon lequel l'on ne peut être mieux servi que par soi-même. Nul ne saurait en effet défendre les intérêts du peuple et le conduire à bon port mieux que « le gouvernement du peuple, par le peuple et pour le peuple ». Or, très souvent ses mandataires désignés ne l'ont forcément été ni sur la base d'élections libres et transparentes, ni même en fonction d'un programme politique, économique, social et culturel transcendant, cohérent, adapté et anticipatif ; ni encore moins avec obligation de résultat positif et modalités d'évaluation périodique. Et bien qu'ils penchent du côté de ceux qui estiment que « les idéologies sont mortes », certains dirigeants africains, en manque d'initiative sinon d'inspiration, ne se font même pas concrets en se préoccupant du quotidien des populations, avant même de penser à assurer leur bien-être et leur développement économique et humain. Ils préfèrent se consacrer, avec insistance, à de monotones discours dédiés à « la paix et la stabilité » ; quand bien même la première n'aurait nullement été menacée dans nombre de pays et que la seconde n'aura plutôt conduit qu'à la régression progressive des Etats. Nul n'ignore que la création des scénarii catastrophes ou de l'illusion de chaos ainsi que leur dramatisation calculée pour apeurer le peuple, relèvent d'une technique politicienne bien connue, machiavélique et électoraliste.

Mais l'idée même de la démocratie participative confortée par celle de la limitation par le droit serait-elle suffisante pour justifier que les uns commandent et que les autres obéissent sans contrepartie ; surtout lorsque l'obéissance est prise pour une soumission qui tourne à l'assujettissement ? A quoi servirait-il au peuple de participer à l'exercice d'un Pouvoir qui se retournerait contre ses intérêts fondamentaux ou que les gouvernés subiraient ? Pour être légitimes et pour que les lois de la fatalité ne les gouvernent pas, le commandement et l'obéissance doivent forcément cheminer en tandem et dans une solidarité étroite et indéfectible des intérêts de tous les protagonistes. Déjà, dans son "Contrat social", Jean Jacques Rousseau n'entrevoyait la mise en concession de la liberté de l'homme, même « à l'état de nature », qu'en contrepartie de la sécurité que l'Etat s'engage à lui assurer ; une sécurité qui en conditionne du reste la jouissance à travers l'autonomie de ses mouvements ainsi garantis. L'illégalité et/ou l'illégitimité des détenteurs du Pouvoir du fait du trucage du processus électoral, de la violation des droits de l'Homme et des libertés, de l'abus de pouvoir, du népotisme, de la corruption des autorités de l'Etat, des braquages nocturnes et même diurnes, des coupeurs de routes…, consacrent les manifestations de l'incapacité de l'Etat de s'acquitter de ses obligations nées de ce "Contrat" synallagmatique. Ces situations, souvent couronnées par la complicité passive du Pouvoir et l'impunité ambiante, ont souvent conduit le peuple à constater la faillite des gouvernants et conséquemment à reprendre sa liberté d'action. Ainsi naissent et s'expliquent les protestations, les révoltes, les rebellions, les soulèvements ; mais aussi les guerres civiles, les tentatives de sécession et la justice populaire.

La démocratie place la source du pouvoir politique dans le peuple. Le monde occidental semble s'être ainsi entendu sur l'origine convenue du pouvoir. Les peuples d'autres continents tendent à s'y aligner, avec plus ou moins de conviction ou d'adhésion. Aussi, les applications de ce vocable sont-elles disparates. Le mode opératoire de conquête et de maintien au pouvoir d'une part, les conditions d'exercice et de dévolution de l'autorité suprême de l'Etat d'autre part, ne se recoupent pas toujours. D'où la variété des systèmes politiques qui se réclament de la démocratie. Ils se répartissent entre monarchies constitutionnelles, régimes parlementaires, régimes présidentiels et autres formes et procédés d'organisation politique, plus ou moins républicaine. L'explication en est peut-être que les principes qui fondent la démocratie que sont l'Etat de droit et le système représentatif sont parfois biaisés en la forme, à travers notamment des systèmes et procédés électoraux taillés sur mesure, lesquels accouchent des élections truquées, souvent contestées, mais toujours empreintes d'une grande relativité quant au fond. Il est dès lors actuellement difficile de soutenir que la gestion des Etats dits démocratiques procède toujours et partout, (y compris en Afrique), de tout le peuple, est assurée par ce peuple et ne vise que les seuls intérêts de ce peuple.

Néanmoins, de tous les modes de gouvernement ou de gestion de la chose publique, la démocratie est aujourd'hui la plus clamée par les gouvernants et la plus réclamée par les gouvernés. Elle peut être comprise comme un idéal vers lequel doit tendre l'humanité pour réussir à combler ses aspirations à la liberté et à la justice, dont doivent bénéficier individuellement et collectivement tous les citoyens du monde, en termes aussi bien formels que réels. Pour y parvenir, le peuple dans son ensemble et dans chacune de ses diverses composantes, doit contribuer voire participer à la prise des décisions le concernant ou régissant la vie et l'organisation de la cité, de l'Etat et des relations avec les autres nations ; de telle sorte que la gestion économique, sociale et culturelle puisse être rentabilisée et maximisée au niveau de chacune des substances essentielles des nations.

Dès lors et malgré le caractère d'uniformité et d'universalité que l'on voudrait lui prêter, la démocratie cache une relativité certaine. L'on doit alors admettre que la démocratie athénienne de Clisthène ou de Périclès ne puisse être identique à celle de la Grèce contemporaine ; ni la démocratie française recouvrir la même réalité que celle du Sénégal, de l'Inde ou des USA.

Les diversités sociologiques conjuguées aux divergences philosophiques peuvent également expliquer que la Démocratie soit le dénominateur commun des démocraties ; d'où le démembrement de la Démocratie et son dénombrement en démocratie directe et démocratie représentative, en démocratie politique et démocratie sociale, en démocratie libérale et démocratie populaire, en démocratie formelle et démocratie réelle..., pour n'en retenir que cette catégorie d'illustrations les plus saillantes. Mais quelle qu'en soit la nature, plutôt que de se délecter de sa seule évocation et de s'en contenter, l'on doit aller au-delà du décor démocratique du langage ou des institutions, aussi républicaines puissent-elles paraître. L'œil doit être porté et l'esprit critique appliqué, notamment sur l'efficacité et la portée de son apport dans la dynamique politique et dans l'épanouissement économique et social des peuples.

En fait, dans sa pratique plus que dans son idéal et sa perception, tout comme dans certains de ses aspects, la démocratie ressemble fort bien à un caméléon : elle prend la couleur de son support ; mais aussi à… une prostituée : elle réussit à coexister aussi bien avec des monarchies dites constitutionnelles qu'avec des républiques ; à se marier à un système pluraliste, et même à un régime de parti unique ; à s'accommoder à des religions et des régions différentes…Tout semble donc converger vers la relativisation du concept, entraînant inévitablement des doutes sur l'absoluité de sa valeur et de son efficacité gouvernantes intrinsèques.

Tout est alors de savoir ce qui confère à la démocratie sa force de séduction et sa valeur sociale de référence. Les élections qui lui sont inhérentes ou l'alternance politique qui en est un corollaire ? Sans doute devrait-il en exister un tronc commun démocratique qui en ferait l'ossature identitaire et l'universalité.

Malheureusement, un certain Occident tend à faire jouer à la démocratie le même rôle que celui qu'il avait assigné au christianisme lorsqu'il entreprit de coloniser les continents. Aussi, s'emploie-t-il à l'instrumentaliser et à lui faire jouer le rôle d'alibi pour "justifier" ses guerres impérialistes. L'invasion de l'Iraq, de par la stratégie politique du président George W. Bush des Etats-Unis, aurait ainsi pour objet de *démocratiser* ce pays, pour en faire un bel exemple qui ferait tâche d'huile dans la région. Pourtant les raisons initialement avancées pour unilatéralement déclencher les hostilités étaient la neutralisation *"des armes de destruction massive* que Saddam Hussein pouvait à tout moment actionner en moins de 45 minutes", armes du reste dont les envahisseurs n'ont jamais réussi à prouver l'existence, ni même à en simuler la découverte.

Comment les uns peuvent-ils expliquer et les autres comprendre et accepter que cette démocratie, si pleine de vertus, ne soit qu'une technique ou un art de gouverner qu'il n'appartiendrait qu'à ceux-là de se réserver le droit d'en jouir et à ceux-ci le privilège d'en être imposés et même d'en mourir ? Au regard de ce qu'ils ont fait en Iraq, les Etats-Unis se sentiraient-ils démocratiquement gouvernés par une diaspora ou un ramassis d'Américains que la Chine populaire leur imposerait après les avoir victorieusement envahis ? Une telle démocratie ne peut être qu'artificielle, superficielle et sans perspective. Ceux qui la travestissent ainsi ne sont que des imposteurs. Car, comme le souligne Georges Burdeau, « il n'y a pas de démocratie, mais seulement de démocrates » et que « l'essence de [celle-ci] ne réside pas dans des procédures ou les articles d'une constitution, mais dans l'homme.»

Que dire alors d'une démocratie ainsi altérée, sinon adultérée ? Les élections seules sont-elles à même de fonder la démocratie tout en maintenant la foi en l'étymologie du concept : le pouvoir du peuple ? Surtout que ce n'est pas toujours et partout que les premières recoupent la seconde.[77] Certes, nombre de constitutions disposent que la souveraineté appartient au peuple qui l'exerce soit directement par voie de référendum, soit indirectement par ses représentants au parlement ou à la tête de l'Exécutif.

Or, les conditions dans lesquelles les uns ou les autres sont élus violent parfois souverainement cette disposition. Le vote n'implique pas une *décision électorale*, mais formalise une simple *consultation électorale*. A bien des égards, le scrutin ressemble à une "fête votive plutôt qu'à un vote souverain". Et face à "des élections sans choix", l'électeur peut n'avoir d'autre alternative que le vote sanction : il choisit par défaut tel candidat simplement pour rejeter l'autre ou les autres. Les systèmes électoraux encore en usage ne lui permettent pas d'investir lui-même et de voter le candidat de son choix. Ce sont les états-majors des partis qui choisissent pour lui et même qui prédisposent les uns à avoir plus de chance d'être élus, par exemple dans un système de représentation proportionnelle.

Par ailleurs, la qualité des programmes des candidats emporte moins l'adhésion que le tapage publicitaire et la corruption, l'intervention des groupes de pression et le lobbying. La distribution inégalitaire des bienfaits et des misères aux membres de la collectivité nationale, semble ainsi prôner la démocratie censitaire et la ploutocratie, en vogue même et peut-être surtout dans les pays pauvres. Conséquemment, peut-être inconsciemment mais inexorablement, par des chemins plus ou moins tortueux, l'on retourne aux modes préhistoriques d'accession et de maintien au pouvoir : ceux de la force ou de la ruse. Et bonjour la dictature, d'où qu'elle vienne !

Mais c'est surtout l'appropriation "pouvoiriste" et partisane de la démocratie qui conduit à l'altération de la philosophie qui la sous-tend, ainsi que du mythe et de la mystique politiques qu'elle a créés et entretenus dans l'esprit des hommes. Elle leur a inculqué des idées qui n'ont cessé de les pousser à rêver d'une *Respublica* où tous les citoyens seront identifiés, formés et traités non en fonction de leur classe sociale à la naissance ou à cause de celle-ci, mais au regard de leur aptitude à se gérer par eux-mêmes, à se reconnaître et à se fondre dans la chose

---

[77] Serge-Christophe Kolm : *Les élections sont-elles la démocratie ?* Edit. *Cerf* 1977, 138 p.

publique pour en garantir la promotion et s'assurer de la jouissance totale et sans discrimination aucune de la liberté et de la justice.

b- L'encadrement de l'Etat de droit

L'irresponsabilité, la légèreté, la navigation à vue, la gestion hasardeuse, sont quelques unes des causes du piétinement ou de la régression de la plupart des Etats d'Afrique. La voie du redressement et du salut passe inéluctablement par la remise en cause systématique des modes de gouvernement et des modalités de gestion des Etats. Seule la pratique de la démocratie peut venir à bout de ces errements et divagations. De même, l'anticipation sur l'avenir et la programmation des projets impliquent la solidarité des générations et des genres. Cela exige que le futur et le présent se tiennent constamment par la main pour combler avec pertinence les aspirations actuelles des populations et garantir la promotion accélérée et continue d'un développement durable. Mais cela nécessite aussi de la lucidité et de la clairvoyance. « Gouverner c'est prévoir », affirme-t-on à juste titre. A cet effet, les responsables politiques peuvent jouer avec succès leur rôle de décideurs, de guides et de leaders, à la condition qu'ils daignent aussi intégrer la sagesse et le bon sens à leur philosophie d'action. Leur sens de la mesure et de l'analyse des cas, des causes et des effets des situations politiques vécues ou prévisibles leur permettront d'ajuster leur programme politique à soumettre à la sanction de l'électorat, afin de pouvoir affiner les modalités de gestion des Etats.

En vérité, à la différence des religions d'essence divine, orientées surtout vers la vie future, qui fonctionnent sur la base des prophéties consommées une fois pour toutes, assorties de dogmes indiscutables et où tout devrait rester immuable pour toujours, le pouvoir politique est plutôt laïque, opportuniste et à but altruiste. Il doit nécessairement s'adapter au temps et à l'espace, à défaut de pouvoir les dompter. Il a donc vocation à évoluer et à incarner le progrès qu'il est censé avoir imaginé, programmé et secrété. Son objet est de procurer équitablement ici bas le paradis terrestre aux peuples des Etats ; et de combler leur aspiration à l'élévation et à l'espérance d'une vie toujours meilleure. Exercer le pouvoir politique est donc une occasion, une excellente opportunité à saisir et même à chérir pour se rendre utile à la nation et contribuer, par cette voie, à donner un sens sublime à la vie des hommes. Le Pouvoir utile doit alors être conçu et perçu comme un instrument et une technique pour y parvenir. Ce Pouvoir-là nécessite des dirigeants responsables, des gestionnaires compétents et intègres, mais aussi et surtout un peuple conscient et exigeant.

Plus que « l'énergie d'une idée », le Pouvoir peut et doit être considéré en Afrique, comme l'énergie de l'Etat lui-même. Son objet consiste certes à veiller sur la vie de l'existant, c'est-à-dire sur « l'ordre ». Mais il lui incombe aussi de se remettre continuellement en cause pour générer des idées nouvelles, propres à faciliter sa mue dont la nécessité apparaît impérative et permanente. Tant le retard à rattraper est important et les sollicitations du futur envoûtantes. Face au pragmatisme qu'impose le besoin nostalgique de « l'ordre », se dresse le pathétisme de l'impatience du « mouvement » qu'incarne le désir récurrent du changement permanent.

Pour répondre aux exigences sécuritaires et psychologiques de l'ordre, adopter des postures progressistes qu'implique le mouvement et réussir à mener de front avec succès ces deux compères, il leur faut un Pouvoir qui réunisse les qualités requises pour être tout à la fois arbitre et acteur de « l'ordre » essentiel et de l'urgence d'un « mouvement » dynamique. C'est à lui qu'il revient d'arbitrer entre les antagonismes des positions et les extrémismes des moyens ; les stratégies de diversion et les intérêts divergents ; les penchants naturels pour l'immobilisme ou stratégiques pour l'inertie et la volonté irréversible de progrès ; la programmation des objectifs fixés et l'affectation conséquente des ressources ; les poussées anarchiques de la précipitation et les opportunismes de la réussite ; le conditionnement éducationnel ou moral et l'irrévocabilité des options religieuses ; les valeurs traditionnelles supposées immuables et le surgissement des expressions, attitudes et comportements secrétés par des brassages humains et un certain modernisme, ou dictés et soutenus notamment par l'évolution scientifique et technologique…

En tant qu'acteur, le Pouvoir doit puiser son énergie dans l'altruisme du moment ainsi que dans le rêve d'un avenir à construire. Car, il a mission de satisfaire ici et maintenant les besoins actuels des populations, d'actualiser et de parfaire l'héritage légué tout en posant sans relâche les fondations d'une cité future de rêve, fleurie d'amour et même joie. Ainsi, à l'image d'une araignée qui confectionne sa toile, il doit tisser des liens solides de solidarité entre le temps et l'espace, c'est-à-dire bâtir des ponts durables entre le présent et l'avenir, mais aussi entre les différents lieux géométriques qui forment l'espace Afrique. Une œuvre aussi gigantesque qu'exaltante ne peut s'accomplir sans que l'ambition manifestée ne soit solidement soutenue par une idée de grandeur et de générosité absolues.

Comme c'est désormais le cas, notamment en Europe, le Pouvoir en Afrique doit cesser d'être féodal, autocratique, monarchiste, oppressif ou répressif. Il doit également se départir de toute coloration familiale, tribale ou ethnique. Débarrassé de tout népotisme, démocratique il doit devenir, pour ne revêtir qu'une nature et un caractère essentiellement républicains. Le rôle et la mission dévolus au Pouvoir ne peuvent par ailleurs être statiques ; ils doivent épouser la forme d'une évolution révolutionnaire que ce dernier contribue à façonner et à coller à la vitesse de pointe du progrès qu'il lui revient de susciter, d'encourager et de maîtriser.

Pour n'avoir cessé d'être exploités pour enrichir d'autres peuples, de subir des inégalités et de vivre des iniquités, les Africains sont fondés à n'être plus portés que vers des changements politiques révolutionnaires et féconds. Ceux-ci doivent impérativement être générateurs, enfin à leur avantage, d'une indépendance relative réelle, d'une croissance et d'un développement continus, visibles et palpables, ainsi que des emplois disponibles sur place, à la dimension des potentialités économiques et humaines dont regorge leur continent. De tels objectifs sont facilement réalisables. Il suffit d'exiger que les dirigeants deviennent plus conscients de leurs responsabilités historiques, se montrent résolument moins versatiles et s'adonnent véritablement à des actions productives de résultats positifs et d'envergure. Les pédantes et récurrentes logorrhées rhétoriques et stériles doivent avoir vécu. Par contre l'affinement des techniques de sélection des dirigeants patriotes et efficaces et des modalités de censure des élus est à promouvoir. Des peines appropriées et sévères doivent être instituées et systématiquement sanctionner toute autorité publique coupable de trahison ou de corruption.

Dans cette perspective, le "recrutement" des acteurs politiques nécessite l'application et le respect d'un certain nombre de critères appropriés, spécifiques à chacune des fonctions législative, exécutive et judiciaire de l'Etat. Sous peine des gesticulations folkloriques qui vouent tout à l'échec, il est impératif que le profil des soi-disant décideurs, guides ou leaders corresponde au "profil du poste" auquel ils postulent.

Autant il est évident que ne saurait être magistrat et chargé d'interpréter les lois celui qui, théoriquement et pratiquement, ne maîtrise pas la branche du droit dont l'interprétation ou l'application relève de sa compétence ; autant ne peut valablement représenter le peuple dans les assemblées législatives ou délibérantes celui qui ne vit pas ses problèmes et/ou ignore ses aspirations profondes, ou encore méprise ce peuple et croit devoir se placer au-dessus de lui.

De tels "termes de références" doivent également s'appliquer à ceux qui incarnent le pouvoir exécutif, au premier rang desquels le président de la république ainsi que le chef et les membres du gouvernement. La complexité de plus en plus grande des missions de toute nature dont doit connaître l'Etat moderne exige, de la part des détenteurs du Pouvoir, une présomption de capacité à les comprendre, avant même de les assumer ou de les réaliser. Il n'existe certes pas encore d'école spécialisée dans la formation de cette catégorie de personnels politiques. Mais il n'en demeure pas moins que le peuple en général et l'électorat en particulier doivent être sensibilisés et formés pour veiller à ce que l'accès aux fonctions présidentielle et gouvernementale ne puisse pas être ouvert à des amateurs ni à du tout-venant, aussi populistes soient-ils. Intégrité morale de notoriété établie, aptitude physique adéquate et niveau intellectuel suffisamment élevé, ouverture d'esprit assez large, expérience des hommes et de la gestion des affaires publiques acceptable, sens élevé des responsabilités et de l'Etat, doivent nécessairement leur être exigés et imposés.

Malgré les illusions et les confusions çà et là entretenues à tort, les conseillers techniques ne forgent ni ne remplacent un dirigeant. Bien sûr ils sont à sa disposition, techniquement prêts à l'assister et à exécuter ses instructions dans le cadre de leur spécialité respective. Mais, de même qu'il n'y a pas de vent favorable pour le navigateur qui ne sait pas vers où se diriger, de même il n'y a pas de conseils techniques qui vaillent pour celui qui ne sait pas comment les demander, ni ne saurait les comprendre.

Dans le même ordre d'idées, les hommes (et les femmes) politiques, les grands commis de l'Etat, les magistrats, les officiers, les agents publics civils et militaires, doivent tous comprendre et accepter que servir l'Etat ou les usagers du service public est une œuvre_altruiste plutôt d'abnégation, voire un sacerdoce. Le "Commis" ou le "Soldat" doivent être une race d'hommes et de femmes intègres, compétents et ouverts, dont la vocation est de vivre pour les autres. C'est dans la défense, la protection et la promotion des intérêts multiformes de leurs concitoyens que l'homme ou l'agent public vrai puise son enthousiasme et s'épanouit. Quant à lui, sa source de motivation doit se situer au niveau de la satisfaction qu'il retire de les avoir bien servis ; et non dans une quelconque recherche effrénée et forcenée de l'argent ou de tout autre profit. A cet égard, la vocation de l'homme politique et de l'agent public n'est pas de devenir millionnaire, encore moins milliardaire ; mais d'être un collaborateur loyal et un allié respectueux de l'Etat. Il ne doit incomber à ce dernier que de lui garantir simplement une vie relativement décente.

Pour les mêmes raisons et dans le même esprit, les pouvoirs publics doivent se faire le devoir d'assurer aux partis politiques des financements publics équitables des campagnes électorales de leurs candidats aux fonctions politiques ou de représentation, au niveau national et même local. Car, la démocratie reste le moins mauvais des modes de gouvernement encore en usage. Or, démocratie et pauvreté, apparemment incompatibles, ne semblent pas pouvoir faire bon ménage. Pourtant les partis politiques doivent disposer de moyens financiers adéquats pour leur fonctionnement satisfaisant et transparent ou pour une disposition équitable des moyens en vue d'une portée équilibrée des campagnes électorales. Et comme l'option pour la démocratie relève exclusivement de la volonté politique affirmée du peuple souverain, rien ne devrait empêcher que des deniers publics soient affectés à faire droit à cette volonté première exprimée par ce même peuple. L'Etat devra seulement veiller, à travers des critères intelligents d'allocation et d'attribution, à ce que des aventuriers sans foi ni loi n'en profitent pour se faire un fonds de commerce, au mépris de la raison d'être et de la philosophie même de ces financements.

A contrario, les Etats africains doivent imposer la tolérance zéro pour la corruption. Afin qu'aucun acte de corruption ne puisse échapper à la sanction pénale et/ou civile, devrait être prohibé tout alibi inhibitif du genre "il n'y a pas de corrompu sans corrupteur". Et chaque fois qu'il en advient, le fonctionnaire convaincu de corruption devrait, quant à lui, en répondre en tant qu'auteur principal du crime imprescriptible qu'il a ainsi commis. Il lui revient, ensemble avec ses complices et receleurs éventuels, d'assumer la responsabilité et les conséquences de ses actes d'indélicatesses, à savoir l'emprisonnement et la déchéance automatiques, ainsi que la saisie systématique de tous les biens meubles, immeubles et incorporels de tous les mis en cause, à hauteur de la somme des valeurs détournées ou compromises, majorées des dommages constatés, des manques à gagner enregistrés et des éléments chiffrés constitutifs de l'enrichissement illicite en résultant. Tous les biens et revenus provenant de la corruption doivent être réputés appartenir à la puissance publique, sans prescription d'aucune sorte. Inaliénables et insaisissables, ils sont à reverser dans le patrimoine public. Ils ne peuvent donc valablement faire l'objet de transfert ni de mutation par voie de donation, d'achat, d'inscription en hypothèque, de mise en gage ou d'héritage. Aucune présomption de bonne foi ni aucun titre de propriété ne doivent être reconnus aux détenteurs de tels biens, y compris à d'éventuels ayants-droit. Sont nuls et de nul effet tout droit conféré ou titre de propriété délivré à une personne physique ou morale, en violation de ces mesures d'éthique, de probité ou d'assainissement des mœurs et de la moralité publiques.

De ce qui précède, il apparaît clairement que le champ des actions à entreprendre en Afrique est immensément vaste ; les interactions sont complexes, mais les missions assignées et la finalité ultime exaltantes. Aussi, importe-t-il de repenser et de redéfinir le pouvoir politique afin de corriger pour les améliorer sa conception et sa perception actuelles. Le Pouvoir doit toujours demeurer actif et tendre essentiellement à la satisfaction des besoins naturels et nobles de l'homme. Pour être utile et à niveau, il doit nécessairement se nourrir constamment d'éléments dynamiques actualisés, propres à résoudre au mieux et immédiatement les problèmes de la communauté, et répondre avec diligence aux aspirations légitimes des populations. Le concept de Pouvoir ne doit donc ni renvoyer à l'abstrait, ni se confondre avec quelque chose de neutre. Mais il doit toujours laisser transparaître sa vocation à satisfaire concrètement les besoins et les aspirations des citoyens. Il devient alors urgent d'aller même au-delà du "Contrat" de Jean-Jacques Rousseau, dont les relents sont d'une autre époque et d'un autre contexte.

L'heure de l'avènement de "l'Etat conscient" a bel et bien sonné ; gare aux retardataires ! Surtout s'il s'agit des Etats africains, encore ballottés au gré des seuls intérêts sordides de leurs perpétuels exploiteurs. Ils doivent arrêter de subir les effets néfastes de leur passivité et de leur fatalisme légendaires. Ils doivent se convertir en pourvoyeurs avertis de bien-être, de bonheur et de civilisation à leurs peuples, afin de mieux garantir et encadrer leur dignité solidaire et stabilisatrice. A l'image d'un athlète ambitieux et persévérant ou d'une équipe conquérante lancée en compétition, jaloux des pays les plus avancés, "l'Etat conscient" africain doit également se livrer quotidiennement à un marketing agressif pour conquérir sans discontinuité les lauriers les plus enviés par les nations conscientes ; et ainsi combler au maximum les diverses aspirations des populations. L'Etat conscient s'entend ici comme Pouvoir politique intelligent, entreprenant, dynamique et efficace.

B- OPTIMISER LA TAILLE DE L'ETAT AFRICAIN

Par ces temps de mondialisation où doivent régner, entre autres, les solidarités d'intérêts économiques dominants, les plans stratégiques adoptés par les sociétés commerciales de grande envergure misent principalement sur les fusions d'entreprises pour en faire de nouvelles multinationales plus performantes encore. Pour des raisons analogues et pour n'être pas adaptée aux économies d'échelle, la taille actuelle des Etats eux-mêmes, connaît des ajustements politiques pour une plus grande optimisation de leur dimension, fût-elle virtuelle. Or, malgré la disparition du monde bipolaire né de « la guerre froide », suite à la dislocation du Bloc soviétique, il n'est nullement apparu un monde unipolaire irréversiblement contrôlé et manœuvré par les Etats-Unis d'Amérique. Tout au contraire, quatre nouveaux blocs sont en voie d'affirmation politique. L'Union Européenne, la Fédération de Russie, l'Union Indienne et la Chine populaire forment déjà d'importantes entités économiquement, culturellement et "socialement" assez homogènes pour prendre souverainement en main leur destin, si possible imposer leurs désirs respectifs aux autres nations, ou tout au moins éviter de se faire dicter leur loi. De même, et bien que considérés à tort ou à raison comme étant dans le sillage du giron occidental anglo-saxon, le Japon ou l'Australie sont des Etats qui, au plan économique et technologique, n'ont rien à envier aux autres Etats, y compris à ceux de l'Europe.

Paradoxalement, certaines puissances occidentales, par anachronisme ou à cause de leur instinct colonial et de leur comportement éminemment égoïste, ne parviennent encore à se départir ni de la pratique de leur stratégie de diviser pour mieux régner, ni du cynisme de leur politique de la terre brûlée. Objet de mille et une convoitises, victime désignée et résignée de leur appétit goinfre, champ de batailles tournantes, le Moyen

Orient s'offre à leur furie affichée et à leurs foudres. Elles l'ont abonné à leurs « frappes chirurgicales », préalables tactiques de l'occupation territoriale et de l'exploitation unilatérale de ses gisements pétrolifères.

L'Afrique, quant à elle, continue de se laisser facilement manger à la sauce de sa balkanisation. Or, dans ce monde darwiniste baignant dans une des jungles capitalistes et même socialistes les plus sauvages, les grands et les gros semblent se préparer à donner l'assaut final pour dévorer les petits. Ce serait peut-être la face cachée ou les conséquences de la mondialisation et des privatisations suggérées tambour battant par les Institutions de Bretton Woods. Dans ce cadre, le continent noir figure parmi les régions du monde qui réunissent tous les atouts pour être une proie facile et de choix. Les Africains devraient donc achever de comprendre qu'ils ne peuvent continuer à naviguer à contre-courant de l'évolution historique.

N'ayant pas pu faire le poids par le passé à chacune des nations européennes colonisatrices, les Etats africains pèseront encore moins aujourd'hui face aux fusions, aux regroupements et aux réseaux d'Etats actuellement en fin de réalisation ou de consolidation. Pour l'Afrique et les Africains le regroupement juridique et politique de leurs Etats reste leur seule voie de salut, si tant est que les uns et les autres voudraient bien continuer d'exister dans la liberté et la dignité. Toute autre idée de projeter le développement de leur ego et de leurs ressources viendra en sus. Ils doivent donc impérativement accepter de remettre en cause et de repenser la taille de leurs Etats, de leurs armées, de leurs marchés, de leurs monnaies et de leur diplomatie. Se constituer en une fédération continentale d'Etats équivaut pour eux à la construction d'un rempart de protection tous azimuts. C'est la seule solution pour l'Afrique de se soustraire des influences mercantiles exercées sur elle ainsi que des stratégies de duperie conçues et affinées pour son exploitation et son blocage ; mais aussi et surtout de se prendre elle-même en charge et de se passer définitivement de « l'aide publique au développement ».

Ceux qui refusent un nouvel esclavage sous des formes modernisées sont heureusement nombreux. Ils n'entendent nullement se laisser endoctriner pour être appâtés. Ils rejettent toute idée de vassalisation idéologique ou d'annexion physique des Etats et des peuples du continent. Ils s'organisent intelligemment et créent subtilement la capacité tactique de résistance à opposer à tous ces envahisseurs déguisés en loups anthropophages. C'est justement l'une des raisons d'être des idées et des mouvements panafricanistes qui entendent armer l'Afrique de toutes les précautions et stratégies propres à garantir son indépendance réelle et à assurer son développement autocentré. Alors jaillissent nécessairement des réminiscences et viennent immédiatement à l'esprit les appels visionnaires et prémonitoires de Kwame Nkrumah : « L'Afrique doit s'unir sous peine de périr ».

1- Les Etats-Unis d'Afrique : une urgente nécessité

S'unit-elle et s'organise-t-elle simplement en une fédération d'Etats que l'Afrique résoudrait aussitôt les trois cinquièmes de ses problèmes de sous-développement et de marginalisation. Un certain nombre des « pères » des indépendances africaines s'en étaient rendu compte très tôt et avaient laissé entrevoir cette issue de secours. Mais ils avaient inconsciemment omis d'identifier et de neutraliser « les traîtres et les valets de l'impérialisme » infiltrés dans leurs rangs. Aussi, les espoirs placés dans l'Organisation de l'Unité Africaine ont-ils été déçus dans une certaine mesure. Plus de quarante ans de durée de gestation de l'Etat fédéral africain se sont soldés par une demande de temps additionnel ; une perte de temps préjudiciable à la vitesse d'affirmation politique et de décollage économique de l'Afrique ! Il faut bien craindre que le cheminement de l'Union Africaine ne connaisse le même sort, si l'on n'y prend pas garde. Car, le néocolonialisme puise ses forces dans la persistance d'une Afrique balkanisée, sans poids industriel et commercial, ni diplomatique et militaire ; un continent seulement bon pour être facilement exploité *ad aeternam*, et les Africains avec. Il est difficile, voire impensable que les profiteurs ne continuent pas d'œuvrer dans le même sens et avec la même logique que par le passé. Sont naïfs ceux des Africains qui ont pensé ou croient encore que le salut leur viendrait de ceux-là mêmes dont une partie du bonheur provient de leur malheur.

Il faut donc comprendre et admettre que la taille et l'organisation actuelles des Etats africains font l'affaire de ceux qui n'ont jamais cessé de les sucer. Elles les condamnent à être dominés, surexploités et maintenus pauvres. Les dirigeants africains devaient avoir fini de comprendre qu'il est temps que leurs Etats se mettent aussi en réseau pour accroître leur force de frappe ; qu'ils doivent puiser leur inspiration et leur résolution dans leur force intérieure en vue de mener le combat de

« tous pour un et un pour tous ». Il y va de leur honneur et de l'intérêt des Africains de changer fondamentalement de cap. Certes, pour les berner et les amadouer, quelques maîtres et traîtres ne manqueraient pas de tirer sur la corde sensible de l'orgueil des uns, de l'égoïsme des autres et de la vanité de tous ; de grossir l'importance de la fonction présidentielle tout en surévaluant l'impact de l'aide au développement, substitut stratégique aux « apports positifs de la colonisation » ; ou encore de déformer et de travestir les vraies causes des mortelles réalités qui étranglent leurs pays.

Pourtant le simple bon sens permet de relativiser l'importance du cadre d'une fonction politique et la valeur de l'utilité publique de celui ou de celle qui l'y exerce. Ni l'une ni l'autre ne se fondent sur le titre ou sur l'appellation que porte une autorité pour se placer à la plus haute ou à la plus basse marche du podium des valeurs fonctionnelles. Aussi, serait-il inconcevable de penser un seul instant que, par exemple, le label de président de la république d'un Etat africain serait en soi et dans l'absolu plus recherché que celui du gouverneur d'un Etat fédéré des Etats-Unis d'Amérique; ou qu'un président pudique de la république fédérale du Nigeria puisse toiser celui des Etats-Unis d'Amérique parce que tous deux dirigent des Etats fédéraux. Par contre, le président des Etats-Unis d'Afrique pourrait parler d'égal à égal avec son homologue américain, européen, indien et même chinois, sans que cette égalité soit comparable à celle virtuelle que l'ONU confère aux Etats membres de cette Institution. La Banque mondiale, le FMI et le Conseil de sécurité, qui font partie du système des Nations Unies, apprécient différemment le sens de l'égalité. Celle-ci est suspendue au poids économique, financier ou militaire des Etats et non aux décibels des intonations des discours de leur plénipotentiaire à l'hémicycle de l'Assemblée générale.

En tant qu'ensemble, l'Afrique a toujours rempli les conditions qui définissent une nation. Elle en est effectivement une qui n'attend que d'être reconnue comme telle. Sa transformation en fédération d'Etats, donc en Etat Nation, n'en serait qu'une consécration logique tant attendue, mais inutilement et longtemps retardée. Est donc incommensurable le préjudice que les stratégies des impérialistes et les tergiversations de leurs « valets » continuent de causer à l'Afrique et aux Africains. Si tant est qu'ils œuvrent tous pour un avenir meilleur du continent, les chefs d'Etat africains devraient enfin agir d'abord et surtout dans le sens des intérêts des populations qu'ils ont mission d'encadrer et de mener à bon port. Or, aujourd'hui plus que jamais, la voie du salut du continent et de ses peuples passe invariablement par l'institution urgente des Etats-Unis d'Afrique. Cette voie reste carrossable malgré quelques nids de poules que sont le carcan des égoïsmes insensés qui asservissent certains dirigeants et les serres de quelques vautours coloniaux.

Quoiqu'il en soit, les embûches et les résistances multiformes alors rencontrées çà et là, n'avaient pas réussi à empêcher les nationalistes visionnaires convaincus et convaincants, de rapprocher et de fusionner les groupes dits de Casablanca et de Monrovia pour créer l'OUA, dès le mois de mai 1963. Déjà, ils avaient senti la nécessité de regrouper dans un seul Etat fédéral les jeunes Etats nouvellement indépendants, en vue de les prémunir contre toutes velléités d'impérialisme et de néocolonialisme de la part des anciens colonisateurs. En réalité et quand bien même la durée de l'aboutissement de la démarche se sera avérée très longue, l'OUA elle-même n'en était qu'une étape de compromis entre les nationalistes visionnaires qui voulaient ici et maintenant cette fédération continentale et les « valets du néocolonialisme » très timidement engagés dans cette voie. En tout cas et en toute logique, ce qui a pu être initié et réalisé quelques trois années seulement après l'indépendance de la plupart des ex-colonies africaines devrait l'être encore davantage et en mieux cinquante ans plus tard. Certes, il ne sera pas du tout facile de remplacer à pied levé des leaders charismatiques de la trempe de Kwame Nkrumah, Gamal Abdel Nasser, Haïlé Sélassié, Abubakar Tafawa Balewa, Hassan II, Sékou Touré, Ahmed Ben Bella, Modibo Keita, Ahmadou Ahidjo, Julius Nyerere, Jomo Kenyatta, .. La disparition de la scène politique africaine de ces hommes d'Etat illustres, qui comptaient parmi les plus impliqués dans le projet, aura sans doute prolongé l'exploitation effrénée et facilité la marginalisation de l'Afrique.

Heureusement que le Guide libyen Muammar Kadhafi a de nouveau secoué le cocotier Afrique, grâce à son initiative courageuse, insistante et persévérante. Depuis 2001 l'OUA a fait place à l'Union Africaine, ultime étape devant préluder à la création des Etats-Unis d'Afrique. Encore faudrait-il être vigilant pour déjouer les stratégies, stratagèmes, astuces et autres pièges des "amis" de l'Afrique, qui éprouvent beaucoup de peine à la voir se construire en matériaux définitifs. Aussi, la mobilisation devra-t-elle être plus grande encore ! Et pour réussir une opération de cette nature et de cette envergure, il faut compter sur et avec tous les Etats de l'Afrique ; sans oublier ceux qui, de par leur taille démographique, économique, militaire et diplomatique, se veulent et se font effectivement incontournables. Ce sont plus particulièrement le Nigeria, l'Afrique du Sud, l'Egypte, l'Algérie, la Libye, l'Ethiopie, le Maroc, le Ghana, le Cameroun, le Sénégal, le Kenya, l'Angola ; mais aussi des Etats plus ou moins grands, voire modestes par la taille mais très influents sur la scène internationale, avec lesquels il faut nécessairement composer. Il s'agit de la Tunisie, du Mali, du Burkina Faso, du Gabon, de la RD Congo, de la Tanzanie, du Mozambique, de l'Ouganda, du Soudan, de la Côte d'Ivoire, de Madagascar, du Libéria, du Bénin. L'adhésion sans réserve de tous ces Etats à l'idée de la création effective et de la mise en place immédiate des Etats-Unis d'Afrique emportera celle des autres Etats. Elle équivaudrait même à la ratification du Traité constitutionnel instituant l'Etat fédéral africain. Mais il ne faut surtout pas exclure l'hypothèse selon laquelle cette Fédération puisse aussi procéder d'une entente parfaite des Etats dits moyens ou petits, adossée sur quelques uns des grands Etats.

Et pour éviter tout blocage dans le processus de la réalisation de ce projet combien historique, le cheminement suivi par l'Union Africaine, mais aussi par les Etats-Unis d'Amérique lors de leur formation respective, serait des plus conseillés. Il consiste à fixer intelligemment le nombre nécessaire et suffisant de ratifications enregistrées pour proclamer l'événement du siècle. L'on peut par exemple prévoir que si trente (30) Etats du continent adhèrent à l'idée et ratifient le Traité constitutionnel, les Etats-Unis d'Afrique sont nés. Les Etats retardataires en deviennent d'office membres au fur et à mesure qu'ils notifient leurs instruments respectifs de ratification aux autorités continentales compétentes. S'ensuivront ou s'effectueront parallèlement la résolution des questions techniques comme celles liées à l'avènement de la monnaie unique africaine et à la défense, ou la mise en place et en œuvre de toutes les Institutions des Etats fédéral et fédérés. La démarche inverse serait beaucoup plus difficile à faire aboutir. Toute procédure ou cheminement qui feraient transiter les Etats-Unis d'Afrique par des regroupements régionaux sont à prohiber. Ils risquent en effet de comporter du dilatoire. Et partant, ils sont susceptibles de conduire à une impasse qui anéantirait tout.

Par conséquent, pour l'intérêt bien compris des Africains et dans le but entre autres de restaurer leur dignité et d'accélérer leur développement, il est urgent que la sagesse, le réalisme ou les menaces et risques que fait peser l'avènement de la mondialisation commandent que les Etats africains actuels se transforment en autant d'Etats fédérés de la fédération continentale africaine. Pour gagner du temps, simplifier les choses et éviter des palabres interminables, une transposition pure et simple du système politique institutionnel américain en Afrique serait fortement recommandée, sous réserve de quelques légères retouches d'actualisation et d'adaptation. En effet, datant de plus de deux cents ans, dotés d'une constitution écrite des plus stables et des plus anciennes, les Etats-Unis d'Amérique forment un Etat fédéral dont les citoyens jouissent de façon ininterrompue du règne d'une démocratie libérale des plus expérimentées, des plus fructueuses et des mieux réussies au monde. Pour toute justification complémentaire et en guise de garantie de bonne fin d'un tel mimétisme, la réussite du développement économique et les succès scientifiques et technologiques inédits de cette nation peuvent être cités en exemples. De même, la fonctionnalité, la fiabilité, l'adaptabilité et la crédibilité de leur système politique positionnent les Etats-Unis d'Amérique en avant garde des systèmes constitutionnels et institutionnels existant actuellement dans le monde.

a- Répartition des compétences

La Constitution américaine, présentement en vigueur, offre effectivement l'avantage d'avoir expérimenté avec bonheur les solutions juridiques et pratiques des questions liées à la représentativité des Etats fédérés dans la gestion de la nation. Avec minutie, elle circonscrit le cadre des règles pertinentes d'« équilibre des pouvoirs » et fixe le mode de détermination du nombre de leurs représentants respectifs à la chambre des représentants et au sénat, de désignation du président et du vice-président de la république, de validation des nominations des magistrats de la cour suprême ou des ambassadeurs, les règles d'applicabilité des lois fédérales par les juges fédéraux et fédérés. Elle a aussi largement fait ses preuves pour ce qui est de la nécessité et de la force de l'Union pour promouvoir l'intégration nationale, mieux assurer l'indépendance nationale, maîtriser les relations internationales ...

Aussi, les Chefs d'Etat africains, par opportunisme, réalisme et nécessité, doivent-ils tous se sentir tenus de s'en inspirer pour instituer et mettre rapidement en place les Etats-Unis d'Afrique, avec

- au niveau national, un Exécutif fédéral, un Congrès composé d'une Chambre de Représentants et d'un Sénat, une Cour suprême ;

- au niveau de chacun des Etats fédérés, un Exécutif fédéré, un Parlement mono ou bicaméral, une Cour de cassation ;

- au titre de ses attributs, le drapeau, les armoiries, l'hymne et une des langues officielles de l'Union Africaine et/ou de l'OUA, que l'Etat national pourrait conserver.

- une capitale de la fédération continentale ; celle-ci devrait être établie quelque part en République Centrafricaine, à cause de sa position géographique médiane en Afrique. Du reste, Bangui avait déjà été pressentie par les membres du Groupe de Casablanca pour devenir la capitale continentale africaine. Cette option devra cependant être assortie de conditions *sine qua non*. La RCA devra notamment accepter, si nécessaire par référendum, de délimiter et de sortir définitivement et *ad aeternam* de son territoire une région préalablement transformée en "no man's land", d'une superficie d'au moins dix mille (10 000) km2 et de la céder gratuitement à l'Etat national, sans dédommagement ni indemnisation d'aucune sorte. Le "Territoire national", ainsi créé, abritera la capitale de l'Afrique, siège des Institutions continentales. Doté d'une personnalité juridique et de l'autonomie financière, il sera régi par la législation fédérale et administrée sous un statut particulier, par des organes qui lui sont propres. Addis-Abeba, siège actuel de l'Union Africaine, hérité de l'OUA, servira de siège à des institutions spécialisées de la Fédération continentale : ex. Banque centrale, Banque d'investissement et de développement, ...

Seront du domaine des attributions fédérales : la citoyenneté, l'immigration, les droits de l'Homme, la solidarité nationale, la culture ; la souveraineté nationale, la sécurité extérieure, l'armée et la défense nationale, les relations extérieures et la diplomatie continentale, la monnaie ; la valorisation des richesses nationales et la gestion des ressources naturelles ; l'environnement et l'aménagement du territoire continental, les transports et voies de communication transafricains, le commerce extérieur et interétatique, la marine marchande, la douane ; la recherche scientifique et la technologie.

Conséquemment, relèveront de la compétence des Etats fédérés toutes les attributions résiduelles qui échappent au gouvernement fédéral. Sur une période raisonnable ne pouvant excéder dix ans et après péréquations diverses, des aménagements pourront être trouvés pour compenser, par le biais des ristournes, d'éventuels manques nets à gagner résultant des transferts des ressources naturelles d'un Etat fédéré à l'Etat national.

b- *Mode de désignation des autorités fédérales*

A quelques adaptations près, le mode de désignation des autorités chargées de diriger chacun des organes fédéraux ou d'y siéger devra largement être calqué sur celui des Etats-Unis d'Amérique. Ainsi et à priori, l'élection au suffrage universel direct des représentants et des sénateurs pour pourvoir les sièges attribués à chaque Etat fédéré ne semble pas poser problème : deux sénateurs par Etat à élire à la chambre haute, et des représentants à la chambre basse désignés au prorata de la population des Etats, avec un minimum et un maximum à fixer, sans que le nombre total de ces représentants n'excède cinq cent cinquante deux, par exemple.

Par contre, l'élection du Président des Etats-Unis d'Afrique au suffrage universel direct pourrait comporter quelques difficultés d'ordre spatial et matériel. L'immensité de l'étendue de la circonscription électorale en est la cause, la faiblesse des moyens l'explication. Aussi, serait-il plus judicieux qu'elle se fasse au suffrage indirect et à la majorité relative. Le processus électoral devra en tenir compte. Partout et toujours il doit se soucier du sens de la mesure ainsi que de la crédibilité de l'élection à la magistrature suprême continentale. Il faudra notamment limiter à l'optimum le nombre des candidatures, sans omettre d'en écarter toutes celles qui seraient jugées fantaisistes. Seules devraient être retenues les trois listes arrivées en tête à l'issue de la sélection opérée en conclave, par consensus et/ou vote, par un collège électoral. Celui-ci serait chargé de se prononcer souverainement sur la recevabilité et sur l'investiture des listes des candidats à la présidence et à la vice-présidence de la fédération continentale. Il serait exclusivement formé des Chefs des Exécutifs et des plus hautes juridictions de chacun des Etats fédérés ; leur vote serait égal et secret. Pour ce qui est de l'électorat, il se composerait seulement des membres du Congrès et des parlements fédérés. Toutefois et pour plus de clarté, de justesse et d'équité, les suffrages exprimés en faveur de chacune des trois listes des candidats devront être modulés. Les votes des membres du Congrès seraient comptés en nombres entiers : "un homme, une voix". Les votes des membres des parlements fédérés devront être affectés d'un coefficient correctif fixé d'avance, représentatif de la valeur de l'indice démographique de chaque Etat fédéré. Exprimé en pourcentage par rapport à la population globale du continent, ce coefficient devra refléter le poids démographique officiel de chacun des Etats fédérés.

2- Les Etats fédérés

Quant à eux, les Etats fédérés conserveront leurs institutions, leurs lois et leur réglementation dans toute la mesure compatible avec les compétences qui leur sont dévolues. Celles-ci ne seront modifiées, en temps opportun, que par les autorités fédérées territorialement compétentes qui le jugeraient utile ; à la seule condition que les nouvelles dispositions, sous peine de nullité, ne soient prises en violation ni de la Constitution ni des lois fédérales. Sous ces réserves, resteront maintenues en vigueur leur système politique et leur organisation administrative respectifs, ainsi que les autorités en place. Les attributions fédérales étant transférées à la fédération continentale africaine aussitôt prononcée l'entrée en vigueur de ses Institutions, elles cessent immédiatement d'être exercées par les républiques et royaumes actuels, devenus Etats fédérés.

3- Le déclic

Mais à qui reviendrait-il le rôle enviable de provoquer le déclic pour lancer cette noble opération de sauvetage de l'Afrique et de sa mise en valeur et en orbite pour lui permettre d'atteindre les cimes du sublime ? Claire comme l'eau de roche, la réponse coule d'elle-même. En effet, le continent est loin de manquer de personnalités crédibles et d'envergure mondiale, sur lesquelles reposent tous les regards ; et il n'en manquera jamais. Elles sont parfaitement à même d'entreprendre utilement, voire de s'approprier et de réussir infailliblement cette opération. Il suffirait d'attirer l'attention de l'une ou de quelques unes d'entre elles sur cette mission historique que tout Africain digne de son être rêverait d'accomplir. Entre autres, le président Nelson Mandela, l'ancien secrétaire général de l'ONU Kofi Atah Annan, le Guide libyen Muammar Kadhafi, les présidents Abdoulaye Wade (Sénégal), Amadou Toumani Touré (Mali), Théodoro Obiang Nguema Mbasogo (Guinée Equatoriale) et Joaquim Chissano (Mozambique), le roi Mohammed VI du Maroc, deux des anciens SG de l'OUA et de l'UA William Eteki Mboumoua et Alpha Oumar Konaré, le navigateur interplanétaire Cheikh Modibo Diarra, comptent assurément parmi ceux qui pourraient opportunément jouir d'un tel privilège et jouer avec succès et bonheur ce rôle, avec l'appui et le concours incontournables d'autres dirigeants africains qui également en partagent déjà l'idée. C'est particulièrement le cas du général Olusegun Obasanjo (Nigeria), des présidents Abdel Aziz Bouteflika (Algérie), Thabo Mbeki (RSA), Blaise Campaoré (Burkina Faso), John Kufuor (Ghana), José Eduardo Dos Santos (Angola), ... De nombreuses autres personnalités de la société civile et du monde des intellectuels, également de grande envergure, croient profondément en cette idée et en la nécessité urgente et absolue de l'avènement des Etats Unis d'Afrique. Elles l'ont prouvé à maintes reprises et y mettent leur foi. C'est le cas notamment des responsables de toutes les organisations panafricaines. Mais c'est finalement à tous les leaders africains qu'il incombe désormais d'élargir le cercle élastique des promoteurs potentiels de l'Etat continental africain ; d'engager une véritable croisade auprès de leurs pairs, homologues et amis ; de solliciter toutes les bonnes volontés et les élites du continent en vue de les convaincre de cette nécessité historique et de cette vérité.

Le temps est donc venu d'abandonner toute cause de dispersion des moyens ou de dilution des objectifs panafricanistes. L'heure est désormais au recentrage des débats et à l'affinement des stratégies, voulues beaucoup plus efficaces et plus payantes. Et à l'image des Etats mis sous ajustement structurel, qui se soumettent aux contraintes qui leur sont imposées ou aux cures et défis dont sont l'objet ceux d'entre eux admis à "l'initiative des pays pauvres très endettés" (IPPTE), toute l'Afrique, face à ses intérêts majeurs, doit se mobiliser et se fixer cet objectif ultime et définitif : "atteindre le point d'achèvement", c'est à dire parvenir effectivement aux Etats-Unis d'Afrique. Aussi, est-il temps que soit rapidement et impérativement mise sur pied et à plein temps une «Convention» chargée d'élaborer les principes, les orientations, les carnets de routes, les procédures que commande l'événement espéré et tant attendu. Des structures d'actions rapides, travaillant également à plein temps, se chargeront de donner corps et effet aux décisions prises en les concrétisant sur le terrain et auprès des organisations internationales appropriées. Dans ce cadre, l'assistance de spécialistes réputés des Institutions des Etats-Unis d'Amérique ne serait pas de trop.

Il faudrait surtout ne pas perdre de vue que chaque jour qui passe est un jour de trop d'exploitation et de marginalisation de l'Afrique. Celles-ci, imputables principalement à sa balkanisation, causent un préjudice certain et cruel aux Africains. Par conséquent, le délai dont devraient disposer les membres de la « Convention » ne devrait point être supérieur à trois (3) années, pour transformer en réalité ce dont tous les Africains conscients, responsables et visionnaires ont dû rêver.[78] Leurs cadets l'appellent de tous leurs vœux ; ils tiennent, quant à eux, à répondre présents aux festivités qui marqueront l'événement du millénaire. Pourquoi ne faudrait-il pas alors honnêtement espérer que les Etats-Unis d'Afrique seront une réalité vivante, au plus tard en l'an 2015 ?

L'aide la plus importante de leur histoire que les autres Etats ou groupes d'Etats du monde pourraient apporter à l'Afrique et aux Africains serait sans l'ombre d'aucun doute leur abstention de mettre les bâtons dans les roues de l'unification de l'Afrique en un seul Etat fédéral. Ils doivent entre autres s'abstenir ou cesser d'initier et/ou de soutenir tout dilatoire, et notamment toute politique tendant l'unification de l'Afrique par étapes et par régions, avec choix des pays leaders dans le but inavoué de créer de nouvelles divisions new-look. Une telle démarche comportera un risque sérieux de retarder l'unification de l'Afrique et d'opposer à terme ces régions entrent elles, d'écraser les pays à la traîne dans chaque région et de parvenir à les transformer en ennemies conventionnelles les unes contre les autres. La puissance militaire accrue dont disposerait chacune de ces régions, loin d'être une arme de dissuasion, serait un instrument d'incitation à la guerre fratricide permanente entre elles, dont tireraient doublement avantage les marchands de canons et les pêcheurs en eau trouble.

La création directe et sans détour ni étape des Etats-Unis d'Afrique est la condition *sine qua non* pour la libération et le renflouement des économies du continent.

---

[78] Ben Yacine-Touré : Afrique : *L'épreuve de l'indépendance* - PUF - 1983, p. 117-118

CHAPITRE DEUXIEME

DECOLONISER, REPENSER ET RENFLOUER LES ECONOMIES AFRICAINES

Si l'on s'en tient à l'importance quantitative et qualitative des potentialités économiques dont regorge le continent africain, l'on ne peut qu'être surpris par le décalage qui caractérise le niveau de vie des Africains par rapport à celui qui aurait dû être le leur. Ils sont en effet censés posséder, donc être propriétaires des biens dont les a dotés Dame nature. Il faut vraiment être un ingénu pour être nanti de tant de richesses et d'en être pauvre. Mais leur ingénuité semble les en rendre indifférents, voire les en détourner, comme s'ils préféraient pousser d'autres à s'organiser pour en disposer, en jouir et s'en réjouir. Qu'elle résulte des réminiscences de la pensée économique africaine ou des comportements obséquieux hérités de la colonisation, cette mentalité attardée doit changer. Car, le profil et les perspectives des économies africaines ne peuvent leur présager qu'un positionnement des plus privilégiés ainsi que des lendemains les plus rassurants. A la condition que soit tranché le nœud gordien de la problématique des paradoxes d'une économie à la croisée des chemins, laquelle devra résolument être repensée, restructurée et réorientée vers sa libération de toute domination, pour l'intérêt solidaire des populations africaines et la mise sur orbite de l'Afrique.

A- LA PROBLEMATIQUE DES PARADOXES

« On dit que la ville d'Ys périt pour avoir trop aimé sa propre splendeur. Prenons garde de périr pour avoir au contraire trop nié nos qualités fondamentales, nos splendeurs[79]» Cette réflexion de Mitterrand, inspirée par la ville légendaire bretonne, peut parfaitement être appliquée à l'Afrique, même si, contrairement à Ys, ce continent est resté une réalité vivante.

1- Eviter que le premier ne devienne le dernier

L'Afrique risque de périr pour avoir oublié sa caractéristique spécifique, ignoré ses richesses et négligé son unification politique.

---

[79] François Mitterrand : *Politique* - Fayard - 1977, P. 8

L'homme est « né » en Afrique. Ce continent "élu" est donc le premier à être peuplé d'humains. Sur les autres continents, il n'y a rien pour témoigner qu'il y en eut ; en tout cas il n'y en a pas encore. Semence eux-mêmes et eux seuls, les Africains ont inséminé le reste du monde. Tous les hommes de notre planète sont des Africains plus ou moins lointains, plus ou moins anciens. Etant donc le "Berceau de l'humanité", elle doit à tout prix éviter que le premier devienne le dernier.

Cette Afrique qui ne voudrait pas voir souiller sa pureté originelle, observe aujourd'hui à ses dépens les comportements inhumains de certains de ses fils qui trahissent ainsi le « concordat » dont elle est naturellement dépositaire, ou l'insouciance candide de nombre d'hommes qui désormais foulent aux pieds les préceptes hautement humanistes que sont : l'amour du prochain qui ne permet point de le voir souffrir sans également souffrir soi-même ; la solidarité, qui doit tenir le rôle d'une mère porteuse d'affection et d'abnégation; la charité qui est un mouvement du cœur pour des actions permanentes en bien et un don de soi à la cause de l'humanité ; l'interdépendance des peuples dans leur complémentarité et dans la jouissance des fruits de leur travail et de leurs progrès

Tous les êtres humains devraient donc rester solidaires dans leur grande marche en avant. Nul ne devrait tirer profit de la candeur de certains d'entre eux pour les exploiter, ni les priver de la jouissance matérielle ou spirituelle de leurs biens. Hélas ! La cupidité et la convoitise, également destructrices patentées de l'humanisme, ont fini par scinder la famille humaine en loups et en brebis, progressivement séparés par un fossé économique et technologique qui ne cesse de grandir au profit des plus ingénieux du Nord et au détriment des plus ingénus du Sud. A l'image de l'Afrique, les Africains sont demeurés dans la candeur, constatant avec retard ou ignorant que sous des mobiles divers leurs frères, devenus entre-temps blancs, se comportent à leur égard parfois en anthropophages, souvent en complexés narcissiques, particulièrement depuis le XVII siècle. « Sûrs d'eux, belliqueux et dominateurs », fous de leur amusante vanité, les frères blancs s'adonnent à l'absurde et, paradoxalement, investissent dans « un conformisme étroit et pesant, des bienveillances assorties d'un mépris protecteur, d'immenses générosités ruinées par un tutoiement de race supérieure à race inférieure, des largesses inattendues en prime à des salaires misérables[80]. » Mais sont-ils seulement sûrs de maîtriser la finalité ultime de l'accumulation de leurs pesantes richesses ?

Quoiqu'il en soit et à la différence d'Ys, l'Afrique doit continuer d'aimer sa propre splendeur, mais sans en périr. Car ils sont nombreux, très nombreux, ces Africains qui sentent au plus profond d'eux-mêmes qu'ils ne sont pas moins hommes que leurs frères et sœurs « partis » essaimer le reste du monde. Et comme en réplique à leurs épopées glorieuses des millénaires traversés et malgré la félonie de l'infortune des récents centenaires, ils savent qu'ils ne sont pas des hommes sans avenir. Ils ont miraculeusement survécu aux péripéties de l'Histoire et à la décadence de l'Afrique. Ils ont compris qu'avec seulement quelque cure de conscientisation, ils referont cette Afrique. Ils sont convaincus que ses fils blancs et noirs qui lui sont restés attachés la réunifieront et la revaloriseront.

L'Espoir s'éveille. L'orgueil, la fierté et le bon sens des Africains, à présent commandent fermement à tous le refus de la déchéance et l'engagement des actions appropriées pour se désengluer de l'hypnose postcoloniale et déjouer tout discours ou stratégie anesthésiante. L'imagination et la volonté sont, elles aussi, interpellées pour rétablir dans les faits une égale justice entre les hommes et attester de la valeur intrinsèque des Africaines et des Africains où qu'ils se trouvent. Tous ou presque tiennent désormais résolument au repositionnement de l'Afrique au peloton de tête du marathon universel sur les continents, dans les océans et dans les airs.

Ils peuvent déjà savourer la mélodie de l'espoir à travers cette « vision sublime des temps futurs ». Comment pourraient-ils continuer à ne pas y croire quand on sait que l'Afrique est un continent béni, de part même les potentialités incommensurablement gigantesques dont elle est dotée.

2- Des Africains ingénus, pauvres de leurs richesses

La liste des ressources naturelles que couve le continent africain reste impressionnante, malgré les actes de déprédation, de vandalisme et de braconnage dont elles ne cessent de faire l'objet de la part ou au profit du colonisateur ou du néocolonisateur. La flore et la faune en sont les points de mire les plus visibles et leur pillage le plus criminel ; les produits bruts

---
[80] François Mitterrand : *Politique*, op. cit. P.126

du sous-sol sont des plus enrichissants, mais leur exploitation égoïstement extravertie reste la plus ignoble. Ses réserves ou sa production classent l'Afrique parmi les premiers de la planète : 15 % des terres arables du globe ; 28 milliards de tonnes de pétrole récupérable ; 19 mille milliards de m3 de gaz récupérable ; 40 % des réserves mondiales de houille blanche ; 23,5 % des réserves mondiales d'uranium ; 14 % de ressources terrestres de cuivre ; 45,2 % de cobalt ; 11 % d'étain ; 43,7 % de bauxite ; 20 % de fer ; 97,1 % de chrome ; 53,7% de manganèse ; 34 % de vanadium ; 23 % de titane ; 18 % de colombien ; 67 % de tantale ; 60 % de platine ; 70 % de phosphate ; premier producteur mondial de diamant avec 75,3 % ; premier producteur mondial d'or (ex- URSS non compris) ; certainement premier en potentiel terrestre d'énergie solaire. Par ailleurs, un colloque tenu à Boston en octobre 1984 conclut que grâce à leurs eaux souterraines et même de surface, à eux seuls, le Mali, l'Ethiopie, le Tchad et le Soudan pourraient, s'ils en avaient les moyens techniques, subvenir aux besoins alimentaires de plus d'un milliard d'individus.[81] Ces données ne sont évidemment pas immuables, dans un sens comme dans un autre. Mais les résultats récemment livrés incitent plutôt à l'optimisme.

Dans « Le défi mondial », Jean Jacques Servan Schreïber révèle, selon « un rapport secret à Bonn » établi à la demande du Chancelier Helmut Schmidt, que « si l'industrie allemande manquait seulement de cinq (5) minerais importés d'Afrique (chrome – molybdène – vanadium – manganèse – asbeste) elle enregistrerait une perte sèche d'emplois chiffrés à plusieurs millions de postes de travail, perte qui affecterait la sidérurgie, l'automobile et l'industrie aéronautique et navale.[82] » Des statistiques publiées par l'Organisation Internationale du Cacao (ICO), basée à Londres, indiquent que les seuls produits cacaotés entretenaient plus de cent mille emplois dans la seule ex-Allemagne Fédérale. L'on pourrait en dire bien plus des autres pays européens pour ce qui est du cacao, du café, du coton, mais aussi du bois, du pétrole et des autres

---

[81] Edem Kodjo : ...Et demain l'Afrique. op. cit. P. 59 à 125 : tous les chiffres sont tirés de cet ouvrage fort bien remarqué ; ils sont donc sujet à variation, surtout en hausse, les prospections se poursuivant activement sur toute l'étendue de l'Afrique C'est le cas des récentes découvertes d'immenses nappes pétrolifères off shore en Angola, au Nigeria et en Guinée Equatoriale sur la côte Atlantique et sur le plateau continental de l'Egypte, en Méditerranée.
[82] Jean-Jacques Servan Schreïber : *Le défi mondial* ; in Edem Kodjo, op. cit. p. 120

minerais pillés et/ou importés d'Afrique. Contrairement aux déclarations non documentées de M. Nicolas Sarkozy à Cotonou et à Dakar, la France consciente n'a point intérêt à considérer l'Afrique comme en marge de l'humanité. Mieux que tout autre, la France a bel et bien besoin de l'Afrique sur le plan économique, et même diplomatique !

L'Afrique apparaît donc comme le lieu géométrique de la générosité de la nature, le point de choc d'un « accident géologique ». On n'y rencontre probablement pas de pays à la fois pauvres et de leur sol et de leur sous-sol. Beaucoup d'entre eux sont littéralement assis sur des trésors encore cachés. La fable « Le laboureur et ses enfants » pourrait opportunément bien être exploitée par les Africains. Ainsi parlait la Fontaine : « Travaillez, prenez de la peine : c'est le fonds qui manque le moins. [...] Gardez-vous, leur dit-il, de vendre l'héritage que nous ont laissé nos parents. Un trésor est caché dedans. Je ne sais pas l'endroit ; mais un peu de courage vous le fera trouver, vous en viendrez à bout [...] Mais le père fut sage de leur montrer avant sa mort que le travail est un trésor.» Aux Africains donc de « labourer » le sol et le sous-sol de leur continent et de « ne laisser nulle place où la main ne passe et repasse ». Il leur appartient de personnifier et d'incarner cette fable. Pour surmonter obstacles ou embûches et vaincre l'adversité, ils doivent toujours et partout se créer un esprit d'émulation dont s'inspire et que suscite toute volonté de conquête des trophées, tout en évitant de philosopher sur leur finalité ultime. A tâche redoutable, ambition osée pour des résultats fructueux plausibles ! Alors ils disposeront de leurs richesses matérielles inouïes.

Certes à l'heure actuelle, toutes ces immenses ressources et potentialités semblent paradoxalement être à la base de la misère de ses populations. Pilier de l'emploi qu'elle exporte principalement en Europe occidentale en même temps que ses produits qui y sont transformés, l'Afrique, elle, croule sous un chômage aussi endémique que macabre. Comble d'ironie, elle « produit ce qu'elle ne consomme pas et consomme ce qu'elle ne produit pas » dans une logique systémique de la détérioration des termes de l'échange constamment à son désavantage. Aussi, contribue-t-elle largement à la création et au maintien de beaucoup d'industries au seul profit de ses "partenaires" de cette partie du monde, usufruitiers impénitents des ressources naturelles et humaines du continent noir.

Les instruments et l'approche modernes de la valorisation d'une nation peuvent certes poser un dilemme : faut-il davantage compter sur les ressources naturelles ou plutôt sur les ressources humaines ? L'idéal serait évidemment de posséder les deux et de créer une interaction de progrès entrent elles. Mais dans l'absolu ou à défaut d'en disposer, la matière grise doit primer sur la matière inerte. L'exemple réussi de la Suisse pousse à privilégier cette préférence. Le fait qu'ils occupent un pays couvert à 70% de rochers stériles et ne possédant aucune ressource naturelle digne d'intérêt, n'a pas empêché aux Suisses qui, grâce à l'optimisation de l'utilisation rationnelle de leur cerveau, comptent parmi les peuples au revenu par tête d'habitant le plus élevé au monde. Le cas du Japon et des Japonais peut être également cité. Les Africains sont ainsi prévenus que rien ne peut être important et de grande portée efficace s'il n' mentales est soutenu par des maniements opportuns de toutes les facultés; lesquelles doivent être constamment maintenues activées. Ils devraient alors s'impliquer encore et toujours davantage dans la maîtrise de la science, tout en ne ratant aucun train du progrès qui conduise vers le sublime humain.

Pour s'éviter donc d'appartenir à la race des singes du futur et être dès à présent en mesure de se distinguer et de se différencier d'un robot, d'un macaque, d'un gorille, d'un ouistiti ou de tout autre babouin, ils doivent constamment tenir en éveil l'intelligence, l'ingéniosité et la raison, qui sont les caractéristiques identitaires indéniables de l'homme vrai, et y recourir sans arrêt et en toute circonstance. Alors, l'Africain volerait très haut si tant est qu'il voudrait bien cesser d'être traîné si bas et de se contenter de s'y vautrer.

La chasse à la paresse, à l'enfermement et à l'idiotie dont beaucoup sont sujets, à la duperie et au pillage dont la plupart font l'objet, avec un zeste de « bonne gouvernance », contribuerait sans coup férir à mettre les Africains en orbite pour définitivement les arracher de la misère sociale, financière et scientifique, désormais bonne à classer au plus vite aux archives de l'Histoire. Autrement, l'Afrique resterait éternellement ce continent qui regorge de ressources mais qui ne génère point son propre développement.

3- Les performances d'un réservoir d'espoir

Tout le monde s'accorde à reconnaître à juste titre que les performances économiques et sociales du continent africain paraissent à la fois inconcevables et incompréhensibles. Elles sont même particulièrement décevantes. En l'occurrence, à travers la sévérité de leurs analyses et l'objectivité de leurs commentaires, les Occidentaux eux-mêmes se montrent sincèrement apitoyés. Les esprits circonspects ou suspicieux peuvent évidemment penser qu'il s'agirait d'une mise en scène pour mieux détourner l'attention des naïfs et des crédules. Mais cette fois, leurs jugements souvent partiels, superficiels ou délibérément orientés, ne semblent pas avoir été formulés à travers leur prisme habituel propre, ni sur la base des déclarations tactiques souvent bien fort médiatisées. Ils donnent même l'impression qu'ils seraient tout-à-fait prédisposés à coopérer dans une opération de sauvetage de ce continent et même à débusquer les responsables d'une situation aussi grave. Il y a donc lieu de conclure que qui qu'ils soient, en aucun cas les vrais responsables de cette situation ne devraient en être ni disculpés, ni encore moins déculpabilisés.

Toutefois et quelque décevantes ou révoltantes que puissent être les performances actuelles de l'Afrique, elles ne sauraient être prises pour synonymes d'une condamnation de l'avenir du continent à demeurer à perpétuité le reflet constant et conforme de son état présent. Candide aujourd'hui ? C'est possible. Mais l'Afrique reste avec l'Asie l'un des deux plus grands réservoirs d'espoir de l'humanité, pourraient rétorquer les optimistes qui se voudraient un tout petit peu lucides. Cette vision du possible et du souhaitable ne doit cependant pas être prise pour un rêve ou des illusions de quelques illuminés.

En réalité, les économies africaines possèdent d'immenses matériaux non encore fécondés au goût du jour. Elles ne s'inscrivent pas toutes ni toujours dans la logique fondamentale du capitalisme libéral ni du socialisme doctrinaire. Elles ne semblent pas avoir la même philosophie de l'avoir ou de la richesse, ni en poursuivre la même finalité. Ceci explique pourquoi elles contrastent singulièrement avec les modèles de développement capitaliste actuellement à la mode, ou qu'il faille relativiser l'interprétation péremptoire et unilatérale de certaines données statistiques ou comptables, propres à fourvoyer les esprits qui se laissent facilement éblouir par l'éclat de la superficialité.

Le développement économique ne se mesure pas qu'au volume des potentialités, ni seulement au nombre des bras et des cerveaux disponibles ; mais à leur interaction préméditée et cohérente en vue de produire et de disposer de biens économiques, destinés à assurer l'existence et à rendre la vie agréable, dans un environnement où échanges, loisirs, culture et confort contribuent à rendre l'homme fier d'être et heureux de vivre.

Le développement est un phénomène globalisé qui ne peut s'apprécier que partiellement dans sa partie quantifiable, à travers ses ingrédients chiffrables et saisissables par la comptabilité et/ou la statistique. Sa partie qualitative, beaucoup plus artistique, est fonction de l'intelligence, du niveau de conscience et de l'esprit de créativité des acteurs. Elle représenterait le savoir-faire, les habiletés, le sens aigu de l'organisation logique et rentable des priorités afin de maximiser la production et la compétitivité des produits et des services, le rendement et l'efficacité des mises, l'harmonie et la cohérence des synergies.

Alors, le précédant ou l'accompagnant, la croissance apparaît à la fois comme le terreau et le levain du développement. Elle ne représente pas autre chose que la part de l'accroissement brut des biens ou des revenus. La croissance nominale ne constitue pas une fin en soi. Son taux reste donc une donnée statistique de la macroéconomie. Il n'en découle pas forcément des rentrées automatiques et proportionnelles d'argent, en termes "des fruits de la croissance" au profit des habitants d'un pays. Il peut en effet arriver que les retombées de la croissance soient partiellement ou totalement transférées à l'étranger. Ceci explique le hiatus qui existe entre l'euphorie avec laquelle les gouvernements africains se plaisent à annoncer avec emphase la moindre hausse du taux de croissance et les populations qui se plaignent amèrement de la baisse corrélative de leur pouvoir d'achat. En réalité, il convient toujours de relativiser, sans nullement les sous-estimer, les apports directs et proportionnels du taux de croissance dans le panier de la ménagère. Car, ce taux n'exprime en valeur relative que l'évolution algébrique des éléments constitutifs du produit intérieur brut (P.I.B.). Les difficultés de calculer le produit national brut (P.N.B.) et l'inexactitude conséquente de ses données au niveau macroéconomique ne permettent pas non plus de maîtriser la moyenne chiffrée de l'enrichissement par tête d'habitant. C'est donc à tort que certaines personnes prennent la croissance pour synonyme de développement. La croissance est en effet quantitative alors que le développement est qualitatif ; la première peut cependant être un signe avant coureur du second :

- si elle est comprise comme un des matériaux constitutifs du développement, rationnellement intégrés à l'agencement du développement complémentaire, à venir. Dans cette hypothèse, la croissance enregistrée traduit en volume et en valeur une hausse de production dans une économie intégrée, nette de subventions et non accompagnée de baisse artificielle de prix.

- si ses fruits sont investis dans des secteurs productifs et de rentabilité assurée en vue de démarrer ou de renforcer un tissu industriel, intégrant des technologies de pointe susceptibles de favoriser la maîtrise des flux monétaires, y compris des devises.

- si l'économie dispose des structures et des infrastructures fiables soutenant le fonctionnement de l'ensemble des secteurs qui se complètent et se font concurrence. Une telle croissance est un gage de l'essor de l'économie et de la stabilité de l'emploi, surtout lorsque de cette croissance résultent des bénéfices dégageant un cash flow que les actionnaires pourront réinvestir.

L'élément important à observer est le taux de croissance atteint qui résulte de la contraction entre les ressources et les emplois des flux financiers des entreprises. C'est à travers de nouveaux investissements en capital que l'on saisit la capacité d'absorption du surplus des ressources issues de la croissance. Il doit s'ensuivre une amélioration qualitative et quantitative des différentes composantes de l'économie et une plus grande maîtrise des facteurs de production pour faire face à de nouveaux bonds en avant et à des ambitions nouvelles. Alors il y a croissance et développement, ce dernier étant le constat coulissant d'une amélioration qualitative et durable d'une économie en expansion, influant positivement sur l'épanouissement global de la société.

La croissance seulement quantitative des biens peut enrichir quelques individus sans forcément susciter la création des secteurs économiques nouveaux ni des emplois. Dans ce cas, il s'agit d'une croissance sans développement. C'est la situation dans laquelle se trouvent nombre de pays sous-développés, notamment africains. Ainsi, les exportations des produits de base au niveau macroéconomique peuvent impressionner quant à la valeur marchande FOB[83] de ces produits. Mais en suivant la

---

[83] FOB = Free on Board = Coût de la marchandise incluant tous les frais jusqu'à son embarquement.

filière de collecte, de transport et de vente des produits, force est de constater que ce sont des miettes qui parviennent aux planteurs des palmistes, du coton, du cacao, de la vanille, de la canne à sucre, du caoutchouc...Certes, cela permet aux paysans de se délester de certains de leurs besoins, contribuant en passant et sans le savoir à développer les pays de provenance des articles et des marchandises dont ils se sont procuré. Si leurs produits ci-dessus cités étaient localement transformés en produits finis ou semi-finis, les revenus salariaux s'en seraient accrus et toute l'activité économique du pays s'en serait ressentie. Nos paysans auraient alors contribué beaucoup plus encore au développement de leur pays grâce aux revenus distribués aux personnels employés dans les usines de transformation et aux dépenses des ménages qui vont en découler. Le commerce local s'en serait trouvé revigoré et les finances de l'Etat renflouées. La transformation sur place, même partielle, des produits locaux comme le coton, le cacao, le caoutchouc, le bois, les divers minerais...stimule davantage le développement. En amont, les producteurs, bien qu'encore mal rémunérés, perçoivent tant soit peu quelques revenus. Au milieu, les industriels en feraient leur affaire en versant des salaires substantiels aux personnels. En aval, la distribution pourrait s'opérer au profit des commerçants nationaux. En stoppant net l'importation des mêmes articles, l'on réalise à due concurrence des économies de devises. Toute la problématique d'équité dans les relations économiques entre pays développés et pays sous-développés se situe ici. Les premiers craignent qu'un tel revirement n'aggrave le taux de leur chômage. Les seconds estiment que le Pacte Colonial de Berlin de 1885 a vécu. Il faut donc trouver un terrain d'entente acceptable pour tous.

B- UNE ECONOMIE A LA CROISEE DES CHEMINS

De même que l'on ne peut récuser l'influence des brassages des civilisations et de la contraction progressive des distances sur l'évolution des peuples et des systèmes, de même l'on ne saurait soustraire la dynamique des phénomènes économiques de leur environnement naturel ou culturel. L'économie peut donc tout naturellement porter la marque du temps et de l'espace. Aussi, l'économie à l'occidentale est-elle tout à la fois un avatar de la civilisation de l'Occident et une sécrétion de son génie propre. L'économie à la chinoise serait alors assortie à la civilisation chinoise plusieurs fois millénaire. De ce raisonnement par l'absurde, il ressort clairement qu'il peut exister plusieurs acceptions de l'économie. L'histoire économique des nations en révèle une infinie variété et en suggère une succession de définitions, à géométrie variable et à sémantique évolutive. L'économie de cueillette, de subsistance, de traite, de troc...en sont des illustrations quant à sa nature, son objet ou sa finalité. L'économie de la savane ou de la forêt, l'économie minière ou agricole, l'économie traditionnelle ou industrielle... constituent le genre, la forme, la base ou le niveau technique caractéristique d'une économie. La satisfaction des besoins « divers et ondoyants » de l'homme peut en être la finalité au niveau individuel.

L'économie dite informelle exprime en réalité à travers le prisme occidental, la différence de taille et des méthodes de gestion des échanges, telle qu'elle ressort de la logique organisationnelle et dimensionnelle des unités et des transactions économiques, comparées à celles de l'économie occidentale d'aujourd'hui. La volonté et les démarches actuelles de l'Occident de transfigurer les lois du marché pour soumettre le reste du monde aux lois de la «globalisation» ou de la «mondialisation» confirme bien que le sens de l'économie est aussi évolutif qu'élastique. On peut donc parler de l'économie à l'africaine tout autant que de l'économie à l'occidentale, quand bien même la seconde serait en passe de phagocyter la première. Dès lors, les techniques de gestion de l'économie et la mission qui lui est assignée portent la marque de la géographie, de la culture et du niveau scientifique des peuples concernés. Aussi, l'économie à l'africaine se particularise-t-elle par son "africanité" dans tous les sens du terme.

1- La pensée économique africaine

Pour certains esprits « formatés », il peut paraître insensé ou pour le moins ironique de parler de la pensée économique africaine, qui semble relever plus de l'empirisme que d'un quelconque recueil d'idées économiques proprement africaines. Aucun traité ni diffusion ne permettent apparemment de soutenir « doctrinalement » cette assertion. Mais si l'on admet qu'il y a une pensée économique du Moyen Age, du XVIIIe ou du XIXe siècle par exemple, l'on ne saurait nier l'existence de la pensée économique africaine. Originellement, celle-ci est le fondement logique et la sève nourricière de l'économie « formelle » à l'africaine. L'économie « informelle » n'est que le travestissement de la pensée économique africaine, à l'épreuve de la pensée économique occidentale. Il n'est d'ailleurs que normal que la nature du contenu et l'appréciation de l'impact d'une telle pensée ne la situent pas forcément ou exactement au même niveau que celles en vogue dans d'autres pays et continents, ou à d'autres époques. C'est là précisément qu'apparaît la différence des conceptions de l'économie et l'explication de l'état d'avancement des idées de l' « Homo economicus ». Aussi, n'est-il pas rare de noter des comparaisons parfois hâtives de ces conceptions, simplement tirées d'un niveau de développement ou d'une étape de la croissance économique. Les diversités culturelles devraient normalement imposer une relativisation de la perception même de l'économie par ses acteurs et ses bénéficiaires, au niveau aussi bien micro que macroéconomique.

En microéconomie, à l'analyse, la pensée économique africaine procède du même ressort de motivation que celle qui prévaut chez d'autres humains. Elle répond universellement de l'instinct de conservation, certainement du désir de confort et opportunément du sentiment de fierté, voire d'orgueil. La philosophie de la vie des uns comme de celle des autres, peut cependant conduire à en changer l'ordre de classement. Le sentiment de fierté peut par exemple, chez l'Africain, prendre le pas sur le désir de confort ou de loisirs que s'emploient davantage à privilégier les Occidentaux, eu égard à leur conditionnement naturel et/ou à leur confinement professionnel. Or, la fierté ne procédant pas que de la matière économique, la différence des cultures pourrait l'amener à être satisfaite, là sans investissements, ailleurs après de durs labeurs et de lourdes dépenses.

L'économie pouvant être définie comme la science de la satisfaction des besoins, c'est l'instinct de conservation et le désir de confort qui en détendent les ressorts. Ici, l'Africain, l'Américain, l'Européen ou l'Asiatique sont mus par les mêmes motivations avec un accent plus ou moins marqué pour tel ou tel besoin, en fonction de leurs cultures respectives. Mais la nature, la qualité et la quantité des besoins sont elles-mêmes des résultantes du conditionnement environnemental ou spirituel des hommes, et partant de leur disposition à développer les capacités et les habiletés propres à les satisfaire. Rien à priori ne permet donc de dire que l'Africain soit d'essence absolument plus sobre dans tel domaine. Sa sobriété peut n'y être qu'apparente et s'expliquer alors par le bas niveau de ses revenus ; mais aussi par des tabous, par « les goûts et les couleurs [qui] ne se discutent pas » ; ou même simplement par l'absence de harcèlement publicitaire auquel est soumise la société de consommation dont l'imagination ne cesse de créer de nouveaux besoins à satisfaire.

Si évidemment tous les hommes pouvaient s'accorder sur les contours, le contenu et la finalité de l'économie, il serait plus facile de la moduler et conséquemment de modeler les hommes. Il ne resterait plus aux économistes chevronnés qu'à se transformer en instructeurs universels pour faire passer tout le monde par leur moule. D'où l'élasticité de la notion de besoins, voire l'artificialité de certains d'entre eux, et partant de la malléabilité de la science économique. C'est ici que se situe son premier vrai hic. C'est là que l'économie interpelle la philosophie sur la vocation de l'Homme et sur son humaine condition, lesquelles semblent évoluer davantage en fonction de la vitesse de progression des sciences exactes, notamment physiques, chimiques et mathématiques ; et sans doute au détriment de la mystique et de la métaphysique. La conséquence pourrait en être l'apologie du matérialisme, mais aussi la sécrétion progressive d'une civilisation plutôt mécanique. Ce qui réduirait d'autant la place de l'esprit dans l'équilibre devant régir l'harmonie entre la vocation naturelle de l'homme et sa mission mystique. C'est peut-être faute d'une coïncidence parfaite entre celle ci et celle là que l'élasticité des besoins et le désir de les satisfaire prennent l'allure d'un mirage après lequel ne cesse de courir l'homme sans pouvoir être définitivement comblé. Ce qui, à bien des égards, conduirait à définir l'économie comme la science qui relativise la satisfaction absolue des besoins. Mais l'économie est aussi la science de la création et de l'accumulation des richesses. Cette accumulation peut elle même être la conséquence du premier terme de la définition, à savoir la satisfaction anticipative des besoins ; si tant est que cette accumulation ne serait pas elle même un besoin.

Pour l'Africain pétri des valeurs traditionnelles, l'accumulation des richesses a pour objet de satisfaire son sentiment de fierté ou d'orgueil, tout autant que de cadrer avec sa culture paternaliste. Il fonde sa vocation sur la transmission du savoir et de l'avoir à ses disciples et à ses descendants par la voie de l'initiation et de l'héritage. Il en est ainsi des sociétés vivant de l'économie de la vache dont les pasteurs Peuls et Massaï sont les plus représentatifs. Malgré leur éloignement géographique ou linguistique, ils ont en commun une même raison d'être : accumuler des richesses en termes de bétail pour les léguer à leur postérité, préférant généralement être riches en nombre de têtes de bœufs, mais vivre pauvrement au point de manquer de tout confort matériel. Pour les mêmes raisons, l'accumulation des richesses se matérialise chez beaucoup d'autres Africains par la thésaurisation. Les pièces d'argent et d'or, les bijoux, mais aussi les billets de banque sont conservés sous forme de réserves. L'on y recourt chaque fois que de besoin pour satisfaire une demande ponctuelle en vendant une part du métal précieux ou simplement en le gageant contre des espèces. Les femmes de la région sahélienne et plus particulièrement celles de la région du Lac Tchad, du Mali, du Sénégal, de la Guinée… sont de grandes adeptes de cette forme d'économie, consistant en un investissement d'un type particulier d'épargne – placement. Ces femmes jouissent parfaitement de leurs biens, ne négligent pas le confort et mettent en avant la satisfaction de leur orgueil et de leur sens de la solidarité. Elles animent à cet effet par leurs avoirs une assurance-solidarité consistant en des contributions que les membres solidaires apportent à une des leurs pour alléger ses charges à l'occasion d'une cérémonie traditionnelle : mariage, baptême, circoncision, deuil et autres rites de passage. Les versements des contributions se font publiquement et très solennellement à l'occasion d'un grand rassemblement très cérémonieux. L'épargne - placement des femmes les moins fortunées se fait sous plusieurs formes dont celle d'achat et de conservation d'assiettes ; mais aussi et de plus en plus par le biais des tontines. De même, les agriculteurs de grand gabarit conservent une bonne partie de leur récolte — graminées, arachide et haricot notamment — dans des greniers pour, plus tard, spéculer sur les prix. A cet égard, les modes et techniques de stockage et de conservation des produits en général et les greniers africains en particulier, montrent que les conditions naturelles de réussite économique ne sont pas équitablement réparties. L'homme de la forêt qui s'adonne à la culture de tubercules ou de la banane ignore le grenier. Ce qui, "naturellement", réduit ses possibilités de conservation de certains de ses produits, limite ses facultés en matière de prévision ou de projection et augmente sa propension à produire moins et à consommer vite et parfois beaucoup.

Si donc dame nature peut ainsi faire différer de perspectives l'économie de la savane de celle de la forêt, l'on peut allègrement conclure qu'elle puisse également influencer sa métamorphose d'un continent à un autre, d'une civilisation à une autre, d'un point de son évolution à un autre. Et les freins que lui opposent çà et là des tabous et des coutumes ou des religions n'en seraient alors qu'un des aspects de chacune des phases du processus. Mais tout le monde n'est pas aussi défaitiste. Ceux qui ont su apprivoiser la nature semblent avoir progressé beaucoup plus vite que ceux qui se laissent adapter par elle. Les premiers, actuellement représentés notamment par les Occidentaux, éprouvent un sentiment de fierté légitime découlant de leurs succès économiques, mais aussi et surtout de leurs prouesses techniques. Les seconds, bien que séduits par ces performances, n'ont rien d'autre pour se consoler que de vivre loin de l'illusion de la société de consommation qui se sent heureuse simplement parce qu'elle court après un bonheur fuyant, bonheur qu'elle ne parvient point à atteindre. A cet égard, Beaumarchais a assurément été un précurseur dans cette manière de penser. De son expérience il avait retenu qu'« il ne faut pas se faire illusion, le plaisir n'est pas dans la jouissance ; il est dans la poursuite. »

Dans cette course poursuite sans fin qui fait avancer l'humanité, l'homme tire son dynamisme de l'antagonisme des motivations et des situations, son émulation des ferments de la vanité et de la jalousie, ou sa satiété de la complémentarité des climats, des produits et des cultures. Le leitmotiv qui l'accompagne dans cette épopée continuera de se nourrir de la dialectique de ces courants contraires ou contradictoires. Sinon, quels seraient les nouveaux ressorts de motivation pour stimuler l'homme dans la création et la satisfaction de ses besoins multidimensionnels ? La fameuse « globalisation », créée par et pour un seul et même modèle économique, pourra-t-elle être à même d'agrémenter la vie de tous les hommes dans une société mondialisée qui se révèlera unidimensionnelle ?

En macroéconomie, l'Afrique traditionnelle vivait une pensée économique moins adultérée avant la colonisation et même pendant celle-ci. D'où son dynamisme enthousiaste d'antan, aussi bien au niveau de l'activité et des échanges qu'à celui de la politique et de l'encadrement économiques. L'économie traditionnelle est faite d'activités diverses et variées. Production, distribution et consommation ne sont pas des enseignements livresques tirés des manuels d'économie, savamment définis et structurés, puis doctoralement dispensés du haut d'une chaire ; mais des réalités quotidiennes empiriquement vécues et pratiquées, avec évidemment plus d'aisance dans les pays de la savane que dans ceux de la forêt.

De l'agriculture l'on tire non seulement les divers produits vivriers tropicaux, mais également les matières premières à transformer. De l'arachide ou du palmiste, l'on extrait de l'huile suivant des techniques simples encore en usage. Le coton est filé puis tissé en bandelettes ou bandes, cousues les unes aux autres, puis coupées en vêtements pour hommes ou femmes. La teinture, par exemple à l'indigo, leur donne les couleurs et les tons, allant du bleu clair au noir. L'élevage fournit certes le lait, le beurre et la viande, mais aussi les peaux que les tanneurs transforment en cuir de coloris variés très vite manufacturés par les cordonniers, en sacs, chaussures, carquois, selles... Le travail du fer est l'affaire du forgeron qui patiemment distille, de son haut fourneau, du fer à partir des débris de pierres ferreuses ou du minerai granulé qu'il rassemble dans les lits des rivières ou des ruisseaux. Il fabrique et fournit des outils agricoles, des armes blanches, des éléments de harnais.[84] Les métiers de forgeron, de tanneur, de cordonnier, de bijoutier, de teinturier, de boucher, de pasteur..., étaient surtout l'apanage des hommes. La filature, l'huilerie ou la laiterie sont réservées aux femmes. Quant au tissage, à la vannerie, à la poterie ou à la pyrogravure, la spécialisation n'est pas aussi rigoureuse. Dans tous les cas, cette répartition des tâches par sexe peut légèrement varier d'une région ou d'une ethnie à une autre.

Les produits échangés ou achetés sont ceux cités plus haut, ainsi que le bétail, les armes, la cola et ceux venus d'ailleurs : Europe, Arabie, Maroc, Libye, Egypte, Istanbul, Bagdad... et, plus tard, Chine et Japon. Le troc progressivement a laissé place à des intermédiaires d'échanges. Ce fut d'abord, dans certaines régions d'Afrique, la coudée de la bandelette de tissu qui était considérée comme unité de compte, puis les cauris, puis les pièces en argent avant que les pièces de monnaies portugaises, allemandes, anglaises ou françaises ne s'y substituent dans les colonies.

A l'observation, la politique économique de l'Afrique traditionnelle est plutôt libérale. L'existence des castes ayant l'exclusivité de certains métiers ou la répartition des activités par sexe, ne démentent pas cette réalité : elles peuvent être assimilées à une forme de spécialisation professionnelle. Il s'agirait plus d'un état des us et coutumes que du résultat de l'évolution d'une politique de division des responsabilités, consciemment élaborée et mise en œuvre dans la nuit des temps. Les critiques portées sur l'organisation d'une société traditionnelle

---

[84] Cf. La description "dithyrambique" et détaillée des composantes du harnais des chevaux de Tibati (Cameroun) par Kurt Von Morgen en 1898 in *Le Cameroun du Sud au Nord* - Publications de la Sorbonne - 1982, p. 321-333.

comportant des castes ne devraient pas être péremptoires. Car, il s'agit plutôt d'une situation caractéristique d'un environnement économique à base de spécialisation et/ou de hiérarchisation sociale. L'une et l'autre se rencontrent dans tous les systèmes économiques d'hier et d'aujourd'hui. Cet état de chose présente l'avantage d'une séparation « objective » des pouvoirs en matière économique et sociale, et une distribution socialisée des fruits de leur labeur entre les membres actifs d'une même communauté. Cette "division du travail" répond à sa manière à une double préoccupation de la science économique et de la politique : la création des emplois et des revenus et leur répartition équitable. Les critiques incriminées seraient incontestablement fondées si l'organisation sociale en castes pouvait à elle seule expliquer ou « favoriser la stagnation et empêcher les mutations révolutionnaires, sources de progrès... ». Que dire alors du niveau actuel du développement des sociétés africaines sans castes ou des pays de l'Amérique latine ? D'ailleurs, de quel droit dénierait-on aux castes les vertus de l'antagonisme « positif » reconnues aux « classes » ? De telles critiques peuvent avoir été inspirées par une réaction bornée à un passé mal vécu. Alors, dénuées d'analyse approfondie, elles comportent le risque d'avoir été hâtivement, voire subjectivement, formulées par leurs auteurs.

Quoi qu'il en soit, cette organisation laisse libre cours à un libéralisme économique total. L'entrée d'un novice dans un secteur d'activité n'est soumise à aucune condition de la part de l'autorité politique ou administrative. Mais chaque maître ou patron a ses conditions d'initiation ou de formation, qui ne sont pas draconiennes et ne compliquent ni l'accès à ce secteur, ni l'apprentissage du métier. L'individu formé est libre par la suite de s'installer à son compte ou de s'associer à son maître d'hier avec un partage conventionnel des tâches et des bénéfices ; l'apport en nature, en investissement en capital et/ou en mise ponctuelle de fonds étant pris en compte. Les transactions sont également libres. Cela rappelle d'ailleurs ce qui se passait en Europe dans ce domaine à la même époque : le compagnonnage, l'autorité du maître, le mythe et la mystique de l'artiste...

Toutefois, l'autorité politique et/ou administrative perçoit des redevances royales et des rentes de situation, constituées des contributions calculées, collectées et payées par des membres influents du secteur. Des droits d'accès aux marchés du territoire sont également perçus des chefs de caravane ou des commerçants regroupés par corporation, aux jours du marché hebdomadaire. Est prohibé tout excès susceptible d'entraîner la désertion du marché au profit de ceux des territoires voisins. Chaque souverain veille personnellement à ce qu'il n'y ait pas d'abus dans la « taxation ». Celle-ci, généralement, fait l'objet de marchandages avant d'être arrêtée dans son montant en nature ou en espèces, parfois une fois pour toutes pour les réguliers. Un seul interlocuteur attitré représente le groupe ou le territoire d'origine des marchands. Tout ceci ne peut aller sans une politique d'encadrement économique.

A cet effet, sauf dans certaines zones forestières, chaque souverain est entouré de ses « ministres » en charge des différents secteurs d'activités économiques ainsi que des professions connexes. L'agriculture, l'élevage, le commerce, la justice, les travaux communautaires, la guerre, la diplomatie, sont dirigés par des collaborateurs directs et spécialisés des souverains. Leurs représentants délégués aux échelons inférieurs de commandement bénéficient d'une assistance quasi-similaire. Les métiers "castés" sont représentés par les chefs de castes (griots, forgerons, bouchers, barbiers, bijoutiers...) dont la compétence correspond à l'échelon territorial dans lequel ils se situent. Dans certaines communautés ethniques ou géographiques, cette organisation est parfaite dans sa structure ainsi que dans la répartition et l'exercice des compétences. Mais elle fait généralement défaut dans les contrées de la forêt équatoriale ; la notion de souverain traditionnel n'y existe souvent pas. La politique et l'encadrement économiques ne sauraient donc y être évoqués, même durant la période de conquête ou de domination coloniales des territoires africains. Cependant, l'introduction des cultures d'exportation conduira à créer partout des structures de responsabilisation des « indigènes » : coopératives paysannes, caisses de stabilisation des prix des produits de base ou offices de commercialisation des mêmes produits (appelés "Produce Marketing Boards" dans les pays anglophones).

Ainsi donc, en micro comme en macroéconomie, des prédispositions naturelles existent au profit ou au détriment des habitants de telle région plutôt que de telle autre. Une sorte de déterminisme socioculturel, mais surtout géographique, semble sceller le sort économique des hommes qui manqueraient d'imagination et de volonté de vaincre l'adversité ambiante. En fait, seul le fatalisme et la léthargie inconsciente peuvent expliquer le retard « naturel » de développement, imputé souvent à tort à l'hostilité géographique des différentes zones de la planète. Cela ne saurait en être une excuse car les hommes ne sont pas victimes de leur environnement, mais de leur incapacité intellectuelle et conceptuelle certes, de leur manque de détermination à surmonter les handicaps assurément. Autrement les déserts de Californie ou d'Israël ne seraient pas verts. Les 70% du territoire de la Confédération Helvétique occupés par des montagnes et des rochers n'auraient pas permis de classer les Suisses parmi ceux au monde à revenu le plus élevé par tête d'habitant. Les pyramides d'Egypte, faites de blocs de pierres pesant plusieurs milliers de tonnes et élevées il y a plus de trois mille ans dans la Vallée du Nil, n'auraient jamais compté parmi « Les Sept Merveilles du Monde »... « Il n'y a pas de développement sans la volonté de se développer », ne cessait de marteler le tout premier président du Cameroun, Ahmadou Ahidjo. Cette volonté doit exprimer avant tout le refus de la résignation, de la médiocrité et de la honte ; et surtout l'acceptation de consentir des sacrifices, le dépassement de soi et la persévérance, mais aussi la force d'espérer, la capacité de s'adapter, la volonté de réussir et enfin la fierté de se hisser au plus haut niveau atteint par des semblables qui ne sont, somme toute, que des humains vivant sur cette même terre. Pour être en harmonie avec toutes ces conditions également complémentaires, l'Africain doit comprendre que pour atteindre un même objectif, il doit, quant à lui, fournir beaucoup plus d'effort pour à la fois combattre l'hostilité de l'environnement et combler son retard par rapport à ceux qui ont déjà gagné plusieurs longueurs d'avance.

La réalité d'une pensée économique authentiquement africaine ne fait désormais l'ombre d'aucun doute. Compte doit cependant être tenu que la puissance de l'économie occidentale tend actuellement à l'acculer au point de créer en elle une dichotomie. Ainsi, par la force des choses et des circonstances, n'est « formelle » que l'économie de souche ou d'inspiration occidentale. Le vocable « informel » sous-entend tout simplement les autres systèmes économiques. L'on ose quand même croire que la pensée économique africaine, malgré cette nouvelle épreuve que lui impose la loi du plus fort, ne sera pas une pensée informelle. Aux Africains de la reformuler, de la formaliser et de la mettre à niveau et à jour pour qu'elle poursuive, cette fois avec plus de bonheur, son bonhomme de chemin tout en s'inspirant du côté positif des autres modèles économiques, dont celui de l'Occident en particulier.

Mais pour être vivante, toute pensée doit évoluer. La pensée économique n'échappe pas à cette loi de mue et de mutation. Celles qui n'ont pas su évoluer à un rythme de compétition ouverte, ni pu adapter la maxime latine *cujus regio ejus religio*, n'ont guère bien vécu leur époque, se sont mal enrichies des apports de leur région ou de leur religion et n'ont pas réussi à marier leur objet avec le temps et l'espace. C'est ce qui explique le désarroi de l'économie à l'africaine après son inféodation à l'économie coloniale et aux autres doctrines et systèmes économiques importés.

2- L'économie de la colonisation

Avant qu'elle ne soit devenue une science qui ne peut encore être considérée comme exacte, l'économie à l'état pur est un des fondements de l'organisation sociale de la communauté humaine. Son niveau de développement s'avère donc étroitement lié au degré de perfection atteint par cette organisation. De par la politique qui la sous-tend et la perfection de son encadrement, l'économie à l'africaine, loin de n'être qu'empirique, est bel et bien « pensée ». Elle a essentiellement été une économie libérale dans tous les sens du terme. Elle s'est épanouie dans une zone de libre échange et de libre convertibilité. Il n'y avait donc ni barrières douanières, ni contrôle de changes. Mais la lettre de change y était inconnue. Les transactions commerciales se faisaient généralement au comptant. La mentalité née de cette situation pourrait expliquer le retard de l'avènement de la banque en Afrique, l'ignorance relative de ses règles, la réticence de beaucoup d'Africains à y recourir ou leur propension à en abuser.

La dimension et la vitalité du marché africain d'alors répondaient aux exigences optimales d'un espace commercial à grande échelle. Les empires, les royaumes, les sultanats ou toutes autres formes d'autorités ne constituaient nullement des entraves aux échanges intra-africains ni avec l'étranger. « L'Afrique commerçait avec l'Afrique. » L'Afrique marchande était par ailleurs ouverte sur l'extérieur, tant sur les côtes atlantique et méditerranéenne que sur l'océan Indien et la mer Rouge. Or, ivoire, tissus, céréales, oléagineux, ou autres stimulants, bétails ou autres bêtes de somme, mais hélas ... esclaves aussi, faisaient partie des produits exportés d'un Etat à un autre, voire d'un continent à un autre.

Comme corollaire de l'établissement des contacts commerciaux avec les Arabes sur la côte Est de l'Afrique et les Européens sur la côte Ouest et méditerranéenne, une bonne partie de ces transactions alimentera le « commerce triangulaire ».

Le vocabulaire commercial africain en a été influencé et le langage monétaire marqué. Le cedi, actuelle unité monétaire du Ghana, est certainement synonyme de *ceede*[85] en langue peule (fulfuldé) pour désigner la monnaie fiduciaire. Une pièce de monnaie, le *kobo,* a laissé son nom, non seulement au Nigeria et au Nord - Cameroun où il s'agit d'une monnaie divisionnaire, mais aussi au Niger, au Bénin et au... Mozambique. Le thaler qui a été une monnaie africaine est appelé *sunku* en fulfuldé, ou *gursu* en arabe ou en kanouri. Il en est de même de *dala,* déformation de dollar, mot particulièrement utilisé aujourd'hui encore dans la plupart des pays d'Afrique, non pas pour désigner le dollar mais plutôt une contre-valeur nominale en papier-monnaie local. L'Arabe non plus, n'a pas manqué d'imprégner ce vocabulaire commercial, notamment dans des pays musulmans ; il en est ainsi du mot *jar* ou *zar,* pour dire capital, *riba* pour dire rente ou bénéfice, *wahala* pour globaliser l'expression « frais généraux ». Tous ces vocables sont aujourd'hui encore en usage. Sans trop de heurts, l'ouverture de l'espace commercial africain s'est poursuivie, en s'élargissant toujours davantage. Elle débouchera malheureusement sur une invasion armée de l'Afrique par des Européens. Ce fut ainsi que la colonisation se substitua à de pacifiques transactions et échanges commerciaux.

Dans les phases précoloniales des relations entre l'Afrique et l'Europe, les Européens prétendaient poursuivre sur le continent des buts scientifiques d'exploration, de découverte et de cartographie ; sans doute pour mieux camoufler leurs velléités colonisatrices. Comme par corollaire et à l'image des Phéniciens et des Crétois dans la Méditerranée antique, ils greffèrent le commerce à leur odyssée. En précurseurs, l'Espagne et le Portugal s'y donnaient à cœur joie, sous l'impulsion et le contrôle de leurs rois et empereurs du XVe siècle. Intrépides, leurs navigateurs parcouraient les océans, fondaient sur la terre ferme des comptoirs commerciaux et courageusement rapportaient à leurs couronnes des trésors et des richesses exotiques extraordinaires. Les

---

[85] Prononcer tchèdé pour ceede (=cauris) et djar pour jar

souverains de ces deux royaumes plaçaient cette activité florissante sous la bénédiction de l'autorité suprême de l'Eglise.

Les compagnies et comptoirs commerciaux connaîtront un essor encore plus fabuleux avec l'avènement de la traite des Noirs. Des cargaisons des milliers et des milliers d'esclaves africains sont embarqués à bord des « négriers », débarqués aux colonies d'Amérique et vendus à prix d'or pour cultiver les plantations de canne à sucre aux Caraïbes, de coton et de tabac au sud de l'Amérique du Nord, de café ou de cacao au Brésil...

Pourtant, avant l'appropriation par les Européens des techniques chinoises de fabrication de la poudre à canon, l'Afrique n'était nullement différente de l'Europe au niveau de la production et des échanges. Totalement libéral était le fondement de l'économie à l'africaine. C'est la colonisation qui aura tout chamboulé. Evidemment, l'économie à l'africaine ne saurait échapper à « l'autodafé » des valeurs, des modèles et des symboles africains. Et comme l'Histoire est écrite par les vainqueurs, beaucoup de vérités sur les institutions et sur la civilisation africaines ont été volontairement occultées. Autrement, le colon aurait reconnu que le niveau et les règles des échanges et de change atteints par beaucoup de pays d'Afrique allaient dans la bonne direction. Seule l'industrie à grande échelle leur faisait défaut.

Aux structures d'encadrement existantes, conçues pour un environnement géopolitique et un contexte socioculturel authentiquement africains, ont été substituées celles élaborées par et pour le colon, pas forcément compatibles avec le cheminement de l'Afrique vers le progrès. En vérité, tout cela participe de la volonté manifeste du colonisateur d'entreprendre une désorganisation généralisée de l'ordre ancien purement africain. Aussi, les gouverneurs ou les hauts commissaires, rivaux et jaloux les uns des autres, se mesuraient ou se toisaient à partir des résultats de leurs actions pour soumettre les populations et les villages à fournir en quantités voulues des richesses locales et des produits variés à acheminer vers la Métropole. Chacun s'évertuait évidemment à protéger bec et ongle « les possessions » de son pays contre toute invasion des produits venant des autres pays européens ou des Etats-Unis d'Amérique, et pire encore du Japon ou de la Chine. Du coup, plus de zone de libre échange, plus de libre convertibilité, plus de libre circulation des personnes et des biens.

Des barrières douanières bordèrent conséquemment les frontières terrestres, maritimes et aéroportuaires de chacune des colonies ; y compris à l'intérieur des ensembles contigus des territoires « appartenant » au même pays colonisateur. Ainsi naquit une Afrique alvéolée en Etats cloîtrés à la française, à l'anglaise, à la portugaise. Inconsciemment l'Europe se transporte nue en Afrique, y transpose ses divisions, ses conceptions et ses méthodes, ses absurdités même.

Pour avoir été traités en propriétés coloniales, les Africains n'ont pas été créés pour être confinés à vivre à l'étroit dans des soi-disant Etats. Par le passé, aucune limitation n'avait été apportée aux mouvements des autochtones d'Afrique, à l'intérieur même de leur continent.[86] Ils étaient naturellement intégrés, bien avant la lettre. Que les autres continents leur exigent à présent passeports et visas, soit ! Mais cela ne devrait pas être le fait des pays africains entre eux-mêmes. Le penchant naturel des Africains ne répugne-t-il pas les papiers d'identité, du reste qu'ils trouvent ridicules dans certains cas ?[87]

D'essence ou d'apparence scientifique, finalement la colonisation aura en réalité tour à tour pour fondement le mercantilisme et l'exploitation, et pour finalité la domination tous azimuts et par tous les moyens. L'économie de la colonisation ou la pensée économique coloniale ne se définira que par rapport à l'objet même de la colonisation. C'est elle, notamment, qui aura ainsi désorganisé l'économie à l'africaine, entre autres en la monétisant à outrance.[88] Ceux qui attendaient des rapaces l'observance des règles de la solidarité auront peut-être enfin compris le cynisme de l'Acte de Berlin, « en faveur » des populations indigènes.

Seulement pourvoyeuse de matières premières alimentant les industries occidentales, comme le lui a imposé l'Acte de Berlin depuis 1885, l'Afrique s'est vue interdite de "boire" à cette source miraculeuse du développement qu'est l'industrie. Pourtant, créatrice d'emplois et des revenus, elle augmente le pouvoir d'achat, provoque et stimule l'effet

---

[86] Ki-Zerbo : op. cit. p. 165 à 167: *Circulation à travers l'Afrique du XIe au XIXe siècle*.
[87] Ousman Sembène : *"le Mandat"*, ou le dilemme de la foi en un papier, mais pas en la personne dont il contient l'état civil et qui en a fourni les renseignements pour sa confection.
[88] Saïbou Nassourou : *Une crise paysanne dans le Nord-Cameroun* ; thèse, 1984, Ecole des hautes études en sciences sociales - Paris - Nanterre, p. 171.

multiplicateur des ingrédients de l'économie. C'est d'elle et de la colonisation que l'Europe occidentale a tiré son enrichissement fulgurant. A bien des égards et à contrario, l'on peut estimer que cette même colonisation a été sinon la cause de blocage du développement du continent, du moins l'explication de son sous-développement.

A sa libération, l'Afrique se devait de maîtriser et même de domestiquer son économie dans les faits, mais aussi d'en inventer les lois les mieux adaptées à sa spécificité, qui puissent combattre les perversions et corriger l'extraversion dont son économie n'avait cessé de faire l'objet. Le boom économique, survenu au lendemain des indépendances et enregistré à partir des années soixante jusqu'à la moitié des années quatre-vingt, a confirmé la manifestation de cette volonté dans beaucoup de pays africains. Le mérite résultant de cette performance louable va certes au travail de tous les Africains. Mais il va aussi à l'abnégation et à la gestion raisonnable « en bon père de famille » de nombre de leurs dirigeants des années des indépendances. Malheureusement, beaucoup de leurs successeurs qui n'auront pas pu incarner des qualités d'hommes d'Etat, se seront particulièrement singularisés par une gestion chaotique des affaires publiques. En vérité, la sagesse, l'intégrité morale et le sens de l'Etat développés par ces « pères » avaient indéniablement mis à mal des appétits inciviques et immoraux longtemps refoulés, telle la propension à la gabegie, à la corruption ou aux détournements de deniers publics dont bavaient alors certains de leurs compatriotes ; entraînant de facto un endettement inconsidéré, encouragé et entretenu par d'anciens colonisateurs.

Ainsi désorganisée et désorientée, l'Afrique restera maintenue dans une indigence abominable. Economiquement émasculée et handicapée, l'Afrique ne commerce plus avec l'Afrique. « L'Afrique produit [désormais] ce qu'elle ne consomme pas et consomme ce qu'elle ne produit pas.»[89] Pour longtemps désaxé, son développement dès lors se dénature et tel un navire ayant perdu son gouvernail, elle évolue inexorablement vers l'inconnue qu'on appellera plus tard le sous-développement.

Ce qui néanmoins n'aura pas empêché ou aura permis que beaucoup d'Africains fussent inféodés à l'économie monétaire. Ceux des régions

---

[89] L'introduction de la culture du café ou du cacao, essentiellement destinés à l'exportation, à l'état brut, en est une illustration.

côtières et d'exploitation minière, des villes portuaires et des zones des cultures dites industrielles (coton, arachide, palmistes, cacao, café, thé, minerais, bois, banane, caoutchouc,) s'y étaient accommodés, bien avant l'avènement des indépendances.

3- A la recherche des voies africaines de salut

« Connaître la saveur délicieuse [d'une chose] est agréable ; [en] ignorer la saveur délicieuse est aussi agréable ». Certains peuples se seraient-ils inspirés de cette pensée antinomique peule pour en faire une doctrine philosophique qui les fonde à enfermer d'autres peuples, dont des Africains, dans l'obscurantisme ? Ils légitimeraient ainsi l'exploitation des humains à l'instar de ces religions qui disent de certains animaux de chair qu'ils sont exclusivement créés pour la consommation des humains. Une telle hypothèse induirait alors que les Africains soient classés parmi les êtres qui seraient venus au monde uniquement pour servir les autres, sans réciprocité aucune. Ce qui ferait dire, en paraphrasant Beaumarchais, « aux sacrifices qu'on exige d'un valet, le Colonisateur connaît-il beaucoup de Colons qui fussent dignes d'être des exploités ». Il reviendrait alors aux victimes de ce genre de pratique d'en tirer les enseignements et de se chercher d'autres voies du salut !

a- Les enseignements d'une vie de valet

Dans leur dessein cynique de continuer de disposer de l'Afrique, Berlin et Yalta persistent à maintenir ligotés ses membres déjà engourdis, voire sérieusement menacés d'une gangrène généralisée. Et comme si le pacte colonial ne suffisait pas, les Conventions de Yaoundé, de Lomé et de Cotonou, en avenants ou en avatars, se donnent mission d'endiguer, d'orienter et d'inscrire les initiatives et les actions des anciennes colonies d'Afrique seulement dans le sens voulu, souhaité ou toléré par l'Union Européenne. Que nul ne se fasse d'illusion, malgré les subtilités dont elles sont soigneusement entourées. Ces « Conventions » ne sont autre chose que de nouveaux relais de la colonisation. Héritier de celle-ci, et plus particulièrement de son volet exploitation et pillage, dont allègrement il poursuit l'œuvre, le néocolonialisme, de par même sa vocation, se confond avec sa mission congénitale qui consiste à ruiner subtilement le colonisé d'hier. Aussi, s'attèle-t-il à opérer des ravages dans l'économie africaine, si possible en silence et sans douleur physique immédiate. Mais ce silence, aussi tactique ou machiavélique qu'il soit, contraste singulièrement avec les gémissements miséreux des populations africaines, de moins en moins étouffés.

L'attitude pour le moins désinvolte, observée face à cette situation par ceux qui en jouissent, ne saurait ne pas surprendre. Surtout qu'elle est aussi arborée par certains amis européens avec lesquels ces populations « ont en partage » des liens historiques très anciens, ainsi que des langues. Alors, devrait-on comprendre le livre d'Antoine Glaser et Stephen Smith « *L'Afrique sans les Africains* » comme une gentille semonce annonçant discrètement la vidange d'Afrique des Africains pour laisser se réaliser « *le rêve blanc du Continent noir* » ?[90] Sans doute pour réussir un tel « nettoyage » continental, faut-il préparer et conditionner les esprits, en noircissant le tableau africain au propre comme au figuré. Aussi, l'Occident dépeint-il et présente-t-il à volonté, en couleurs plutôt sombres, tous les schémas de l'avenir de l'Afrique. Ne serait-il pas en train de dévoiler par là, inconsciemment, ce à quoi devraient conduire tous ces Accords et Conventions, aussi régaliens que léonins, ratifiés avec ses anciennes colonies d'Afrique ; lesquels en réalité posent le fondement juridique du néocolonialisme.

Ainsi, les Conventions de Yaoundé, de Lomé et de Cotonou, qui créent les relations CEE/ACP se révèlent n'être en réalité qu'« un type de contrat néo-impérialiste »[91] à visée hégémonique. A quelques nuances près, cette association ne va pas sans rappeler l'Acte de Berlin. Par son objet, elle vise en effet à satisfaire les besoins de l'Europe en matières premières. Elle ne s'est nullement préoccupée de garantir la transformation progressive et sur place de ces matières brutes par les pays producteurs, avec au besoin la définition des modalités de répartition évolutive des quantités à transformer sur une durée convenue. Le "Stabex" lui-même n'aurait-il pas pour rôle (occulte) le maintien pernicieux de ces pays dans le giron des producteurs des matières portées sur la liste conditionnant et/ou ouvrant « le droit » à l'octroi éventuel d'un « dédommagement » en cas de baisse simultanée de prix de plusieurs de ces matières ?

Avec l'institution des systèmes de quotas, de contingentements, des timbres et des certificats d'origine, les Européens se sont assurés que les

---

[90] Antoine Glaser - Stephen Smith : *l'Afrique sans les Africains ; le rêve blanc du Continent noir* - Stock – 1994.
[91] Pierre Jalée : *Le pillage du Tiers Monde* - François Maspero - 1966, p. 99.

ACP ne produiront et n'exporteront exclusivement qu'à destination de la CEE. Comme par hasard, l'Amérique latine, sphère d'influence des Etats Unis, n'a jamais sollicité ni été sollicitée pour être membre des ACP, à la différence de toutes les autres anciennes colonies européennes d'Afrique, des Caraïbes et du Pacifique. Cela relève de la logique du partage et de l'exploitation durable du Tiers Monde par les puissances de Yalta. Par conséquent, toute baisse de prix des matières premières fournies par les ACP ne profite qu'aux capitalistes occidentaux. L'invention du Stabex ne traduit que la crainte des Européens de voir un jour les pays ACP abandonner, par dépit, l'exportation à l'état brut et en exclusivité des matières premières conventionnées. Ils ont dû avoir peur que des fluctuations défavorables et persistantes des prix des matières conventionnées n'incitent les producteurs à se reconvertir dans des activités qui endommageraient moins cruellement leur pouvoir d'achat, déjà très maigre. Des cultures par exemple de légumes, de fleurs de saison, de céréales, de haricots, d'avocats, de poivre, poivron et autres épices, ...pourraient venir en concurrence des cultures dites industrielles. Ce qui rapporterait plus et stimulerait davantage les échanges interafricains et hors d'Afrique, mais qui déclencherait concomitamment un chômage structurel en Europe. L'ouverture d'autres filières concurrentielles permettrait certainement la diversification des exportations grâce à une meilleure organisation des circuits de distribution et à un choix judicieux des moyens de transport adéquats. La promotion des cultures vivrières est également en mesure de réduire les importations des produits alimentaires et conséquemment de faire économiser des devises. Un certain allégement de la dépendance ACPienne en résulterait !

Car, dans ce marché de dupes où, à tort ou à raison, ils sont taxés de naïfs, les Africains ont dû finir par s'apercevoir et comprendre, à travers la seule détérioration des termes de l'échange, qu'une fois de plus ils se sont laissés avoir. La hausse continue des prix des produits qu'ils importent et la baisse corrélative des prix des matières premières qu'ils exportent, manquent en effet d'explication logique et objective. L'une et l'autre ne peuvent être justifiées que par l'augmentation continue des salaires pratiqués dans les pays colonisateurs et/ou la réalisation des bénéfices mirobolants tirés des "affaires" coloniales ; le tout développant une création exponentielle des emplois et un bien-être général au profit des "Mères-Patries". La détérioration des termes de l'échange n'est autre chose qu'une explication "tactique" de l'escroquerie dont sont victimes les pays du Sud, dans leurs rapports commerciaux avec ceux du Nord. Plus particulièrement, les pays africains qui ne sont pas maîtres de "leur" monnaie, souffrent du comportement de leurs partenaires en la matière. Ces derniers profitent certainement de leur position pour unilatéralement décider des dévaluations directes ou indirectes, par exemple du franc CFA, imposant par ce biais les prix à leur convenance. Ils réduisent d'autant la valeur marchande des produits qu'ils importent et rendent par corollaire plus chères leurs exportations, y compris et surtout celles du matériel d'équipement ou des intrants agricoles. Si la bonne foi y était, il devrait y avoir une indexation des prix des matières exportées sur un échantillon représentatif de produits importés, notamment sur les équipements dont ont le plus besoin les pays en développement, signataires des conventions.

Cet éclairage incite à poser la question de savoir si l'égoïsme des pays de la CEE peut être compatible avec l'urgente nécessité que requiert le développement des pays africains. Si non, l'intervention fébrile des Etats de l'Union Européenne dans le financement des Plans d'ajustement structurel, mis en œuvre partout en Afrique par les Institutions de Bretton-Woods, comporterait quelque risque de les rendre encore plus suspects, aussi longtemps que ces Plans continueront de produire des effets stériles, socialement dangereux et économiquement négatifs. N'est-ce pas sous le couvert des privatisations qu'elles imposent que les actifs constitués par les « pères » des indépendances sont eux-mêmes en cours de volatilisation ? N'empêche que beaucoup de gouvernements européens ne veulent saisir ni la portée, ni l'iniquité des modalités, ni encore moins la profondeur de l'impact et la durabilité des conséquences désastreuses de certaines de ces privatisations sur des secteurs sensibles, encore porteurs.

Un Etat ou un Gouvernement auquel vont ainsi échapper à coup sûr la maîtrise et l'encadrement de sa politique économique ou sociale, qui sera tenu à l'écart du pouvoir monétaire et bancaire, énergétique et industriel ou qui ne contrôlera pas l'exploitation de ses ressources naturelles, n'est autre chose qu'un gouvernement fantoche à la solde de tous, sauf de ceux qui devraient justifier sa raison d'être. La Banque Mondiale et le F.M.I. devraient prendre leurs responsabilités pour s'éviter les critiques souvent fondées dont elles sont de plus en plus affublées. L'une et l'autre devraient comprendre qu'à la différence de ce qui se passe en Occident, privatiser des secteurs économiques en Afrique est synonyme de les dénationaliser. Aussi, la création ou l'extension d'un secteur privé puissant, nourri aux sources des « privatisations » de la Banque Mondiale, risquent-elles de ne pas voir le jour de sitôt, à moins qu'il ne se réalise au seul profit des multinationales, c'est-à-dire en marge et au large du développement endogène de l'Afrique.

Dans ces conditions, seuls les gouvernements démocratiquement fragiles n'ont d'autre alternative que de se montrer complaisants et d'accepter, hic et nunc, toutes les privatisations, sans condition ni discrimination. Evidemment, nul n'ignore que c'est ce manque d'assurance qui caractérise l'indécision et explique l'interminable fuite en avant de certains dirigeants africains. Cependant, quand bien même leur peur de dire « non » serait imputable à des pressions sinon à des menaces auxquelles ils feraient face, cette forme d'irresponsabilité ne saurait constituer une circonstance atténuante pour ceux-là qui trahissent l'intérêt supérieur de leur pays. Ils devraient savoir que les pays occidentaux eux-mêmes conservent jalousement dans le portefeuille de l'Etat la majorité des actions de leurs grandes entreprises publiques. Aussi libérale que puisse être leur idéologie économique, les Etats Unis n'accepteraient certainement pas, pour le moment, que des Japonais contrôlent BOEING, ni leurs centrales nucléaires ! Pas plus que les Européens n'accepteraient que des Russes disposent de la majorité du capital d'AIRBUS, ni l'Afrique du Sud de celle d'Air France, les Arabes de celle du Métro londonien ou d'EDF, ou encore les Chinois de celle du capital de la SNCF ou de la Lufthansa... Après tout, les Institutions de Bretton Woods ne doivent pas se considérer pour plus qu'un instrument dont l'usage devrait s'adapter à des politiques nationales crédibles et non à des idées normalisées et robotisées.

La sagesse commanderait donc aux Occidentaux, partisans des privatisations tous azimuts, qu'ils ne fassent pas à autrui ce qu'ils ne voudraient pas qu'on leur fasse. Qu'ils ne dépossèdent pas les Africains des biens, des équipements et des services qu'ils se sont efforcés de créer, d'acquérir et de mettre en service dès les premières décennies des indépendances de leurs pays. Qu'ils comprennent plutôt que les privatisations porteuses doivent s'effectuer au profit des Africains d'abord, dont ils disent vouloir assurer les intérêts. Au demeurant, dans bon nombre de pays africains, le secteur privé compte beaucoup de nationaux financièrement crédibles et à même de souscrire à des parts du capital des entreprises publiques à privatiser. Il suffirait pour cela que les conditions fixées par les appels d'offres ne placent pas la barre très haut ; comme si c'était à dessein, juste pour éliminer les nationaux et répondre aux desiderata des multinationales, soutenues pour la circonstance par des hommes politiques et des gouvernements complices. Cette forme de mise sous tutelle des Etats frustre, inquiète et indispose sérieusement beaucoup de leurs citoyens conscients. Ce qui est de nature à faire douter du fondement économique et de l'avenir même des privatisations, mais aussi à conduire à se poser des questions sur la sincérité des relations avec les pays d'origine des parties prenantes. Si cette grande croisade lancée par les Institutions de Bretton Woods à travers les P.A.S. visait vraiment l'épanouissement des peuples d'Afrique, qu'elles recourent alors à d'autres moyens et techniques de développement dont elles connaîtraient et maîtriseraient mieux les vertus enrichissantes et l'efficacité positive de l'impact économique et social, à court et à moyen terme.

Or, le retour de croissance dont se targuent les P.A.S., tant de fois annoncé et autant de fois reporté, tend à n'être qu'illusoire. A l'expérience, leurs produits dopant affaiblissent ou appauvrissent l'Afrique autant qu'ils entretiennent le sous-développement de ses Etats ou la pauvreté de ses populations. L'on ne saurait alors s'interdire de s'inquiéter d'un éventuel effet de boomerang que finalement déclencherait l'infructueux et coûteux déploiement de ces médecins économiques, plutôt en faveur de l'affermissement des intérêts néocolonialistes ou des multinationales.

D'ailleurs, où a-t-on jamais vu un plan de redressement de l'économie qui ne se soucie point de la création des emplois, ni n'initie des politiques nouvelles pour booster l'investissement et la production, générer des revenus ou optimiser la consommation, le tout en valorisant les richesses locales, souvent laissées en jachère ? Comment justifier, aussi bien économiquement que socialement, le jumelage des opérations de licenciements des fonctionnaires et autres agents civils de l'Etat aux compressions aussi sauvages qu'hasardeuses des personnels des entreprises à privatiser, sans leur avoir planifié des points de chute, ni des possibilités de reconversion en vue de leur redéploiement organisé dans un secteur privé au besoin à promouvoir, d'une part ; les baisses drastiques et concomitantes des salaires, agrémentées par leur blocage, d'autre part ? Les restructurations bancaires, synonymes de la mise en liquidation des établissements de crédits les plus importants auxquels se sont substituées des banques purement "étrangères", ne se sont pas non plus illustrées par des financements de projets nationaux de développement d'un quelconque secteur économique ! De même, par le biais des privatisations, la quasi-totalité du patrimoine des Etats a été bradée dans des conditions plus particulièrement conçues pour exclure les nationaux de toute possibilité de contrôler la moindre des entreprises ciblées. Le tout a souvent été réalisé plus dans une occultation mafieuse que dans une prétendue transparence citoyenne ou sur le dos de la naïveté ou de la couardise des dirigeants ; mais paradoxalement à la satisfaction (incomplète) de Bretton Woods.

Le succès de toutes ces coquineries est patent : l'économique est en faillite, le social indigent et le politique en déroute. Tels semblent être les fruits palpables des P.A.S. en Afrique. L'atteinte de ces objectifs insoupçonnés fait manifestement large le lit à un néocolonialisme rampant. Pour ne pas être en porte-à-faux avec sa raison d'être déclarée, la Banque Mondiale, déjà forte d'une réputation sans cesse à reconquérir et des moyens financiers plutôt à rentabiliser, devrait refuser de devenir le point de mire du mauvais œil et des cris des plus pauvres. Elle doit surtout rejeter toute vocation nouvelle officieuse qui s'ingénierait à faire vivre les Africains (et les peuples similaires) de plus d'espoir que de foi, à les contenir et à les maintenir au seul stade de la lutte contre une pauvreté programmée pour être perpétuelle.

b- Des doctrines et des options économiques

Le mérite de l'indépendance politique des Etats africains aura été de placer leurs dirigeants en position de prendre la mesure de leur mission face à la gravité des réalités économiques et sociales que couvait, occultait ou méprisait la colonisation. Pour assumer les responsabilités toutes nouvelles dont ils viennent d'être investis, ils n'ont pas d'autre choix que de se dévouer à un sacerdoce missionnaire pour lutter de toutes leurs capacités contre le « sous-développement » qu'ils découvrent sous toutes ses formes. L'indépendance économique, complémentaire de la première, implique d'autres formes de conquêtes. Les solutions à apporter aux problèmes économiques d'une si grande ampleur en appellent à des décisions hardies, nécessitant réflexion pragmatique et choix délibérés, afin de rendre cohérentes les actions à entreprendre. Quelles options économiques peuvent donc répondre à la fois aux spécificités africaines et cadrer efficacement avec l'urgence des besoins en développement ?

Aux premières années des indépendances, l'on ne pouvait que se heurter à l'embarras du choix, face au nombre des idéologies économiques et des expériences en concurrence. L'examen et l'analyse des options en présence n'avaient alors pas manqué de soulever des débats controversés, passionnants et passionnés, tant dans les milieux politiques que parmi les intellectuels. Le conditionnement intellectuel des uns, le confort conceptuel des autres, finiront par accoucher des leaders exubérants et narcissiques d'un côté, pragmatiques et visionnaires de l'autre ; mais aussi des marionnettes qui semblaient manquer d'autonomie dans la réflexion.

De prime abord, la quasi-totalité des Africains de cette période étaient charmés par le socialisme. Les justifications, plus ou moins forcées, ne manquaient pas. Même si certaines d'entre elles étaient purement et simplement erronées dans l'appréhension et l'appréciation de la vie sociale ou communautaire rencontrée chez des Africains. Le simple fait que les pays socialistes européens n'avaient pas colonisé l'Afrique les sanctifiait. Tous ceux qui jouissaient de la présomption d'innocence et présentaient des apparences d'alliés sûrs étaient privilégiés. De plus, une grande confusion régnait entre les notions d'idéologies socio-communistes d'une part, et les manifestations de soutien politico-militaire aux guerres de libération, d'autre part. Les Soviétiques en profitaient pour étreindre l'Occident au plan international en ces temps de « guerre froide », et étendre leur influence en Afrique, en Asie et en Amérique latine. Ils y intensifiaient leur aide militaire aux mouvements de libération nationale et aux guérilleros de « la Révolution », et leur assistance politique et technique aux pays qui la sollicitaient. Les Chinois démarraient la mise en œuvre de leur « politique d'encerclement de l'impérialisme » par l'entente avec les pays stratégiquement les mieux placés pour réaliser leur objectif. L'Afrique a donc été courtisée de la manière la plus belle par tous ces prétendants. Très mal en point, les pays anciennement colonisateurs manquaient d'arguments convaincants, eu égard à leur bilan colonial qui n'était pas des plus élogieux…. Mais d'aucuns semblaient ignorer qu'à la différence du socialisme utopique, « le socialisme scientifique » n'est qu'un avatar du capitalisme sauvage tel que dénoncé par le marxisme.

Marx, Engels et bien d'autres ont en effet observé le fonctionnement du système capitaliste et son mode de production ainsi que le rapport entre producteurs. Ils en ont conclu qu'avec un système économique cadrant avec les institutions, les classes sociales subordonnées les unes aux autres ne sauraient cesser de lutter entre elles. Ils dénoncent le capitalisme en tant qu'il est perçu comme un moyen d'appropriation du capital, donc des moyens de production, par la bourgeoisie qui par ailleurs exploite la force de travail des prolétaires pour s'enrichir de façon aussi égoïste qu'exclusive. En tant que tel, dans sa nature comme dans ses effets, le capitalisme ne peut que persister dans son manque d'humanisme. Tel qu'il se manifeste en Europe au XIXe siècle, ce capitalisme secrète une société stratifiée en classes dominantes et en classes dominées, les unes luttant sans cesse pour maintenir leur domination, voire l'améliorer ; les autres, par instinct de conservation, pour marquer et défendre leur position. La force des premières est de détenir l'argent et surtout la propriété (privée) des moyens de production et d'échanges. Celle des secondes se trouve dans la plus-value apportée par leur travail (sous-payé) aux produits et objets vendus, laquelle plus-value est constitutive du profit qui est le fondement même du capitalisme. C'est ce profit qui concrétise en valeur mercuriale « l'exploitation de l'homme par l'homme ». Telle est très simplifiée la critique marxiste sur « le capital ». Pour mettre fin à cette « exploitation », Marx a imaginé et mis au point un scénario qui amènerait le prolétariat, par une révolution, à imposer sa propre dictature en renversant la bourgeoisie, en reprenant et en collectivisant les moyens de production, en détruisant les structures de l'Etat capitaliste... ; pour finalement mettre en place une société communiste gérée par un Conseil d'Administration qui sache que « ce sont les réalités sociales qui déterminent la conscience des hommes ». Le socialisme ouvrier est donc né de la réaction aux effets funestes du système capitaliste.

Dès lors, serait-il aisé ou même recommandé d'appliquer à l'Afrique des doctrines sécrétées par des consciences nées des réalités sociales différentes des siennes ? On a en effet longtemps considéré que la situation de ce continent n'est pas identique à celle de l'Europe de Karl Marx. Pourtant c'est le lieu par excellence de « l'exploitation de l'homme par l'homme ». L'égoïsme barbare des colonialistes et de leurs succédanés est certainement pire que celui de la bourgeoisie européenne. Quant à leurs effets économiques et sociaux respectifs sur les populations, le colonialisme est certainement plus dangereux que le capitalisme. La disproportion observée entre les stratégies ou le cannibalisme des forces d'occupation et de domination d'une part, les armes ou le défaitisme des exploités opprimés d'autre part, a dû fatalement conduire au repli tactique sinon à la capitulation pure et simple des colonisés. Les méthodes et techniques de lutte des peuples émiettés d'une Afrique balkanisée ne pouvaient donc présager une victoire aussi fulgurante que celle remportée par les socialistes et les communistes européens des XIXe et XXe siècles.

Là-bas, selon l'analyse marxiste, ce sont les institutions qui engendrent et moulent « la lutte des classes », puis favorisent le comportement dictatorial des employeurs à l'égard des travailleurs. Mais l'expérience russe a prouvé que des dictateurs issus du prolétariat ont également pu s'imposer à celui-ci aux lieu et place des tsars que la Révolution d'octobre 1917 avait chassés du pouvoir. Jusqu'à l'avènement de la « Perestroïka » et de la « Glasnost » de Gorbatchev qui a sonné le glas du communisme soviétique, la collectivisation des moyens de production n'a pas conduit à la destruction de l'Etat. Tout au contraire, elle l'a renforcé aux dépens des masses populaires.

En Afrique, le prolétariat est bel et bien là ; les Etats « indépendants » aussi. Seule la nation africaine, qui attend d'être restaurée, manque encore à l'appel. Des structures étatiques mimant dans leur agencement celles des anciens maîtres ont été mises en place avec minutie. De nouveaux dirigeants, dont certains sont devenus des dictateurs, s'y sont perchés. Ici, c'est plutôt le néocolonialiste qui a remplacé l'exploiteur colonialiste. Et tel le fut le communisme au début du vingtième siècle en Russie, le socialisme est présenté aux années soixante comme la baguette magique qui résoudrait tous les problèmes des Etats africains. « Le socialisme africain » est sur toutes les lèvres, dans toutes les conversations politico-économiques des leaders et des intellectuels. Senghor, Nkrumah, Modibo Keïta, Sekou Touré, Ben Bella, Nyéréré, Bourguiba, Nasser…, tous se réclamaient du socialisme avec ou sans tapage. La caution apportée à l'idée socialiste par tant de grandes figures de l'histoire ne pouvait que le valoriser encore davantage, et inquiéter d'autant le capitalisme occidental. Celui-ci, indépendamment de ses propriétés fondamentales ou de sa valeur intrinsèque, ne saurait y être en odeur de sainteté. Il est l'idéologie économique dont le colon d'hier s'est servi pour déposséder ou exploiter à fond les Africains.

Le socialisme était devenu une véritable « tarte à la crème ». Presque tout le monde utilisait le même vocable. Mais chacun lui donnait le contenu qu'il souhaitait, si jamais contenu il y mettait. Déjà en Europe, son fondement a été tantôt moral, tantôt social, tantôt « scientifique ». A l'instar du sens que lui prêtent les précurseurs de la coopération, il est surtout une réaction, mieux « une contre-attaque de l'humain contre l'inhumain[92] ». Sa caractéristique principale est d'avoir toujours été aux antipodes des inégalités sociales qu'il ne cesse de dénoncer, de l'asservissement des uns par les autres qu'il ne cesse de combattre. Toutefois, ses techniques de mise en œuvre et ses objectifs ultimes sont fonction de la philosophie que chacune de leur forme incarne. A travers des mouvements associatifs, coopératifs ou caritatifs, Saint-Simon, Fourier et Owen par exemple, ont cherché les voies et moyens pour éviter les griffes du prédateur capitaliste. En se constituant en coopératives de production, de vente, d'achat ou de consommation, leurs membres empochent, sous forme de ristournes, l'équivalent des bénéfices qu'aurait engrangés le commerçant. Karl Marx, quant à lui, n'a voulu laisser au régime capitaliste aucune place où il puisse se manifester.

De fondement moral s'il en est, le socialisme peut également être considéré comme une stratégie plus sociale et politique qu'économique. Cependant, en raison de l'"inextricabilité" des liens d'interdépendance soudant le social, le politique et l'économique, chacun des trois éléments nécessairement participe à l'existence des deux autres. Qu'il s'agisse de l'exploitation capitaliste du travailleur par le biais de la plus-value incorporée aux produits vendus, de l'affinement des méthodes et techniques de répartition équitable du revenu national ou d'une juste rémunération du travail, le social se présente en dénonciateur des injustices sociales tandis que le politique se préoccupe de concilier des intérêts divergents. Il en est ainsi des lois sociales destinées à protéger le travailleur dans ses droits individuels ou sociaux et contre les risques professionnels, mais aussi de l'interventionnisme de l'Etat à travers la mercuriale des prix ou les prélèvements fiscaux modulés au niveau du revenu. Les institutions de l'Etat sont constamment mises en branle dans leurs structures et dans leur fonctionnement pour rétablir l'équilibre instable entre le patronat et les travailleurs ou les syndicats ; mais aussi

---

[92] Georges Lasserre : *La coopération*, Que sais-je ? Presses Universitaires de France, 1967, p. 111.

pour corriger des inégalités naturelles ou artificielles sécrétées par la société. Ce type d'ingérence peut conduire au dirigisme ou même se transformer en étatisme.

Force de résistance au capitalisme ou résultat d'une rébellion ayant entraîné des corrections à un système ou lui en ayant imposé des bouleversements, le socialisme apparaît comme un avatar sinon un exutoire du capitalisme, et le marxisme son fondement doctrinaire, "scientifiquement" élaboré. Ayant pour repère historique la révolution industrielle vécue par Marx et Engels en Allemagne, en France mais plus particulièrement en Angleterre, le socialisme scientifique ou marxisme est une théorie globale qui remet en cause toute la société et les Institutions européennes. Rien ne permet donc à priori d'affirmer que les bases idéologiques du socialisme scientifique puissent être universalistes. De par même ses gênes, il n'a pas besoin de fausses synergies ni d'être assimilé à tout pour en faire siennes toutes les situations du globe. Certes, en raison de quelques similitudes, certains esprits ont été tentés d'inscrire dans sa logique la vie communautaire rencontrée dans certaines régions d'Afrique. Mais, par sa nature comme par son objet, la résistance à l'exploitation coloniale ou au néocolonialisme diffère fondamentalement de celle du socialisme opposée aux Etats et aux sociétés capitalistes. Alors, « faute de grands moyens de production et d'échange, créés par le capitalisme, faute d'une classe ouvrière développée par le capitalisme et formée révolutionnairement, ...faute d'une conscience socialiste étendue, peut-on qualifier de socialiste la voie empruntée[93] » par certains Etats d'Afrique ?

D'ailleurs, si c'était vraiment par conviction et par humanisme que l'Occident prescrivait des remèdes et divers palliatifs pour réduire chez lui les inégalités sociales, il aurait pu moralement se sentir conditionné. Et tout naturellement il devait réagir devant chaque cas d'injustice sociale, par des automatismes incarnés pour condamner, surtout pour combattre des inégalités, plus criardes encore, que lui-même ne cesse de créer ou continue de parrainer entre les pays industrialisés et les pays sous-développés, entre les pays riches et les pays qu'il a rendus pauvres. Selon L.V. Thomas « la pensée est inséparable de l'action, dont elle est partiellement le produit et qu'elle sert à normaliser[94] » ? La pensée

---

[93] J. Arnault : *du Socialisme au Socialisme*, in L.V. Thomas T.2, op. cit. p. 295-296
[94] L. V. Thomas : T1 op. cit. p. 21

socialiste face à ces inégalités devrait conduire ses tenants à voler au secours de ceux qui en meurent sans que l'Occident n'y soit toujours étranger. A moins qu'à cause de sa nature capitaliste ou de ses expériences en matière de révolutions prolétariennes, il ne puisse ouvrir les yeux sur les torts qu'il cause ni en ressentir le remord que quand il y est contraint et forcé.

C'est alors seulement qu'il jetterait de la poudre aux yeux des exploités « pour se maintenir au pouvoir et sauver l'Etat capitaliste ». Serait-ce là une constance du comportement des capitalistes vis-à-vis de tous ceux qu'ils sucent et ruinent économiquement ? Le Tiers Monde en général et l'Afrique en particulier devraient en tirer les leçons. C'est probablement dans cet esprit, suite à une décision du sommet social de Copenhague de 1994, que les Nations Unies ont annoncé, à mi-mars 1996, qu'elles mettraient à la disposition des Etats d'Afrique vingt cinq (25) milliards de dollars sur les dix années à venir au titre de l'éducation et de la santé. Il est évident que les plus-values empochées sur le travail des Africains et leurs ressources subtilisées sont de loin supérieures à cette "manne". En vérité, sont de loin, de très loin supérieurs à ce pactole rien que les quelques gains réalisés sur les produits exportés par les pays spoliés ou les bénéfices « hors exploitation » engrangés dans différents portefeuilles suite à la dévaluation du franc CFA imposé en janvier 1994, l'année même de ce sommet. Ceci expliquerait peut-être le mystérieux « soyons sérieux » de François Mitterrand lancé à ses pairs à cette occasion.

Combien de pays continuent de soutenir, même du bout des lèvres et pour un baroud d'honneur, ces idéologies ressassées dont le contenu et le sort sont aujourd'hui édifiants ? Pratiquement, elles n'ont que très peu apporté à l'Afrique. Car, la plupart d'entre elles y étaient purement et simplement transposées, sans adaptation aucune, par pur mimétisme. Aussi a-t-on normalement assisté à la mort naturelle et progressive de la plupart des idéologies nouvelles : socialisme scientifique, communisme, socialisme africain... Seuls quelques rares pays parmi ceux qui s'y référaient n'en auraient peut-être pas encore formellement prononcé le divorce ni officiellement constaté le trépas. Il y est néanmoins difficile de détecter les empreintes de leurs idéologies sur l'évolution actuelle de leurs économies.

Au libéralisme naturel et inné de l'économie à l'africaine, personne ne s'accroche. Il fait vieillot et ne peut donc retenir l'attention, puisqu'il ne dégage pas d'action révolutionnaire pour s'inscrire dans le vocabulaire alors à la mode. Il est surtout la première doctrine de l'Occident, laquelle a tout permis, y compris la transformation des êtres humains en une marchandise négociable dont il s'est bien enrichi. De plus, ce libéralisme adultéré par la colonisation s'est vu claustré derrière des barrières douanières insensées. Elles restent et demeurent un déni de libéralisme tout autant qu'elles ont consacré le morcellement de l'Afrique en « Territoires » alvéolés et barricadés. Il s'y est même ajouté la restriction (officielle) des mouvements des personnes. Leur entrée et leur séjour dans un autre « Territoire » africain sont conditionnés par l'obtention du visa de sortie du pays du voyageur, du visa d'entrée dans le pays de destination et de l'autorisation d'y séjourner. C'est le commencement de "l'apartheidisation" territoriale en Afrique ou en direction de l'Afrique.

A la surprise générale, il apparaît clairement qu'à la lutte des classes telles que vues par Karl Marx, tend à se substituer de nos jours l'antagonisme des régions du globe, et pire, la lutte des races, résultant à la fois des injustices et des convoitises principalement, de l'exploitation des unes par les autres fondamentalement. A la place de la dictature du prolétariat qu'il préconisait, risque de surgir, peut-être dans l'intérêt des masses surexploitées, un système de développement régional séparé, un apartheid socio-économique à l'échelle planétaire.

En définitive, pour une raison ou pour une autre, ni le capitalisme, ni le socialisme, ni même le libéralisme à l'occidentale ne semblent parfaitement convenir aux spécificités africaines du développement. Pourtant il faut bien rechercher et trouver des voies qui puissent être viables, opérationnelles, développantes ; lesquelles garantissent le non-retour sous les griffes coloniales et conduisent les destinées de l'Afrique à bon port.

4- NEPAD et OMD : l'irréalisme au service d'un nouvel espoir.

S'il est des initiatives bruyantes dans le ton, mais irréalistes et peu ambitieuses quant au fond, cela semble bien être le cas du NEPAD[95] d'une part, et des OMD[96] d'autre part. Le premier, charrue avant les

---

[95] NEPAD = New Partnership for Africa's Development
[96] OMD = Objectifs du Millénaire pour le Développement

bœufs, encourt le risque d'un échec patent à l'image de son devancier, le Plan de Lagos, adopté avec enthousiasme et fierté par les Chefs d'Etat de l'OUA en 1980. Des Chefs d'Etat qui ne s'étaient nullement préoccupés du sérieux de leur engagement ni de la capacité financière et organisationnelle de leurs Etats pour le réaliser. Les seconds, recueil d'énoncés des évidences et du diplomatiquement correct, sont un compromis des fantasmes contradictoires des Chefs d'Etat et de gouvernement des pays du Nord et du Sud de la Planète sur leur vision respective du troisième millénaire entrant ; manquant cruellement d'ambition, sinon de conviction, tous semblent s'être abstenus de recourir à des définitions précises de leurs responsabilités ainsi qu'à la ventilation non moins précise de celles-ci entre les protagonistes.

Le Nouveau Partenariat pour le Développement de l'Afrique, NPDA ou NEPAD, est issu de la "Nouvelle initiative africaine", elle-même résultant, sous l'égide de l'OUA, de la fusion des initiatives respectives de l'Afrique du Sud et du Sénégal[97]. En fin de compte, il en sort un plan concerté élaboré par un comité de cinq Chefs d'Etat africains (Afrique du Sud, Algérie, Egypte, Nigeria, Sénégal). En définitive, il s'agit d'un cadre stratégique global, complet et intégré énonçant les problèmes clés du continent, assorti d'un programme d'action propre à les résoudre ; et partant, à relever les divers défis en vue de réaliser la vision de la « Renaissance de l'Afrique ». Principalement économiques et sociaux, ses objectifs visent également à stopper la marginalisation du continent dans le processus de "la mondialisation".

La paix, la sécurité, la démocratie tout comme la bonne gouvernance politique et économique sont présentées comme les conditions préalables requises pour réaliser le développement durable des Etats africains, dans le cadre d'une approche sous-régionale et sous des perspectives d'intégration et de coopération régionales. Priorité est donnée aux infrastructures incluant les technologies nouvelles et l'énergie ainsi qu'au développement humain, axé sur la mise en valeur des ressources humaines à travers l'éducation, la santé et la réduction de la pauvreté. L'agriculture, l'environnement, la culture, la science et la technologie ne sont pas en reste. Les ressources mobilisables pour le financement des

---

[97] Il s'agit du ""programme de partenariat du millénaire pour le rétablissement de l'Afrique" et du "plan Omega", initiés respectivement par l'Afrique du Sud et le Sénégal.

divers projets du NEPAD sont attendues de l'épargne et des investissements domestiques ainsi que de l'accroissement des flux des capitaux publics et privés externes provenant notamment de l'allégement de la dette et de l'amélioration de l'aide publique au développement. La hausse attendue des exportations se fonde sur la diversification des activités de production et l'amélioration de la compétitivité sur le plan international. Le renforcement de l'intégration africaine figure parmi les résultats attendus du NEPAD.

Conformément à un mandat de l'OUA ratifié par l'Union Africaine, la mise en œuvre du NEPAD est confiée à un comité de quinze chefs d'Etat et de gouvernement des pays suivants : Cameroun, Gabon, Sao Tomé-et-Principe ; Ethiopie, Maurice, Rwanda ; Algérie, Egypte, Tunisie ; Afrique du Sud, Botswana, Mozambique ; Mali, Nigeria, Sénégal. Un comité directeur composé des représentants des cinq Etats initiateurs veille sur l'élaboration des programmes et projets par les équipes de travail et les chefs de projet qui lui sont rattachés ; il est assisté d'un secrétariat permanent basé en Afrique du Sud, plus spécialement chargé des fonctions administrative et de la logistique, ainsi que de liaison et de coordination.

A la fois structure de conception et mécanisme d'accélération de sa mise en œuvre, le NEPAD est également le plan de développement socio-économique de l'UA. Il est complémentaire et solidaire des "Objectifs du Millénaire pour le Développement" (OMD).

En effet, pour donner corps à la vision fantastique des espérances euphoriques créées par l'avènement du troisième millénaire, une "Déclaration du Millénaire" est cosignée à New York, en septembre 2000, par les cent quatre-vingt-neuf (189)[98] Etats membres de l'ONU, dont cent quarante-sept (147) étaient personnellement représentés par leurs Chefs d'Etat ou de gouvernement. Elle fixe les Objectifs du Millénaire pour le Développement, dont la réalisation devra être effective en 2015, au plus tard. En adoptant la "Déclaration du Millénaire", les plénipotentiaires des Etats s'engagent à « faire du droit au développement une réalité pour tous et à mettre l'humanité entière à l'abri du besoin » ; notamment « en réduisant de moitié le nombre de

---

[98] Ce nombre est passé à 192, suite à l'avènement de nouveaux Etats ayant entraîné de nouvelles adhésions.

personnes dont le revenu est inférieur à un dollar par jour ». Pour y parvenir, huit "Objectifs" sont ciblés :

1) réduire l'extrême pauvreté et la faim ;

2) assurer l'éducation primaire pour tous ;

3) promouvoir l'égalité et l'autonomisation des femmes ;

4) réduire la mortalité infantile ;

5) améliorer la santé maternelle ;

6) combattre le VIH/sida, le paludisme et d'autres maladies ;

7) assurer un environnement durable ;

8) mettre en place un partenariat mondial pour le développement. Les huit Objectifs ainsi répertoriés sont ventilés entre dix huit (18) cibles disposant chacune de ses propres bases de données ; le tout constitue un vaste réseau de quarante huit (48) indicateurs permettant de rapporter le niveau de réalisation de chacun des aspects de ces "Objectifs".

Le NEPAD tout comme les OMD apparaissent comme deux projets qui peuvent significativement contribuer au développement de l'Afrique. Leur complémentarité est d'autant plus évidente que se recoupent au moins cinq de leurs objectifs cibles respectifs: éducation, santé, réduction de la pauvreté, environnement, ainsi que l'implication attendue des "partenaires au développement". Au détour de ces deux projets, l'on remarquera que

1°- la réduction de la pauvreté dont il s'agit consiste à réduire seulement de moitié le milliard d'êtres humains vivant avec moins d'un dollar par jour, mais non le doublement de leur maigre revenu ;

2°- dans cette drôle de guerre livrée à la pauvreté, il n'est tenu compte ni de la nécessité du développement de l'emploi, ni de l'impact humain et social de l'accroissement démographique résultant de la réduction programmée de la mortalité infantile et de l'amélioration projetée des conditions de santé ; aussi, le monde comptera-t-il au total, en 2015, plus d'un milliard d'hommes et de femmes misérables dont le revenu moyen global "assuré" tournera autour d'un dollar par jour. Quels drôles de progrès que les OMD auront permis de réaliser en l'espace de…quinze ans !. D'où le risque de se retrouver au *statu quo ante*.

3°- les préoccupations des OMD semblent se situer seulement au niveau de l'homme assez bien portant, mangeant un peu plus et pourvu d'une éducation juste suffisante pour pouvoir saisir et exécuter des instructions ; en somme un agent économique du bas de l'échelle, qui se contentera d'un revenu d'un dollar ou plus par jour. Aussi, les OMD ne se sont-ils intéressés ni aux enseignements secondaire et supérieur, ni à la formation scientifique et technique, ni encore moins au transfert technologique ! Comme s'il y avait incompatibilité avec la simultanéité de leurs développement respectifs !

4°- les OMD ont soigneusement évité d'envisager de rééquilibrer la part des pays du Sud dans l'enrichissement des Etats du Nord, par exemple à travers des mesures d'incitation et d'encouragement à l'industrialisation et/ou à la délocalisation industrielle au profit des premiers cités. Ce qui se traduirait par une rétrocession partielle, à leur profit, de la valeur ajoutée réalisée sur les matières et produits importés des Pays du Sud ainsi que des bénéfices et divers impôts et taxes encaissés sur les biens et services générés par les mêmes produits importés.

5°- le "partenariat mondial pour le développement" reste une notion floue à contenu insaisissable. En tout cas ce partenariat tend à se bâtir sur des socles géographiques socialement stratifiés, consacrant la "plébéisation" programmée d'une bonne fraction des peuples des pays du Sud.

6°- ni pour le NEPAD, ni pour les OMD, les financements attendus n'ont été chiffrés avec sérieux et précision, selon leur origine, leur destination géographique, la nature des lots des travaux et fournitures à réaliser. Et puis la déclaration introductive des OMD n'est pas un traité, loin s'en faut. Elle consigne seulement des intentions, mais ne revêt aucun caractère obligatoire ni même contraignant pour les débours des fonds ou la mise en œuvre des engagements. De plus, l'incertitude inhérente aux ressources attendues de l'épargne, du retour sur investissement, de l'allègement de la dette, de l'aide publique au développement ou de la diversification des activités de production et des exportations ne saurait convenir à la rigueur que requiert la programmation financière des deux projets de cette envergure.

7°- dans l'un comme dans l'autre cas, les plénipotentiaires ont omis de mettre sur pied un organe de gestion des financements et de désigner des maîtres d'œuvre et d'ouvrage.

C- DES THERAPEUTIQUES ECONOMIQUES

A l'heure de la construction ou de l'aménagement des grands ensembles politiques, économiques et scientifiques, personne ne peut nier que l'état actuel de son morcellement tel que voulu et imposé par les stratégies et les techniques de la colonisation, ne permet point à une Afrique balkanisée de s'affirmer sur le plan international. Aussi longtemps que ses Etats actuels ne se transformeront pas en Etats fédérés d'une fédération continentale, ils continueront allègrement leur descente aux enfers. Au plan économique également, ils doivent se départir de leur triste sort actuel. En guise d'options nouvelles, l'intégration des économies du continent devra prévaloir dans toute programmation économique à moyen et long termes, tant au niveau des Etats que dans le cadre des projets à vocation panafricaine. Seule cette vision pourrait conférer à l'économie une dimension compatible avec les effets attendus des appels à « la globalisation ». Il en découle qu'il faudra aller au-delà des expériences ou thérapeutiques tentées ou en cours. Aussi, faudra-t-il tout naturellement repenser et restructurer les économies africaines, et surtout trancher le nœud gordien de la domination, en osant avoir des ambitions scientifiques et technologiques.

1- Sur les traces des expériences ou thérapeutiques tentées

Des pays comme le Cameroun ou le Gabon se sont aventurés à se trouver une « voie moyenne » entre capitalisme et socialisme. C'est « le libéralisme planifié ». Selon le Président Ahidjo du Cameroun, cette option consiste à « faire de l'initiative privée le moteur du développement ». Il n'existe cependant aucun support écrit connu de cette « doctrine », mises à part les quelques bribes que l'on peut extraire de ses discours publics. Il s'agit d'une « idée » non élaborée et par conséquent difficile à assimiler ou à mettre en œuvre. Seules des politiques gouvernementales circonstancielles "octroyant" à l'initiative privée quelques espaces d'intervention et au secteur privé des régimes privilégiés d'incitation fiscale peuvent tenir lieu de jalons par trop embryonnaires et disparates, d'une idéologie économique.

En vérité, en elle-même l'option pour une « voie moyenne » ne serait-elle pas une forme d'hypocrisie, d'indécision ou d'incapacité conceptuelle ? Par quel miracle peut-on en effet concilier capitalisme et socialisme pour en dégager une nouvelle idéologie cohérente ? Et pourquoi même imaginer que l'efficacité des options économiques spécifiquement africaines passe nécessairement par un mixage des doctrines en cours d'expérimentation dans leurs pays d'origine et de prédilection ? Rien n'interdirait d'ailleurs de penser que le « libéralisme planifié » est une « doctrine » économique conçue pour faire écho au non-alignement politique du Tiers Monde, adopté à Bandung en 1955. Ainsi, une mixture du libéralisme cher aux Américains et de la planification chère aux Soviétiques devait servir de fondation à une structure qui aurait pu être cohérente, mais qui n'a pas encore vu le jour et dont les réminiscences mêmes semblent s'être complètement évanouies. C'est ici l'occasion de se demander si la vocation même du libéralisme planifié « n'est pas de nature à rétrécir progressivement le champ d'influence de la planification, pour atteindre finalement la phase supérieure du libéralisme.[99] » Comme par hasard, le libéralisme planifié n'a pas survécu à la guerre froide ni, encore moins, à l'écroulement du mur de Berlin. Cette « voie moyenne » serait-elle sans issue ou aurait-elle finalement conduit au libéralisme ? Rien n'est moins sûr, à constater la nature de l'économie de ces deux pays d'Afrique centrale, qui n'est guère différente de celle des autres pays pauvres, fatalement « exclus de la voie capitaliste », économie dont le socialisme représentait « une damnation ».[100]

Viennent ensuite des initiatives inspirées par des idées liées au mouvement coopératif. Dans cet esprit et en guise de coopératives, ont été créées des caisses (ou offices) de stabilisation des produits de base, des sociétés africaines (ou indigènes) de prévoyance, des compagnies ou sociétés de développement pour le coton, des casiers ou des secteurs dits de modernisation pour le riz ou l'arachide... A travers ces créations, le colonisateur a fait preuve d'un grand esprit d'initiative, d'innovation et de dynamisme dans les différents secteurs de la production agricole. Hélas ! Ces créations lui ont difficilement survécu. Car, il ne s'agissait en

---

[99] Garga Haman Adji : *Les Relations entre le Budget et le Plan* - Mémoire de Licence. Université de Yaoundé - 1972, P. 34
[100] L. V. Thomas : *L'Afrique en devenir* - Prospective, P.U.F. - 1966, in T.2 op. cit. p. 297..: La voie moyenne prônée par ce groupe de réflexion n'est pas aussi moyenne qu'il veut le faire accepter : pour ce groupe, le socialisme est une damnation des pays pauvres fatalement " exclus de la voie capitaliste ".

fait que de réponses partielles et ponctuelles pour mieux organiser la production, en couvrir les besoins de la Métropole et amortir les effets néfastes des fluctuations des cours des produits sur le marché mondial. C'était davantage des stratégies d'arrimage aux lois de l'offre et de la demande qu'un recueil de doctrines économiques.

Enfin, « l'économie mixte » : elle consiste en la combinaison des capitaux des investisseurs publics et privés. A chaque fois que les seuls apports privés concourant à la création et au financement des sociétés commerciales ou industrielles se font rares et minces, l'Etat se fait le devoir d'y suppléer en s'associant au secteur privé national et/ou étranger. L'économie mixte procède donc plus du pragmatisme que d'une quelconque idéologie économique. Il s'agissait plutôt d'un palliatif, lequel a bel et bien contribué au démarrage des secteurs de production et du tissu industriel de beaucoup de pays. Les Etats qui ont opté pour cette solution ont créé des sociétés d'investissement ou de prises de participations, par rachat et/ou par apport, pour la constitution initiale ou l'augmentation du capital social. Madagascar et le Cameroun ont compté parmi les pionniers. Ils étaient les premiers à se doter de sociétés d'investissement dès les premières années de leur indépendance[101]. Les investisseurs étrangers s'y intéressaient au départ. Mais à cause de la lourdeur de gestion qu'implique à la longue l'association de l'Etat à des capitaux privés, certains Etats ont préféré racheter totalement ou partiellement les parts privées du capital. Ce qui en a été une forme douce de nationalisation. Empêtrées dans des péripéties et des controverses diverses, conjuguées à l'omniprésence de l'Etat, donc à des fonctionnaires, l'économie mixte ne pouvait présager une bonne entente ni une stabilité durable de ce couple mixte. Entourée de tant de circonspections, elle ne pouvait non plus soulever des discussions doctrinales particulières même si, à l'évidence, elle a plutôt vocation à introduire le capitalisme d'Etat. Dès lors, elle s'est révélée une voie moyenne qui a conduit à l'impasse économique et aux privatisations.

---

[101] La Côte d'Ivoire ne leur emboîtera le pas que plus de quarante ans après ; elle a transformé à cet effet les actifs de la Caisse de stabilisation des prix de produits de base, faisant fi au passage de l'opposition de la Banque mondiale.

L'analyse de toutes ces options permet de comprendre que pour être appropriée, opérationnelle et efficace, une option économique doit d'abord s'inspirer des réalités plus sociologiques que géographiques et procéder d'un grand réalisme avant d'être conceptualisée, acceptée et vulgarisée, pour finalement suivre le même cheminement qu'une semence sélectionnée. En fait, l'économie ne semble pas se fonder sur une idéologie intrinsèque qui lui soit propre et exclusive, mais plutôt sur une philosophie à la fois existentialiste et matérialiste de chaque collectivité ou communauté humaine.

Ainsi, et pour commencer, le libéralisme économique lui-même n'est pas à proprement parler une idéologie ; mais plutôt la loi naturelle du laisser faire et du laisser aller, qui préfère faire intervenir les aptitudes, les capacités et l'opiniâtreté dans chacune des batailles pour la réussite. Au niveau des affaires, il est pour les humains ce qu'est le darwinisme pour les espèces. Aussi, le libéralisme peut-il tolérer l'entrée « d'un renard libre dans un poulailler libre ». Il est alors dit sauvage.

L'économie mixte aurait pu être une solution définitive pour démarrer et lancer les économies africaines. Les sociétés d'investissements ou de prises de participations en feraient leur affaire. Pour leur refinancement dans cette perspective, l'émission à leur profit d'emprunts obligataires, sous diverses formes et à des taux d'intérêt attrayants, demeure l'une des solutions les plus répandues. Ainsi il leur serait garanti un matelas financier formé de ressources régulièrement renouvelables. Il ne leur resterait plus que les compétences nécessaires pour savoir investir dans des secteurs féconds en vue de réaliser des bénéfices, lesquels financeraient d'autres investissements. Mais leur mission première doit être celle d'identifier, de débroussailler et d'ouvrir les voies du développement en finançant d'importants projets économiques, viables et hautement porteurs. L'autre volet de leur mission, qui devrait d'ailleurs en être la finalité, doit nécessairement se traduire par la rétrocession à titre onéreux de leurs actions aux nationaux ; favorisant ainsi et au fur et à mesure la prise en main de l'économie nationale, y compris par de petits porteurs nationaux. Le partenaire étranger peut opérer dans les mêmes conditions s'il désire changer de secteur ou collaborer avec de nouveaux actionnaires. Un texte de référence protégerait les intérêts des actionnaires « mixtes ». Dès l'atteinte du stade de maturité des entreprises qu'elles ont créées, les sociétés d'investissement peuvent et doivent s'en désengager progressivement. Une telle démarche présenterait l'avantage de favoriser l'éclosion et le développement d'un secteur privé dans un partenariat responsable. Ceci préviendrait les privatisations antinationales telles que celles qui ont été imposées à certains des Etats africains, dans le cadre des Plans d'ajustements structurels.

Les sociétés d'investissement créées par les Etats africains ont ainsi connu des fortunes diverses. Certaines ont réussi leurs activités mais pas leur mission. Celles-ci ont péché au moins sur deux points. D'une part, elles n'ont pas voulu rétrocéder à des nationaux leurs actions. Elles ont continué à les conserver toutes dans leur portefeuille ; ce qui en a alourdi la gestion et maquillé les résultats comptables du fait de la consolidation des bilans de toutes les entreprises sous leur contrôle. D'autre part, la nomination par trop discrétionnaire des dirigeants a entraîné la désignation d'un personnel de direction et d'encadrement de compétence parfois douteuse. Le mal a été d'autant plus profond que cette discrétion résulte souvent d'un certain népotisme qui, par nature, est aux antipodes de la bonne gestion. Générateur entre autres d'effectifs pléthoriques, ce dernier est essentiellement source d'impunité. C'est ainsi que ces sociétés ont trahi leur vocation de levain et de catalyseur de l'activité économique nationale. Les entreprises qui ont connu ce sort malheureux ont généralement fini par sombrer dans la gabegie, les indélicatesses, les abus des biens sociaux... C'est dans cet esprit d'irresponsabilité inconsciente que certains parvenus ont cru devoir créer, comme pour prouver le contraire de leurs inaptitudes naturelles ou techniques, à travers "leur" société d'investissement, de grandes entreprises qui se sont révélées n'être que des « éléphants blancs ». Mais en dépit de tout, les « SNI » conservent encore des sociétés qui fonctionnent bien, à cause uniquement de la compétence de certains directeurs généraux qui ont réussi à passer à travers les mailles du népotisme. Mais l'hirondelle peut-elle faire le printemps ?

Pour ce qui est des « SAP » (ou « SIP »), ce sont certains de leurs responsables à différents niveaux qui en ont été les bourreaux après en avoir été des sangsues. Outre les péchés rencontrés dans la mauvaise gestion des entreprises créées par les « SNI », les sociétés africaines (ou indigènes) de prévoyance héritées de la colonisation ont été littéralement « dévalisées » par des autorités administratives (préfets, sous-préfets, commandants de cercle...). Pourtant pendant la colonisation, les SAP qui sont des coopératives paysannes partiellement financées par des cotisations annuelles solidaires, ont contribué à introduire le machinisme agricole (charrue, tracteur, décortiqueuse d'arachide, de riz...) ; ou à créer des métiers (menuiserie, tissage, transport, hôtellerie,...). Elles étaient administrées par un Conseil d'Administration et gérées par le Chef de Subdivision ou le Commandant de Cercle. Certains de leurs remplaçants africains, après les indépendances, n'ont pas trouvé mieux que de les ruiner et d'en mettre la clef sous le paillasson.

Quant aux caisses de stabilisation des prix des produits, appelées aussi offices des produits de base, leur statut juridique est resté bizarre. Leur nature les rapproche à des coopératives. Mais dans les faits, ils sont une espèce de centrale fiscale sur le dos des paysans. L'utilisation de leurs fonds est à la discrétion, voire aux caprices des ministres de tutelle, pour ne pas dire plus. Or, ces caisses ou offices ont géré d'importantes sommes d'argent. Les ressources amassées leur proviennent principalement des prélèvements opérés sur les prix de vente à l'exportation, généralement de loin supérieurs à ceux d'achat aux planteurs. Par ce biais, ils disposent d'immenses fortunes dont l'objet premier est de stabiliser le revenu des planteurs. La technique pour y parvenir consiste en la constitution des réserves en vue de pallier, en jouant sur le niveau des prix d'achat, les fluctuations défavorables et prolongées des cours de ces produits sur le marché mondial. Malheureusement, au lieu de viser l'augmentation de la production et partant des revenus en finançant la modernisation et l'accroissement des rendements de l'agriculture de rente, cet argent a été investi dans des domaines qui n'ont aucun rapport avec le monde paysan, ni au niveau de l'amélioration des techniques culturales, ni encore moins à celui de la mécanisation agricole ou de l'extension des superficies cultivées des planteurs. Leur argent propre a été ainsi abusivement utilisé par exemple dans le financement des stades de football, du bitumage des rues des capitales, des prises de participations dans des sociétés non agricoles, souvent moribondes.

Les immeubles construits par ces offices pour leurs bureaux en disent long. Ils sont les plus hauts à Abidjan, à Accra, à Douala, à Nairobi.... et ailleurs. Leur raison d'être est douteuse. Leur coût, ainsi que celui du parc de véhicules des fonctionnaires y travaillant n'ont cessé de grever lourdement le revenu légitime du planteur ; celui-ci en a d'ailleurs été quasiment exclu de la gestion. Le Conseil d'Administration est pour la plupart des cas, dans bon nombre de pays, composé de fonctionnaires.

Sur ce point, les Etats se disputent la palme de malversations et d'abus de biens divers des pauvres agriculteurs. Il se trouve justement que la privatisation envisagée, en cours ou déjà consommée, de ces offices pose le problème de la dévolution de leurs actifs restants, qui normalement sont la propriété exclusive des planteurs, proportionnellement à chacun des produits concernés.

Alors que ces "produce marketing boards" avaient vocation et mission de protéger et de promouvoir les intérêts des planteurs ivoiriens, ghanéens, nigérians, camerounais, burundais, kenyans, ougandais..., contre les prédateurs des marchés internationaux, l'ironie du sort aura voulu que ce soit plutôt les directeurs de ces offices, de connivence avec leur hiérarchie, qui aient abusé de ces instruments de stabilisation des prix, voire d'enrichissement du monde paysan. Ainsi, ils ont finalement bloqué la modernisation et le développement du secteur agricole, ce secteur que l'on avait fièrement baptisé « l'or vert ». Et les Africains, à commencer par certains Chefs d'Etat des pays victimes de ces gabegies, incapables de promouvoir les cultures de rente, sont aujourd'hui surpris du recul parfois considérable de leurs pays par rapport au rang qu'ils n'avaient jadis cessé d'occuper.

Un hommage particulièrement bien mérité doit cependant être rendu au Président Houphouët-Boigny dont la politique agricole tout autant que la sagesse dans la gestion de la Caisse de stabilisation des prix, ont permis à la Côte d'Ivoire de se hisser au premier rang mondial des producteurs de cacao (et à celui africain de café) ; très loin devant le Ghana, le Nigeria et le Cameroun qui se classaient respectivement premier, second et troisième producteur mondial du cacao jusqu'aux premières années de leur indépendance ; mais qui, depuis lors, continuent de régresser ou de stagner. La Côte d'Ivoire ou l'Indonésie dont la volonté politique des dirigeants d'alors y a été des plus manifestes, en ont fait une option politique et les ont surclassés par la force de leur travail, la modernisation de leur agriculture et une meilleure maîtrise des circuits et des techniques des ventes.

Au détour de toutes ces expériences, l'on aura noté au passage qu'en se soumettant aux « Plans d'Ajustement Structurel » imposés par la Banque Mondiale, aucun pays n'a cru devoir faire prévaloir ses prétendues options idéologiques. C'est pour cela que les PAS sont uniformes dans leurs démarches, conformes dans leurs stratégies et égaux dans leurs applications. Serait-ce le manque de sérieux ou de conviction qui aurait conduit les dirigeants africains à troquer leurs idéologies contre « celle » du PAS ? Ou se seraient-ils sentis en état de nécessité telle qu'ils eussent accepté toute assistance de sauvetage, quelles qu'en soient les conditions ? Il en découlerait une « option » nouvelle qui manquerait de profondeur et de garantie de stabilité « idéologique ». Alors l'Afrique continuerait à naviguer à vue, sans conviction et sans perspectives.

2- Les thérapeutiques de Bretton Woods

Les Institutions de Bretton Woods se font bien compatissantes au sort malheureux des pays d'Afrique et d'ailleurs. Mais elles n'arrivent pas à les tirer de leur léthargie économique qui frise la malédiction. Malgré leur présence remarquée aux côtés ou au chevet des malades de pauvreté depuis des décennies, la guérison se fait encore et toujours attendre. Nul ne les a pourtant déclarés à l'article de la mort. D'ailleurs, si leur maladie était incurable, elles n'auraient plus de raison d'être et devraient cesser de s'activer avec tant d'assurance. A moins que leur activisme ne s'assimile à l'administration d'une "médecine d'accompagnement", propre à lever toute hypothèque ou suspicion de pratique d'euthanasie sur les patients. Et qui oserait imaginer que le médecin soit incompétent ou encore moins, criminel ! Ou que les potions qu'il prescrit soient toutes frappées de péremption. Il ne saurait surtout être un charlatan ! Mais il lui arrive de mettre en jeu sa maîtrise en psychothérapie, soit en recourant à un vocabulaire dégradant pour provoquer l'orgueil du malade ; soit en le poussant à faire sa propre introspection pour s'auto-exorciser. Lui conseiller des partenaires sûrs, c'est-à-dire lui proposer de vrais médecins en développement, n'est cependant pas encore à l'ordre du jour.

a- *L'initiative PPTE : une thérapeutique par la pauvreté*

L'appellation "pays pauvre très endetté" (PPTE) est certainement humiliante, sinon même injurieuse. Du temps où l'on se souciait encore de la finesse ou de l'élégance du langage, et même si le poids des mots ne pouvait en rien changer une situation, on ressentait une certaine gêne à prononcer crûment « pays sous-développé ». On recourait aux euphémismes « en (voie de) développement », « émergeant » ou « en émergence » pour adoucir la manière de le dire. Surtout que certains pays qui se sont laissés convertir à ce nouveau nom de baptême ne sont absolument pas tous pauvres. Bien sûr, le pays débiteur qui n'honore pas les échéances de remboursement de ses dettes doit mériter moins de considération que de mépris, quand bien même son créancier ne serait qu'un vil usurier. Aussi, autant « on ne devrait refuser de gratter le dos d'un lépreux dont on a accepté un bienfait », autant on ne devrait non plus s'en prendre vertement aux auteurs de ce sobriquet.

Il est évident que pour un grand nombre de ces pays, c'est le vol, le viol et l'exportation gratuite de leurs richesses qui expliqueraient l'état de leur dénuement. Pour quelques uns d'entre eux, c'est le coup de grâce donné à "leur" monnaie à travers divers procédés et techniques rocambolesques, qui les a rendus encore plus endettés. Mais pour tous, c'est l'irresponsabilité de certains de leurs dirigeants et l'acceptation en dépôts secrets dans des banques occidentales de l'argent sale provenant de la corruption incluant des détournements de deniers publics dont se rendent quotidiennement coupables des autorités de bon nombre d'Etats, agissant en auteurs et complices de ces crimes ou en receleurs des produits de la corruption.

En fait, "l'initiative PPTE" vise à privilégier les bons "élèves" des Institutions de Bretton Woods dans l'octroi des subsides ad hoc du FMI et de la Banque mondiale ainsi que le bénéfice des largesses conditionnelles d'autres bailleurs de fonds. Pour être sélectionné et admis dans le club fermé de ceux qui peuvent arborer cette appellation "humiliante" et en tirer profit, il faut avoir satisfait à toutes les conditionnalités préalables, dont certaines, évoquées plus haut, sont draconiennes. Il faut même accepter de devenir au besoin plus pauvre encore, dans l'espoir de rebondir pour atteindre son niveau antérieur et peut-être pouvoir même le dépasser. Cela renvoie à l'image d'un boxeur costaud qui voudrait croiser le fer avec un adversaire de poids inférieur. Pour ce faire, le premier doit maigrir jusqu'à atteindre le gabarit de son challenger. Alors ils pourront s'affronter sur un ring. Rien ne permet cependant de prédire que la victoire ira forcément à celui qui a subi une cure d'amaigrissement.

Le cas du Cameroun qui en a fait l'amère expérience, peut être rapproché à cet exemple. Ainsi, malgré ses immenses richesses naturelles et ses potentialités humaines incomparables qui font de lui l'un des plus riches d'Afrique, ce pays a réussi l'exploit de se faire classer "Pays Pauvre Très Endetté". Son appauvrissement et son endettement sont incontestablement imputables à la mauvaise gestion des ressources économiques et financières dont il regorge, à la corruption démesurée de certains de ses dirigeants et aux détournements massifs de deniers publics perpétrés par des fonctionnaires et même des responsables de rang ministériel. Les hésitations, indécisions et réticences plus ou moins larvées dont ses dirigeants ont fait preuve et qui ont émaillé leurs rapports avec les deux Institutions tout au long du processus, n'étaient pas non plus pour arranger les choses. Toutes ces situations malheureuses ont été aggravées par la dévaluation du franc CFA ; laquelle a entraîné le doublement du poids de la dette extérieure du jour au lendemain ainsi que de la valeur marchande des importations, tandis que celle des exportations diminuait de moitié. Cette opération monétaire déséquilibrait d'autant les données de la balance commerciale et de celle des paiements, avec raréfaction des devises disponibles ; d'où l'aggravation de l'incapacité déjà avérée de rembourser sa dette à bonne date. Toutes les conditions sont néanmoins réunies pour amener, sinon contraindre les dirigeants camerounais à rechercher une issue de secours pour pouvoir sortir de cette mauvaise passe, ou pour le moins en apercevoir ne serait-ce que "le bout du tunnel". Et comme « celui qui se noie peut s'accrocher même à un serpent », le sauveur, qui n'est pas celui de la Bible, est vite trouvé. Ce sont les Institutions jumelles qui offrent une gamme de produits médicamenteux, amers mais aux vertus prometteuses. En contrepartie des inconvénients imputables à une tutelle écrasante et faite d'incertitudes, le statut de "PPTE" offre au pays coopté un certain nombre d'avantages et de facilités. La référence à ce pays est d'autant plus pertinente qu'il est dans ce cadre, l'un des rares Etats africains dont la part du service de la dette reconvertie en subventions est des plus importantes : plus de deux cent milliards de francs CFA rien qu'à la première fournée. Les conditions et la procédure d'obtention de ces privilèges méritent d'être mentionnées.

La plus importante de ces attractions est incontestablement la reconversion des créances sur le pays déclaré PPTE en subventions. Les échéances des remboursements des créances reconverties continueront à être respectées. Mais les remboursements se feront plutôt au profit du pays débiteur. Ils alimenteront un compte ouvert à cet effet dans les livres d'une banque indépendante de premier ordre, en l'occurrence la banque centrale. Les fonds ainsi recueillis seront affectés au financement des projets convenus et acceptés par toutes les parties prenantes, au premier rang desquelles les représentants des pays créanciers. Pour pouvoir bénéficier de cette manne, le PPTE doit s'engager à honorer, sur toute la période considérée, les échéances des créances reconverties, du *point d'initiative* au *point d'achèvement* ; mais également à respecter et à appliquer à la lettre toutes conditions qui lui seront dictées pour la circonstance par le FMI et la Banque mondiale. Cela peut aller de la privatisation de toutes les entreprises indexées, à la maîtrise des effectifs et de la masse salariale du secteur public ; de la contenance de l'inflation au rééquilibrage de la balance des paiements ; du bannissement de la corruption à l'appel systématique à la concurrence ; du contrôle de la qualité des dépenses publiques de fonctionnement ou d'investissement à l'observance des règles de la démocratie et des procédés et mécanismes de l'économie du marché. Cela peut également consister en la conception, la définition, la rédaction et l'adoption des grands axes des politiques fondamentales à mettre en œuvre, et dont les fonds alloués assureront le financement. Le document de stratégie de réduction de la pauvreté (DSRP) à soumettre à l'approbation du conseil d'administration de la Banque en est l'un des exemples.

Est non moins importante l'éligibilité du PPTE aux financements sur fonds AID, FIDA et autres organismes assimilés, connus pour leurs taux d'intérêt particulièrement bas, et donc très appropriés aux projets à moyen et long termes. Ils viendront en renfort des différentes facilités accordées par la Banque et/ou le FMI dans le cadre des appels de fonds consécutifs aux lettres de confirmation présentées à chacune des étapes d'exécution des programmes dont la revue s'avère satisfaisante. Ce sont des bouffées d'oxygène particulièrement appréciées en période de tension de trésorerie. En plus, au pays classé PPTE qui réussit le pari, sont grandement ouvertes les portes pour un retour beaucoup plus serein et plus sécurisé des bailleurs de fonds pour de nouvelles aventures économiques et financières, vraisemblablement plus heureuses.

L'atteinte du point d'achèvement ouvre de nouvelles perspectives aux lauréats de l'IPPTE. Elle est saluée par les pays créanciers par une salve d'atténuations de leur endettement. Elles vont de l'annulation du service de la dette à la remise pure et simple de dettes. Les Français ont imaginé une solution médiane, qui s'apparente étrangement à l'aide liée. Juridiquement, il n'y a pas à proprement parler remise de dettes. Mais les fonds censés rembourser leurs créances sont convertis en de nouveaux financements (non remboursables) de projets acceptés par eux, à imputer sur leurs créances échues. Les entreprises chargées de l'exécution desdits projets doivent prioritairement être françaises. C'est sont les Contrats de désengagement et de développement (C2D), lesquels sont généralement précédés du document cadre de partenariat (DCP).

Il suffira cependant d'une seule défaillance significative d'un PPTE pour que tout soit remis en cause et que s'éloigne peut-être à jamais ce mirage que semble être *le point d'achèvement*. Le sort du pays continuera néanmoins à être géré par les deux Institutions qui ne semblent pas avoir pour vocation de lâcher leur prise. L'expérience tend pourtant à établir qu'elles ne connaissent pas par elles-mêmes et par elles seules un quelconque succès intrinsèque. Les Etats peuvent certes continuer à miser sur les facilités de financement qu'elles mettent sous conditions à leur disposition. Mais aussi vigilante ou impudique que soit la surveillance de la BIRD et du FMI, il reviendra toujours aux responsables politiques de ces Etats de se frayer la voie vers une gestion optimale des affaires publiques.

b- *La Bonne gouvernance : une thérapeutique par la maïeutique*

En réalité, c'est aux Etats eux-mêmes qu'il appartient de résoudre sagement leurs problèmes, par leur sérieux et leur détermination à s'assumer et à assurer une bonne gouvernance dans toutes les sphères et à tous les paliers des institutions et des administrations publiques. Seules leur défaillance et leur irresponsabilité, transparaissant des situations de misère qu'ils créent ou favorisent, peuvent offrir aux pilleurs réels ou supposés de l'Afrique l'opportunité d'exploiter les richesses de ce continent. La Bonne gouvernance n'est autre chose que l'ensemble d'approches institutionnelles ou pratiques d'organisation et de méthode, des procédés et des techniques, ayant pour finalité de rendre participative, transparente, rationnelle et efficace, la gestion et la jouissance des ressources et des biens d'une collectivité nationale ou locale ; centralisée, déconcentrée ou décentralisée. Elle devrait conduire à un rapport qualité/prix optimal, si le service public était à vendre. Les citoyens, à la fois contribuables et usagers, devraient être satisfaits et fiers de leur gouvernement et de leur administration, sur la base d'un contrat virtuel de confiance et de performance, à l'instar du *Contrat social,* si cher à Jean Jacques Rousseau.

Car, si l'homme concède volontiers d'être gouverné, c'est sans doute pour vivre libre, épanoui et en sécurité, mais sans se nourrir de folles espérances. Alors, il accepte de faire sien, en s'y soumettant, le Contrat de Rousseau qu'il met à jour, réaménage et réadapte au goût du temps, à la particularité du lieu et au gré des circonstances. Nouveau nom de conversion de ce Contrat, « la Bonne gouvernance » est un recueil d'aspirations du peuple à la victoire permanente et aux trophées, que se chargent de transformer en réalités les gouvernants sous les regards stressés des citoyens. Même si la Bonne gouvernance ne doit pas être prise pour une panacée, son échec peut conduire à la débâcle des rapports gouvernants/gouvernés, propre à entraîner la fissuration de l'Etat, voire l'ébranlement de la Nation. D'où la nécessité d'associer les uns et les autres aux grandes décisions. Aucune stabilité ne peut en effet être garantie ni aucune paix perdurer si les citoyens sont tenus à l'écart

- de la conception de leur Etat et de ses structures, ainsi que de leur gestion ;
- de la définition de leurs droits et libertés ainsi que des conditions de leur exercice ;
- des choix des politiques ainsi que des options économiques ;
- de l'évolution des peuples, de la science et des progrès technologiques ;

Se soumettre aux exigences de la Bonne gouvernance devrait constituer pour les autorités concernées une obligation absolue vis-à-vis de leur peuple. Pourtant certaines d'entre elles tendent à la considérer plus comme une déclaration d'intention pour plaire à la Banque mondiale et au FMI que comme un acte d'engagement légal et politique. Et ce d'autant que ces deux Institutions ne sont pas toujours regardantes dans la pratique quotidienne des principes démocratiques observés ou non par le Pouvoir ni dans la jouissance effective des droits et libertés par les citoyens. Les documents illustratifs de l'acceptation de cette conditionnalité sont généralement élaborés dans la précipitation pour les besoins de la cause. Ils ressemblent plus à des ouvrages d'anthologie politique sous-tendue par des théories économiques à la mode en Occident, qu'ils ne consignent des réflexions approfondies et des solutions appropriées collant aux réalités spécifiques des Etats impliqués. Ils ne reflètent donc pas nécessairement l'art de gouverner ni une recherche d'adéquation des formes et des attributions des entités politiques à la volonté et à la capacité de gestion des citoyens. Ils trahissent plutôt un art de circonstance pour camoufler un dilatoire.

Aujourd'hui, c'est la vision même du rôle et des missions de l'Etat qui est interpellée, à travers la Bonne gouvernance, dans le sens de leur remise en cause et de leurs ajustements permanents à l'évolution du cadre de vie et des besoins des peuples. La Bonne gouvernance devrait représenter pour un pays ce qu'est un "plan stratégique" pour une entreprise, gérée à l'américaine. Le niveau optimum de chaque module de gouvernance doit être recherché, identifié et maîtrisé; et son stimulant judicieusement actionné pour l'empêcher de s'émousser ou de se volatiliser.

Les Etats qui, de gré ou par résignation, ont accepté de se placer sous la tutelle des Institutions de Bretton Woods devraient se considérer comme apostrophés jusqu'au plus profond de leur conscience. Mobilisés pour répondre de l'impérieuse nécessité de se trouver des voies et moyens spécifiques, à même de combler leur retard criard au plan économique, leurs dirigeants devraient arrêter de se contenter de la vie facile ou de se laisser distraire par les futilités d'une vie dépourvue de perspective historique.

Or, beaucoup d'entre eux ont les yeux rivés sur la manne supposée que voudraient bien leur accorder la Banque mondiale et le FMI, une fois qu'ils auront réussi aux interminables tests des conditionnalités et à l'examen probatoire de la Bonne gouvernance. Pour y parvenir, ils adhèrent à tout et acceptent de se soumettre à n'importe quelle exigence. Tous les Etats (ou presque) fredonnent les mêmes airs dont bat la mesure le bicéphale orchestre philanthropique de Washington. C'est dans cette logique que des programmes de gouvernance sont tapageusement élaborés, méticuleusement décorés et soigneusement exposés par ces élèves musiciens. Tous en chœur font l'apologie de l'économie de marché, du pluralisme politique, des élections transparentes et équitables, des droits de l'Homme, de la lutte contre la pauvreté et le VIH/SIDA,... A force de radoter les mêmes slogans récurrents, ils en ont fait une litanie, religieusement égrainée à l'instar d'un rosaire chez les catholiques ou d'un chapelet chez les musulmans. Mais réellement peu semblent être convertis à ces religions nouvelles. Car, une acceptation sans conviction ou un empressement sans urgence ne peuvent augurer du succès d'une opération, en l'occurrence la pratique d'une économie libérale ou la garantie des élections libres et transparentes. Encore que l'une ou les autres, aussi nécessaires soient-elles, sont insuffisantes par elles seules pour conjurer la misère de ces peuples ; misère dont il faut d'abord et surtout identifier les causes essentielles véritables, pour en mieux maîtriser les approches thérapeutiques.

La vraie Bonne gouvernance ne devrait cependant pas se limiter qu'aux seules considérations de gestion interne des pays en cause. Elle devrait également les mettre en position de se prémunir contre toute forme d'exploitation de leurs ressources par les auteurs déclarés de leur pauvreté. Au-delà donc des valeurs qui sous-tendent la transparence politique et la gestion économique, elle devrait s'étendre à la notion et à la défense des droits humains. De quel droit humain peut en effet prétendre disposer cet homme spolié, pillé, tourné en dérision et poussé à aller au loin quémander un emploi auprès de ceux-là mêmes qui l'en ont dépossédé ? Pourquoi lui inculquer l'idée qu'il est aidé, voire assisté, alors que dans bon nombre de cas c'est lui qui rend riche son soit - disant sponsor ? Dans ces conditions, la meilleure des Bonnes gouvernances ne consisterait-elle pas pour les Africains à faire récupérer, maîtriser et valoriser leurs ressources et leurs richesses pour qu'ils puissent en jouir chez eux, eux aussi, tout en ne perdant point le sens du partage ? Tout devra donc se passer en douceur entre humains. Il ne sera nullement question de sevrer ni brutalement ni totalement leurs exploiteurs. Un contrat de désengagement progressif et de partenariat devrait régir leurs rapports pour l'avenir.

Si les deux Institutions s'en étaient tenues dès le départ et strictement à la vraie Bonne gouvernance, il est fort probable qu'elles auraient perdu moins de temps et en auraient fait économiser aux autres. Car, tous les dérapages réussis par les Etats africains viennent principalement de l'inorganisation ou du mauvais fonctionnement des structures administratives et politiques ainsi que de la mauvaise gestion des affaires publiques et des richesses nationales. Le tout évidemment sous-tendu par l'irresponsabilité ou le manque du sens de l'Etat, observables chez certains dirigeants nationaux comme locaux. Le tâtonnement et le "papillonnement" qui ont émaillé toutes les interventions de ces deux Institutions posent la question fondamentale de la maîtrise de leur sujet et de leur capacité à le traiter de façon efficiente et définitive. Les objectifs qu'elles poursuivent sont si importants et si pressants qu'il ne peut y avoir matière pour se divertir ou se distraire. L'heure ne devrait donc plus être aux boniments.

Ni produit brut ni finalité, la Bonne gouvernance doit être comprise comme un moyen pour parvenir à une parfaite maîtrise de la gestion des affaires publiques, à la satisfaction des citoyens, y compris des plus exigeants. Sa matière première reste et demeure tout ce dont dispose un pays pour se développer. Aucune ressource ni aucune autre composante de l'économie nationale ne doivent, sous aucun prétexte, en être écartées. Les innombrables opportunités de créations d'emplois devraient alors se concrétiser. Les revenus récurrents conséquemment encaissés déboucheront certainement sur une importante réduction de l'exode d'Africains vers l'Europe ou l'Amérique. L'éradication ou la réduction relative de la pauvreté et de l'oisiveté fixera à coup sûr dans leur pays tous ces jeunes candidats africains à l'aventure existentielle, via l'émigration économique ou l'immigration clandestine, toutes frustrantes, souvent risquées mais toujours humiliantes. Là est la Bonne gouvernance, là est la prospérité ; où règnent le chômage et la pauvreté, là est la mauvaise gouvernance.

3- Au-delà des questions sur les limites des thérapeutiques

La nature même du "Mal africain" ne tire-t-elle pas justement son essence de l'explication causale selon laquelle « le malheur des uns fait le bonheur des autres » ? Cette maxime sied parfaitement à la logique de notre humanité en pièces détachées : les uns rient quand les autres pleurent et réciproquement. Faute de liens sacro-saints de solidarité et d'équité, en l'absence d'une vision sublime dans les relations internationales ou interraciales, le bonheur des uns ne se gênera pas de se nourrir du malheur des autres.

Comment donc connecter l'intérêt personnel qui dicte les motivations de la réflexion et de l'action à la philosophie du partage et à la morale de l'équité ? Comment procéder pour amener les plus nantis et les mieux armés qui acceptent de se laisser recenser parmi les humains, à croire désormais plus à la force de la raison qu'à la raison de la force ? Par quel moyen détourner ou faire abandonner le cheminement vers la vie de la jungle qui sournoisement se dessine, pour que l'instinct de domination arrête d'exciter l'intelligence bestiale ? Les réponses à ces questions qui présentent une égale profondeur, iraient largement au-delà de la seule recherche des thérapeutiques aux maux dont souffre l'Afrique. Elles contribueraient à poser les jalons de l'humanisation des comportements des peuples de ce monde en furie.

Comme d'aucuns ont pu s'en rendre compte, l'interventionnisme des Institutions de Bretton Woods soulève un certain nombre de questions subséquentes, de fond comme de forme. Mais ne serait-ce pas d'avance se condamner à la cécité intellectuelle et manquer d'autonomie, d'initiative et de perspective que de se situer dans leur seule logique ? Le charme et la longévité de l'humanité ne résultent-ils pas de la diversité et de la complémentarité des pensées, des cultures, des potentialités et des génies ? Serait-il raisonnable et judicieux de cautionner ce mouvement redouté vers la pensée unique, au point de préférer l'éphémère à la durée ? L'on doit surtout accepter de se laisser convaincre que la démocratie et l'économie de marché dont l'Occident fait l'apologie ne sont pas les seuls ingrédients de son niveau actuel de développement ; loin s'en faut. S'il en était ainsi, qu'en dirait-on de l'apport de la science, de la colonisation et de l'exploitation gratuite des richesses des autres nations dans le développement des économies occidentales ? Ou bien de cette économie de guerre dont la caractéristique est de créer de nouveaux emplois en faisant tourner l'industrie d'armement, laquelle touche tous les secteurs d'activités ? Pour se maintenir et continuer de prospérer, le capitalisme occidental ne se nourrirait-il pas en définitive d'argent sale provenant de vols larvés, parfois déguisés en butins ? Et bonjour l'idéologie économique de la guerre permanente !

A la lumière de toutes ces questions et des réponses réputées variées qui pourraient leur être apportées, le capitalisme lui-même apparaît comme un géant mythique aux pieds d'argile. Il n'est ni une idéologie ni une doctrine scientifiquement élaborée. Il est plutôt la description partielle ou partiale du constat d'un processus d'enrichissement et des mécanismes inhérents. Par lui-même et par lui seul il ne peut exister. Congénitalement insatiable, naturellement dépendant, il doit constamment être perfusé d'aliments nutritifs dont la plupart sont enlevés aux autres. Il suffit d'observer et de faire l'effort de comprendre les ressorts de l'économie américaine. Lui retirerait-t-on toutes les matières premières sud-américaines, du moyen Orient et d'ailleurs ou les lui vendrait-on à un prix équitable, que s'opérerait un juste retour d'enrichissement au profit des peuples exploités et que s'établirait un harmonieux nivellement des richesses des nations. La consistance du développement économique des pays de l'Union européenne peut être rapprochée à celle des USA, à cette différence près que ces derniers sont plus favorisés en termes d'économie d'échelles et de complémentarités climatiques.

Avec plus de 1,3 milliards d'habitants, la Chine populaire qui vit dans une logique différente se passe royalement de la BIRD et du FMI. L'Afrique pourrait, elle aussi, réduire sa dépendance de plus de 60% si seulement elle réussissait son unification en un système fédéral à l'instar des Etats-Unis d'Amérique, de la Chine, de l'Inde, de la Russie ou de l'Union Européenne en formation accélérée. Alors elle se serait libérée de toute exploitation gratuite de ses richesses et aurait renversé les tendances de sa dépendance économique actuelle. Toute autre attitude ou comportement de sa part ne ferait que l'affaire de ceux qui n'ont jamais cessé d'être ses conquérants ; lesquels continueraient d'écrire son histoire pour servir rien que leur cause, et naturellement desservir toute autre cause jugée contraire à leurs intérêts. Car, les vaincus n'auraient que des histoires, faites pour rehausser les mérites et glorifier la valeur de leurs adversaires.

Or, l'Histoire qui s'écrit en ce moment relève d'une inspiration, sinon d'une conspiration diabolique mettant (in)consciemment en œuvre un vaste programme d'apartheid ou de regroupements à base raciale, puisant ses sources de motivation dans la cupide perspective de posséder toutes les richesses de la terre, et ayant pour finalité ultime la domination impérialiste et planétaire d'une race qui imposerait aux autres ses caprices, sa religion, sa culture, ses idéologies... ; qui bâtirait une cité universelle à pensée unique, à religion impériale, à culture codifiée et dont les habitants s'accommoderaient d'une vie animale et injuste pour la plèbe, ou jouiraient des loisirs et des plaisirs d'un Eden terrestre pour les maîtres.

Les Etats membres, les fonctionnaires et les chantres de la BIRD, du FMI, de l'OMC ou de l'AIEA[102] sont-ils seulement conscients que la méthode et l'action de ces organisations finalement contribuent à bâtir un monde unipolaire à dominance occidentale ? L'entretien de la pauvreté, la régulation du commerce international ou l'interdiction faite aux nations émergeantes d'accéder aux techniques de production de l'énergie à base du nucléaire (civil) ne seraient-elles pas qu'un recours à une stratégie de diversion pour mieux consolider des mécanismes éprouvés

---

[102] L'Agence internationale de l'énergie atomique – AIEA -, organe de l'ONU, est chargée de veiller au strict respect du traité de non prolifération des armes nucléaires.

de domination ? La prudence suspecte des hommes et l'imagination sceptique de l'esprit incitent à le penser, à entrevoir ce scénario et à en prendre la mesure de la menace. Mais la lucidité et le réalisme commandent de considérer comme surréalistes les funestes architectes de tels plans, lesquels prendraient leurs rêves pour des réalités. Car, en vérité, lorsque la Chine, l'Inde, l'Afrique, le Moyen Orient et l'Amérique latine s'éveilleront, les Jaunes, les Noirs, les Beurs et les Rouges se feront mieux comprendre. Alors et avant longtemps l'équilibre d'un monde plus humain, mieux intégré et plus solidaire se rétablira. Les sentiments d'égalité, d'amour et de justice y règneront.

D- REPENSER ET RESTRUCTURER LES ECONOMIES AFRICAINES

Avec un peu de réflexion et de recul, on peut établir une formule mathématique qui schématise la définition de l'économie. Elle se révèle être la même qui décrit la courbe de création des richesses tout autant que celle de la pauvreté. Il en est de même de l'équation qui établit une fonction mathématique décrivant le rapport entre le poids de la plus-value et le degré d'exploitation des "prolétaires" sur "l'échelle de l'enrichissement capitaliste". Le rapprochement de ces deux paramètres aurait pu pousser à remettre en question l'existence même du capitalisme, *sui generis*. Il y apparaît une possibilité de pallier les effets néfastes et condamnables de ce dernier. En agissant intelligemment sur les leviers de chacun des termes de ces équations, mais sans nullement les manipuler, l'on pourrait contribuer à influer positivement sur les composantes des différentes variables économiques. Mais pourrait-on y parvenir avec succès sans associer les parrains du commerce international ? Or, ceux-là sont tous des produits sécrétés par le capitalisme et conditionnés dans des pays capitalistes. Aussi, au lieu de s'y attaquer à la hussarde et par principe de précaution, faudrait-il y intégrer la position incontournable de l'Occident. Compte doit en effet être tenu notamment du degré atteint par ses technologies ainsi que du poids et de la diversité des ressources de ses économies. Ainsi, l'on pourra entreprendre et réussir une politique de restructuration et de redéploiement des économies africaines. Elle devra procéder d'une régulation sensée et planifiée de leur développement et tenir compte des apports des accords de partenariats. Il est cependant convenu qu'il est à jamais interdit d'oublier que « les Etats n'ont pas d'amis ; ils n'ont que des intérêts ».

1- Les données matricielles d'une économie

L'économie, entendue comme science de création de richesses (ou de pauvreté), peut être schématisée par l'équation ainsi formulée : **r = e (p - c)** ; **r** représentant la richesse créée, **e** les échanges, **p** la production et **c** la consommation. La valeur conférée à chacune des matrices factorielles de cette trilogie affecte positivement ou négativement la dimension et la solidité globales de l'édifice "économie". Appliquée à un pays, cette équation traduirait l'état des équilibres fondamentaux de l'économie de ce pays ou le degré de dysfonctionnement qu'ils auraient atteint. Par conséquent, si « l'Afrique produit ce qu'elle ne consomme pas et consomme ce qu'elle ne produit pas », c'est qu'elle ne vit que d'échanges. Son économie se révèle ainsi fondamentalement extravertie, alors qu'elle est étrangère à la fixation des prix des articles échangés. Aussi, cette équation présente-t-elle le mérite de mieux renseigner sur les vrais leviers qui impulsent l'enrichissement d'un Etat ou d'un continent. Elle apporte également un éclairage tout particulier sur l'impact de l'engrenage dans lequel la colonisation et le néocolonialisme ont dangereusement enfermé l'Afrique. Mais pourrait-elle aussi expliquer pourquoi l'Afrique vit-elle de paradoxes et meurt-elle d'occultation ? Ou comment arriver à bout des causes de sa stagnation régressive sans avoir tranché le nœud gordien qui ainsi l'étrangle en initiant, entre autres, des politiques de régulation sensée de l'économie, appuyées sur un partenariat intelligent et honnête ?

Il s'agit ici de réfléchir sur l'économie africaine dans son ensemble afin de la repenser de fond en comble. Si en effet elle n'arrive toujours pas à décoller et que son évolution se dessine plutôt négativement ou en dents de scie, c'est que quelque part des problèmes spécifiques ou de fond doivent l'étouffer et l'empêcher de s'émanciper. Certes la colonisation y a été pour quelque chose. Mais cela fait tout de même un demi-siècle que les Etats anciennement colonisés ont été déclarés "indépendants". Les années soixante-dix et quatre-vingt ont même laissé entrevoir des signes de décollage économique dans certains pays pilotes du continent. Mais à présent, force est de constater que plus le monde avance, plus l'Afrique recule. L'hirondelle ne faisant pas le printemps, les quelque cinq ou six pays qui faiblement en font encore l'exception ne peuvent remettre en cause le poids des incertitudes et des inquiétudes nées de cette situation désespérante.

Néanmoins, l'exemple de réussite relative que ces pays offrent malgré des embûches indéniables, prouve qu'avec quelque intelligence et du sérieux, tous ceux qui acceptent de persévérer dans l'effort et de prendre la décision de réussir peuvent y parvenir. C'est l'occasion et le lieu de sublimer cette mentalité dont l'encouragement et le développement sont à recommander. Reste à spécifier ces problèmes de fond afin d'en échafauder les solutions. Celles-ci appellent et impliquent une planification ambitieuse des politiques économiques, fondamentalement basées sur le pragmatisme et sur les réalités et les potentialités africaines. La détermination des orientations et des choix entre les options en présence sera fonction des performances attendues et de la vitesse prescrite pour les atteindre. L'objectif final sera de réduire à moyen terme, pour le combler dans des délais raisonnables, le fossé qui sépare les économies africaines de celles de certains pays d'Asie (Corée, Indonésie) ou même d'Amérique latine (Brésil, Argentine) et surtout de ceux de l'Occident. La première étape sera évidemment d'affranchir l'Afrique et les Africains de toute forme d'exploitation ainsi que de la dépendance gratuite, grâce à une définition équitable des règles de jeu et des conditions d'échanges qui écarteraient toute possibilité de marché de dupes dont ils n'ont cessé d'être des victimes.

Alors l'Afrique cessera d'avoir la particularité de faire cohabiter des richesses mirobolantes mais passives et une pauvreté navrante mais active. Et elle jouira des ressources naturelles dont elle regorge ; lesquelles actuellement ont l'art sélectif d'enrichir plutôt les Etats européens et leurs citoyens, notamment ; et d'appauvrir concurremment et de plus en plus ses Etats et ses enfants. La raison en est que ce continent a été condamné par la Conférence générale de Berlin à produire à perpétuité, pour les livrer à l'Europe, des matières premières ; et par les multiples Accords et Conventions CEE/ACP à s'interdire de s'industrialiser et d'importer des produits industriels ailleurs que d'Europe. Or, de tout temps, la réglementation du commerce extérieur ou international a été l'apanage quasi-exclusif des Etats européens et d'Amérique du Nord. Dès lors, c'est à eux qu'appartient le pouvoir de déterminer à leur guise la valeur du contenu des termes de l'échange. Bien sûr qu'ils ne se sont pas privés d'en user et même d'en abuser au point de les "détériorer". Comment pourrait-il en être autrement de la part de ceux-là qui ont réussi la prouesse d'allier parité monétaire et détérioration des termes de l'échange dans une même zone économique et monétaire ? Aussi, les "apports positifs" de l'Afrique ont-ils contribué à élever le niveau de vie de leurs populations. Alors, la pauvreté abandonne progressivement les pays du Nord, pour jeter son dévolu sur l'Afrique et s'y cramponner. Curieusement, nombre de dirigeants africains donnent l'impression d'accepter cette triste situation ; certains semblent même s'y complaire. Et au-delà des discours de circonstance et de quelques larmes de crocodile, le paradoxe de la cohabitation des richesses abondantes du continent avec la pauvreté criarde des Africains ne semble pas émouvoir grand monde. Les masses populaires, quant à elles, ne situent pas tout à fait l'origine ni l'explication des causes fondamentales de leurs misères, qu'elles se laisseraient plutôt tenter d'assimiler à une fatalité.

Mais pour expliquer la réussite de l'Occident, il est fait pompeusement appel à des idéologies dont certaines occultent l'origine des profits "capitalistes" plus qu'elles n'éclairent la causalité de l'accumulation des richesses. Si, au plan politique, la démocratie vraie contribue indéniablement à asseoir la moins mauvaise forme de gouvernement qui réponde aux aspirations des peuples, il n'en est point de même du capitalisme ou du libéralisme, au plan économique : ni l'un ni l'autre ne peuvent justifier par eux seuls la fulgurance du développement économique du monde occidental. Or, l'un et l'autre tendent à jeter un voile épais sur les limites de leurs apports respectifs dans l'enrichissement de l'Occident.

Le recours à la théorie marxiste pourrait faciliter l'appréhension de certains phénomènes d'occultation et en permettre une meilleure compréhension. Karl Marx estime en effet que "la plus-value" représente la différence entre la valeur créée ou ajoutée par l'ouvrier d'une part, et son salaire d'autre part ; plus elle est importante en valeur, plus les travailleurs sont exploités par la bourgeoisie ou le patronat. Il s'établit une fonction mathématique entre le volume de la plus-value et le degré d'exploitation des "prolétaires" ou des Etats, pris individuellement ou collectivement. Elle peut être formulée par cette équation : $Dex = Eex - MVr (QP + CI)$; dans laquelle **Dex** représente le degré d'exploitation, **Eex** l'échelle d'exploitation, **MVr** le minimum vital relativisé, **QP** la qualification professionnelle et **CI** le coefficient d'indispensabilité. L'échelle d'exploitation rappelle quelque peu celle de Richter. A cette différence que le point de départ de l'exploitation ne peut partir du point zéro. Car, même le nécessaire maintien en vie de l'exploité a un coût. Il faut en effet lui assurer, en nature et/ou en espèces, un minimum vital qui tienne compte de l'environnement socio-économique et du niveau de formation et d'expérience professionnelles du travailleur, mais aussi de l'apport plus ou moins indispensable de son rôle dans la chaîne de production. Le degré d'exploitation situe jusqu'où l'enrichissement des capitalistes se crée sur le dos des travailleurs. Autrement dit, il détermine le caractère plus ou moins sauvage du capitalisme pratiqué. Le volume des profits cumulés et des investissements ultérieurs dont ils conditionnent la réalisation, constitue la substance de l'accumulation continue des richesses des exploiteurs. Tout cet enchaînement s'opère évidemment au mépris de la morale et au détriment du développement économique et humain des travailleurs ainsi que des pays exploités.

La situation décrite par Karl Marx analyse le processus de "l'exploitation de l'homme par l'homme" dans une logique capitaliste, en Europe. En réalité, mise en parallèle par rapport à celle qui prévaut dans les pays dominés, cette situation là est de loin en deçà de la transformation pure et simple de l'homme en bien économique ou en bête de somme au temps de l'esclavage, de l'extorsion gratuite des richesses pendant la colonisation ou de leur subtilisation à l'ère du néocolonialisme ou de l'impérialisme. Et comme par hasard, la zone de prédilection du capitalisme coïncide avec les limites des Etats anciennement esclavagistes et/ou coloniaux et de "la République impériale" américaine. Les changements récurrents des stratégies et des méthodes d'exploitation au fil des ans et des époques, consacrent la permanence d'une volonté aussi évidente que vitale de s'y accrocher. Cette persistance est une preuve solide que le capitalisme ne s'auto - entretient pas. Il a toujours besoin d'apports nouveaux gratuits, ou presque. Aussi, devrait-on comprendre pourquoi la plus-value décriée par Marx devient tout simplement un enrichissement illicite et sans cause, à travers un vol organisé, parfois à mains armées, dont sont cruellement victimes l'Afrique et bien d'autres pays du Tiers Monde.

Le développement de l'Occident ne saurait donc être expliqué seulement par l'idéologie capitaliste, ni encore moins n'être imputé qu'à elle seule. Car, s'il en était ainsi, le capitalisme se confondrait à une science d'enrichissement par l'arnaque. L'on peut alors en déduire que le capitalisme sert de bouclier anti-soupçon aux besoins d'occultation de certaines sources d'enrichissement de l'Occident. Il lui serait ainsi évité de laisser démasquer certains aspects de sa moralité. Or, les différentes formes d'exploitation et d'extorsion des travailleurs et/ou des pays ne pourront indéfiniment masquer cette triste réalité. C'est le capitalisme lui-même qui est un système cruellement égocentriste d'enrichissement exclusif.

Dans ces conditions, peut-on valablement soutenir que le capitalisme existe *sui generis*, en tant que tel ? Il est tentant de répondre par la négative. En vérité, sauf par défaut, le capitalisme n'existe pas en tant qu'idéologie ou doctrine économique à valeur universelle. Il serait en effet inopérant si, invariablement, ses méthodes étaient équitablement appliquées partout et en même temps : les profits d'une exploitation égale et proportionnellement réciproque s'annuleraient.

Il ne faudrait cependant pas en conclure que le développement de l'Occident ne vivrait que des seuls plus-values et autres butins qui lui viennent des exploités. Sa nature aussi gloutonne qu'égoïste, aussi jalouse que conquérante, agrémentée de sa mentalité guerrière, engendre une forte volonté de progrès et entretient des défis permanents à relever ; le tout adossé sur l'esprit créatif qu'excite la passion pour la science et le goût du risque, allié au sens de l'organisation. D'où sa mise en alerte permanente et l'explication de son penchant nécessairement perfectionniste. La concurrence y est alors admise pour jouer le rôle aussi bien d'incitation que d'arbitre. Ainsi s'expliquerait également son option pour le libéralisme économique, lequel a vocation à devenir sauvage, c'est-à-dire à imposer la loi du plus fort partout où besoin est, dès que l'environnement global le lui permet. Alors, pensant que leurs économies ne peuvent se passer de se nourrir de pillages, sous peine de disparaître, les Etats qui se réclament du capitalisme maintiennent, au besoin au forceps, leurs vieilles méthodes et stratégies de survie. L'expansion de cette doctrine économique de supercherie en est le soutien et la garantie.

Les politiques dites de délocalisations ou de privatisations participent des réponses apportées à cette forme d'instinct de conservation. Dans le premier cas, les capitalistes transplantent leurs outils de production dans les pays où ils les maximiseront le plus en termes des plus-values, sans qu'en aucune manière cette approche puisse porter atteinte à des intérêts et autres avantages déjà acquis par ailleurs. C'est pour ces raisons que les délocalisations ne sont pas voulues d'application universelle. Elles sont plutôt sélectives en tant qu'elles sont d'abord réservées à certains pays d'Asie du Sud Est où les attend une abondante main d'œuvre, bon marché et peu revendicatrice. Elles doivent surtout, pour longtemps encore, contourner l'Afrique. Sans doute, faudrait-il éviter de distraire les Africains, si bien cantonnés à leur spécialité de producteurs de matières premières brutes. C'est à ces derniers, dans l'esprit des capitalistes, que doit continuer d'incomber la mission d'en pourvoir les industries de l'Occident et d'y maintenir des emplois, porteurs de plus-values et de paix sociale. Les privatisations imposées par la Banque mondiale et le FMI s'inscrivent dans le même registre, avec quelque inversion des rôles. C'est ainsi que des soi-disant capitalistes aux mains nues ou presque, souvent parrainés par des hommes politiques, vont en Afrique s'accaparer des investissements publics pour les exploiter à leur avantage. Elles consistent en des transferts des entreprises publiques rentables, incluant leurs outils de production, à des sociétés étrangères ou à des multinationales. Pour permettre un accroissement substantiel des dividendes, les privatisations sont généralement précédées de compressions des personnels, tout autant que par des révisions préalables des codes de travail favorisant la réduction des salaires et des avantages sociaux. Ceci permettra aux nouveaux actionnaires d'en tirer le maximum de profits, en contrepartie de leur apport en ...gestion des investissements abusivement concédés. Cette catégorie de succion gratuite des Africains, pauvres et miséreux, rapporte bien plus que des plus-values sur les salaires.

Face à toutes ces formes d'exploitation à vaste échelle, conjuguées à un silence aussi coupable que complice des peuples et des pays rendus prolétaires, les capitalistes et autres néocolonialistes naturellement de mauvaise foi, peuvent parfaitement recourir à l'adage selon lequel « qui ne dit mot consent ». En réalité, c'est à ces exploités qu'il doit revenir de mettre à nu pour les dénoncer, tout paradoxe et toute occultation, et de mettre au point les formules les plus opérantes pour éradiquer les injustices dont ils sont l'objet. Entre autres mesures, une régulation sensée de l'économie et une politique de partenariat intelligent et honnête pourraient être retenues.

2- Repenser l'économie et libérer le développement

Par définition et par vocation, les dirigeants et les gestionnaires des Etats doivent se sentir hautement responsables pour entièrement se consacrer à la cause de leurs peuples. L'on ne saurait donc imaginer ni encore moins comprendre que certains d'entre eux puissent afficher des comportements plutôt dignes de l'époque coloniale. C'est malheureusement et paradoxalement le cas de ceux des pays anciennement colonisés ou signataires des accords CEE/ACP. Pour la plupart extraverties en direction et au profit de leurs maîtres d'hier, leurs économies continuent d'être essentiellement orientées vers la satisfaction des besoins exprimés par le colonisateur, ancienne ou nouvelle formule. Leurs exportations sont essentiellement formées de cultures dites de rente, jadis introduites ou encouragées par le colon. Elles constituent aujourd'hui encore, dans bon nombre de ces pays, les sources principales de leurs réserves en devises. Il en est ainsi du cacao, du café, du caoutchouc, du coton, du sucre, du thé, de la vanille ... ; auxquels s'ajoutent le pétrole et d'autres minerais dont la découverte et la mise en exploitation des gisements sont, pour certaines, postérieures à la période coloniale proprement dite. Toutes ces matières premières alimentent, comme par le passé, des usines européennes. Elles contribuent à créer et à entretenir des emplois dans les pays de destination, mais aussi à y procurer des salaires substantiels, à injecter des revenus consistants dans les circuits économiques et à réinvestir des bénéfices dans cet espace économique. Au bout du compte, ce sont les Européens qui en tirent économiquement et socialement le plus d'avantages. Entre temps, le monde rural africain aura perdu ses repères : la monétisation de son milieu a achevé de travestir ses notions de valeur et d'unité de compte. Ainsi et d'année en année, les paysans africains sont gentiment conduits à persister et à signer leur prolétarisation.

Par elle ou à travers elle, l'économie de traite n'avait pu développer l'Afrique pendant plus d'un siècle. Comment saurait-elle y réussir à présent ? Or, dans bien de pays et à quelques nuances près, le système d'exploitation coloniale actuelle qui prévaut n'est guère différent de celui qui prévalait sous la colonisation. Cette assertion peut être illustrée par un cas d'école pris au Cameroun où c'est encore la Compagnie française de développement des textiles (CFDT), d'essence coloniale, qui continue de gérer à sa manière et à sa guise la Sodécoton, son substitut. Répondant successivement aux noms de La Cotonnière, de Dagris et de Géo-Coton (depuis 2007), elle n'en est pourtant qu'un actionnaire minoritaire (30%). Mais elle continue d'y développer moult techniques d'exploitation colonialiste tant au détriment des paysans qu'à celui de la société partenaire.

Imprégnée de cette mentalité de colon, la Sodécoton n'hésite pas, elle non plus, à spolier les producteurs de coton, par exemple en renvoyant aux paysans du secteur les inconvénients financiers liés aux risques, aléas et autres charges imputables à la gestion des stocks. C'est ainsi qu'elle transforme ces paysans en gardiens et en magasiniers de leur coton, sur de longs mois. Elle ne débourse cependant nul radis pour payer les services rendus par ces cultivateurs, en l'occurrence devenus malgré eux des bénévoles plus ou moins inconscients. Elle s'évite ou réduit de la sorte les frais financiers d'emmagasinage de coton-graine, les primes d'assurance risque incendie. Usant de son monopole d'achat et d'exportation du coton camerounais, ainsi que de la vente à crédit de matériels, d'herbicides et d'intrants agricoles, cette Sodécoton ne permettrait pas que les producteurs osent refuser de conserver par dévers eux, deux mois durant après les récoltes, leur coton-graine dont la date d'achat est plutôt fixée en fonction du rythme de traitement de l'usine d'égrainage de leur zone. Et même après livraison du produit contre un reçu valant avoir, deux à trois mois peuvent encore facilement s'écouler avant l'encaissement de cet avoir. Il s'agit véritablement d'un crédit fournisseur gratuitement opéré sur le dos des cultivateurs ignorants. Tout le monde en gémit, mais personne n'ose protester contre le long délai qui sépare les dates des récoltes et de l'enlèvement du produit par l'acheteur, de celle du règlement effectif de la transaction. De surcroît, il arrive parfois que certains planteurs sortent bredouilles de l'opération : le remboursement par retenue à la source des crédits d'intrants et d'herbicides à eux consentis solde parfois l'avoir.

Sur un autre plan et malgré l'existence de "l'Office national de commercialisation des produits de base", la même CFDT, domiciliée 13 rue Monceau à Paris, flanquée de la Compagnie cotonnière, 242 rue de Rivoli à Paris, réussit à se faire transférer le monopole de commercialisation du coton camerounais, limitant l'organisme spécialisé seulement à la vente du cacao et du café. C'est l'occasion pour ces deux larrons, transformés pour la circonstance en intermédiaires d'affaires, de s'attribuer une forte rémunération et de tirer profit du long séjour dans leurs comptes bancaires parisiens de l'argent de la Sodécoton. Ceux qui tirent les ficelles de cette stratégie néocoloniale ne craignent nullement de perdre en voulant trop gagner. Ils savent qu'ils combleront les éventuels déficits de production enregistrés au Cameroun ou ailleurs, par les apports surabondants des filières cotonnières d'autres Etats (Mali,

Burkina, Bénin, Tchad...), également bénéficiaires des bonnes dispositions de l'assistance technique française, contrepartie du poids des intérêts ainsi mis en jeu.

Ces méthodes et procédures dont le despotisme se le dispute à l'anachronisme pourraient sans doute expliquer leur désaffection sinon la désertion de la culture du coton par beaucoup de paysans camerounais qui s'y adonnaient, et conséquemment la stagnation voire la baisse corrélative de la production que justifie amplement la régression relative du pouvoir d'achat des cultivateurs. L'évolution chiffrée des prix de coton trié, fixés aux producteurs camerounais, se décline comme suit : 28 f CFA le kg de 1951 à 1969 ; 33 f le kg en 1972 ; 55 f le kg en 1976... Au troisième millénaire, le prix du kg de coton trié passe à 195 FCFA en 2004, à 190 F en 2005, à 170 F en 2006 et en 2007, et enfin à 175 F en 2008. Ces prix payés aux producteurs incluent la ristourne prélevée sur le fonds de réserve de stabilisation. Son montant varie avec les fluctuations des prix du marché mondial : il est de 15 F en 2008, de 20 F en 2007 et en 2006, de 5 F en 2005 et de 10 F en 2004. Pour apprécier et prendre la mesure de l'évolution des courbes du pouvoir d'achat du cultivateur de coton camerounais, il y a lieu de rapprocher le prix du kg de coton trié à celui du kg de viande ou de mil. Ainsi en 1951, en vendant 1kg de ce coton, l'on pouvait s'acheter 1kg de viande de bœuf ou de mouton ou 2kg de mil. En 2008, le prix de 9kg de coton trié équivaut à celui de 1kg de viande ; il faudra en vendre 1kg pour obtenir 1kg de mil. Par rapport à ces deux denrées de première nécessité, la baisse du pouvoir d'achat s'avère désastreuse : le coton seul ne peut donc plus faire vivre ses producteurs. Si sur cette même période, ces calculs s'appliquaient sur des articles importés de France et prenaient en compte la détérioration des termes de l'échange et les dévaluations successives du F CFA, ils auraient plus gravement encore dépeint la chute infernale du pouvoir d'achat des cultivateurs de coton du Nord Cameroun. Il ne peut y avoir meilleure illustration pour mettre en exergue la nature et les effets de l'exploitation coloniale et néocoloniale ainsi que les raisons du blocage économique du monde paysan africain s'adonnant aux cultures de rente. Il va évidemment de soi que les courbes décrivant le pouvoir d'achat du paysan européen ou des ouvriers de l'industrie textile française enregistrées sur la même période ne peuvent se superposer aux précédentes.

L'on aurait présumé que la substitution de la Sodécoton à la CFDT avait pour objet la promotion économique effective des cultivateurs de coton et de contribuer au développement humain du Nord Cameroun. Elle ne devrait normalement pas avoir pour finalité la fabrication assurée d'un paysannat condamné à une exploitation de type néocoloniale. Force est aujourd'hui de constater qu'elle les a plutôt jetés dans le désarroi.

Pour éviter ce genre de déconvenue, les pouvoirs publics tout comme l'élite africaine devraient s'atteler à mettre en œuvre un vaste programme d'encadrement efficace du monde rural et de reconversion permanente des mentalités, à tous les niveaux et dans tous les secteurs. Car, l'on ne saurait valablement réguler une à une les économies africaines, sans véritablement décoloniser les fondements mêmes des structures de développement. C'est l'étape par laquelle doit nécessairement passer toute initiative tendant à repenser les politiques économiques africaines, sous peine de perpétuer la colonisation des cœurs et des esprits d'Africains. Tous les Etats du continent doivent franchement s'y impliquer.

Certes, certains économistes, partisans du libéralisme pur et dur, condamnent pêle-mêle interventionnisme et dirigisme de l'Etat. Et marchant sur leurs pas, des hommes (et des femmes) politiques se servent de ces convictions doctrinaires qu'ils ont pris soin de travestir au passage, pour en infiltrer des Organisations et en frelater les relations économiques internationales. Exiger ainsi d'un Etat d'observer la neutralité face à ses propres problèmes, c'est affirmer la négation du rôle même de cet Etat. L'on ne peut d'un côté lui reconnaître l'attribut de la fonction normative, de la mission sécuritaire et de la justice sociale, et de l'autre lui dénier son droit régalien d'intervenir, par vocation de surcroît, pour assouvir toujours au mieux les attentes de ses citoyens. C'est à lui qu'incombent de droit, le devoir et même l'obligation d'encourager et au besoin de susciter toutes initiatives de développement, d'orienter et de canaliser les projets en découlant, et de soutenir les efforts et la persévérance pour les concrétiser. Sa raison d'être et son rayonnement en dépendent. Le slogan « moins d'Etat, mieux d'Etat » n'a d'autre sens que d'amener l'Etat à se concentrer en s'éparpillant moins, à mieux cibler les axes et les objectifs les plus porteurs pour entreprendre des actions les plus performantes et dont la capillarité des synergies provoquerait le plus d'effet d'entraînement, dans les délais les plus courts. Or, l'on ne peut y parvenir sans remettre définitivement en cause certaines pratiques dolosives de type colonial, qui continuent d'infecter les rouages des économies africaines, ni maîtriser les subtilités et méandres du marché international, donc de la bourse des valeurs.

A vrai dire, les Etats africains qui n'y ont pas encore procédé doivent immédiatement se mettre à repenser profondément tout leur système économique. Ils doivent notamment l'expurger de toute interférence avec l'économie à relent colonialiste. A cet effet, ils doivent se départir des "traditions séculaires" pour se mettre résolument au diapason de la logique qui régente les relations internationales. En l'occurrence, il n'y a pas meilleur enseignement que celui du Général de Gaulle : « les Etats n'ont pas d'amis ; ils n'ont que des intérêts ». Ce grand Français différencie ainsi en termes denses et clairs les relations d'individu à individu qui sont mues par des sentiments personnels, de celles des ces « monstres froids » que sont les Etats. Leur seul rôle est de protéger et de promouvoir en continu les intérêts de leurs citoyens. Certes cet objectif de promotion égoïste de leurs citoyens entraine parfois, de la part de leurs partenaires, des comportements inhumains, souvent incompréhensibles et regrettables, mais toujours condamnables. Et tant qu'il en sera ainsi, l'équité dans les relations inter-étatiques, bilatérales ou multilatérales, commanderait que tous les Etats s'en tiennent de la même manière à ce dogme cynique, dans leurs échanges commerciaux et leurs transactions financières. De tous les domaines économiques et financiers devrait donc être banni tout sentiment qui ne s'inscrirait pas dans l'intérêt quasi-exclusif de chacun des Etats partenaires. L'on comprend alors pourquoi le langage diplomatique insiste souvent sur l'emploi du vocable "réciprocité". La vraie politique ne devrait-elle pas justement consister à assurer rien que ce qui concourt à la promotion évidente et autant que possible immédiate du bien-être et de l'épanouissement du peuple ? Par simple loyalisme, tout dirigeant démocrate est en effet censé être protecteur et serviteur des intérêts légitimes de son peuple dont il est dépositaire de la souveraineté et investi d'une parcelle du pouvoir.

Dans cette guerre des intérêts à laquelle se livrent de plus en plus les grandes et moyennes puissances, les Etats de petite dimension ou de faible "bargaining power" d'avance partent perdants. Comme par hasard, les Etats africains se retrouvent presque tous dans cette situation. Ils devraient donc comprendre et se laisser convaincre qu'avec leur poids individuel actuel, ils ne peuvent jamais traiter d'égal à égal avec les grandes puissances. Car, ils ne sont nullement en état de leur exiger la moindre réciprocité, ni une quelconque équité. Mais il ne dépend que d'eux de renverser à leur profit cet état de chose, simplement en modifiant les rapports des forces en présence. Pour ce faire, il leur suffit de faire de l'Afrique une grande puissance en acceptant tout simplement de s'unir et de créer les Etats Unis d'Afrique dont ils deviennent membres à part entière. Alors les anciennes colonies d'Afrique se libéreront définitivement de leur statut actuel de "pré-carré", cette étiquette qui continue de leur être collée. Ce sera à cette condition et à cette condition seulement qu'ils seront en mesure de réaliser le rêve de tous les Africains de construire une Afrique digne, prospère et fière d'elle, qu'il sera alors impossible de marginaliser, ni encore moins de couvrir de velléités ou de désirs de vassalisation. C'est faute pour les dirigeants africains d'avoir été réalistes et pragmatiques, à cet égard, que de grands projets panafricains dont la réalisation est d'une nécessité urgente n'ont pu être concrétisés. De ce fait, ni la qualité des initiatives et des études, ni même les rencontres des Chefs d'Etat, aussi solennelles fussent-elles, pour l'adoption de "Plans", n'ont été suffisantes pour donner corps aux fantasmes velléitaires de ces hauts dirigeants. Que de sommets qui n'auront accouché que des occasions gâchées !

Le "Plan de Lagos" avait échoué faute de financements. Le "NEPAD" risque de connaître le même sort. Ces deux projets qui se recoupent largement ont pour objet principal de « vertébrer » l'Afrique d'infrastructures structurantes, de la charpenter en la balisant des voies qui conduisent à un développement véritable du continent. Si l'Afrique s'en offrait les moyens de tous ordres par sa simple unification, d'Alger au Cap, de Dakar à Djibouti, d'Asmara à Windhoek, d'Alexandrie à Douala, de Lagos à Mombassa, d'Abidjan à Tripoli, de Casablanca au Port-Soudan, de Luanda à Beira, du fleuve Congo au Lac Tchad et à la Méditerranée,... des réseaux de communication en toute propriété, comprenant chemins de fer, lignes aériennes, autoroutes, voies fluviales emmanchées de canaux, télécommunications par satellites, couvriraient ce continent d'une toile dense et moderne propre à permettre de le parcourir de long en large et en oblique, de naviguer dans ses airs dans toutes les directions et d'y surfer à haut débit. Le tout faciliterait la circulation des personnes et de l'information, des biens et des marchandises pour que « l'Afrique commerce avec l'Afrique ». Et de leurs brassages socioculturels ainsi assurés, et des brassages des affaires qui en résulteraient, les Africains s'enrichiraient tout en se connaissant et en se comprenant mieux, en se voyant et en se parlant plus. L'importance de l'entreprise est à la dimension de la nécessité de repenser les économies africaines, à commencer par celle de leur restructuration.

Restructurer ces économies consiste avant tout à concevoir et à créer des structures et des infrastructures de développement à vaste échelle. L'idée est de ne plus jamais laisser en jachère une seule potentialité économique. Les activités à promouvoir dans tous les secteurs et au niveau de chacun des Etats doivent viser à satisfaire en priorité les besoins primordiaux de l'Afrique et à lui faire entretenir un sens de progrès permanent. L'abandon des méthodes artisanales de production parcellaire et à faible rendement, doit être de mise. Une option sans équivoque et non négociable doit être portée sur la modernisation continue des techniques culturales et de la mécanisation agricole, sur l'extension en centaines et en centaines de milliers ou de millions d'hectares des superficies cultivables, et sur l'accroissement des rendements de la production. Et ce sont les potentialités immenses dont regorge le continent qui doivent servir de réactif pour définir et fixer les objectifs à atteindre et pour élaborer conséquemment les politiques à mettre en œuvre. C'est ainsi que les secteurs agricole, minier ou énergétique serviront de trame aux politiques industrielle, commerciale, budgétaire ou monétaire sous-jacentes ; le tout évidemment sous-tendu par des politiques de grands travaux d'infrastructures, de communication et de télécommunication, entraînant création permanente de revenus substantiels. Et dans l'optique d'une économie gérée au mieux des intérêts des peuples d'Afrique, il sera établi une évaluation constante de la relation entre la rentabilité économique et sociale des besoins en consommation locale et en création d'emplois, et le retour d'investissement sur le volume et la variété des gammes des produits finis à exporter, appelés à couvrir les besoins en devises destinés à financer les balances commerciale et des paiements.

Car, un postulat semble dire que si elles continuent d'être établies au profit exclusif de quelques partenaires gloutons, les relations économiques internationales continueront d'être pour leurs victimes un non sens politique, économique et humain. Dans un tel marché de dupes, le profit comme la perte sont également condamnables. C'est pourquoi l'esprit et la logique d'un partenariat économique inédit, intelligent et honnête, devraient prévaloir. Celui-ci, situé aux antipodes des Conventions CEE/ACP ou APE, se comprendrait comme une base conventionnelle d'échanges tout autant qu'une clé de valorisation et de partage des ressources agricoles, minières, forestières, industrielles, scientifiques, technologiques ou en capital, possédées par chacune des parties prenantes. Il sera alors loisible aux Etats fédérés ou fédéral, en conformité avec leurs compétences constitutionnelles, de négocier et de souscrire à ce genre nouveau des contrats de partenariat. L'on veillera particulièrement à ce que les parties en présence en tirent respectivement et équitablement profit. Il s'agira pour elles de tisser, selon leurs intérêts respectifs, des liens solides et opportuns de solidarité et de complémentarité.

Il sera ainsi définitivement mis fin à la logique et aux critères de partenariats fondés sur les réductions ou les exemptions des droits de douanes ou des droits reconnus équivalents d'une part, des quotas ou des contingentements d'autre part. Il sera conséquemment laissé à chaque partenaire le droit et le soin d'organiser sa fiscalité douanière ou industrielle au mieux de ses intérêts qu'il reste seul à définir et à protéger, et de traiter directement avec l'OMC, si nécessaire.

Des formules seront trouvées pour régenter ces contrats. Il pourrait, par exemple, être convenu qu'un minimum de 50% des matières premières sera transformé dans les pays de leur production par les industries locales, modernes et de grande capacité de traitement. Au gré des cocontractants, le maximum des 50% restant sera transformé en produits finis dans des zones franches industrielles des pays producteurs et/ou exportés à l'état brut. Dans ce dernier cas, les industries et/ou les pays importateurs devront reverser aux Etats exportateurs une ristourne sur la valeur ajoutée (RVA), égale à une fraction (à convenir) du taux de la taxe à la valeur ajoutée (TVA) en vigueur ou de ce qui en tient lieu, prélevée sur des produits finis ou semi-finis similaires. Cette ristourne est censée réparer le manque à gagner résultant de l'exportation des emplois inhérents aux produits bruts non transformés localement. Les contrats de partenariat, qui incluront également les transferts technologiques, ne devront en aucune manière viser à perpétuer l'Afrique dans sa spécialisation de productrice de matières premières. Aussi, seront-ils revus et réadaptés tous les dix ans au maximum, dans la perspective d'industrialiser encore davantage les différentes régions d'Afrique et de s'assurer de l'effectivité de la réciprocité des rétrocessions des avantages, contractuellement consentis.

Plus concrètement et à titre d'exemples, la Grande Bretagne, la France, l'Allemagne, les Pays Bas, ... peuvent continuer à importer du cacao du Cameroun, de la Côte d'Ivoire et/ou du Ghana ; du café de l'Ethiopie, de la Côte d'Ivoire, du Kenya, de Madagascar et/ou du Burundi ; du coton du Soudan, du Mali, du Burkina Faso, de l'Egypte et/ou du Tchad ; du bois du Cameroun, du Gabon, du Congo et/ou du Libéria ; du pétrole de l'Algérie, de l'Angola, de la Libye et/ou du Nigéria ; des phosphates du Maroc, de la Mauritanie et /ou du Togo ; de l'aluminium du Cameroun et /ou de la Guinée ; de l'uranium du Cameroun, de Madagascar et/ou du Niger ; du cuivre de la RD Congo et/ou de la Zambie, et des produits complémentaires de bien d'autres Etats ... Mais dans le cadre des accords de partenariat à convenir, les pays producteurs (ou leurs groupements) pourraient, pour commencer, proposer par produit ou par "package" de produits, aux importateurs un maximum de 50%, moyennant la transformation sur place de la différence, que rendraient effective les Etats et/ou les entreprises intéressées ; à défaut d'une simple délocalisation de quelques unes des unités industrielles du secteur, en même temps qu'une partie (à spécifier) de leur personnel, vers les pays signataires des accords. Les produits finis en résultant seraient destinés aux consommateurs de l'Union européenne qui s'assurerait des livraisons. Il en serait ainsi de tous les produits, aussi bien du sol que du sous-sol. En contrepartie et conformément aux conventions de partenariat, les pays industrialisés garantiraient sincèrement et concrètement à leurs partenaires africains une gamme appropriée de transferts de technologies, couvrant la formation aux techniques de pointe et s'étendant à la maîtrise en constructions mécaniques, électroniques, informatiques...de machines et matériels lourds et légers d'équipement, de production, de transport, de télécommunications, d'infrastructures ou de laboratoires. La caution des autorités fédérales compétentes en la matière constituera la garantie de bonne fin de tels accords.

C'est sur ce modèle que devraient être libellées la plupart des conventions de partenariat dont la rédaction, plus fouillée et plus adaptée, sera assurément plus affinée. Il ne s'agira certes pas d'un troc new look. Mais rien ne devrait s'opposer à la fixation d'indices de référence avec indexation simple et croisée pour chacune des valeurs, au départ. Ceci éviterait de retomber dans la spirale de l'artificielle détérioration des termes de l'échange, pour le moins suspecte, sinon perfidement déloyale.

Tout doit donc être mis en œuvre pour qu'aucun partenaire ne contribue en aucune manière à asphyxier le développement économique de l'autre. Vus sous cet angle et rectifiés dans ces perspectives, les Accords de partenariat économique (APE) dont s'est encombrée l'Union Européenne auraient été moins embarrassants pour elle. Ils auraient pu être examinés dans la transparence sans susciter des doutes, des suspicions, voire des dégoûts sur leur sincérité ; ni donner lieu à un forcing de mauvais aloi, rappelant étrangement et malencontreusement des méthodes néocolonialistes de supercherie, alliées à l'intimidation et au chantage ; tous procédés et méthodes censés relever d'une autre époque.

Avec ce type nouveau de partenariat, transparent et honnête, simple et dépouillé de toute duperie et ne se nourrissant d'aucune arrière pensée impérialiste, la vraie fausse aide publique perdra de sa sombre raison d'être. Elle n'aura alors pour toute vocation que celle de garnir les placards de l'histoire des relations économiques que l'Europe aura entretenues avec l'Afrique pendant des lustres. Au rôle régulateur de l'Etat s'adjoindrait alors celui de stratège en marketing commercial et financier, parfaitement apte à savoir bien vendre ses différents produits d'exportation ou de tourisme, ainsi que son image ; et à bien fabriquer et acheter les machines et techniques nécessaires à son développement économique, social et scientifique. Et les percées économiques qui certainement en résulteront, produiront des effets d'entraînement en chaîne, propres à accélérer le développement global de l'Afrique, et partant à alléger le poids des effets sociaux dégradants nés du sous-développement dont elle souffre encore cruellement.

CHAPITRE TROISIEME

TRANCHER LE NŒUD GORDIEN DE LA DOMINATION

Les relations entre le colonisé d'hier et son colonisateur métamorphosé en néocolonialiste se caractérisent par des tentatives plus ou moins heureuses de refoulement de leurs complexes à peine inhibés. Par contre, celles entre le riche des pays industrialisés et le pauvre des pays en développement suscitent plutôt le besoin, voire l'obligation d'imaginer et de créer des mécanismes de développement solidaire et réciproque, qui puissent sérieusement et concrètement booster l'élan de progrès des seconds sans en aucune manière porter préjudice ni au confort matériel ni à la chevauchée scientifique des premiers. Il s'agira en fait de couper la racine du mal que causent les facteurs de domination, objectifs ou subjectifs soient-ils. Quant au fond, la construction réussie d'une société humaine intégrée et la coexistence pacifique et non discriminatoire des peuples et des cultures, commandent que soient recherchés et assemblés les matériaux fondamentaux d'une civilisation universelle vraie.

A- DEMONTER LES FACTEURS SUBJECTIFS DE LA DOMINATION

Réussir à décomplexer des relations mal tissées par la colonisation et de surcroît rendues suspectes par l'égocentrisme néocolonial est à la fois une gageure, un défi et une nécessité. Il faut pourtant parvenir à lever tout aspect et toute hypothèse ou velléité de domination des anciens colonisateurs et des néocolonialistes sur les peuples du Tiers Monde, et à contribuer à la libération du développement intégral de ces derniers. Les idées reçues et les préjugés répandus font notamment de l'Africain le "besacier" idéal pour assumer les défauts et autres clichés réducteurs, que portent pourtant bien des hommes et des femmes d'autres races et d'autres cultures. Avec un peu plus de lucidité et d'objectivité, nombreux sont ceux d'entre ces derniers qui devraient s'y reconnaître et même accepter de partager et d'alléger considérablement le poids indu de la charge de ces montagnes de préjugés mis au compte des seuls Africains. Pour se soustraire de toute perception négative de leur personne et réhabiliter leur image de marque, les Africains doivent nécessairement réussir à parer à toute velléité de domination nourrie à leur endroit, en :

- apportant un démenti aux idées reçues et aux préjugés répandus
- rompant avec toute mentalité de colonisé ou d'assisté

1- Apporter un démenti aux idées reçues et aux préjugés répandus

Les idées reçues et les préjugés répandus « font des Africains des êtres naïfs, parfois bouffons et peu éduqués, souvent paresseux et malhonnêtes, toujours pauvres mais adeptes invétérés de la danse et de la luxure. Leurs Etats sont dirigés par des présidents putschistes, mal élus, corrompus ou même sanguinaires, souvent tentés de confisquer à vie le pouvoir, mais ne se souciant que très peu du sort de leurs concitoyens ni du développement de leurs pays ». En vérité beaucoup de ces remarques sont fondées et ne sont donc pas que des préjugés. Elles correspondent à des réalités vraies, mais largement amplifiées par des anecdotes et généralisées à partir des comportements burlesques de quelques personnages bien connus. Mais tous les leaders africains ne peuvent ni se reconnaître en un Idi Amin Dada ou un Jean Bedel Bokassa, ni se confondre avec un Mobutu Sesse Seko, un Samuel Doe ou un Charles Taylor. On feint volontiers d'oublier les Kwame Nkrumah, Gamal Abdel Nasser, Léopold Sédar Senghor, Ahmadou Ahidjo, Julius Nyerere, Félix Houphouët Boigny, Alpha Oumar Konaré, Abdou Diouf, John Kufuor et bien d'autres dont le sérieux n'a cessé de marquer les esprits. Qu'on n'oublie surtout pas que Nelson Mandela et Kofi Atah Annan sont eux aussi des Africains.

Or, parmi ces préjugés, il y en a dont les Français et les Italiens se disputeraient mieux l'apanage, au grand dam des Africains. Quant au jugement porté sur leur éducation ou leur culture, il n'exhale que l'odeur des vestiges des complexes hérités de la colonisation. Les peuples qui n'ont jamais été colonisés ne s'attirent point ce genre de regards obliques. Sur ce point précis, les Africains eux-mêmes souffrent de naviguer entre leur éducation et leur culture originelles, et celles qui leur ont été apportées sinon imposées par le colon. Mais depuis belle lurette, en visionnaire de l'histoire, *l'Aventure ambiguë* de Cheikh Hamidou Kane[103] avait annoncé le dilemme que poserait "l'école nouvelle" :

---

[103] Cheikh Hamidou Kane : *L'aventure ambiguë* ; Julliard, 1961.

« Mais, apprenant, ils oublieront aussi. Ce qu'ils apprendront vaut-il ce qu'ils oublieront ? » Quel en est aujourd'hui le bilan ? Dans sa manière de former l'homme, "l'école nouvelle" occidentale s'est-elle souciée d'« équilibrer la répartition des réponses » ; laquelle conditionnerait le bonheur de ceux dont « elle pérennise la conquête [et] fascine les âmes » ? Bien qu'elle ne se soit pas voulue « un pays distinct, face à un Occident distinct, [il faut bien craindre que l'Afrique] n'ait été capturée au bout de [son] itinéraire, vaincue par [son] aventure même. Appréciant d'une tête froide ce qu'[elle] peut lui prendre et ce qu'il faut qu'[elle] lui laisse en contre partie », elle se surprend de constater qu'en matière de partage l'Occident ignore le sens de l'équité. Alors, se serait-elle « désarticulée » ou aurait-elle « choisi l'itinéraire le plus susceptible de [la] perdre » ? Très forte est la tentation de répondre par l'affirmative.

Procède l'exode rural des mauvaises politiques d'aménagement du territoire ou de l'inadaptation des programmes des enseignements, que l'école occidentale à l'africaine ne saurait en être exemptée des causes et des conséquences. Sanctuaire du culte du diplôme, elle aura également failli du fait de la formation frustrante des candidats malheureux à l'exil. Autant la formation dispensée en Afrique a été partielle depuis toujours, autant elle n'a cessé de contenir les germes de l'expatriation et d'inciter à emprunter le chemin qui y mène. Les problèmes cruciaux que pose l'instruction publique en tant que telle s'apprécient par conséquent plus en termes qualitatifs que quantitatifs, quand bien même il subsiste encore des poches de résistance et quelques zones d'ombres, particulièrement dans les pays sahéliens ou les Etats qui sont en proie à des guerres incessantes. Mais c'est surtout l'éternelle énigme de l'inadéquation formation/emploi qui en attriste la situation. A travers les cuvées de chômeurs qu'elle produit chaque année, l'école ne cesse d'allonger les rangs des sans emplois (et non des paresseux) que les spécialistes évaluent à près de 60% de la population active africaine. Ce qui en assombrit encore davantage le tableau et donne plus de consistance au chômage structurel qui sévit quasiment dans les pays d'Afrique.

Alors, face à la perplexité engendrée par le manque cruel de débouchés professionnels à l'issue des études d'enseignements secondaire ou universitaire, certains esprits se posent la question fondamentale de l'utilité sociale de la formation théorique des jeunes, et celle plus large ou même philosophique de la finalité de ces études. Pour les tenants de cette interrogation, seule leur finalité existentielle devrait suciter ou justifier la motivation individuelle de les entreprendre et de les réussir. En réalité, ce n'est pas la formation qui est en cause. C'est plutôt la stagnation économique qui est à incriminer ; elle même résulte du manque de consistance et de sérieux des initiatives en matière de développement, propres à prévenir le chômage et à garantir des revenus décents à la population tout en maîtrisant le taux de croissance démographique. A cela s'ajoute, pour l'aggraver, le manque d'objectifs précis et cohérents consciemment et clairement définis, assignés à l'éducation nationale. L'absence d'une politique réfléchie et concertée de l'emploi, impliquant les employeurs potentiels et autres acteurs de développement, ne saurait non plus permettre l'adéquation de la relation entre les enseignements dispensés et la programmation élaborée des recrutements. De toutes ces situations découlent tout naturellement l'accumulation des chercheurs d'emploi et de visas dont des diplômés de l'enseignement supérieur. C'est donc par corollaire que les cyclistes du tandem formation/emploi pédalent dans des sens contraires, si jamais ils pédalent.

Quoi qu'il en soit, pour ne pas se voir définitivement et doublement marginalisé dans ce monde qui ne cesse de se "sciencitiser", il faut absolument éviter d'être sous scolarisé et pire, chômeur sous scolarisé. Car, en tant que moyen d'acquisition des connaissances et de développement de l'intelligence compétitive ainsi que des aptitudes à l'accroissement des rendements ou de l'efficacité, l'instruction structure mieux la vision de l'avenir et valide plus l'espoir d'une vie meilleure. Elle reste et demeure l'une des armes et des stratégies incontournables pour se mettre dans la mouvance générale de l'évolution de l'humanité et s'y cramponner. Faute de quoi, sur cette terre comme sans doute à l'au-delà, c'en sera terminé pour la nouvelle race de sauvages. Les incultes, analphabètes et autres ignorants n'auront plus de place nulle part. Car, en raison de la technicisation continue des choses de la vie, et partant de la robotisation de l'homme, ils courent un grand risque d'être à jamais abandonnés, notamment par le train de la modernité et du progrès. Par conséquent, doit s'imposer une plus grande prise de conscience du rôle primordial de l'éducation dans la hiérarchie des positionnements des peuples de la cité future, afin que les Etats et leurs dirigeants puissent en faire leur affaire prioritaire.

Au plan culturel, l'éducation morale et spirituelle ne devra pas être en reste. Déjà, il faut commencer par discerner entre les modèles véhiculés de comportements hallucinants, dont certains sont aussi dévergondés que délictueux. L'omniprésent cinéma occidental en est le vecteur invétéré, et le complexe de colonisés le promoteur efficace. Or, un chassé-croisé tend à s'instaurer entre les Africains Américains et les Africains. Les premiers, qui continuent de s'inspirer, entre autres, de la musique négro-africaine, ne cessent de remonter à leurs racines culturelles originelles. De plus en plus et comme par réaction à certains aspects culturels de leur environnement, ils arborent des modèles vestimentaires africains, adoptent des noms africains et se convertissent même à des religions non typiquement occidentales (ex. Islam). Tandis que les seconds, singeant les gestuelles des Blancs ou "perroquetant" leur accent, donnent l'impression de courir en sens inverse uniquement après l'Occident, comme s'ils acceptaient d'avance que la mondialisation soit de consistance unidimensionnelle et ne puisse procéder que d'imitations serviles et inconsidérées d'un seul modèle.

Ce n'est certainement pas en singeant l'accoutrement ou l'accent du Blanc, ni en anticipant sur sa condescendance par une "préciosité ridicule", que l'Africain pourrait impressionner qui que ce soit. Mais c'est plutôt en restant ou au besoin en redevenant africain imbu de sa culture, dégagé de tout complexe et fier de son apport positif aux « rendez-vous du donner et de recevoir ».

Le phénomène de l'acculturation des jeunes, en partie imputable à des comportements des parents complexés ou faibles d'esprit, serait moins critiquable s'il exprimait plus un désir d'enrichissement culturel qu'un complexe d'infériorité que traduit la malencontreuse volupté du désir d'adoption d'une culture étrangère qui se veut ou que certains prennent pour supérieure. Il n'y a pourtant pas de culture à valeur absolue ; mais des cultures comportant des éléments à valeur universelle et/ou à valeur variable plus ou moins limitée. Aussi, l'humanité tirerait-elle profit plus du métissage des éléments culturels compatibles et complémentaires que d'une quelconque forme d'étouffement ou de cannibalisme culturel.

Reflet de l'affinement des différences sinon des divergences dans la manière de vivre et la raison d'être des peuples, la culture vit de son droit à la différence, tout autant qu'elle participe du raffinement et au besoin de l'assainissement des mœurs de ces peuples. Part circonstancielle de l'humanité de l'homme, la culture procède d'un ensemble caractéristique de sentiments sublimés et de ressentiments solidaires, de conception et de perception identitaires. Etant de surcroît de nature intuitive, d'inspiration et de saveur intimes et personnalisées, la culture des uns ne peut être ni supérieure ni inférieure à celle des autres. Il n'empêche que ce phénomène peut inhiber, de la part de ses sujets, des complexes incontrôlés ; dès lors il est susceptible de devenir dangereux.

Le complexe de supériorité, notamment, a tendance à transformer subjectivement celui qui s'en prévaut en une référence, friande des révérences. L'ethnocentrisme et le racisme s'entendent et s'expliquent ainsi. Ce fut l'erreur grotesque du fier orgueil de l'idéologie égocentrique du nazisme, qui fit des Allemands la race supérieure, des autres Blancs une race de seconde zone et des autres races dites de couleur des déchets raciaux. Dans leur culte sélectif des couleurs du vernis de la peau de l'homme, Hitler et ses doctrinaires se seraient-ils simplement référés à la couleur des cheveux ou des yeux de chacun d'entre eux qu'ils se seraient rendus compte qu'ils se trompaient. Les porteurs des cheveux noirs, châtains ou blonds ou ceux qui ont des yeux noirs, marron, bleus ou verts ne s'aiment respectivement pas qu'entre eux, ni ne se prennent les uns pour supérieurs aux autres. Il n'est en effet pas encore scientifiquement démontré qu'il existerait un lien de cause à effet entre la couleur de la peau, des cheveux ou des yeux et le poids de l'intelligence, la valeur de l'efficacité ou l'étendue de la bêtise de ceux ou de celles qui les portent. Autant il existe des Blancs bêtes ou intelligents; autant il n'existe pas des Noirs, des Jaunes ou des Rouges qui détiendraient le monopole de l'intelligence ou la palme de la bêtise. Le brassage actuel des races semble prouver que le quotient intellectuel des uns et des autres serait potentiellement le même si l'environnement naturel et le milieu socioculturel des assujettis étaient proportionnellement et respectivement équivalents. Et c'est ici que se situe la matrice qui fonde la perception de la valeur sociale et humaine de l'Africain et que sont appréciés et éventuellement confondus les jugements de valeur portés sur son être ou même sur la qualité de son... humanité.

L'Africain doit cesser de n'être qu'un jouisseur. Il doit arrêter de se contenter de vivre seulement sur des acquis millénaires, ou d'être consommateur béat des produits de la recherche et de l'invention initiées par les peuples d'autres nations. On dirait qu'il cherche à compenser l'insignifiance, l'insuffisance ou la suspension de sa contribution à l'invention. Sans doute ceci expliquerait-il pourquoi il s'assigne, comme par dépit, le devoir de compter parmi les tout premiers consommateurs avérés de chacun des gadgets de dernier cri dont peut s'enorgueillir l'Occident ou se parent les plus fortunés ou les plus extravagants de ses citoyens. Aussi, les citadins aisés des grandes villes d'Afrique disposent-ils de toutes les commodités qui facilitent la vie des ménages en Occident : eau, électricité, cuisinière électrique ou à gaz, machine à laver, four à micro-ondes, téléphones fixe et portable, radio, télévision, véhicule automobile. A cette longue liste non exhaustive d'électroménager, de matériels roulant et de communication, que d'aucuns pourraient considérer comme plus ou moins banals, il y aurait lieu d'ajouter pour les élites haut de gamme et le personnel des classes dirigeantes, les véhicules de marque tels que Hummer, Rolls Roy, Peugeot 607, Land Cruiser VX, Jaguar, Mercedes, Daimler, l'ordinateur fixe à écran plat et/ou l'ordinateur portable branché à l'internet, le téléphone portable avec MP3, bluetooth et album multimédia, … et même l'avion personnel pour les milliardaires et les Chefs d'Etat. Seule la conduite téléguidée par le GPS continuera de lui manquer encore pour longtemps.

Pour n'en être qu'acheteur, l'Africain devrait pour le moins se sentir gêné de s'attacher à la consommation de tant de gadgets. Il devrait songer à inventer quelque chose d'équivalent, à défaut de les fabriquer lui aussi. Il devrait surtout contribuer à initier et à entretenir des rendez-vous du donner et du recevoir, chers à Léopold Sédar Senghor. Se laissait-il pénétrer le sens de la pudeur et du défi qu'il ferait sienne cette sagesse peule : « Apporte, j'apporte, pour rendre agréables les repas pris en commun ». Tel semble aussi être le credo des scientifiques ; telle devrait être la devise d'une Afrique soucieuse d'une harmonieuse coexistence scientifique et technologique avec les autres pays du monde. Alors les Africains seront rendus conscients que pour rien au monde les Occidentaux ne suspendront l'envol de leurs affaires commerciales pour se mettre à encourager leurs clients à changer de statut pour devenir des producteurs et des fournisseurs des mêmes articles. Il ne faut tout de même pas ignorer que le conquérant ne s'accommode point de concurrent. Certes pour se décomplexer et se consoler, nos Africains pourront soutenir que pour avoir inventé le football, les Anglais n'en ont jamais voulu aux Nations qui le pratiquent, ni aux peuples qui s'y passionnent.

2- Rompre avec la mentalité de colonisé ou d'assisté

Le problème majeur de l'Africain doit être de ne pas se sentir bien dans sa peau ; et de sembler souffrir d'un complexe récurrent de colonisé, donc d'infériorité, similaire à celui d'un esclave affranchi mais incapable de quitter son ex-maître. A cela s'ajoutent les comportements irresponsables de certains dirigeants et de l'élite. Toutes situations qui incitent l'ancien colonisateur à se persuader, même par la méthode Coué, que l'exploitation des Africains est pour lui plus qu'une opportunité, mais un devoir à entretenir, sinon un service qu'il doit continuer à leur rendre. Alors, pour maintenir le statu quo, il s'arrange à élaborer et à appliquer des stratégies d'apprivoisement psychologique propres à rendre très utiles, voire indispensables sa présence, son amitié, son assistance financière et technique.... . En réalité et quant au fond, ce sont la logique et la tactique coloniales du roi Léopold 1er enseignées aux prêtres belges en partance pour le Congo en 1883, qui restent toujours d'actualité[104].

Il n'y a donc rien pour rien. Aussi, la vocation première de la soi-disant aide publique au développement qu'octroie le néocolon ne sert-elle d'abord que ses intérêts directs. Elle ne procède point systématiquement d'un quelconque altruisme, mais plutôt de stratégie politique, sinon de complot économique. Dans nombre de cas, le pays dit bénéficiaire n'en profite qu'indirectement. C'est pour cela que cette aide, du reste remboursable en devises, finance surtout et en priorité les infrastructures nécessaires à l'évacuation des produits qui sont finalement destinés au fonctionnement de ses usines et au maintien des emplois salariés qui y sont attachés.

D'ailleurs, si l'aide publique était sincère et l'assistance technique efficace, et que ni l'une ni l'autre ne cachaient quelque volonté masquée d'obscurantisme de la part des donateurs, il y a longtemps que toutes les deux auraient cessé d'exister. Les Africains auraient déjà été capables de transformer leurs matières premières dans leurs propres unités industrielles. Dans bien des cas, à l'instar de la pharmacopée, il leur aurait suffi de perfectionner leurs inventions et d'en enrichir celles des autres. Une partie des causes du sous-emploi chronique ayant ainsi été combattue et éliminée, beaucoup de ces jeunes demandeurs de visas auraient cessé de s'agglutiner devant les consulats de certaines

---

[104] Cf supra p. 44, le discours du roi des Belges à la cuvée des prêtres de 1883, en partance pour le Congo.

chancelleries occidentales et de leur servir de faire valoir. Ni les côtes espagnoles, italiennes ou maltaises, ni les enclaves espagnoles de Ceuta et de Melilla, ni même les Iles Canaries n'auraient été envahies par tous ces malheureux jeunes chômeurs africains, forcés de se transformer en immigrants clandestins simplement pour survivre en poursuivant, comme par flair, les emplois dont ils sont sevrés. Ceux-ci sont au moins équivalents à ceux inhérents aux matières premières qui leur ont été enlevées. L'illettrisme de certains d'entre eux et leurs cadavres qui flottent dans l'Atlantique et la Méditerranée ou jonchent les sites balnéaires où viennent se bronzer les heureux touristes européens, forment un faisceau de preuves de l'iniquité sinon de l'injustice qui règne dans les relations économiques et politiques entretenues avec l'Afrique par la plupart des Etats du monde occidental. Cette situation devrait normalement être un cas de conscience pour leurs citoyens. Elle apporte également un démenti formel aux accusations portées contre l'Africain pour sa mentalité prétendument contraire à l'esprit de progrès ou sa paresse supposée. Mais c'est aussi le révélateur de la nature cynique sinon criminelle de ce qu'a été l'exploitation coloniale. Celle-ci semble s'être habilement réincarnée dans l'aide publique au "non développement" ainsi que dans la nébuleuse coopération.

Si l'aide en était vraiment une, elle se serait également intéressée à la qualité de l'enseignement supérieur, au financement des équipements des laboratoires des facultés des sciences et de médecine, des écoles normales supérieures et des écoles polytechniques, à la recherche fondamentale et appliquée. Même les étudiants les plus exigeants seraient satisfaits si les installations universitaires mises à leur disposition dans leurs pays, étaient équipées de matériel didactique moderne et suffisamment pourvues en enseignants et en chercheurs à tous égards à la hauteur de leur mission. La quête du savoir utile et de qualité qui les anime et les pousse à l'aventure et au risque de se chercher ailleurs à l'étranger est la preuve patente que l'Occident évite d'aider leurs Etats à disposer des universités dignes de ce nom[105]. Ceux-là qui s'époumonent à se gargariser des chiffres représentant le volume de leur aide à l'Afrique auraient tout intérêt à comprendre qu'on les a compris. En tout cas, ceux-

---

[105] Selon une étude réalisée par le Pnud et rendue publique courant 2006, aucune université africaine ne figure parmi les quatre cents (400) premières universités du monde. Seules quatre (4) universités sud-africaines se classent, bien au delà, parmi les cinq cents (500) meilleures universités du monde.

ci qui s'exilent pour cause d'études dans des universités occidentales seraient nettement moins nombreux à avoir besoin de visas d'entrée dans les pays où ils désirent aller les poursuivre, aux frais de leurs parents ou de leurs Etats. Car, ce n'est pas forcément par snobisme que tous préfèrent s'expatrier ; mais par la volonté d'entreprendre et de réussir de bonnes études, utiles à eux-mêmes et à leurs pays, mais aussi à l'avenir de leur continent.

La multiplication des exemples de cette nature est à même de faire craindre qu'un complot subtil n'eût été ourdi contre l'Afrique. En effet, le passage de beaucoup d'Etats africains, depuis des décennies, sous les fourches caudines de la Banque mondiale et du FMI ne les a toujours pas sortis de leurs difficultés économiques et financières. Malgré leur réputation de grands marabouts capables de ressusciter même des Etats économiquement morts, ces deux institutions peinent à les remettre de leur malaise ; à supposer qu'elles n'aient pas contribué à les voir passer d'un état de santé assez satisfaisant à un état jugé préoccupant. Dans cette hypothèse, la persistance de l'aggravation de la pauvreté ambiante, le chancellement de l'enseignement supérieur et de la recherche, la précarité de la médecine moderne entraînant la résurgence en force de la médecine traditionnelle, le développement exponentiel du chômage structurel, qui en seraient le reflet et le mouchard, y trouveraient leur explication.

De même, l'accueil cyniquement enthousiaste du produit et des retombées de la corruption par des paradis fiscaux et certains pays occidentaux complices et/ou receleurs dont elle alimente des banques et en renforce la capacité de financement, tendrait à justifier cette suspicion et participerait, pour le moins, de l'indifférence qui contribue au blocage du développement du continent. Pour réussir son coup et sachant qu'« une société mal gouvernée se détruit. », le néocolonialisme a su se trouver des suppôts, à travers des régimes fantoches et antidémocratiques, qui jouent à son Cheval de Troie. L'idée serait de contenir les ambitions scientifiques et technologiques des Africains et de les maintenir à un niveau de balbutiement éternel. Ainsi, leur pauvreté anesthésiante, leur éducation littéraire ou littérale et leur susceptibilité corruptible serviraient de gage de leur docilité et de leur servilité. En vérité, c'est aux gouvernants et aux élites africaines que revient la responsabilité pleine et entière de tous ces déboires. Les Occidentaux pourraient seulement être reprochés de leur supercherie et de certaines de leurs prétentions qui sont dénuées de fondement. Mais, « tout flatteur vit aux dépens de celui qui l'écoute ! », pourraient-ils rétorquer.

B- DOMESTIQUER LES FACTEURS OBJECTIFS DE DEPENDANCE

Parmi les facteurs objectifs de la domination étrangère figurent en bonne place l'aide publique au développement et l'assistance technique, attendues des « pays amis ». Traditionnellement, l'une et l'autre proviennent principalement de l'Occident. Sans doute les pays bénéficiaires se refusent-ils de réaliser qu'en entretenant ou en privilégiant le recours à ces facteurs potentiels de domination sinon de blocage de leur libération, ils se rendent complaisamment complices actifs de leur dépendance vis-à-vis de l'étranger. Or, ils devraient plutôt veiller à domestiquer le maximum des facteurs objectifs de domination. C'est donc contre toute attente que les pays africains se plaisent à se faire courtiser par toutes les autres nations qui se seraient laissées séduire par certains d'entre eux. Ils jouent ainsi à donner l'impression de vouloir se passer de certaines de leurs relations anciennes ou se libérer de leur étreinte. La Chine populaire, le Japon et quelques pays arabes du Moyen Orient dont l'Arabie Saoudite, ont déjà pris solidement rang dans cette course à l'apitoiement et/ou à la conquête de dame Afrique. Il est pourtant de l'intérêt des Etats africains de réussir absolument à s'affranchir au plus vite de toute dépendance, notamment au niveau de la maîtrise technique de leurs moyens de production et de leur éducation scientifique.

1- Oser avoir des ambitions scientifiques et technologiques

L'âge de la science est apparu et coïncide avec l'avènement de la colonisation. Cela a certainement été une source de contrariété et d'étouffement de l'esprit inventif africain ; lequel, désormais impuissant, subit les assauts du dérangement de sa pensée et de la désorganisation de ses logiques, assiste aux scènes de mélanges des genres, et finalement enregistre l'effondrement de son univers. Ce qui explique que les métiers anciens soient restés figés, faute d'avoir reçu l'onction de leur mécanisation qui conduit à leur industrialisation, comme ce fut le cas de leur sort en Europe. L'on ne peut comprendre ces méfaits qu'en se mettant dans la logique de l'esprit colonial. Il ne saurait en être autrement, sous peine de trahir l'essence même de la mission coloniale. Car, imbu d'un complexe de supériorité pas toujours évidente, le colonisateur ne pouvait souffrir de l'intelligence créative du colonisé, dont par ailleurs il devait coûte que coûte établir et justifier, par tous les moyens, la nature « sauvage » et la mentalité « primitive ».

Maintenant, la présence coloniale relève du domaine du passé. Par conséquent, il faut absolument parvenir à en surmonter les "effets secondaires", et à entrer de plein pied dans le modernisme. Il faut alors comprendre qu'à l'heure de l'électronique, le temps de la houe ou de la machette doive être définitivement révolu pour les agriculteurs africains du vingt-et-unième siècle. C'est donc à l'homme africain de tout faire pour vivre l'ère de son époque en s'impliquant corps et âme dans l'éducation et la formation, la recherche fondamentale et appliquée, les sciences et les technologies, la création et l'invention, tout à la fois. Et comme l'enseigne et le recommande le Prophète Mohamed, « il ne faut pas hésiter d'aller chercher le savoir [c'est-à-dire la science] même jusqu'en Chine, s'il le faut » ; explicitant ainsi l'ordre donné par la première sourate du Coran à être "descendue", intitulée « Lis ».

Or, le monde évolue à une vitesse de plus en plus accélérée. Sans doute cette évolution vertigineuse serait-elle la résultante des effets multiplicateurs des synergies dégagées par la forte accumulation et l'exploitation rationnelle des résultats des recherches scientifiques concluantes. Mais elle le doit également au développement progressif de l'esprit d'ouverture et des méthodes de collaboration de plus en plus entretenus par les scientifiques. La fréquence de partage des Prix Nobel, notamment chez des Anglo-saxons œuvrant dans les mêmes domaines scientifiques, en est une illustration éloquente. Les techniques de constitution et de mise en réseaux de leurs bases des données en seraient les supports et les vecteurs. Ce qui permet d'établir des liens solidaires de complémentarité entre savants, de déterminer l'autonomie de chacune des étapes du processus d'une même recherche et de jeter des passerelles entre les procédés, procédures et techniques poursuivant des objectifs similaires ou contigus. Ainsi, le cercle des scientifiques s'élargit de jour en jour. Les citoyens du monde en profitent pour mieux savourer les fruits des inventions nouvelles.

Cependant, à l'image des cercles ésotériques, les laboratoires de recherches et les unités de création et d'invention semblent néanmoins rester l'apanage de quelques privilégiés. Il est évidemment inutile d'y rechercher des labels africains. Leurs marques déposées tardent à émerger ; à supposer qu'elles ne s'y distinguent pas par une absence fort remarquée. Les quelques rares exceptions que l'on peut glaner par-ci et par là, confirment plus qu'elles ne démentent cette situation. Pourtant, contrairement aux affirmations aussi hâtives que péremptoires de certains esprits chauvins, l'esprit inventif n'est pas l'apanage que d'une race, dût-elle être "Indo-Européenne". Aucune race n'est donc frappée de stérilité créative ni inventive. Car, faut-il le rappeler, de nombreux pays européens et des centaines de millions de leurs ressortissants n'ont encore jamais rien inventé. De même, sans être "Indo-Européens", les Japonais et les Chinois dont les avancées technologiques ne sont plus à démontrer, sont là pour infliger un revers formel à ceux-là qui, par défaut, voudraient s'autoproclamer « peuple élu ». Il ne serait peut-être pas superflu de rappeler ici que les sciences ont été inoculées aux Occidentaux par les Arabes.

Mais comment peut-on justifier que certains peuples soient plus engagés dans les sciences et les technologies que d'autres ? Comment surtout expliquer que les Arabes, Egyptiens notamment, qui ont enseigné les mathématiques, l'astronomie, la médecine, la philosophie et les sciences physiques ou chimiques aux Grecs, et indirectement aux Romains, se soient complètement éclipsés face aux technologies modernes ? Un tel revirement de penchants ou de réussite tout comme les vocations tardives dont font preuve d'autres peuples, méritent analyse et explication. Les péripéties de l'histoire, coloniale notamment, le fatalisme ou certains tabous peuvent en être des causes notoires de blocage ou de retard. Mais ils ne peuvent ni tout expliquer, ni tout justifier. Car, chaque peuple doit profondément nourrir en lui les mêmes sources de motivation pour inventer et créer. Mais la créativité et l'invention ne peuvent se marier qu'à des êtres entreprenants, dotés d'esprit curieux, et qui ressentent le désir de se distinguer de leurs semblables et de s'en démarquer positivement et durablement. Ces êtres vivent de persévérance, d'émulation et de mentalité de progrès. Ils sont pourvus d'une volonté inébranlable et insatiable de découvrir, de percer les secrets de la création, d'éventrer les mystères de la physique, de la chimie et de l'aérodynamique. Ils tiennent à en maîtriser la mécanique et les mécanismes, pour finalement pouvoir, sans désemparer, simplifier et agrémenter la vie hommes, leur faciliter d'être en phase et d'entrer en osmose avec son environnement temporel et spatial.

Aussi, l'invention de la machine à vapeur ou de l'électricité n'a-t-elle pas comblé les inventeurs au point qu'ils s'y soient limités. Autrement le véhicule automobile, l'avion ou la station orbitale internationale n'auraient pas encore vu le jour. Il en est de même de l'invention du téléphone fixe avec fil, puis de son passage au téléphone sans fil et au téléphone portable. La transmission et l'échange du son, puis de l'image est une autre magie maîtrisée et vulgarisée par les hommes de science. Ne sont pas non plus des moindres la définition et le cadrage des spécificités des métaux, des matériaux et des alliages les mieux appropriés à chaque cas ou circonstance, pour servir de supports, de conducteurs ou d'habitacles aux objets inventés.

A présent, l'endémie des sciences et des technologies est en passe d'envahir le monde. La contagion s'organise en une course de relais où le passage virtuel des témoins s'opère entre continents et générations, dans un circuit qui embrasse tout l'univers. S'en laisser contaminer est le mot de passe des scientifiques de différents bords. Toute prévention ou résistance sont également déconseillées, sinon prohibées.

Il est donc temps que les Africains arrêtent d'y résister et se laissent aussi infecter par le virus de l'invention. N'étant nullement unidimensionnels, ils se doivent de savoir joindre l'utile à l'agréable. L'utile abstrait qui compose l'art et les sciences occultes pour lesquels ils excellent, a besoin d'être complété par de l'utile concret, constitué par le binôme science et technologie. Complémentaires, l'art et la science devraient être indissociables. Le premier « crée la beauté et exprime la pensée ou le sentiment dans une forme qui nous paraît ou belle ou sublime »[106] ; la seconde féconde l'observation, incite à la découverte pour satisfaire la curiosité, transforme l'imagination en réalité et permet à l'homme d'incarner ou de domestiquer les composantes du temps et de l'espace, pour établir et atteindre un équilibre parfait entre harmonie et sublime, et finalement répondre à sa vocation à être "à l'image de Dieu".

Aujourd'hui plus que jamais, il ne peut y avoir de politique qui vaille si elle ne s'appuie pas sur les apports de la science et des technologies de pointe. Autant les économies modernes ont définitivement rangé l'autoconsommation et l'économie de subsistance dans les placards de

---

[106] Will Durant : *The Story of Civilisation, Our Oriental Heritage (Les Origines, Sumer, l'Egypte, la Babylonie, l'Assyrie)* ; Rencontre 1966 (production des Editions Edito-Service, Genève ; p. 142).

l'histoire, autant les outils de production, de transport et de distribution doivent épouser l'air du temps. Sans volonté politique délibérée de progrès ni de goût pour le modernisme se mouvant dans un environnement rendu propice, sans sciences appliquées ni technologies de pointe localement enseignées et pratiquées, les Africains ne maîtriseront jamais rien dans ce monde en pleine et constante mutation. Les Etats qui n'anticipent pas sur la modernité ni ne prennent le train des technologies nouvelles n'ont aucun avenir digne d'intérêt. C'est aux Africains, toutes catégories et sensibilités confondues, de se faire valoir, de valoriser leurs pays et d'exiger de leurs dirigeants, par un moyen ou par un autre, de détruire ou de contourner tous les guet-apens qui les meurtrissent et assombrissent toujours plus leur avenir.

Des génies créateurs existent bel et bien en Afrique. Mais leur insuffisance numérique par Etat les rend inopérants. Seul l'avènement des Etats-Unis d'Afrique est à même de faciliter leur regroupement et de promouvoir les synergies des scientifiques et des ingénieurs de toutes les spécialités, présentement éparpillés de par le monde et se morfondant dans leurs alvéoles d'Etat. Faute d'avoir mis un terme à ces errements et de s'ouvrir aux exigences que requiert l'amarrage au progrès et à la modernité, l'Afrique et les Africains continueront irréversiblement et de plus en plus d'être dangereusement marginalisés. Or, la prise en compte et la mise en œuvre de ces préalables sont parfaitement du domaine du possible. Par conséquent, tout dirigeant qui refuserait de prendre en considération ces données peut être considéré comme un traître à la cause africaine et un bourreau de la dignité des peuples d'Afrique.

Ce sera à ces conditions que l'Afrique pourra maîtriser la technique et prétendre à la modernité. A cet effet, un plan d'organisation de son développement scientifique, technique et technologique, donc du rattrapage de son retard, devra rapidement être élaboré et mis sur pied. Des plans d'actions synergiques et cohérentes programmeront les chronogrammes de montage et de mise en fonctionnement de ses propres chaînes de fabrication de tracteurs agricoles et d'engins de génie civil, de véhicules automobiles, d'ordinateurs, de radios et de téléviseurs, de blindés et autres armes et matériels militaires, mais aussi des avions de tous gabarits. Et pourquoi pas des satellites, des fusées et des missiles de croisière ? Les Africains peuvent parfaitement y réussir, et même avec brio.

Beaucoup d'ingénieurs occidentaux qui se consacrent actuellement à de telles activités ont compté parmi leurs promotionnaires des lycées, des facultés ou des grandes écoles, des Africains qui n'étaient nullement moins doués ni moins entreprenants qu'eux. Si aujourd'hui les premiers fabriquent des avions et des stations orbitales et que les seconds se tournent les pouces et n'ont toujours pas produit la moindre motocyclette, c'est que cela est voulu ainsi par les politiques des premiers et que les seconds s'y résignent face aux gouvernements indolents de leurs pays qui, sciemment ou inconsciemment, se font complices de cette situation. Cela explique pourquoi les Africains noirs ou arabes peuvent accéder aux prix Nobel de la littérature ou de la paix, mais pas à ceux des branches scientifiques. Ils ont beau avoir été brillants agrégés ou Ph. D des facultés des sciences et des technologies de Paris, Cambridge, Harvard, Berkeley ou lauréats émérites de la Polytechnique de Paris ou du M.I.T de Boston, une fois rentrés dans leurs pays ils ne contribueront en rien à l'invention ou à la création des techniques et des technologies, faute de volonté politique et/ou d'ambitions des gouvernements de leurs pays. Restaient-ils en Europe et surtout aux Etats-Unis d'Amérique qu'ils feraient brillamment leurs preuves et seraient aussitôt incorporés dans des équipes d'ingénieurs et de scientifiques. Le cas de l'ingénieur malien de la NASA, Cheikh Modibo Diarra, et de bien d'autres de différentes nationalités africaines, dispersés çà et là en Europe et en Amérique du Nord, en sont des illustrations éloquentes.

C'est donc tous les hommes et toutes les femmes de chacune des races qu'il faut exhorter à se sentir également concernés par l'évolution et le progrès de l'humanité, à y contribuer activement notamment en participant à l'instauration d'une émulation universelle pour relever le défi de la découverte des mystères de l'univers, en vue du décodage progressif des messages interpellant la vocation de l'homme et le sens de sa vie, et de partager les secrets accessibles par l'ambition raisonnable, le travail acharné et la transcendance féconde, grâce au développement et à l'exploitation pacifique de l'intelligence humaine presque entièrement en friche, et de l'univers encore en jachère.

La chasse aux cerveaux africains qu'induit la politique française "d'immigration choisie", favorablement introduite ou défendue par un fils d'immigré, est à la fois une reconnaissance et une consécration officielles de la valeur intellectuelle et scientifique des Africains. En cherchant à vider ainsi l'Afrique de sa matière grise, n'entreprend-on pas déjà des démarches indirectes pour proroger la durée de sa damnation à la dépendance scientifique, technique et technologique ? Finalement, il doit s'agir d'un prononcé de réclusion perpétuelle à la dépendance scientifique et technologique ; donc au sous-développement chronique d'une Afrique à maintenir autant que possible balkanisée.

Les gouvernements africains doivent alors accepter de se résoudre à y opposer une fin de non recevoir, et de se donner les moyens de tous ordres pour pouvoir envisager, programmer et réaliser la libération scientifique et technique effective du continent. C'est au prix de cette sage ambition et de cette salutaire discipline que les autres nations, dont la République populaire de Chine ou l'Union indienne, siègent désormais dans la cour des Grands de ce monde. Il n'y a aucune raison pour que les Africains noirs et arabes ne s'y invitent pas, et dans les délais les plus brefs. L'Afrique, qui déjà compte un milliard d'âmes, en possède tous les atouts et en présente largement le mérite. Il y va de sa survie en tant que nation et de sa volonté d'exister. Car « la fin de l'histoire » doit avoir sonné pour les peuples obéissants et dociles, économiquement et technologiquement en retard.

Il faut en effet craindre que ne se concrétisent les visées de certains esprits qui rêvent de monter de nouveaux mécanismes de domination à base culturelle et/ou raciale. Ceux-ci sont principalement axés sur la maîtrise progressive de la science et le perfectionnement continu de la technologie militaire. Les foyers des guerres allumés çà et là à travers le monde sont des opportunités et des champs d'expérimentation d'un armement toujours plus sophistiqué, destiné à servir de rempart à la boulimie d'un pouvoir impérialiste absolu, « belliqueux et dominateur ». Il s'avère en effet évident que quelques grandes puissances portant en bandoulière leurs Etats satellites ne se feront point prier pour chercher à dominer le monde aussi bien militairement, économiquement que culturellement. Le concept de mondialisation pourrait fort bien leur servir d'anesthésiant stratégique pour imposer leurs quatre volontés.

Autrement, comment pourrait-on expliquer ce penchant pour le retour à la vie de la jungle, observable sur le comportement de certains peuples à l'égard de quelques autres dans les relations internationales où règne de plus en plus la loi du plus fort, sous le vocable complexant de "rapport des forces". Aussi, l'accession à la science nucléaire, même à des fins civiles, est-elle proscrite aux militairement faibles. Qu'importe que dans quelques décennies seulement sonnera le glas des réserves pétrolières mondiales ! Certains Etats, à l'instar de la France, ne rêvent-ils pas déjà d'inverser les rôles et de se substituer tout simplement aux pays de l'OPEP[107] pour la production et la vente d'énergie nucléaire ? Ils piaffent de s'assurer le monopole des ventes des centrales nucléaires civiles, en en restant des fabricants des fournisseurs exclusifs. Alors ils s'acharnent à en interdire la construction à d'autres nations (cas de l'Iran). Mais sans doute ne leur arrive-t-il pas de s'imaginer ce qu'aurait pu être la qualité technique et tactique de l'armement occidental si en son temps la Chine avait interdit aux autres peuples de la terre d'acquérir la science et les procédés de fabrication et d'utilisation de la poudre à canon dont les Chinois sont les tout premiers inventeurs. L'arme nucléaire n'est pourtant qu'un des dérivés ou des succédanés de cette poudre à canon.

L'Occident va jusqu'à empêcher aux gouvernements et aux Etats qui ne sont pas de son goût toute détention, même supposée, "d'armes de destruction massive", quand bien même elles ne seraient ni chimiques, ni bactériologiques, ni encore moins nucléaires. Cependant, le fait pour ces Etats d'être ainsi délibérément castrés scientifiquement et désarmés militairement, ne les dispensera point d'être admis à recevoir frappes aériennes et missiles de croisière, ni d'être contraints à acheter à prix d'or et à importer du commerce occidental toutes centrales nucléaires ou armes qui leur soient sélectivement accessibles et dont ils désirent se procurer pour leur survie virtuelle.

Et contrairement à la remarque de La Fontaine qui dit que « la terre appartient au premier occupant », seules quelques nations sont légitimées à posséder les armes les plus redoutables et les plus meurtrières. Celles-là peuvent les détenir, améliorer leur variété et leur degré de nocivité, accroître leur quantité et leur valeur scientifique. Le hasard semble avoir voulu que ce "privilège" exclusif ne soit l'apanage que des cinq Etats membres du Conseil de Sécurité, escortés pour la circonstance par quelques Etats assimilés et/ou amis. Car, pensent-ils, il est des peuples ou des Etats dont la maturité, la sagesse ou le niveau du sens des responsabilités seraient incompatibles avec le privilège de détention de l'arme nucléaire. C'est dans cette logique de jugement de valeur négativement porté sur l'abolition de l'apartheid que le changement de

---

[107] OPEP = Organisation des Pays producteurs et Exportateurs de Pétrole, représentant 40% de la production mondiale.

son régime politique a coûté à l'Afrique du Sud la destruction de son arme nucléaire juste avant que le Noir n'accède au pouvoir. Les Etats de cette catégorie doivent se contenter d'adhérer au traité de non prolifération des armes nucléaires. Ainsi ils pourront juridiquement être sommés de s'interdire toute recherche scientifique, même civile, sur le nucléaire[108]. Les pays qui ne se soumettent pas à cette "bulle" prennent le risque de se voir taxer de « pays voyous ». Ils auront pour toute alternative soit l'immolation à l'autel des bombardements et de l'invasion barbare, soit l'affrontement dans un combat des gladiateurs des temps modernes. Voudraient-ils émettre des réserves sur ce traité (qui n'est que d'adhésion), comme les y autorise le droit international, ou se soustraire de ses diktats, que les « pays parias »[109] sont promptement rappelés à l'ordre, boudés ou tournés en dérision, dans un silence assourdissant des autres cibles potentielles. En réalité, ce silence traduit plus le désarroi chez les uns que des calculs opportunistes chez les autres. Quand donc les grandes puissances nucléaires accepteront-elles de trouver une solution beaucoup plus raisonnable pour que les uns ne soient plus à la merci de la folie des grandeurs ou de la mentalité guerrière des autres ?

2- S'affranchir de la faim et de la famine

Ventre affamé n'a point d'oreille, avertit un dicton populaire français. Il faut en déduire que la famine fait perdre à ses victimes tous leurs repères, et même leur éthique et leur esthétique. C'est bien connu qu'il n'existe en effet aucun peuple de la planète qui n'ait eu à affronter et à souffrir des affres de la faim et de la famine à un moment de son histoire. Les Européens semblent avoir réussi à en surmonter le phénomène. Les Africains et les Asiatiques plus spécialement, continuent d'en faire les frais. Fréquemment, de façon cyclique ou à tour de rôle, ils en souffrent souvent cruellement. Ils en meurent même parfois par centaines de milliers. En Inde, aux années cinquante et soixante, en Ethiopie et dans les pays du Sahel aux années soixante dix et quatre-vingt, la famine a fauché d'innombrables vies humaines, dans des conditions atroces et toujours insupportables. Les caprices climatiques

---

[108] Un organisme du système des Nations unies, l'AIEA, joue au gendarme chargé de détecter, de signaler et d'exposer à des sanctions économiques et/ou militaires tout Etat qui contreviendrait à ce diktat de salut public.
[109] Expression utilisée par le président George W. Bush contre la Corée du Nord lorsque celle-ci a décidé, en décembre 2002, de rouvrir ses centrales nucléaires.

conjugués à l'absence d'une politique efficiente de gestion des eaux sous-terraines et de surface ou des nappes phréatiques ont été et demeurent la cause principale de ces catastrophes humanitaires. De nos jours, ces causes paraissent pourtant parfaitement maîtrisables. Conséquemment, la faim et la famine peuvent être éradiquées et les populations victimes affranchies de ce fléau. A la seule condition de réussir à convaincre la FAO[110] de remplir sa mission préventive plutôt que de se livrer à une activité intempestive de pompiers. La mission de l'Organisation pour l'alimentation et l'agriculture, un organe spécialisé de l'ONU créé en 1945, consiste en effet à mener une action internationale contre la faim et pour l'amélioration des conditions de vie. C'est donc en témoin de l'histoire que la FAO, rendue plusieurs fois malheureuse, aura assisté impuissante à maints méfaits macabres causés par la famine.

Les politiques malthusiennes d'encouragement à la limitation volontaire ou forcée des naissances et d'introduction du planning familial auront été des thérapies palliatives plus ou moins empiriques, mais d'un apport et d'un impact fort significatifs en Inde et en Chine, notamment. Toutefois, c'est la « Révolution verte », inventée et introduite par le premier ministre Nehru, qui aura permis d'accroître substantiellement la production céréalière et de surmonter plutôt bien le phénomène récurrent de la famine dans la péninsule indienne. Par contre, les politiques africaines pour combattre la famine et même la faim ont souvent sinon toujours consisté en une main éternellement tendue en direction de « la communauté internationale », pour lui crier « Au secours ! » et solliciter sinon exiger instamment son aide humanitaire en nourriture. L'on aurait penser que la FAO adhère et même souscrit à cette politique impudique et irresponsable qui consiste à éviter de s'attaquer à la racine du mal et à préférer des calmants de circonstance à des thérapeutiques définitives et de large spectre.

Or, cette Organisation n'est toujours pas parvenue à trouver la solution idoine au problème aussi bien de la faim que de la famine. Peut-être faudrait-il davantage fureter pour découvrir et comprendre les raisons pour lesquelles elle répugnerait à y parvenir. Il faut pourtant qu'elle daigne bien mettre la main à la pâte en vue d'éradiquer l'une et

---

[110] FAO = Food and Agriculture Organization = Organisation des Nations unies pour l'alimentation et l'agriculture

l'autre, au lieu de faire perdurer cette humiliante frustration de condamner des peuples d'Afrique à vivre aux crochets de l'aide humanitaire internationale. Aussi, pour bien souligner l'utilité de son existence et ne pas limiter son action à la production stylée de rapports bureaucratiques, la FAO devrait-elle se faire le devoir de transformer sa mission en une obligation de résultat : celui d'avoir réussi avant longtemps à conduire efficacement, droitement et définitivement les Etats et les populations à l'autosuffisance alimentaire. Si par sensibilité réelle aux souffrances des populations victimes ou par prise de conscience de son utilité (et non par stratégie de pérennisation d'une carrière bien rémunérée), son personnel de toutes les catégories décidait à tous les niveaux de s'y employer résolument, elle surmonterait une fois pour toutes aussi bien les pingreries de la nature que l'indolence et/ou l'incompétence des gouvernements défaillants.

En vérité, sa très grande dépendance vis-à-vis des dons circonstanciels et parfois conditionnels de farine de maïs et de boîtes de lait à l'occasion de chaque cas de famine, rend hypothétiques les exigences de spontanéité, de rapidité et d'efficacité qu'implique la nature même de son action. D'autre part, la constitution prévisionnelle et la lourdeur d'une gestion intemporelle des réserves ou des stocks régulateurs ne sauraient non plus être considérées comme la panacée d'un combat mené à l'aveuglette contre la faim. L'une et l'autre sont également hasardeuses. Et pour ne pas prédisposer son action à être à la merci des spéculateurs véreux, la FAO doit absolument se départir de toute tentation d'être l'exutoire de l'écoulement spéculatif des stocks résultant des surproductions céréalières, laitières ou sucrières, ou des méventes de leurs sous-produits.

Mieux que tout autre, la FAO devrait faire sienne la légendaire sagesse chinoise qui voudrait que l'on apprenne à un nécessiteux à pêcher plutôt que de lui donner du poisson chaque jour ! Dans cette optique, elle ferait mieux de changer du tout au tout sa politique et ses stratégies et méthodes actuelles de ravitaillements. Elle devrait notamment élaborer et réaliser un véritable Plan Marshall Alimentaire. Celui-ci consisterait en un vaste programme agricole, pastoral et halieutique d'une capacité prévisionnelle supérieure et toujours en avance par rapport à la couverture permanente des besoins alimentaires de l'ensemble des populations des continents africain et asiatique, notamment. Un tel Plan s'appuierait sur deux objectifs majeurs : la maîtrise de l'eau et l'accroissement optimal des rendements.

A cet égard, nul ne devrait ignorer qu'Israël et la Californie sont des déserts rendus verts par l'action des hommes décidés à adapter l'environnement naturel à leurs besoins et à leur goût. Leur première arme secrète de réussite n'a jamais été autre chose que l'attelage de leur volonté inébranlable à des systèmes et techniques d'irrigation éprouvés. Les Etats africains confrontés aux problèmes de désertification, de "sahélisation" ou simplement à des perturbations climatiques entraînant des périodes de plus en plus prolongées de sécheresse, devraient utilement s'en inspirer. Le repérage systématique des nappes phréatiques, des potentialités des eaux de surface et des possibilités de prélèvements ou de détournement des excédents des eaux fluviales, permettront d'en dresser un inventaire, de quantifier les disponibilités, d'évaluer les coûts de production et d'extraction, de valoriser les frais d'approche des canalisations et finalement d'en déterminer les critères et les clés de répartition.

Les conclusions du colloque de Boston de 1984 ont établi que les potentialités en eaux souterraines et de surface partagées entre le Mali, l'Ethiopie, le Tchad et le Soudan seulement sont suffisantes pour produire par irrigation, des récoltes correspondant aux besoins alimentaires de plus d'un milliard d'individus. Ce qui équivaut à la population de l'Afrique toute entière. Si la volonté politique des Etats du continent et de la FAO y était, ce serait tous les paysages du Sahel qui seraient parsemés de forages, recouverts de canaux et émaillés de points d'irrigation, pour abondamment arroser les vastes étendues de terres arables de la Mauritanie et du Sénégal sur l'Atlantique jusqu'au Soudan et à l'Erythrée sur la Mer Rouge. Le financement des moyens techniques d'extraction, de canalisation, de transport et de distribution des eaux domptées serait à la dimension de cette volonté et du défi ainsi lancé aux Institutions financières internationales.

L'occasion serait alors belle pour la reconstitution du réservoir du Lac Tchad qui, en l'espace d'un siècle, a perdu les 90% de sa surface inondée. Des études intelligemment menées par la Commission du Bassin du Lac Tchad (Cblt) qui regroupe la République Centrafricaine et les quatre Etats riverains, ont recommandé le détournement d'une partie des eaux du fleuve Congo et leur reversement dans la partie supérieure du fleuve Chari dont ledit Lac est le bassin déversoir. Les Etats des deux rives du fleuve Congo n'auront absolument rien à perdre dans cette opération. Car, l'Océan et les deux Congo ne seront nullement en manque des eaux prélevées ou détournées, lesquelles en réalité ne leur sont d'aucune utilité. Elles constituent une infime partie de celles qui se déversent sinon se perdent dans l'Océan Atlantique sans que celui-ci n'en ressente rien. Par contre, le remplissage à nouveau du Lac Tchad permettra à coup sûr la recomposition de l'écosystème de la sous région et accélérera la reconstitution des nappes phréatiques des environs plus ou moins éloignés. Des travaux d'égal intérêt sont également à entreprendre pour ce qui est du désensablement du fleuve Niger non seulement au niveau de sa boucle, mais partout où il nourrit l'agriculture, l'élevage et la pêche, en période aussi bien de ses crues que de son étiage. La construction d'une multitude de barrages-réservoirs d'une contenance optimale chacun, fait également partie intégrante du Plan Marshall Alimentaire proposé. Les exemples et les illustrations d'initiatives, de techniques et de travaux plus ou moins grands en vue de la maîtrise de l'eau peuvent être multipliés à volonté partout dans le Sahel et les zones désertiques de l'Afrique australe. L'appréhension et l'analyse de la gravité et de la connexité des problèmes posés par le manque ou l'insuffisance de l'eau dans certains pays d'Afrique font elles-mêmes ressortir la simplicité des mécanismes à mettre en œuvre pour leur trouver des solutions aussi fiables que viables.

Mais il ne suffit pas d'avoir de l'eau pour éradiquer la faim dans le monde ; sinon beaucoup d'Etats forestiers seraient en surproduction agro-pastorale. Encore faudrait-il veiller à toutes les conditions et techniques propres à stimuler l'accroissement optimal de la production. Et c'est là que devrait se situer l'incompatibilité de principe entre les objectifs déclarés de l'action de la FAO et sa coexistence paradoxale, au vingt et unième siècle, avec des outils agricoles rudimentaires et moyenâgeux ainsi que des techniques culturales médiévales, toujours en usage en Afrique. La houe et la machette en sont les outils les plus représentatifs.

L'objectif du rendement optimal de la production agro-pastorale implique évidemment et autant que possible la vulgarisation des semences sélectionnées, la recherche et la spécialisation des zones les plus propices à l'agriculture et à l'élevage respectivement, et l'adoption irréversible des techniques culturales modernes les plus porteuses. La mécanisation et la modernisation agricoles participent pleinement des techniques de stimulation et d'accroissement des rendements de la production. La pêche, quant à elle, doit se pratiquer partout et toujours en mer, sur les fleuves et dans les lacs et étangs, avec des méthodes, des techniques et des filets appropriés ; sauf aux zones et aux périodes de reproduction du poisson ou d'insémination et de maturation d'alevins dans les lacs et étangs.

En se spécialisant en éradication des causes structurelles de la famine pour la durée du Plan Marshall Alimentaire, la FAO se déchargerait sur le Programme alimentaire mondial de la partie ''colmatage'' de ses attributions. Le PAM jouerait ce rôle des Pompiers. Il se chargerait plus spécialement de la gestion des secours d'urgence pour faire face aux causes conjoncturelles et aux catastrophes naturelles dont personne n'est à l'abri.

En définitive, il doit revenir à la FAO de mettre tout en œuvre pour réaliser ce Plan Marshall Alimentaire. L'exécution par ses soins ou sous son égide de tous les projets y attenant constitue une garantie pour satisfaire à l'obligation de résultat qui lui est assignée. En fin de parcours et de compte, elle partagera les récoltes, les fruits et les bénéfices avec les Etats auxquels seront rétrocédés ou transférés certains aspects de la gestion, de l'entretien et du renouvellement, sous sa supervision participative. Il est certain que l'entrée en scène de ce programme titanesque sonnera définitivement le glas de la faim et de la famine. La FAO aura alors fait œuvre utile. Elle n'aura pas vécu inutile, puisqu'elle aura permis à l'Afrique de s'affranchir d'une dépendance absurde, sinon d'une cause de domination dont elle peut parfaitement se passer.

Mais en l'état actuel des choses, des mentalités et des stratégies impérialistes, l'Afrique ne pourrait définitivement se passer de l'aide alimentaire sinon même de l'aide tout court que si elle se laissait convaincre que son salut et son avenir politiques, économiques, scientifiques et technologiques se situent dans les Etats-Unis d'Afrique et ne se situent pleinement que dans les Etats-Unis d'Afrique.

C- A la recherche des fondamentaux d'une civilisation universaliste

Un regard aussi lucide que critique sur le monde actuel permet d'observer qu'il se nourrit d'antinomies, vit d'égoïsme et d'exploitation, évolue sur fond d'alternance de guerres et de paix. C'est un monde plutôt manichéen, où coexistent des exploiteurs et des exploités ; des riches repus, suffisants, indifférents et nullement outrés par le sort des infortunés ; et des pauvres qui n'arrivent pas toujours à manger à leur faim ni à s'éduquer convenablement. Mais chacune des deux composantes de l'humanité ainsi présentée n'a cure de cette dichotomie ni de sa décomposition en pièces détachées. Les premiers font tout pour perpétuer cette situation. Les seconds ont foi en un avenir plus juste.

En fait, bon an mal an, ce monde s'est toujours ainsi caractérisé. L'instinct humain continue d'être proche de celui de l'animal, surtout au niveau des lois du partage et de la coexistence ; lesquelles ne sont point éloignées de celles de la jungle. Dans l'absolu, l'homme n'aura réussi à se différentier fondamentalement de l'animal qu'au niveau de l'éducation, de la science et de la communication ; mais aussi à celui du penchant vers l'échafaudage d'une meilleure organisation des relations entre individus, communautés ou nations. Mais tout se déroule dans une logique où l'égoïsme n'entend laisser nulle place à la générosité ou à la magnanimité. Les rivalités entre les Etats ou les peuples font de cette situation leur substance nourricière. Elles sont elles-mêmes le reflet de la recherche acharnée à leur profit respectif d'un positionnement dominant. En vérité, de tels mécanismes de domination se révèlent anachroniques et de moins en moins opérants. Car, le monde actuel semble se situer à un tournant de son l'histoire. D'indispensables réajustements s'avèrent donc nécessaires et doivent lui être apportés pour corriger ses dérives discriminatoires et rétablir les équilibres rompus par son mode actuel de fonctionnement. L'introduction et la promotion d'une civilisation du juste partage ainsi que de la culture de la paix humaniseraient beaucoup plus en profondeur le sens de la solidarité des intérêts et de la complémentarité des positions dans les relations internationales.

1- Pour un rééquilibrage des relations internationales

L'Occident occupe une position qui fait craindre qu'il n'inaugure l'avènement d'un monde unipolaire, sans contrepoids évident. Quelques signes apparents pousseraient à le penser : le droit de la mer, le commerce international, le système économique et monétaire, le droit pénal international, la justice internationale à compétence universelle, sont tous sinon d'essence, du moins de suggestion à forte dominance occidentale. A cet effet, le droit cesse d'être une sécrétion sociale et culturelle pour devenir une anticipation sur le devenir calculé des peuples, au bon vouloir et selon les seuls intérêts des plus forts du moment. Et la boucle est bouclée lorsque l'Organisation des Nations Unies ainsi que ses Institutions spécialisées, auxquelles tous les Etats adhèrent librement en vue d'améliorer l'humanité et la solidarité entre les hommes, apparaissent comme des masques ou des paravents derrière lesquels l'Occident tire son épingle du jeu de la scène internationale. De leur côté et en symbiose avec leur Maître, les Institutions de Bretton Woods alternativement font des simagrées et jouent au loup-garou, en vue de l'avènement d'un nouvel "ordre" économique international. L'Occident reste cependant conscient que sa position actuelle est trop belle pour perdurer. De plus en plus contestée, elle tend à virer vers un équilibre instable.

Les néocolonialistes sont en effet inquiets et de moins en moins rassurés quant à l'avenir des privilèges exorbitants dont jouissent souvent égoïstement et parfois illégitimement leurs populations. Il s'y ajoute l'essoufflement avéré d'un capitalisme libéral déboussolé, de plus en plus déconnecté de ses sources traditionnelles de perfusion ; et de moins en moins connecté à ses investissements virtuels indirects et à ses économies parallèles. Bien qu'intimement ils soient envahis par le doute, ces néocolonialistes moulés dans un capitalisme désormais désuet, persistent à prendre leurs convictions et leurs méthodes pour des « valeurs ». En fait, leur perplexité face à cette situation combien inconfortable ne cesse de forcer les uns et les autres à imaginer d'autres astuces pour conjurer déclin et décadence. La dernière trouvaille des pays de l'Union européenne consiste à transformer l'Europe occidentale en une forteresse imprenable. De même, Mondialisation et Globalisation, orphelines de mère et de père subitement sorties du néant, formeraient un autre élément de leur stratégie de maintien, lequel procèderait ici par phagocytose des petits et des faibles, entreprises ou Etats soient-ils. Elles se veulent un cadre de vie des grands ensembles et des économies d'échelles, exclusivement. Refusant la distinction et ignorant le détail, elles ne s'embarrasseront point de tout "globaliser" sur leur passage. Dès lors, aucune résistance ne pourra véritablement être opposée aux effets, même dévastateurs, du rouleau compresseur de ces concepts, qui ne cadrent qu'avec un "rapport des forces" à la dimension de leur dessein. Ainsi, pensent-ils, ils feront perdurer en leur faveur tous leurs privilèges, dont certains sont des fruits d'injustices économiques et sociales, incompatibles avec les exigences de rétablissement des équilibres rompus qu'implique une civilisation du juste partage ainsi que la culture de la paix.

Dans un tel contexte, la fertilité de l'imagination peut faire craindre la résurgence en douce d'un nazisme new look. Mais l'esprit cartésien des Occidentaux ne permet point d'admettre qu'ils soient capables d'exhumer subitement une idéologie dont des millions de leurs parents périrent, au détriment de leur engagement pour la défense des droits de l'homme et de leur foi inébranlable en la démocratie. En tout état de cause, il faut en déduire et bien comprendre une fois de plus qu'il n'y a point de salut pour l'Afrique et les Africains sans les Etats-Unis d'Afrique !

Il n'en demeure pas moins qu'ils font de leur guerre contre l'immigration une fixation. Prenant la cause pour l'effet, la recherche du savoir ou d'emploi pour une usurpation, ils s'en prennent farouchement à l'« immigration clandestine ». Ils utilisent celle-ci comme un paravent derrière lequel ils s'abritent pour ignorer arrogamment les innombrables vies humaines sacrifiées en mer ou dans le désert à l'autel de la recherche d'une vie qui vaut la peine d'être vécue ou simplement d'une illusion de survie. Ils pensent ainsi endiguer par des moyens même abjectes, le flot des jeunes immigrants africains et asiatiques, rendus pauvres et désœuvrés chez eux, mais « refusant de mourir sans avoir combattu ». Pour les besoins de la cause, le visa d'entrée notamment dans certains Etats de l'Europe occidentale tient désormais lieu de rempart infranchissable destiné à protéger les anciennes métropoles contre l'arrivée chez elles des ressortissants de leurs anciennes colonies. Des conditions draconiennes, tatillonnes, humiliantes et vexatoires sont laborieusement imaginées, systématiquement brandies et quotidiennement appliquées par les chancelleries et consulats de ces Etats européens, installés dans les pays rendus pauvres. L'idée est de dissuader et de casser l'élan des candidats à l'émigration. L'obtention d'un visa d'entrée devient ainsi un vrai parcours du combattant, lequel généralement aboutit à une fin de non recevoir.

Aussi, le fondement traditionnel du visa change-t-il de visage. Son objet n'est plus seulement d'identifier les étrangers pour des besoins de sécurité, de contre-espionnage et de statistiques. Désormais, il tend à se substituer au « mur de la honte », lequel a vocation de transformer le vieux continent en une forteresse d'immunisation des harpagons contre les contagions de la pauvreté, dont sont porteurs du virus les demandeurs de formation, d'emplois ou de survie. Ils sont tous confusément perçus comme des criquets pèlerins dévastateurs des champs, des récoltes et même des repas des nationaux des pays de destination. Pour une fois, les lois protectrices n'émanent pas des faibles, mais des plus forts !

Personne ne semble se préoccuper des lois et traités traitant de la liberté de circuler telle que formulée dans « la déclaration des droits de l'homme et du citoyen » si fièrement arrachée par la Révolution française de 1789. Où est donc passé le peuple français qui l'avait proclamée et acclamée, et qui en reste toujours si fier ? Que font les citoyens du monde imbus de liberté qui l'ont clamée urbi et orbi ? Que deviennent surtout les « Nous, peuples des Nations Unies » qui l'ont solennellement immortalisée en 1948, sous l'égide de l'ONU, dans la « Déclaration universelle des droits de l'homme » ? Serait-elle discriminatoire la reconnaissance des droits civils, politiques, économiques, sociaux et culturels à « tous les membres de la famille humaine » ? Comment se portent et se comportent l'âme et les cendres transférées au Panthéon du Professeur René Cassin qui fut honoré d'un Prix Nobel de la paix pour avoir participé à la rédaction et contribué à l'adoption de cette « Déclaration » ? Le débridement aggravé des égoïsmes aurait-il finalement déboussolé un certain Occident dont pourtant, sans aucun visa, des colons, citoyens, entrepreneurs, cadres, ouvriers et aventuriers ont habité et exploité les autres continents, et même les exploitent encore et les parcourent toujours dans toutes les directions ?

Quoi qu'il en soit, sentant fragile son « mur » de visas et cherchant à lui éviter le sort du Mur de Berlin, le président Sarkozy de France s'est activé à initier la création de l'Union Pour la Méditerranée (Upm) pour faire des pays Arabes du pourtour de cette mer la citadelle de l'Europe, moyennant fortes rémunérations sous forme de subventions et d'autoroute. L' « Union » confère plus particulièrement aux Arabo-maghrébins la sale besogne ou la mission de servir indistinctement de garde-frontières et de garde-côtes pour barrer, spécialement aux ressortissants d'autres Etats qui seraient tentés de s'expatrier, la voie d'accès à l'Europe. Du reste, la recherche concomitante de rapprochement avec la Libye à travers le prétendu acte de repentance de Berlusconi d'Italie vis-à-vis du Guide libyen ne peut être interprété que comme le prolongement de cette Upm. Son objet non déclaré est d'empêcher les immigrants clandestins d'atteindre l'Italie en s'y engouffrant par la brèche laissée ouverte sur la Méditerranée par le refus de Kadhafi d'adhérer à cette Organisation. Elle est ainsi colmatée, moyennant, au profit de la Libye aussi, des avantages similaires à ceux accordés à l'autre rempart : construction d'une autoroute tout au long de la côte méditerranéenne et paiements échelonnés de la somme colossale de vingt cinq milliards de dollars, sous prétexte de réparer les dommages, crimes et autres comportements et actes répréhensibles subis par le peuple libyen lors de l'invasion et de l'occupation de la Libye par l'Italie entre 1912 et 1940. Ainsi, bien que non membre de l'Upm, la Libye du colonel Kadhafi simultanément s'intègre de fait dans la chaîne des pays arabo-turcs qui formeront le tampon islamo-israélien devant désormais s'étirer de la côte atlantique jusqu'aux confins israélo-libanais et turcs. Le bénéfice de ce généreux devoir de mémoire n'est cependant pas accordé aux autres ex-colonies d'Italie que sont l'Erythrée, l'Ethiopie et la Somalie. Cet oubli volontaire correspond *mutatis mutandis* à l'admission, en qualité de membres de l'Upm, de la Mauritanie et de la Jordanie (mais pas du Soudan) qui ne sont nullement méditerranéens. Leur cooptation est dictée plus parce qu'elles constituent des terres de transit immédiates exposées à de flots potentiels d'immigrants, que parce qu'elles sont arabes. Imaginé par mimétisme ou par intuition par M. Sarkozy probablement du temps où il était ministre de l'intérieur, ce « mur » en matériaux humains fait sourdement écho aux fortifications construites par l'Etat d'Israël pour isoler la Cisjordanie, et au gigantesque « rideau de fer » élevé par l'Administration Bush pour bloquer les immigrants Latinos. En vérité, jamais l'égocentrisme des dirigeants occidentaux n'a cessé de laisser transparaître en filigrane leur volonté obsessionnelle d'asservissement ni leur languissante mentalité néocoloniale.

Mais à présent, l'on assiste à l'amorce d'un nouveau rebond de l'histoire des relations humaines et de la coexistence des peuples. Tirant en effet avantage du développement prodigieux des techniques de l'information et de la communication, les hommes communiquent de plus en plus et se comprennent de mieux en mieux. Ce qui leur permet de se découvrir et de constater que leurs relations sont souvent sinon toujours empreintes de sournoiserie, de perfidie, voire de méchanceté que commandent l'égoïsme et l'égocentrisme d'une part, les complexes et la discrimination d'autre part. Le tout est de savoir comment faire pour qu'au lieu d'être des loups pour leurs semblables, les hommes arrêtent de recourir au cannibalisme des intérêts et à l'affichage des solidarités sonores mais factices pour s'adonner à la pratique de la culture de l'égalité des chances et à l'élévation au rang de valeur humaine, sociale et sociétale, toute mesure ou entraide tendant à la sauvegarde de la dignité humaine. Si elles étaient bien comprises et mieux exploitées, de par même leur raison d'être, beaucoup de structures du système des Nations Unies y auraient sérieusement contribué. L'adaptation constante de leurs missions respectives aux circonstances de temps et de lieu pourrait positivement et autrement influer sur une meilleure intégration de la société internationale et une plus grande organisation de la solidarité des peuples et des continents, tant au niveau de l'éducation et de la culture, de l'alimentation et de l'agriculture que du commerce et de l'industrie. Dans ces conditions, les Institutions spécialisées du système des Nations Unies pourraient utilement être sollicitées et associées pour y participer. L'UNESCO et la FAO principalement seraient de la partie, étant entendu que la compétence de la Banque mondiale reste polyvalente en matière de financement de tous les projets montés par des personnes morales qualifiées.

En effet, l'Organisation des Nations unies pour l'éducation, la science et la culture (UNESCO) a pour but de contribuer au maintien de la paix et de la sécurité internationales, en resserrant par l'éducation, la science, la culture et la communication, la collaboration entre nations pour le respect des droits de l'homme et des libertés fondamentales. Mais contre toute attente, cette Organisation semble n'avoir pas voulu saisir le sens ni maîtriser les visées de la mission à elle assignée. Chose paradoxale, elle semble même manquer d'imagination et d'ouverture. Il est pourtant clair que son rôle devrait principalement consister à s'appuyer sur les quatre piliers de sa mission et à extraire de l'alchimie de leurs ingrédients des voies et moyens propres à adoucir les mécanismes d'expression des différences des caractères et des divergences des cultures des hommes, à inciter les nations à communiquer entre elles et à se rapprocher les unes des autres, à favoriser l'instauration entre les peuples d'un climat permanent de compréhension et d'entente cordiale, et à prévenir ou à éloigner toute incompréhension susceptible de conduire à l'idée de conflit ou de guerre.

Eu égard à ces objectifs, les résultats de son action prêterait à équivoque. Ces derniers offrent en effet de cet organisme l'image d'une Institution perçue à la fois comme élitiste et conformiste. Car, au lieu d'encourager leur harmonie ou leur symbiose et d'inciter à « la collaboration entre nations » et au « resserrement » de leurs liens, l'UNESCO travaille avec les Etats, se laisse entraîner par le développement séparé de l'éducation de leurs citoyens, et finalement consacre l'instauration d'un apartheid éducatif et scientifique, culturel et communicationnel entre ces nations. L'assimilation réciproque et approfondie des fondements de leur éducation respective et de l'essence même de leurs cultures, ainsi que de la valeur normative de chacune de leurs composantes aurait pourtant efficacement contribué à rapprocher les peuples et les nations. Elle devrait par ailleurs cesser de contrevenir à sa vocation en arrêtant de cautionner, même tacitement, l'état de fait ou la reconnaissance implicite de la suprématie d'une seule race, d'une seule région ou d'une seule religion sur une autre ou sur d'autres. Peut-être, les lacunes ou défaillances relevées pourraient-elles éclairer la face cachée de sa désinvolture ; laquelle trahirait bien de choix et de partis pris. En silence, par abstention volontaire ou par défaut, elle aura permis d'immerger les autres cultures du monde dans l'immensité et la puissance des moyens de distribution et de diffusion cinématographiques, radiophoniques et télévisuels dont dispose sans partage le monde occidental. Ce qui subrepticement aura relégué « les arts premiers » et les cultures « exotiques » aux musées des cultures orphelines de tuteurs et de supports.

La communication, qui est l'un des vecteurs privilégiés de l'intercompréhension, se fait plutôt à sens unique et sans échanges réellement notables. Des suspicions d'unilatéralisme ferment, prennent corps et se confirment avec la mise à l'écart du Sénégalais Amadou Mahtar Mbow, premier Africain (et du Tiers monde) à occuper le poste de directeur général de l'UNESCO. Les Etats membres à visées hégémonistes n'entendaient nullement le laisser combler le déficit constaté dans les volets éducatif, culturel et communicationnel de la mission de l'Organisation. L'ayant ainsi vu venir, ils prirent les devants pour prévenir toute idée de réhabilitation postcoloniale ou de valorisation des cultures ignorées, abandonnées à elles-mêmes, sinon méprisées et muselées. Malgré l'adversité qui lui était opposée, M. Mbow réussit la prouesse d'initier et de créer, entre autres, l'Agence panafricaine de presse (Pana) dont la finalité première reste et demeure la participation aussi de l'Afrique, par dépêches de presse interposées, à l'information intra et extra africaine et sa contribution à lever, en passant, la lourde hypothèque de désinformation dont elle est souvent l'objet. L'on sait en effet que la communication orientée est une arme stratégique. Non maîtrisée, elle comporte des dangers réels, susceptibles d'éloigner les uns des autres, de créer des troubles à la paix et de servir de support à la guerre psychologique, sinon même de susciter la guerre tout court. Aussi, de l'information à la formation, la communication peut-elle, par le brouillage de la vérité, tourner également à la désinformation ou à l'intoxication et partant, à la manipulation des âmes, de la sensitivité et de la sensibilité des sujets ciblés. Dans cette perspective, en raison de la très faible portée de leur rayon de propagation, limitée à une commune, à un canton ou à un département, et nonobstant l'importance potentielle de leur concours à l'émancipation socio-économique des communautés urbaines ou rurales bénéficiaires, l'on peut estimer que l'avènement et l'apport des « radios communautaires » financées par l'UNESCO ne sauraient être considérés comme participant des échanges et des brassages des cultures du monde, propres à « resserrer la collaboration entre les nations ».

L'UNESCO ne se fait pas non plus entendre dans le domaine de ses attributions relatives à la défense ou au « respect des droits de l'homme et des libertés fondamentales », où plutôt règne en maître absolu, auréolé de succès retentissants et d'une gloire indéniable, l'ONG britannique Amnesty International (Prix Nobel). C'est pourtant là que se situe la matrice de la prévention contre les violations des droits de l'homme, du respect des libertés fondamentales ainsi que de la garantie de promotion et de protection de l'humanité de l'homme. C'est surtout là que résident ou peuvent se secréter par défaut les causes de rancœurs, les risques de vengeances et partant les sources de conflits. Elle semble préférer se cantonner et se consacrer au slogan joli et envoutant de « la culture de la paix ». Mais la vacuité du contenu de celui-ci, les stratégies de sa mise en œuvre ou la consistance et la légèreté de son impact rendent plutôt négligeables les résultats des actions initiées, et superficiels leurs effets.

Au plan éducatif, l'UNESCO aurait pu "inoculer le virus" de « la culture de la paix » aux programmes scolaires des Etats membres en y faisant introduire les fondamentaux d'une véritable culture internationale de la paix. Mais nulle part n'apparaît de façon perceptible son empreinte sur la conception et l'élaboration desdits programmes. Elle a dû préférer se faire neutre et laisser libre cours aux Etats d'évoluer au gré des initiatives et des intérêts des maisons d'édition des ouvrages scolaires.

Or, sous peine d'échouer définitivement sa mission qui est planétaire, c'est à elle qu'il doit incomber de rétablir par tous les moyens relevant de sa compétence l'équilibre, la complémentarité, l'intercompréhension et la solidarité des peuples, des cultures et des continents au double plan éducationnel et scientifique.

Au lieu donc de consacrer la majeure partie de ses ressources à la bureaucratie, consistant notamment à installer de par le monde une représentation diplomatique stérile dans chacun de ses Etats membres, elle aurait mieux fait de les affecter à des financements de projets de développement éducatif, scientifique et technologique. Dans cette logique, devraient être créées et fonctionner des universités de l'UNESCO par continent ou par région géographique, dotées de programmes universalistes, équipées de laboratoires ultra modernes, pourvues de professeurs titulaires et missionnaires émérites, dispensant des enseignements culturalistes, scientifiques et technologiques, accordant des bourses d'études à des étudiants sévèrement sélectionnés exclusivement sur la base du génie, du mérite et d'un quota affecté à chacun des Etas de la région au prorata de leur population respective. Le niveau scientifique très élevé et très actuel des enseignements dispensés et des expériences échangées, conjugué au brassage de tous ces futurs hauts cadres venus des horizons différents, est en mesure de contribuer significativement à favoriser l'éclosion des pépinières d'ingénieurs, de médecins, et d'anthropologues ; tous formatés au goût de la culture de la paix et de la solidarité internationales. L'UNESCO se serait alors hissée au niveau qui est fondamentalement le sien. Elle laisserait à des nationaux préalablement formés et imprégnés de sa mission, le soin de vulgariser ses idéaux, d'assister les autorités locales dans les domaines relevant de ses attributions ou d'animer ses « Clubs » et ses « Commissions nationales ».

En vérité, l'UNESCO n'aura fini d'accomplir sa mission et de parachever son œuvre que le jour où les hommes et les femmes de toutes les races auront harmonieusement cohabité, les cultures de tous les continents se seront métissées et embrassées, les religions du monde se seront tolérées et respectées, la maîtrise de la science et de la technologie sera équitablement partagée. Bref le jour où le dialogue des civilisations aura accouché la civilisation universaliste, et l'homme débarrassé de sa bestialité et de son égocentrisme aura irrévocablement rangé dans les musées martiaux sa mentalité belliciste et guerrière. Mais c'est avec l'avènement d'une civilisation du juste partage que l'homme cessera d'être un loup pour l'homme et transformera son égoïsme en un ego positif, incitatif du dynamisme des peuples et des nations.

2- Pour une civilisation du juste partage

L'égoïsme des hommes d'une part et leur ego ou leur moi narcissique d'autre part, sont les deux leviers qui respectivement remontent et activent l'instinct de possession et/ou de jouissance exclusive ; et aiguisent leur goût de la prétention et leur vanité pour s'imposer, en imposer aux autres ou simplement faire le paon et parader. L'un et l'autre faussent et déforment le sens et la justesse de « la répartition des biens et des maux ». L'égoïsme et l'ego peuvent donc être considérés comme la cause et l'explication de l'envie d'avoir et de posséder un bien matériel et/ou une valeur spirituelle, pour s'en servir à titre exclusif. Cette envie est également partagée aussi bien par ceux qui entendent accroître leur propriété que par ceux qui n'ont jamais rien possédé, fussent-ils des personnes physiques ou des personnes morales. L'on y trouvera par exemple un frère (ou une sœur) qui cherche à s'accaparer à son seul profit les biens légués par un parent, au détriment des autres membres de la fratrie ; un gouvernement qui fait exploiter les richesses du sol, du sous-sol ou de la plateforme continentale maritime et en prive totalement de la jouissance des retombées les riverains ou les habitants de la région, au mépris « des yeux qui regardent » ; la concurrence déloyale ou "le marché mondial" qui facilitent l'enlèvement à de vils prix, inférieurs aux coûts de production, des matières premières destinées à l'enrichissement illicite des capitalistes.

C'est cette cupidité, cette propension malsaine à posséder tout et toujours plus, au détriment des autres membres de la communauté, qui fonde l'égoïsme et encourage l'exploitation des uns par les autres. Sous une forme ou sous une autre, elle va jusqu'à justifier le pillage des faibles, individus ou nations. Des stratégies astucieuses sont alors développées et des constructions juridiques érigées pour protéger les pilleurs dans la jouissance exclusive des acquis qu'ils se sont en partie constitué sur le dos des autres, par une exploitation forcée ou dans un marché de dupes. Un sens unique de la circulation et de la jouissance gloutonne des moissons et des profits est ainsi instauré. Et pour quelle raison les victimes potentielles ou réelles de cette situation seraient-elles interdites d'avoir aussi le sens de la propriété ou l'envie d'être propriétaires ? Rien ne peut justifier qu'indéfiniment elles supportent d'être spoliées, usurpées, exploitées ni encore moins dépossédées. C'est pourquoi les frustrations qui en naissent constituent la trame des causes de discorde, de disputes et même de guerres. Car, du frottement du droit de continuer à jouir d'une propriété légitime, brandi par les uns, contre la volonté d'appropriation forcée abusivement imposée par les autres, jaillira l'étincelle qui mettra le feu aux poudres.

Le film de Jamie Uys « *Les dieux sont tombés sur la tête* » illustre bien des aspects de cette hypothèse de casus belli. Il montre des Bochimans du désert de Kalahari qui ont toujours vécu en harmonie entre eux et avec la nature. Ils ignoraient tout de la notion de propriété exclusive. Il n'a jamais existé un bien dans leur environnement qui les ait attirés au point de créer en eux l'idée ou le désir de s'en approprier à titre personnel et exclusif, jusqu'au jour où une petite bouteille de coca cola larguée d'un avion, leur est tombée du ciel. La singularité de l'objet et son origine céleste en faisaient une chose tant enviée que chacun des membres du groupe voulait la garder pour lui seul et la posséder. Personne ne voulut céder aux prétentions des autres. Ils en vinrent même aux mains. Ce qui ne leur était jamais arrivé de leur existence. Surpris, écœuré et désemparé par cette situation insolite et porteuse de haine qui commençait à opposer les uns aux autres membres de la communauté, un membre du groupe se vit contraint d'intervenir énergiquement. Il récupéra la chose maléfique et alla la jeter très loin, « au bout du monde » dans la mer. La moralité qu'il faut tirer de cet évènement n'est pas d'encourager les humains à devenir des Diogène, ni de les abonner à quelque philosophie des spirituels de l'ordre des Franciscains ou d'un courant du soufisme, ni encore moins de les inviter à renoncer à toute idée de propriété pour en faire rien que des communistes. Les enseignements qu'il faut en tirer consistent plutôt à imaginer et à trouver comment encadrer et protéger l'acquisition licite et légitime d'une propriété matérielle ou de l'esprit. L'ONU, encore une fois, pourrait parfaitement jouer, à l'échelle internationale ou mondiale, ce rôle d'ombudsman, d'arbitre et au besoin de juge ; à la seule condition, d'une part que son organisation et ses missions soient conséquemment revues et actualisées, et d'autre part que les grandes puissances daignent bien accepter qu'elle devienne une super agence de régulation des affaires inter- étatiques et internationales, disposant des moyens propres à rendre définitivement salutaires ses implications ; et efficaces ses interventions et ses actions.

A contrario, ce sont également l'égoïsme et l'ego qui encouragent sinon dopent leurs sujets pour les forcer à atteindre des objectifs insoupçonnés. Cela contribue à susciter et à entretenir un dynamisme propre à se faire une place au soleil. Que faire alors pour pouvoir les rendre inopérants dans leurs effets inhumains et leurs aspects négatifs, en vue de n'en conserver que les sources de motivation auxquelles tous deux puisent pour maintenir boosté l'esprit de progrès et procurer ou accroître les actifs dont ils favorisent l'acquisition légitime ?

C'est de la réponse à cette interrogation que le dynamisme des Bamiléké tirerait en partie son explication. A cause de leur narcissisme avéré, les ressortissants de ce peuple de l'Ouest Cameroun, aussi perméables que sensibles aux effets de démonstrations de leur rang social, sont tout naturellement portés à l'étalage de leurs avoirs et même à la narration ostentatoire du nombre et du cursus de leurs enfants étudiant à l'étranger. Trois facteurs principaux de leur réussite sociale donnent un sens à leur vie : posséder chez soi dans son village une maison d'habitation digne de ce nom, si possible un château imposant ; organiser des funérailles grandioses pour honorer la mémoire de ses proches parents ; acquérir par l'achat un des titres de noblesse négociables à la cour royale. Or, l'intangible principe traditionnel de désignation testamentaire d'un seul successeur et héritier n'autorise personne à compter sur un quelconque bien qui lui serait légué par voie d'héritage. Il faut donc que chacun ne compte que sur soi-même, travaille dur et dilapide peu pour relever, coûte que coûte, ce défi social. Son honneur en dépend et sera à la dimension de sa réussite dans l'accomplissement au moins de ces trois conditions sine qua non. L'ego individuel se transforme ainsi en un ego communautaire qui fait des Bamiléké un peuple dynamique par tradition et généreux pour l'ostentation.

Il est évident que si, à l'image des Bamiléké, l'honneur et le mérite ne devaient être reconnus qu'à ceux qui ont prouvé, par le partage des fruits de leur travail, qu'ils peuvent être admis à s'afficher au devant de la scène, l'ego prendrait le dessus sur l'égoïsme. Ce type de narcissisme deviendrait alors un phénomène social incitatif du dynamisme des peuples. Il serait donc intéressant que ceux qui ne sont pas sous l'emprise de l'espace social de ces valeurs traditionnelles, puissent eux aussi identifier, consigner et faire fructifier les ressources du progrès qui leur soient spécifiques. Car, l'homme de progrès, d'identité universelle, se crée constamment des motifs pour se lancer des défis, et des ressorts pour les relever. L'émulation et la concurrence, source et vecteur congénitaux de progrès, restent et demeurent ses stimulants incontournables. Trouver comment les inculquer à l'esprit humain sinon même les incruster dans la mentalité des hommes, apparaît comme un défi collectif à relever. L'idéal du juste partage voudrait évidemment que les fruits du travail, intellectuel ou manuel, ne profitent en priorité qu'aux producteurs réels des biens et des services, proportionnellement à leur apport. Un code de conduite internationale devrait édicter des mesures normatives destinées à prévenir ou à sanctionner toute exploitation des uns par les autres. Qu'elle soit le fait des hommes, des Etats ou des nations, elle devrait donner lieu à réparation. Ce code devrait permettre et faciliter aux personnes délestées de leurs biens de se faire restituer ou ristourner la part indûment engrangée par chacun des partenaires indélicats. Ce sera ainsi que la civilisation du juste partage posera les jalons de la paix des cœurs et des esprits.

3- Pour une approche nouvelle de la culture de la paix

Beaucoup de militaires sont convaincus que « tant qu'il y aura des hommes, il y aura la guerre. » L'on pourrait plutôt penser que « tant qu'il aura des armées, il y aura la guerre », car ici c'est l'organe qui crée la fonction. Toutefois, bien qu'ils semblent ne pas concevoir qu'il y ait une paix éternelle sur la terre, ils laissent heureusement sous-entendre qu'il ne peut y avoir, non plus, de guerre éternelle. Il y a donc lieu de ne pas prendre leur postulat pour de l'argent comptant. Il faut surtout en relativiser le caractère péremptoire du ton. Car, autant ce sont les hommes qui allument les foyers de tension, autant ce sont encore eux qui fument le calumet de la paix. Il en ressort qu'en dernière analyse la guerre et la paix émanent strictement de la volonté des hommes et des peuples. Or, il n'est pas démontré que les causes de la guerre soient inhérentes à la nature humaine au point qu'elle ne puisse s'en défaire. Et ce d'autant qu'à l'opposé, il existe bel et bien des hommes foncièrement pacifistes. A moins qu'à l'instar des criminels-nés décrits par le criminologiste italien Lombroso, il puisse aussi exister des "va-t-en-guerre-nés".

L'homme ne serait-il pas en réalité un Janus à deux visages, manipulables selon ses convenances pour commander la guerre ou ordonner la paix ? L'étude approfondie des causes humaines fondamentales des guerres peut permettre d'en maîtriser les motivations profondes, objectives et subjectives, ainsi que les mobiles et alibis circonstanciels et aléatoires ; mais aussi d'en pénétrer les procédures et les mécanismes préalables qui détendent les ressorts du déclenchement des hostilités. Peut-être existerait-il une interaction causale entre les causes et les effets de la guerre pour la justifier, la déclencher et y mettre fin. Ce qui finalement concilierait ses tenants et ses détracteurs. Tout ceci ressemble fort bien à un rituel d'offrande d'une absurdité inouïe, mais parfaitement bien structuré. Il s'en dégage une pièce de théâtre qui s'articule et se décline comme suit : acte I - les politiques et/ou les militaires déclenchent la guerre ; acte II - les soldats tirent, fusillent, bombardent, tuent ou se font tuer, détruisent, font des prisonniers ; acte III – sous la pression du Conseil de Sécurité et des appels à la pondération, un cessez le feu est négocié avec ou sans condition pour les troupes de se retirer et de se cantonner à leur position d'avant les hostilités ; acte IV - dans chacun des deux camps, un décompte macabre des victimes humaines, des disparus, des éclopés et des blessés de guerre, est établi ; des dégâts matériels sont évalués et chiffrés ; acte V – les militaires ordonnent l'armistice ou décident de l'arrêt des hostilités ; acte VI – les diplomates et les militaires des deux camps se réunissent et négocient des accord ou traité mettant formellement fin à la guerre ; acte VII - le belligérant auquel le sort des armes accorde une position de force dicte sa loi ; acte VIII - les analystes et autres ''observateurs avertis'' constatent ou non qu'« une guerre dont l'issue n'a été dû qu'à l'inégalité des puissances totales des adversaires, est une guerre suspendue ». Les opérations de l'acte I conduisant automatiquement et systématiquement aux cérémonies de l'acte VI, la guerre apparaît comme une condition préalable à toute négociation portant sur le casus belli. En fonction du nombre élevé des victimes et de l'importance des dégâts matériels et psychologiques causés à ''l'ennemi'', l'acte VII applique la loi du plus fort, quand bien même la raison, la vérité et la légitimité se situeraient du côté de celui dont le poids militaire s'est révélé plus faible. Il est ainsi démontré que les lois de la guerre sont identiques à celles de la jungle. Dès lors, en tant que réminiscence de la bestialité de l'homme, la guerre devrait cesser d'être l'apanage du monde dit civilisé et de tous ceux qui prétendent ou aspirent à en faire partie.

A priori, l'on peut percevoir une multitude de causes de la guerre. Mais les causes les plus fréquentes, mais aussi les plus injustes et les plus abjectes des guerres récentes sont principalement d'ordre idéologique, stratégique ou géostratégique, économique ou préventive. Cette dernière catégorie, pratiquée entre autres en Afghanistan, viserait à anéantir des terroristes présumés dans leur base supposée. En vérité, toutes sont de la lignée des guerres coloniales. D'inspiration expansionniste, leurs visées sont d'abord et surtout hégémoniques. Ce qui conforte l'idée selon laquelle les armées tendent à devenir des instruments d'anticipation ou de finalisation des politiques des Etats, et plus particulièrement de celles des grandes puissances. L'égoïsme et l'égo en sont la substance et le résumé. Ce qui, à terme, condamnera les petits Etats à la disparition réelle ou virtuelle ou pour le moins à un avenir aussi tumultueux qu'aléatoire. Ce sera l'un des aspects ou des effets de la mondialisation. Il en ressort une fois de plus que l'édification des Etats-Unis d'Afrique s'avère d'une urgente nécessité. Alors, de l'union des Républiques, royaumes et autres pays d'Afrique naîtra une force qui, à elle seule, sera à même d'offrir aux Africains un autre terme d'alternative d'heureuse perspective.

La guerre provoquée ne se limite plus seulement à mettre hors d'état de nuire des « ennemis », en les tuant ou en les exterminant pour les besoins d'une cause laissée à l'appréciation d'un individu. Le danger de ce type de guerre résulte surtout de ce qu'aujourd'hui elle est le fait d'hommes en quête de gloire et/ou des pressions des lobbies à la poursuite d'un enrichissement, dût-il être illicite ou illégitime. Aussi, met-elle généralement aux prises des forces inégales. Aucun pays n'est donc à l'abri d'une invasion barbare ni de l'arnaque de ses richesses, comme au bon vieux temps. Quoi qu'il en soit, le niveau actuel de l'évolution de l'humanité commanderait que l'objet de la guerre tout comme la mise en mouvement des armées soient repensés et recentrés, et leur raison d'être remise en cause pour finalement être condamnée à l'abolition.

C'est tout de même curieux que des pays qui se veulent "civilisés" et qui s'autoproclament tels, dont ceux notamment de l'Union européenne, fassent de la suppression de la torture et de l'abolition de la peine de mort un critère tout autant qu'un élément de la civilisation, et en même temps admettent, à défaut de les commettre, que des tueries à grande échelle et des assassinats ciblés perpétrés par des forces régulières de défense ou de maintien de l'ordre soient allégrement passés en pertes et profits. Il y a de leur part des contradictions flagrantes qui trahiraient des troubles de conviction dans la nature et la dimension de leur humanisme ; lequel finalement se révèle paradoxalement sélectif. A moins que ceux-là ne se sentent comblés que face à des atrocités avec des fleuves de sang versé et à des pogromes ! Les vies des uns comme celles des autres ne sont pourtant pas moins humaines que celles des criminels condamnés à mort ! Il s'avère incompréhensible que ni les abolitionnistes de la peine de mort, ni les organisations de défense des droits de l'Homme n'aient cru devoir se préoccuper aussi de l'aspect inhumain, déshumanisant et dégradant de la guerre. L'on aurait penser que le poids des privilèges des armées, leur aura servi de laisser - passer pour développer et légitimer les moyens et les techniques d'agression afin de perpétuer la barbarie de la guerre.

Sans doute à cause du sacrifice suprême d'avance consenti à la cause de la patrie, ceux qui s'engagent dans le métier des armes auront-ils réussi, au fil des siècles, à faire de l'armée plus qu'une profession, mais une institution ; et du militaire plus qu'un citoyen, mais un aristocrate. Tous faits, rarissimes de surcroît, qui rehaussent le prestige du soldat et participent à la célébration en continu de ses faits d'arme, au point de lui faire parfois oublier sa mission et sa vocation premières. D'où la tentation des armées pas tout à fait républicaines de se prendre pour une source du pouvoir politique, de se considérer comme un pouvoir au-dessus de tous les autres pouvoirs et de piétiner les valeurs républicaines ; avec une très forte propension à aller à l'encontre de l'idéal démocratique et à décider à la place du peuple sinon contre lui. A travers putschs et mutineries, les militaires de telles armées ont carrément troqué leur mission contre des fonctions politiques dont ils se savent opportunément écartés, par principe constitutionnel de précaution, au profit des personnalités civiles démocratiquement élues. Seules la défense des frontières et l'assurance de la sécurité intérieure constituent la raison d'être d'une armée républicaine. Face aux forces politiques et autres groupes de pression, elle a mission de rester absolument neutre pour mieux assurer son rôle d'arbitre impartial et de dernier recours. Etant entendu que les armes dont les ressources publiques ont financé l'acquisition ne peuvent et ne doivent, sous aucun prétexte, être retournées ni contre les contribuables, ni contre les choix démocratiquement opérés par les citoyens, ni encore moins contre le peuple souverain. Cela participe de la culture de la paix.

Si de toutes les armées du monde elle n'était pas la plus destructive des vies humaines pour convaincre et se convaincre de sa superpuissance, l'on aurait décerné avec enthousiasme à l'armée américaine un satisfecit fort bien mérité. Elle reste en effet un exemple et un modèle d'armée républicaine. Elle a largement contribué à la consolidation de la démocratie américaine. Elle participe par ailleurs énormément, dans les domaines qui lui sont propres ou affectés, aux innovations et aux progrès scientifiques, techniques et technologiques (cf aviation, communication, conquête spatiale, informatique). Forte de l'arsenal de moyens de tous ordres et des plus perfectionnés dont elle dispose, elle est la mieux placée pour utilement se positionner en première ligne pour développer avec succès la culture de la paix ; pour peu que « la république impériale » accepte de changer de cap, de servir de locomotive dans cette approche nouvelle pour universaliser et pérenniser la paix. Si elle décidait d'en faire désormais son cheval de bataille, l'armée américaine y parviendrait sans coup férir. Elle aura alors compris que la terreur que créent les bombardements et autres frappes aériennes ou des missiles de croisière, conjuguée aux humiliations et autres comportements dégradants et inhumains, ne fait qu'exacerber les haines et les incompréhensions et inciter à la vengeance, au perfectionnement des méthodes et des techniques terroristes les plus redoutables et, conséquemment, à l'instauration d'une psychose permanente de l'omniprésence du danger terroriste. Les Etats et surtout les grandes puissances nucléaires doivent accepter d'assimiler le terrorisme équivaut à une arme "nucléaire" des opprimés révoltés. Aussi, devient-il au fil des évènements, préoccupant et de plus en plus dangereux. Il faut donc en déduire que la victoire sur le terrorisme ne passera jamais par une autre forme de terrorisme.

4- L'intégration par le brassage et le dialogue des cultures

La vraie entente cordiale entre les hommes ne viendra que de l'égalité raciale et des chances ainsi que du brassage et du dialogue des cultures. La grandeur des Etats-Unis d'Amérique ne s'explique pas par autre chose que par le brassage réussi d'une mosaïque sublimée de races, de cultures et de talents dont en fait ils sont le reflet. Par la force de leur omniprésence pluridisciplinaire, les Africains Américains, par exemple, ont fini par solidement tisser la fibre patriotique entre eux et leurs compatriotes de souche européenne. En se distinguant par la valorisation de leur contribution à la cause nationale, tant dans le domaine de la musique, des sports que dans celui de la politique et de l'armée, ils se sont fait définitivement accepter et respecter. Les titres de gloire des athlètes Jesse Owen et Carl Lewis, du basketteur Michael Jordan, du boxeur Cassius Clay alias Mohamed Ali ou des musiciens James Brown, Michael Jackson et Stevie Wonder et de bien d'autres encore, participent également du rêve américain. Les performances des sportifs ont mainte fois permis de faire hisser la bannière étoilée et retentir l'hymne américain dans les arènes mondiales et les stades olympiques. Les talents des artistes musiciens ont électrisé les foules des music-halls, enflammé les jeunes des discothèques et entraîné les viveurs et les bons vivants à s'éclater partout à travers le monde. Et la mayonnaise a fini par prendre. La scène politique, militaire et religieuse a également produit des personnages emblématiques de tout premier plan, qui auront marqué l'histoire même des Etats-Unis. C'est assurément le cas de Martin Luther King (Prix Nobel) et de Colin Powell, qu'accompagnent légitimement Jessie Jackson et Condoleeza Rice.

Avec l'avènement du prodige Barack Obama, les Etats-Unis d'Amérique ont définitivement administré au reste du monde la preuve qu'à leur niveau les considérations raciales ou racistes relèvent désormais d'un passé à jamais révolu. En effet, malgré une panoplie de candidats triés sur le volet parmi les plus représentatifs de la scène politique américaine, une très forte majorité de Démocrates américains a porté avec enthousiasme son choix sur la personne d'Obama pour en faire le premier locataire noir de la Maison Blanche. Le 04 novembre 2008, leur option a massivement été entérinée par une majorité écrasante de l'ensemble de l'électorat américain.[111] Par ce biais, ils ont également établi que la démocratie est une excellente religion politique. Elle est la seule qui puisse transcender les clivages sociaux et briser les tabous de la discrimination. Effectivement, il n'y a qu'elle pour s'imposer et se hisser au-dessus de toute autre considération. Elle ne sait en effet retenir pour son appréciation et son jugement que le critère d'efficacité potentielle que doit sous-tendre la valeur intrinsèque de l'individu. L'esprit d'ouverture et d'acceptation des uns par les autres reste et demeure le meilleur terreau de l'intégration, mais aussi de la démocratie.

Cette victoire décisive sur le racisme peut également être obtenue dans le domaine du dialogue des cultures pour prévenir ou amortir les

---

[111] 364 Grands électeurs à OBAMA (contre 174 à John McCain), dont 43% des votes des Blancs, 95% des votes des Noirs et 66% des votes des Latinos.

chocs des civilisations. Alors disparaîtra progressivement à son tour le racisme culturel dont les dangers sont aussi inquiétants que ceux du terrorisme dont il pourrait servir d'alibi, de ressort et de ferment de l'action. Aussi, faudrait-il désormais s'attaquer résolument aux causes de la guerre et non plus seulement à ses effets. Il va évidemment sans dire que toutes les nations de la planète devront être associées à ce combat à livrer à la guerre. Elles s'attelleront à faire régner sur la terre la civilisation universaliste ; celle-là qui fera de l'intelligence, de la raison, du bon sens, du juste partage, de la solidarité et du pacifisme la primauté des fondements de l'humanité de l'homme. Au-delà d'une simple reconversion des mentalités, une telle entreprise s'identifiera à une révolution pacifique mondiale.

Conclusion

Les relations internationales se situent de nouveau à un tournant de leur histoire. La Chine irréversiblement s'affirme. La Russie remonte la pente. L'Orient point à l'horizon. Des pays du Tiers Monde émergent. Même Israël et les pays arabes voisins sont en passe de comprendre qu'ils ne sont pas créés que pour vivre de guerre ni pour la guerre. Du reste, l'Administration Obama suscite l'espoir de relever le défi de régler définitivement leur conflit et de faire vivre leurs peuples cousins en paix (idéalement dans un Etat fédéral intégré ayant pour capitale fédérale Jérusalem). Les idéologies dogmatiques elles-mêmes semblent s'être élevées au niveau de leur incompétence. Elles sont de moins en moins opérantes. En dénudant les secrets de son existence et de plus en plus sevrée de ses sources de perfusion, l'idéologie capitaliste s'effiloche et doit nécessairement subir une cure de mutations profondes pour pouvoir survivre, défigurée. Mondialisation et globalisation pourraient lui servir de bouées de sauvetage, à moins que ses sujets et ses adeptes n'optent pour d'interminables guerres planétaires de colonisation pour fournir à leur capitalisme du grain à moudre. Mais dans l'un comme dans l'autre cas, l'opposition qu'ils rencontreraient auprès des autres ennemis conventionnels serait telle qu'aucune de leurs guerres ne serait rentable, ni économiquement ni politiquement. Car, mondialisation et globalisation auront également encouragé sinon forcé les autres nations à se regrouper pour pouvoir mieux résister à toute sorte d'assauts, politique, économique, diplomatique ou militaire. L'Afrique ne saurait être en reste. Entre temps elle aura surmonté son « Mal » et trouvé sa voie et ses méthodes de salut.

Les manifestations, l'examen et le diagnostic du « Mal africain » ont en effet permis de pressentir, de noter et même d'identifier les maux dont ont souffert ou souffrent encore l'Afrique et les Africains. Il s'agit d'un mal pernicieux, vicieux et collectif. Il est identifiable par et à travers la persistance et la capillarité de ses effets. Ses auteurs le commettent sciemment ou inconsciemment à travers ce qui leur reste de bestialité ou de perfidie. Ses victimes le subissent davantage par lâcheté, par passivité ou par naïveté.

En témoin ou en bourreau, l'histoire de l'humanité tient les registres des races et des peuples violentés, humiliés, martyrisés, exploités. Les Juifs et les Noirs constituent les échantillons les plus représentatifs des victimes des horreurs commises par l'homme contre l'homme. Cela va du mépris gratuit de leur personne à la négation même de leur humanité. Chacun d'eux en a souffert à sa manière. Mais tous en portent la marque indélébile de l'inhumanité de leurs semblables. Les fours crématoires dans lesquels les Nazis ont fait gazer des millions de Juifs ont été une des formes les plus cruelles des crimes contre l'humanité. La race noire, elle, a souffert à la fois des crimes de déportation, d'esclavage et de colonisation

L'humanité peut heureusement se consoler et se féliciter des changements qui commencent à s'opérer dans les consciences et au niveau des comportements. Le Chancelier Helmut Kohl ne s'est-t-il pas rendu en Israël pour présenter ses regrets et ses excuses aux « Juden » ? Le président des Etats Unis d'Amérique, Bill Clinton, à son escale d'Accra (Ghana) en mars 1999, n'a-t-il pas reconnu que l'esclavage est un crime contre l'humanité ? La France est allée encore plus loin : elle a voté et promulgué une loi classant cette barbarie au rang des crimes contre l'humanité. L'on ose espérer que tous ces revirements spectaculaires au crédit du rapprochement et de la solidarité des peuples résultent d'une conviction à la fois profonde et définitive sur l'égalité des races et des chances ; mais aussi d'un remords dont la sincérité est quotidiennement à confirmer par l'attitude des uns et le comportement des autres. Au plan politique et anthropologique, l'on peut estimer que le monde s'achemine irréversiblement vers un point de non retour. Pour preuve, un Juif a été élu vice président des Etats-Unis d'Amérique. Un Noir vient d'être élu président de la première puissance mondiale. Cette (r)évolution des esprits qui tend à rétablir les équilibres rompus doit aussi s'étendre au plan économique et social. La consécration ou non de l'équité dans les échanges et l'acceptation ou le rejet de la pratique du juste partage dans des partenariats réciproquement enrichissants en seront les mouchards et le reflet. Autrement, les formes actuelles d'esclavage moderne et de cannibalisme économique conduiront à d'autres « mea culpa » et à de nouveaux regrets et excuses quand le mal, une fois encore, aura été définitivement consommé.

Mais il doit aussi revenir aux Africains, noirs ou blancs, d'arrêter d'être d'éternels ''souffre-douleur'' des autres peuples. Ils doivent particulièrement refuser la subordination gratuite et l'oppression, et au besoin se rebeller individuellement et collectivement contre toute forme d'aliénation et de frustration avant qu'il ne soit trop tard. Ils doivent se rappeler qu'à maintes reprises, tout au long des siècles écoulés et même dans un passé récent, pour leur réhabilitation politique et sociale, les Noirs ont habitué le monde à des protestations, à des révoltes et même à des rebellions sanglantes, si l'on piétine par trop leurs droits, leur amour-propre et leur patience souvent héroïque et légendaire.

De 1519 à Haïti jusqu'en 1895 à Cuba, les esclaves importés d'Afrique aux Caraïbes et leurs descendants n'avaient en effet jamais cessé de harceler, par des révoltes et rebellions, leurs maîtres ou exploiteurs dont certains n'ont pas échappé à des assassinats. Ce sont ces rebellions ouvertes d'esclaves qui ont permis l'indépendance des pays de l'Amérique latine et des Caraïbes, dont certains depuis plus de deux siècles. C'est la Révolte des esclaves d'Haïti, conduite par Toussaint Louverture et qui dura de 1791 à 1803, qui leur permit d'expulser les Français de l'Ile et de proclamer leur indépendance en 1804 sous l'empereur noir Jean Jacques Dessalines. Il ne se passait donc pas des mois, des années, sans que quelque part aux Amériques n'aient éclaté des scènes de mutineries, de conspirations, d'insurrections et même d'une autre guerre d'indépendance dirigée en 1868 par le Général Afro-Cubain Antonio Macio.[112] Les guerres d'indépendance en Afrique, confirment cette mentalité du Noir.

Aux USA, dans un autre style de combat à la Gandhi, Martin Luther King (Prix Nobel) a réussi à arracher des Blancs américains au prix de sa vie, le bénéfice des droits civiques, désormais sincèrement reconnus aux Noirs américains. Les bases de l'égalité raciale en droits comme en devoirs sont définitivement posées.

En Afrique, la persévérance a eu raison de la haine, du mépris et de l'incompréhension. Après plusieurs arrestations, bannissements et emprisonnements étalés de 1952 à 1990, dont finalement vingt sept ans de prison politique ininterrompue, Nelson Mandela, le vainqueur de l'apartheid, a réussi à convaincre tous les Sud-Africains d'accepter de vivre ensemble en paix, dans une communauté multiraciale "arc-en-ciel".

---

[112] Vincent Pakpetu Thomson : *Africa and the Unity : The Evolution of Panafricainism* - Longman Group - 1969, P. 315-317

Aujourd'hui plus que jamais, les Africains doivent définitivement refuser de se résigner à subir un sort qu'ils ne méritent point. A cet effet, il leur suffit de construire la nation africaine et la démocratie, pour ne point se voir posséder par le système néocolonial ni phagocyter par la mondialisation. A ces deux compères, ils doivent opposer la force de l'union, les Etats-Unis d'Afrique ; et ainsi mettre fin aux solidarités assassines qui les enlacent et prévenir toute velléité d'exploitation, de vassalisation ou de blocage du développement de leurs Etats. Forts de ce bouclier multifonctions que représente cette fédération, désormais protégés des prévaricateurs et à l'abri des prédateurs, les Africains transformeront leur ambition, leur conviction et leur audace en autant d'armes de constructions massives. L'avènement de la civilisation du juste partage, attribut principal de la culture de la paix, mettra fin aux effets négatifs et néfastes de l'égoïsme et de l'égo. Le cannibalisme économique et culturel et les conflits armés qui en naissent seront ainsi rendus sans objet. Alors les Africains recouvreront leur liberté d'initiative et d'action pour pouvoir contribuer eux aussi, solidairement et plus efficacement, aux progrès de l'humanité et à la maîtrise des phénomènes et des mystères de l'univers. Oui, c'est possible ! L'optimisme est désormais de mise : « Le Mal africain » ne sera plus qu'un souvenir évanescent et lointain.

TABLE DES MATIERES

Introduction 5
PREMIERE PARTIE VOYAGE AU BOUT DU MAL AFRICAIN 13
CHAPITRE PREMIER LE MAL AFRICAIN 17
 A- LES DAMNES D'UN DESTIN 20
  1- Origines et pérégrinations d'un destin 20
  2- La persistance d'un mal à éradiquer 30
  3- La perception négative de l'Africain : dilemme et équivoque 37
 B- AFRIQUE, PATRIMOINE DE L'HUMANITE ... OCCIDENTALE 42
  1- Rôle missionnaire et démarche messianique de la colonisation 44
  2- La Conférence de Berlin, fondement juridique de la colonisation 56
 C- LES MECANISMES D'EXPLOITATION EGOISTE 59
  1- Du Pacte colonial aux Conventions CEE/ACP 59
  2- L'Accord de Partenariat Economique 75
  3- Les accords de défense et de coopération militaire 85
CHAPITRE DEUXIEME DESIR D'ASSISTANCE OU VOLONTE DE
DOMINATION ? 91
 A- PROCEDES ET TECHNIQUES NEOCOLONIALISTES 91
  1- Colonisation économique et monétaire 92
   a- Monnaie et souveraineté 92
   b- Servitudes du franc CFA 94
  2- Parité monétaire et détérioration des termes de l'échange 101
 B- AIDE AU DEVELOPPEMENT OU STRATEGIE DE DIVERSION ? 108
  1- Nature, formes et finalité de l'aide publique 109
  2- Aide du cœur et aide de la duperie 116
  3- Jeux et enjeux de l'aide calculée. 130
 C- LES INSTITUTIONS DE BRETTON WOODS 138
  1- La ruche et le miel des pères fouettards 139
   a- Les plans d'ajustement structurel 142
   b- Les privatisations 146
  2- Des appâts et des mirages en garantie 154
   a- La démocratie 155
   b- L'économie de marché 159

DEUXIEME PARTIE DES REMEDES AUX MAUX DE L'AFRIQUE 169

CHAPITRE PREMIER DEJOUER LES CAUSES DES ECHECS POLITIQUES 173
 A- ROMPRE AVEC L'ETROITESSE DE VUE ET LE MANQUE DE
PERSPECTIVE 174
  1- Positiver les conceptions et perceptions du pouvoir politique 176
  2- Opter pour la démocratie et l'Etat de droit 181
   a- La démocratie 182

    b- L'encadrement de l'Etat de droit 188
  B- OPTIMISER LA TAILLE DE L'ETAT AFRICAIN 194
    1- Les Etats-Unis d'Afrique : une urgente nécessité....................................196
      a- Répartition des compétences 200
      b- Mode de désignation des autorités fédérales 202
    2- Les Etats fédérés..203
    3- Le déclic..203

CHAPITRE DEUXIEME DECOLONISER, REPENSER ET RENFLOUER LES ECONOMIES AFRICAINES 207
  A- LA PROBLEMATIQUE DES PARADOXES...207
    1- Eviter que le premier ne devienne le dernier..207
    2- Des Africains ingénus, pauvres de leurs richesses 209
    3- Les performances d'un réservoir d'espoir 212
  B- UNE ECONOMIE A LA CROISEE DES CHEMINS 216
    1- La pensée économique africaine 217
    2- L'économie de la colonisation...226
    3- A la recherche des voies africaines de salut 231
      a- Les enseignements d'une vie de valet 231
      b- Des doctrines et des options économiques 237
    4- NEPADet OMD : l'irréalisme au service d'un nouvel espoir. 244
  C- DES THERAPEUTIQUES ECONOMIQUES...249
    1- Sur les traces des expériences ou thérapeutiques tentées 249
    2- Les thérapeutiques de Bretton Woods...256
      a- L'initiative PPTE : une thérapeutique par la pauvreté 256
      b- La Bonne gouvernance : une thérapeutique par la maïeutique...............260
    3- Au-delà des questions sur les limites des thérapeutiques 264
  D- REPENSER ET RESTRUCTURER LES ECONOMIES AFRICAINES......267
    1- Les données matricielles d'une économie 268
    2- Repenser l'économie et libérer le développement..................................273

CHAPITRE TROISIEME TRANCHER LE NŒUD GORDIEN DE LA DOMINATION 285
  A- DEMONTER LES FACTEURS SUBJECTIFS DE LA DOMINATION......285
    1- Apporter un démenti aux idées reçues et aux préjugés répandus 286
    2- Rompre avec la mentalité de colonisé ou d'assisté 292
  B- DOMESTIQUER LES FACTEURS OBJECTIFS DE DEPENDANCE 295
    1- Oser avoir des ambitions scientifiques et technologiques 295
    2- S'affranchir de la faim et de la famine 303
  C- A la recherche des fondamentaux d'une civilisation universaliste 308
    1- Pour un rééquilibrage des relations internationales 309
    2- Pour une civilisation du juste partage..318
    3- Pour une approche nouvelle de la culture de la paix 321
    4- L'intégration par le brassage et le dialogue des cultures 325

Conclusion...329

L'HARMATTAN, ITALIA
Via Degli Artisti 15 ; 10124 Torino

L'HARMATTAN HONGRIE
Könyvesbolt ; Kossuth L. u. 14-16
1053 Budapest

L'HARMATTAN BURKINA FASO
Rue 15.167 Route du Pô Patte d'oie
12 BP 226
Ouagadougou 12
(00226) 76 59 79 86

ESPACE L'HARMATTAN KINSHASA
Faculté des Sciences Sociales,
Politiques et Administratives
BP243, KIN XI ; Université de Kinshasa

L'HARMATTAN GUINÉE
Almamya Rue KA 028
En face du restaurant le cèdre
OKB agency BP 3470 Conakry
(00224) 60 20 85 08
harmattanguinee@yahoo.fr

L'HARMATTAN CÔTE D'IVOIRE
M. Etien N'dah Ahmon
Résidence Karl / cité des arts
Abidjan-Cocody 03 BP 1588 Abidjan 03
(00225) 05 77 87 31

L'HARMATTAN MAURITANIE
Espace El Kettab du livre francophone
N° 472 avenue Palais des Congrès
BP 316 Nouakchott
(00222) 63 25 980

L'HARMATTAN CAMEROUN
BP 11486
Yaoundé
(00237) 458 67 00
(00237) 976 61 66
harmattancam@yahoo.fr

514388 - Décembre 2012
Achevé d'imprimer par